高等学校人力资源管理系列精品教材

人力资源规划

（第4版）

赵永乐　李海东　张新岭　姜农娟◎编著

电子工业出版社

Publishing House of Electronics Industry

北京·BEIJING

内 容 简 介

本书的主要内容包括人力资源规划概述、人力资源信息的收集和处理、人力资源现状分析、人力资源发展预测、人力资源战略的制定与选择、人力资源发展对策组合、人力资源管理计划、人力资源开发计划、人力资源规划的实施，以及人力资源规划实验操作。本书具有体系新、内容新、语言平实、注重实战、直观明了、有案例引导等特点。本书提供电子课件，每章都配备了自测题。本书适合应用型本科人力资源管理专业的教师和学生使用，同时可以作为工商管理、公共管理等本科相关专业的教材。

未经许可，不得以任何方式复制或抄袭本书之部分或全部内容。
版权所有，侵权必究。

图书在版编目（CIP）数据

人力资源规划 / 赵永乐等编著. —4 版. —北京：电子工业出版社，2024.3
ISBN 978-7-121-47137-7

Ⅰ. ①人… Ⅱ. ①赵… Ⅲ. ①人力资源管理－高等学校－教材 Ⅳ. ①F243

中国国家版本馆 CIP 数据核字（2024）第 026160 号

责任编辑：刘淑敏　　　　　特约编辑：田学清
印　　刷：天津嘉恒印务有限公司
装　　订：天津嘉恒印务有限公司
出版发行：电子工业出版社
　　　　　北京市海淀区万寿路 173 信箱　　邮编：100036
开　　本：787×1092　1/16　　印张：16.5　　字数：444 千字
版　　次：2010 年 1 月第 1 版
　　　　　2024 年 3 月第 4 版
印　　次：2025 年 7 月第 3 次印刷
定　　价：59.00 元

凡所购买电子工业出版社图书有缺损问题，请向购买书店调换。若书店售缺，请与本社发行部联系，联系及邮购电话：(010) 88254888，88258888。
质量投诉请发邮件至 zlts@phei.com.cn，盗版侵权举报请发邮件至 dbqq@phei.com.cn。
本书咨询联系方式：(010) 88254199，sjb@phei.com.cn。

前言

1. 本书的写作背景和意义

当今世界正处于百年未有之大变局，一方面，我国所取得的成就举世瞩目，中国式现代化进程如火如荼；另一方面，各国在政治、经济和文化上的冲突合作此起彼伏，"黑天鹅""灰犀牛"现象频发，全球化和逆全球化的浪潮博弈空前。面对纷繁复杂的国际形势，党中央审时度势，果断做出了"加快构建以国内大循环为主体、国内国际双循环相互促进的新发展格局"的决策，以在适应我国社会主要矛盾的变化的同时，适应国际环境复杂深刻的变化，这是当前和未来较长时期我国经济发展的战略方向。"双循环"战略的实施为我国新时代的改革提供了更广阔的空间，为更多的企业提供了更宽广的竞技舞台。"创新驱动，人才为本"为企业人力资源管理提供了理论支撑，使得经济发展企稳向好，为人力资源管理的科学化提供了良好契机；人力资源整体素质的提升、人才活力的迸发又为人力资源管理提供更坚实的实践基础，理论和实践的相互印证，确保了人力资源管理学科的有序演化。不过，在总体环境趋好的同时，我们也应看到未来企业人力资源管理面临的挑战和压力依然很大。突如其来的新冠疫情使得正处于产业优化升级关键时期的企业猝不及防，原有的人力资源管理缺陷被放大，人力资源管理亟待有前瞻性的战略规划；高端人才的"一将难求"问题和普通劳动力的"供大于求"问题并存，人力资源管理的集约化势在必行；劳动分工体系的深化与细化倒逼企业人力资源管理的精细化；"00后"员工已经开始进入职场，新一代劳动者在价值取向、群体意识等方面无不展示出与前辈的不同，他们更加渴望成功、更加自信、更加张扬个性，企业的物质激励更加弱化，这些都要求人力资源管理的差异化；科技发展迅猛，新科技、新工艺、新材料日新月异，跨界融合、兼并重组不断升级，这些都要求人力资源管理手段的多样化。总之，经济社会环境变化的不确定性进一步增强，使得人力资源管理，尤其是具有未雨绸缪功能的人力资源规划的战略地位越来越高。

"人力资源是第一资源""创新驱动的实质是人才驱动"已经成为共识，各类企业对于人才的关注度空前提高，如何用好人才、留住人才成为摆在各类企业面前的重大课题。人力资源规划就是破解这一难题的钥匙，它是企业经营和前进的"导航图"。人力资源规划是将企业战略职能分解、细化并落实到各个岗位的手段，是提升人才创新能力，进而增强企业核心竞争力的保障。企业人力资源规划是企业人力资源管理工作的重要内容，人力资源规划与工作分析都是企业进行人力资源管理工作的基础。人力资源规划是将企业的经营战略和总体目标转化为现实的人力需求的过程，其从整体的、超前的和量化的角度分析、制定和部署企业人力资源管理各个环节的具体目标。人力资源规划为企业的发展勾画出绚丽的前景和以待实现的蓝图，是各项具体人力资源管理工作的起点和依据，是今后一定时期内各项人力资源工作得以开展的指针和路标。因此，根据企业所处的环境，客观、科学地制定符合本企业特点的人力资源规划在整个人力资源管理活动中占有举足轻重的地位，直接影响整体人力资源管理的效率和企业战略目标的实现。

许多企业虽然重视人力资源管理，却没有制定科学、合理的人力资源规划；有的企业制定了人力资源战略和规划，却不能推行。究其原因，一方面是企业对人力资源战略和规划的重要性认识不足，也不知道如何制定企业人力资源规划；另一方面是企业缺乏人力资源规划方面的专门人才，不能系统地制定出符合企业发展实际的规划。由于没有真正意义上的人力资源规划，致使企业的人力资源工作陷入盲目的状态，员工对于当前和下一步的工作不得而知，只是听命于高级管理人员基于经验管理的安排。这样的人力资源管理部门在功能上甚至还不如传统的人事管理部门，与现代企业要求的企业战略合作伙伴的定位相去甚远。没有科学、有效的人力资源规划，企业的人力资源战略就变成了无源之水、无本之木，企业的总体战略和发展目标更是无从实现。没有良好的人力资源储备、具体的职业生涯计划和晋升计划，要实现人的全面发展就是一句空话。没有有效地制订人才开发计划，要实现企业的技术创新、维持长久的核心竞争力更是无从谈起。

为此，撰写符合我国企业的实际特点、融会贯通国内外相关理论知识，同时具备实践功能的通用型教材就显得尤为迫切。本书的写作目的是既可以用于指导人力资源规划工作的全过程，又可以用于培养具备人力资源规划理论和技能的专门人才，最终更好地满足企业的用人需求，为我国全力建设中国式现代化贡献理论工作者的绵薄之力。

2. 第 4 版说明

本书第 1 版出版于 2010 年，本书编写组在总结多年的理论积累和教学实践的基础上，在赵永乐教授的悉心指导和多方帮助下，使得本书以全新的体系和内容呈现在读者面前，并很快得到了各界读者的认可和好评，很多高校采用了我们的教材。2014 年经过再版，本书丰富了一些内容，继续获得广大读者的青睐，被更多的高校采用为人力资源管理专业的教材。2018 年，第 3 版进一步修订和撤换了部分内容，更加突出了本书作为高校教材的实用性。多年以来，许多读者，尤其是一些高校和学界同人给我们反馈了很多建设性的意见和建议，为丰富本书的写作内容提供了更广阔的视野，这是对我们的工作最难得的肯定和激励，是对理论工作者最大的褒奖，也是对我们继续前行的鞭策。

为了回报读者的期盼和各位教学一线同人的鼓励，适应新时代企业和高校对教材的需要，《人力资源规划》（第 4 版）的修订工作几经完善，字斟句酌，终于尘埃落定。本书第 4 版在第 3 版的基础上，密切结合人力资源管理理论和实践的新发展趋势，适应新时代、新思想、新格局的发展需要，根据多方的反馈意见和建议，结合笔者近几年的教学实践经验，适时增加了一些内容。

本书侧重于基础理论和基本概念的表述，每章内容的取舍都较为慎重，确保整个理论体系的科学、严谨，始终保持人力资源规划理论的一致性。

本书力求体现出各类规划的典型性和规范性，尽量化繁为简，体现出清晰的逻辑关系和递进式的层次结构，方便教师教学和学生自主学习。本次修订除保留了一些经典案例外，还更新了部分案例，在引导案例、习题案例和相关链接的选取上，不仅贴近相关章节的内容，而且更有时代特征和传统文化内涵，做到了既不断增加新知识，又不忘在传统典籍中传承古人的智慧。尤其是本书增加了课程思政的相关内容，以便于教师引领学生树立正确的社会主义核心价值观。案例蕴含的内在问题具有更清晰的逻辑脉络和更大的拓展空间，有利于教师在教学中抓住重点，循循善诱，导入主题。同时，通过引导案例的教学，可以缓解单纯理论教学的枯燥，尽显生动活泼，方便教师导入教学主题，案例情节贯穿始终并由此来强化教学效果。在友情链接的安排上，本书尽可能贴近实战的需要，让读者了解与教学内容相关的背景知识和拓展知识结构。

3．本书的结构与内容

本书注重理论和实践的结合，力求实现理论架构的系统和完整、技术应用的简单实用。内容以人力资源规划制定和实施过程为主线，通过相关案例引导，按照人力资源规划制定在时间上的先后顺序逐步展开理论阐述。全书分为 5 个部分，共 10 章。第 1 部分（第 1 章）为人力资源规划基础知识；第 2 部分（第 2～4 章）为规划制定前的基础性工作；第 3 部分（第 5～8 章）为规划的制定工作；第 4 部分（第 9 章）为规划的实施过程；第 5 部分（第 10 章）为实践教学内容。

本书总体上依据人力资源规划制定和实施过程的先后顺序排列章节，始终体现人力资源规划的实质：根据环境变化做出预测，整合人力资源，指引组织的发展方向，实现既定目标。本书把人力资源规划的制定和实施过程看作一项系统工程，全面、深入地探究人力资源规划的每个步骤。本书内容上以第 2 部分和第 3 部分为重点，着重阐释规划制定前期的衡量指标选择、信息收集与处理的相关理论和技术；特意强调对人力资源管理工作的现状分析；突出规划的战略特征，加强对人力资源战略的制定、选择与政策组合相关环节的描述；注重人力资源规划实施过程中的控制和管理。

4．本书的分析方法与写作特点

本书在写作上，没有刻意追求人力资源规划理论的深度和难度，而是侧重实用功能，介绍较为常用的分析方法和制定具体规划的程序、步骤，以便于读者理解和领会。

本书在内容上具有以下特点。

1）体系革新

依据人力资源规划学科的内在逻辑，重新架构人力资源规划的课程体系，科学、全面地阐释人力资源规划的各个环节。

2）内容创新

吸收和借鉴当代人力资源规划领域新的理论研究成果和分析技术，着力实现课程内容的完整和体系的严谨，由浅入深地凝练和丰富各个章节的内容，以满足教学和实际应用的需要。

3）语言朴实

书中没有晦涩难懂的理论和深奥的数理模型推导过程，语言朴实，通俗易懂，适合各个年龄层次的读者选用。

4）注重实战

本着以人为本的理念和提高学生综合素质的目的，在保证专业理论教学的基础上，凸显案例教学优势，引导学生进行发现式学习。注重实际操作能力的培养，具有较高的实战特征。力求实现人才培养和上岗就业的无缝衔接。

5）直观清晰

每章开头都有体现本章内容的内在逻辑的学习导航图，便于读者直观地了解本章内容。

6）案例引导

引导案例尽可能地选取典型的具有时代特征的案例，便于教师引导学生带着问题思考，在预先设定的情境中进行有针对性的探索，在后续教学过程中寻找解决问题的方案，提升学生的学习兴趣。

5．其他相关说明

1）建议的学时数

各章节在文字设置上较为均衡，前 9 章理论章节均设置为 3 学时，第 10 章为实践指导章节，设置 5 学时（各实验可以安排在相应的理论章节之后）。课程总学时数为 32 学时。

2）后续服务形式

教师在指定本书为教材后，可以联系电子工业出版社获取每章节的习题参考答案和电子课件。

3）本次修订的分工

本次修订主要由江苏科技大学李海东副教授和南京邮电大学张新岭副教授执笔；河海大学博士生导师赵永乐教授负责全书的编审工作；南京信息工程大学的姜农娟副教授负责后期的校对和出版联络事宜。在此对各位老师的辛勤付出和通力合作表示诚挚的感谢。另外，在本书第 4 版的出版过程中，笔者得到了许多业内同人的帮助和大力支持，听取了他们的很多建议和意见，借再版之际，对于各位的无私帮助在此一并致以谢意。

笔者的编写水平有限，书中难免存在错误和不足之处，敬请批评指正。

目录

第1章 人力资源规划概述 1
1.1 人力资源规划的概念和特点 3
1.1.1 人力资源规划的概念 3
1.1.2 人力资源规划的特点 4
1.2 人力资源规划的过程和分类 5
1.2.1 人力资源规划的过程 5
1.2.2 人力资源规划的分类 7
1.3 人力资源规划的功能 8
1.4 制定人力资源规划的原则和常用方法 10
1.4.1 制定人力资源规划的原则 10
1.4.2 制定人力资源规划的常用方法 11
1.5 人力资源规划的发展趋势和影响因素 15
1.5.1 人力资源规划的发展趋势 15
1.5.2 人力资源规划的影响因素 16
1.6 大数据时代的人力资源规划 17
自测题 19

第2章 人力资源信息的收集和处理 22
2.1 人力资源信息概述 23
2.1.1 人力资源信息的概念与作用 23
2.1.2 人力资源信息的分类 24
2.2 人力资源指标体系 26
2.2.1 人力资源指标及指标体系介绍 26
2.2.2 人力资源本体指标体系 28
2.2.3 人力资源产出效能指标体系 31
2.2.4 人力资源环境指标体系 32
2.3 人力资源信息的收集 34
2.3.1 人力资源信息的来源 34
2.3.2 人力资源信息的收集原则和步骤 35
2.3.3 人力资源信息收集的方法 36
2.4 人力资源信息的处理 37
2.4.1 人力资源信息的处理过程 37
2.4.2 人力资源信息的处理方法 38
2.4.3 人力资源信息的审核 38
2.4.4 人力资源信息的汇总 39
2.4.5 人力资源信息分析报告 39
自测题 40

第3章 人力资源现状分析 42
3.1 人力资源现状分析的内容、基本程序及方法 43
3.1.1 人力资源现状分析的内容 43
3.1.2 人力资源现状分析的基本程序 44
3.1.3 人力资源现状分析的方法 45
3.2 人力资源环境分析 47
3.2.1 人力资源外部环境分析 48
3.2.2 人力资源内部环境分析 52
3.3 人力资源队伍分析 56
3.3.1 人力资源队伍分析的概念 56
3.3.2 人力资源队伍分析的内容 56
3.4 人力资源管理工作分析及效果评价 58
3.4.1 人力资源管理工作内容分析 59
3.4.2 人力资源管理从业人员的素质分析 60
3.4.3 人力资源管理工作效果评价 62
3.5 人力资源现状综合分析 62
3.5.1 SWOT分析法 62

        3.5.2 竞争优势分析 64
        3.5.3 存在的问题和存在问题的
              原因分析 65
    自测题 66

第 4 章 人力资源发展预测 69
    4.1 人力资源发展预测概述 70
        4.1.1 人力资源发展预测的内涵 ... 70
        4.1.2 人力资源发展预测的作用 ... 71
        4.1.3 人力资源发展预测的分类 ... 71
        4.1.4 人力资源发展预测的步骤 ... 72
    4.2 人力资源发展预测方法的
        选择 74
        4.2.1 影响人力资源发展预测
              方法选择的因素 74
        4.2.2 预测任务的考查 75
        4.2.3 预测对象的考查 75
        4.2.4 预测者的考查 75
        4.2.5 预测条件的考查 76
    4.3 人力资源需求预测 77
        4.3.1 人力资源需求的影响因素 ... 77
        4.3.2 人力资源需求预测的步骤 ... 78
        4.3.3 人力资源需求定性预测 79
        4.3.4 人力资源需求定量预测 81
    4.4 人力资源供给预测 84
        4.4.1 人力资源供给预测的步骤 ... 84
        4.4.2 内部人力资源供给预测 85
        4.4.3 外部人力资源供给预测 89
    4.5 人力资源供求平衡分析 92
        4.5.1 人力资源供求状态分析 92
        4.5.2 人力资源供求失衡的调整
              对策 94
    自测题 96

第 5 章 人力资源战略的制定与选择 ... 101
    5.1 人力资源战略概述 102
        5.1.1 人力资源战略的概念和
              本质特征 102
        5.1.2 人力资源战略的制定
              过程 104
    5.2 人力资源战略的模式和类型 107

        5.2.1 人力资源战略的模式 107
        5.2.2 人力资源战略的类型 108
    5.3 人力资源战略目标 110
        5.3.1 人力资源战略目标的
              作用 110
        5.3.2 人力资源战略目标的
              特征 111
    5.4 人力资源战略的选择 112
        5.4.1 人力资源战略选择的
              程序 112
        5.4.2 人力资源战略选择的
              方法 112
    5.5 与企业发展相匹配的人力
        资源战略 117
        5.5.1 与企业战略相匹配的
              人力资源战略选择 117
        5.5.2 与竞争战略相匹配的
              人力资源战略选择 118
        5.5.3 与企业生命周期相匹配的
              人力资源战略选择 119
        5.5.4 与企业所属产业特点相匹配
              的人力资源战略选择 121
    自测题 122

第 6 章 人力资源发展对策组合 126
    6.1 人力资源发展对策 128
        6.1.1 人力资源发展对策的
              概念 128
        6.1.2 人力资源发展对策的
              特性 129
        6.1.3 人力资源发展对策
              组合介绍 129
    6.2 思想观念对策 132
        6.2.1 转变人力资源观念 133
        6.2.2 树立战略导向的人力资源
              管理观念 133
        6.2.3 树立全员人才观念 134
        6.2.4 加强对人力资源部门
              地位的认识 135
    6.3 制度层面对策 135
        6.3.1 制度设置原则 135

6.3.2 创新人力资源管理制度体系 136
6.4 企业文化对策 140
　6.4.1 企业文化的内涵和功能 141
　6.4.2 以企业文化为导向的人力资源发展对策 141
6.5 执行层面对策 144
　6.5.1 规划制定阶段的对策 144
　6.5.2 规划实施阶段的对策 145
自测题 147

第7章 人力资源管理计划 150

7.1 人力资源招聘计划 152
　7.1.1 人力资源招聘计划的内容 153
　7.1.2 人力资源招聘计划的制订程序 154
　7.1.3 人力资源招聘计划的实现途径 156
　7.1.4 大数据时代的企业招聘 157
7.2 人力资源配置计划 158
　7.2.1 人力资源配置计划的作用 159
　7.2.2 人力资源配置计划的内容 159
　7.2.3 人力资源配置计划的制订程序 161
　7.2.4 人力资源配置计划的制订原则 162
7.3 人力资源缩减计划 163
　7.3.1 人力资源缩减计划的制订程序 164
　7.3.2 人力资源缩减计划的操作 165
　7.3.3 缩减员工的管理 166
　7.3.4 针对"幸存者"的员工援助计划 167
7.4 人力资源外包计划 169
　7.4.1 人力资源外包计划的效能 170
　7.4.2 人力资源外包计划的制订与实施流程 171
　7.4.3 人力资源外包计划的配套机制 173
自测题 175

第8章 人力资源开发计划 178

8.1 人力资源晋升计划 180
　8.1.1 人力资源晋升计划的作用 181
　8.1.2 人力资源晋升计划的影响因素 182
　8.1.3 人力资源晋升计划的内容 183
　8.1.4 人力资源晋升计划的制订与实施 184
　8.1.5 人力资源晋升计划的实现 185
8.2 人力资源培训计划 186
　8.2.1 人力资源培训计划的制订 188
　8.2.2 人力资源培训方法的选择 189
　8.2.3 人力资源培训计划的评估 190
8.3 人力资源激励计划 192
　8.3.1 人力资源激励计划概述 193
　8.3.2 人力资源激励计划的作用 194
　8.3.3 人力资源激励计划体系 195
　8.3.4 人力资源激励计划制订的注意事项 196
8.4 人力资源职业生涯计划 198
　8.4.1 人力资源职业生涯计划概述 199
　8.4.2 人力资源职业生涯计划的内容 200
　8.4.3 人力资源职业生涯计划的制订 202
　8.4.4 人力资源职业生涯计划的管理体系 202

自测题 206

第9章 人力资源规划的实施 208

9.1 人力资源规划的实施概述 210
- 9.1.1 人力资源规划实施与人力资源规划制定的关系 210
- 9.1.2 人力资源规划实施的程序 211
- 9.1.3 人力资源规划实施的模式 212

9.2 人力资源规划的实施要点 213
- 9.2.1 人力资源规划方案的分解 213
- 9.2.2 人力资源规划实施计划体系的建立 214
- 9.2.3 资源的优化配置 215

9.3 人力资源规划的管理者 216
- 9.3.1 人力资源规划管理者的地位 216
- 9.3.2 人力资源规划管理者的类型 217
- 9.3.3 人力资源规划管理者的职责 218

9.4 人力资源规划的控制 220
- 9.4.1 人力资源规划控制的概念 220
- 9.4.2 人力资源规划控制的方式与要素 221
- 9.4.3 人力资源规划控制的过程 222
- 9.4.4 人力资源规划控制可能带来的负面影响 224

9.5 人力资源规划的修订 225
- 9.5.1 人力资源规划修订的概念 225
- 9.5.2 人力资源规划方案的修订 226
- 9.5.3 人力资源规划实施计划方案的修订 226
- 9.5.4 纠正偏差的方法 227

自测题 229

第10章 人力资源规划实验操作 232

10.1 人力资源规划的SWOT分析实验 233
- 10.1.1 实验内容与目的 233
- 10.1.2 实验要求 233
- 10.1.3 实验条件准备 233
- 10.1.4 实验步骤与过程 233
- 10.1.5 实验报告与评价 234
- 10.1.6 实验讨论案例 234

10.2 人力资源规划设计实验 235
- 10.2.1 实验内容与目的 235
- 10.2.2 实验要求 235
- 10.2.3 实验条件准备 236
- 10.2.4 实验步骤与过程 236
- 10.2.5 实验报告与评价 236
- 10.2.6 实验讨论案例 237

10.3 人力资源招聘计划实验 239
- 10.3.1 实验内容与目的 239
- 10.3.2 实验要求 240
- 10.3.3 实验条件准备 240
- 10.3.4 实验步骤与过程 240
- 10.3.5 实验报告与评价 240
- 10.3.6 实验讨论案例 241

10.4 人力资源培训计划实验 242
- 10.4.1 实验内容与目的 242
- 10.4.2 实验要求 243
- 10.4.3 实验条件准备 243
- 10.4.4 实验步骤与过程 243
- 10.4.5 实验报告与评价 243
- 10.4.6 实验讨论案例 244

10.5 人力资源职业生涯计划实验 247
- 10.5.1 实验内容与目的 247
- 10.5.2 实验要求 247
- 10.5.3 实验条件准备 247
- 10.5.4 实验步骤与过程 248
- 10.5.5 实验报告与评价 248
- 10.5.6 实验讨论案例 248

参考文献 251

第 1 章
人力资源规划概述

学习目标

1. 掌握人力资源规划的概念和特点；
2. 掌握人力资源规划的过程和分类；
3. 掌握人力资源规划的功能；
4. 了解制定人力资源规划的原则和常用方法；
5. 了解人力资源规划的发展趋势和影响因素。

学习导航

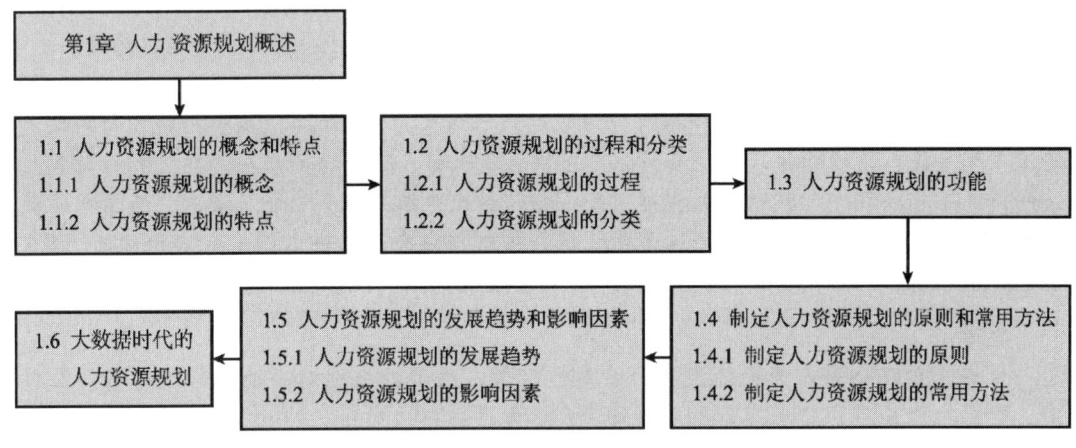

思政导入

沃尔玛公司的人力资源规划

对于拥有约 220 万名员工的庞大企业，如果缺少人力资源规划，则将会发生难以想象的灾难。正是因为沃尔玛有出色的人力资源规划，所以确保了其发展所需要的员工队伍。

一、人力资源需求预测

人力资源需求预测的方法有很多，沃尔玛主要使用了以下 4 种适合自身的独特方法。

1. 自下而上法。沃尔玛进行人力资源需求预测时，首先会从超市一线开始预测，然后按照组织结构逐级而上。超市一线员工的流动性是非常大的，为了能够确保公司业务的正常运转,必须保证足够的人力资源,因此沃尔玛必须采用自下而上的方法进行分析预测。

2. 销售业绩法。销售业绩是沃尔玛确定人力资源需求的重要指标,沃尔玛的人力资源管理会根据销售业绩的变化来改变招聘工作。

3. 趋势分析法。沃尔玛在全球每家商店都有自己的人力资源经理,他们根据公司的政策及当地商店的需求来进行相应的需求预测。这些商店预测的数据被沃尔玛的分析软件收集并上传到中央数据库中,然后凭借强大的 AI 技术进行趋势分析,预测企业人力资源在整体需求上的变化,从而满足沃尔玛在全球扩张的需要。

4. 德尔菲法。沃尔玛一般在开设新的零售商店前,会采用德尔菲法对其未来的人力资源需求进行预测,专家们就新商店中每个岗位所需要的员工数量做出分析和预测,以确保获取足够的人力资源。

二、人力资源短缺或过剩

沃尔玛很少担心员工出现短缺现象,特别是销售人员,因为前来求职的人员总是络绎不绝。但当公司业绩出现下滑时,公司就会出现人力资源过剩的状况,这对一直采取成本领先战略的沃尔玛来讲是一个不小的挑战。为了防止人员出现短缺或过剩的状况,沃尔玛采取了以下几种方法。

1. 员工流失率分析。沃尔玛在进行员工流失率分析时主要对比两组指标,一个是流失率,另一个是招聘率。如果流失率低于招聘率,沃尔玛的员工数量就会增加,相反员工数量就会减少,通常沃尔玛员工数量的增加发生在公司扩张或开新店的时候。

2. 差距分析。沃尔玛在进行人力资源管理时,使用差距分析来确定人力资源需求和实际招聘能力之间的差距。沃尔玛会设立一个标准的差距阈值,当人力资源缺口大于这个阈值时,公司就会加大招聘力度;当人力资源缺口小于这个阈值时,公司会减小招聘力度。

三、平衡人力资源供求

沃尔玛通过调整薪酬策略和招聘努力程度来平衡人力资源供求,其中招聘方面的改变是沃尔玛平衡人力资源供求的主要方法。当供大于求时,沃尔玛可以在不显著影响财务业绩的情况下轻松调整其招聘努力程度,并将招聘的优先级别调到最低。同时,沃尔玛的低薪资策略旨在将人工成本支出降到最低,这一策略与该公司的成本领先战略的目标一致。当供小于求时,沃尔玛将会加大招聘力度,同时提高员工的薪酬福利待遇。

思考:
根据沃尔玛公司人力资源规划的案例,思考人力资源规划对企业正常运转有什么作用。面对人力资源的变动,企业可以采用哪些方法进行应对?

随着社会的发展、科学技术的进步和经济全球化进程的不断加快,几乎所有的企业都面临着复杂、多变、陌生、难测的外部环境。为了应对这样的外部环境,企业越来越需要对资源进行系统的规划,以保证其能适应环境。这样,规划就成为企业管理中一项重要的战略性管理职能。所谓规划,就是从战略的高度对未来时期事物发展的总体构思和规定,包括事物发展的宗旨、目标、战略、对策等。企业若想能够应对未来的不确定因素,取得管理活动的成功,则必须将自己的各项管理活动都置于规划的指导和约束之下。企业通过规划,可以确定未来所要进行的生产经营活动方式和工作目标,降低企业经营活动的风险,减少不确定性;同时可以将资源集中到与组织目标一致的经营活动中,使组织目标更容易实现。

人力资源作为组织的第一资源,更需要精心的规划。只有这样,才能确保组织的人力资源在数量、质量、结构及变动上符合组织的要求,促进组织的发展。人力资源规划包含人力资源发展的宗旨、目标、战略和对策等，目的是使人力资源发展与企业的经营战略、目标相适应，并起到坚强的支撑作用。

1.1 人力资源规划的概念和特点

1.1.1 人力资源规划的概念

国内关于人力资源规划概念的论述有很多，总括起来大概有以下几种。

（1）人力资源规划是为实施企业的发展战略，完成企业的生产经营目标，根据企业内部环境与条件的变化，运用科学的方法对企业的人力资源供给和需求进行预测，制定相应的政策与措施，从而使企业的人力资源供给和需求达到平衡，实现人力资源合理配置并有效激励员工的过程。

（2）人力资源规划是管理者为确保在适当的时候，为适当的职位配备适当数量和类型的工作人员，并使他们能够有效地完成促进组织实现总体目标的任务的一个过程。

（3）人力资源规划是预测未来的组织任务与环境对组织的要求，以及为完成这些任务和满足这些要求而提供人员的管理过程。

（4）人力资源规划是将企业目标和战略转化成人力的需求，通过人力资源管理体系进行人力资源管理，有效达成量和质、长期和短期的人力供求平衡。

（5）人力资源规划是组织为确保自身战略目标的实现，依据内外部环境，对战略实施过程中的人力资源的供给、需求、缺口进行分析、判断、预测，并制定吸纳、维系、激励人力资源的一系列政策和措施的过程。

（6）人力资源规划是一种战略规划，是着眼于为企业未来的生产经营活动预先储备人力，持续和系统地分析企业在不断变化的条件下对人力资源的需求，并开发、制定出与企业长期效益相适应的人力资源政策的过程。

（7）人力资源规划是将组织发展战略系统地融入职务编制、人员配置、教育培训、薪酬分配、职业发展等人力资源管理的方方面面，从而整合、协调各种因素和资源的过程，是一种全面而长远的组织计划安排。

笔者认为，人力资源规划是一种活动，它从战略的角度出发去探索和掌握人力资源系统的发展运动规律，并运用这些规律去规定和控制未来人力资源系统的运动状态。

图1-1直观地显示了人力资源规划在人力资源管理中的重要地位。

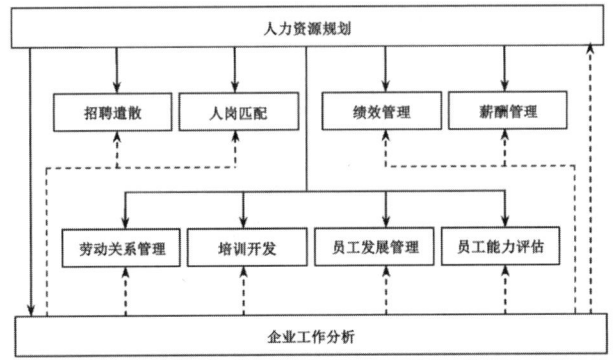

图1-1　人力资源规划在人力资源管理中的地位

从图1-1中可以看出，人力资源规划和企业工作分析是企业其他所有人力资源管理工作的基础，招聘遣散、人岗匹配、绩效管理、薪酬管理、劳动关系管理、培训开发、员工发展管理、员工能力评估等工作都必须以人力资源规划及企业工作分析为依据和前提。其中，人力资源规划起着直接而具体的指导作用，企业工作分析则为这些工作的开展提供了基础资料和基本要求。

企业除了要了解人力资源规划在人力资源管理中的地位，还要清楚人力资源规划在人力资源战略中的地位和作用，如图1-2所示。

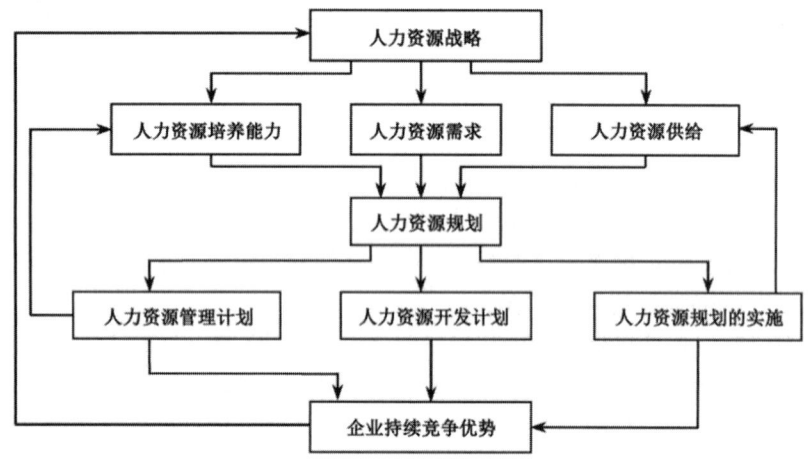

图1-2　人力资源规划在人力资源战略中的地位和作用

从图1-2中可以看出，从企业的人力资源战略出发，提出了对人力资源培养能力、人力资源需求、人力资源供给的要求，企业根据这些要求制定人力资源规划。人力资源规划包括人力资源管理计划、人力资源开发计划、人力资源规划的实施，这些工作的顺利、圆满完成可以帮助企业获得持续竞争优势。

1.1.2　人力资源规划的特点

1. 动态性

人力资源规划的本质在于对企业人员的需求和供给进行动态的预测及决策。它以组织的战略目标为基础，如果组织的战略目标发生改变，人力资源规划也要随之变化，表现出动态性。对于企业来讲，也就意味着人力资源规划要能够预测企业长期的人力资源需求和内外部的供给，确保企业在规划期内能获得重要岗位所需的合适人员，实现企业的发展战略，同时满足员工个人发展的需求。面对日新月异的信息技术革命、复杂多变的市场需求，企业必须适时调整经营理念和管理措施，改变对于人力资源规划的一些旧观念，不能再把人力资源规划理解为简单、静态的信息收集和相关的人力资源政策的设定工作，而应该把人力资源规划看作一个动态的过程并经常加以关注。

2. 系统性

作为一种战略规划，人力资源规划所考察的对象是企业中最重要的资源，涉及企业经营的方方面面，是一个紧密联系的复杂系统，具有系统性的特点。为了保证企业的良性运转，使企业中以人力资源为中心的各项工作处于相互协调的状态，人力资源规划必须与企业的经营战略保持一致，一方面要为企业的整体战略服务，另一方面要与企业各个层次的经营计划相互协调、保持平衡。因此，系统性是人力资源规划的重要特点。从系统论角度看，系统性的特点要求人力资源部门能够统筹全局、综合分析、提出科学的规划思路，要考虑全方位、整体性，从各个层面、各个维度考察在企业全面管理中的人力资源管理，立足于全局，着眼于长远发展，摆脱各种落后观念的束缚，制定出驾驭整体和指导全局的系统性人力资源规划。

3. 超前性

规划本身的性质就决定了它的超前性，人力资源规划也是这样一种超前性规划。它为企业将来的人力资源管理活动指明了方向，提供了指导。企业如果希望取得人力资源管理上的成功，则需要在人力资源规划的帮助下确定其人力资源管理政策、系统和实践。作为超前性规划，人力资源规划需要把握未来、预见趋势、未雨绸缪、超前决策，在外部变化到来之前，预计可能出现的各种情况并提出相应的对策。为了实现超前性规划，人力资源规划者必须依靠团队智慧对企业未来的发展趋势和规律进行科学把握，而不能仅凭个人的经验和直觉。尤其对中长期人力资源规划来说，涉及时间较长，不确定因素很多，而中长期人力资源规划的作用和影响也比短期人力资源规划的作用和影响深远。这就需要人力资源管理者加强超前性战略思考和做好可行性论证，对可能出现的问题、后果及对策进行充分估计。

4. 独特性

不同企业应该根据自身的特点制定符合自身发展需求的人力资源规划，也就是要有独特性。具有独特性的人力资源规划要满足企业因不同发展战略而产生的独特需求，尤其要满足企业内不同层次、不同个性的员工的需求，要满足员工独特的物质利益和精神需求。面对激烈的市场竞争，每家企业都必须打造符合自身独特优势的人力资源规划和人力资源管理策略，只有这样才能应对挑战并实现自己的战略目标，才能在市场竞争中拥有坚实的人力资源基础，强化员工的心理契约，获取和保持长期的竞争优势。

1.2 人力资源规划的过程和分类

1.2.1 人力资源规划的过程

人力资源规划的过程可以分为若干环节，如图1-3所示。从宏观上划分，人力资源规划的过程包括人力资源规划制定和人力资源规划实践两大环节。从中观上划分，人力资源规划的过程包括态势分析、发展预测、规划编制、规划实施、规划控制和规划修订6个环节。人力资源规划制定包括态势分析、发展预测和规划编制3个环节，若进一步细分，还包括外部环境分析、内部条件分析、信息收集、现状分析、宗旨阐明、目标确认、战略选择和对策组合等具体内容。人力资源规划实践包括规划实施、规划控制和规划修订3个环节，若进一步细分，还包括建立实施体系、制定实施措施、确定评价标准、评价实施效果等具体内容。如果评价结果有偏差，则要修订人力资源规划；如果评价结果无偏差，则人力资源规划过程结束。下面对人力资源规划的主要步骤进行简单的解释。

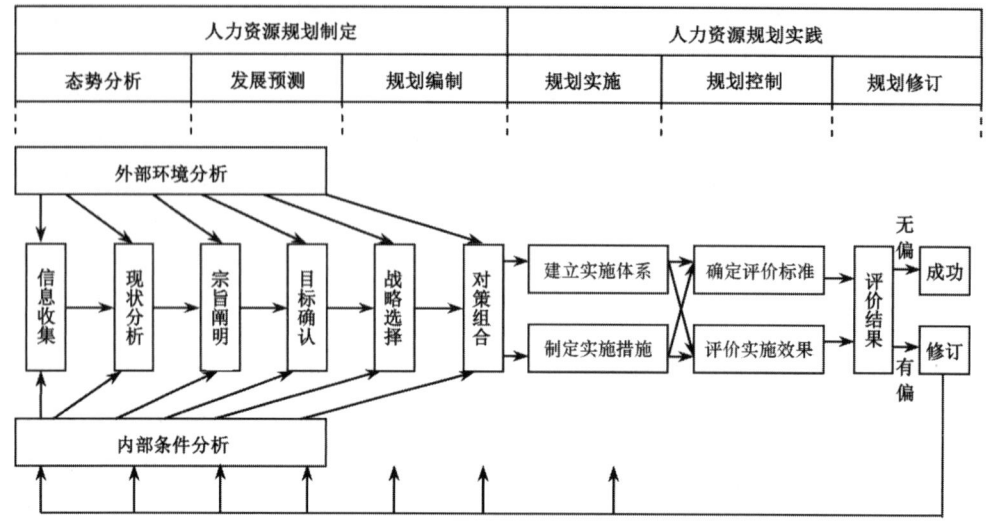

图1-3 人力资源规划的过程

（1）信息收集。在收集人力资源信息之前，企业需要先设计人力资源指标体系，然后根据指标去收集资料。事实上，我们可以把人力资源规划本身理解为一个信息系统，作为一个信息系统的人力资源规划工作的全过程也就是一个人力资源信息的输入、加工和输出过程。人力资源信息的收集作为这个信息系统的第一步工作，对于人力资源规划来讲，是一个非常重要的环节。在这个环节能否得到及时、准确、高质量的信息对人力资源规划的影响很大。因此，在进行人力资源规划时必须对人力资源信息进行认真的收集和整理。

（2）现状分析。在人力资源规划中，一旦收集到各种人力资源信息，就需要对企业现有的人力资源做出正确的分析和适当的评估，这也是人力资源规划中重要的一步。只有在科学分析人力资源现状的基础上，企业才有可能进行科学的人力资源规划。人力资源现状分析包括分析人力资源总体（或队伍）的基本情况（含规模、素质、结构、与组织职责及岗位要求的匹配性）、人力资源管理的基本情况（含体制、机制、制度和效果，以及经验总结等）、人力资源竞争力情况，通过对比、分析找出问题及产生问题的原因。对于已经收集到的大量的人力资源数据，区分哪些是影响人力资源发展的战略因素、哪些是无碍大局的零散数据，以及判断这些因素之间的关系和它们影响人力资源发展的机制，就是人力资源现状分析的任务。在具体的人力资源现状分析中，企业需要对所有重要岗位上的人员进行客观的评估，评估方法可以采用人员素质测评等。在这项工作结束之后，企业对核心人力资源就有了全面、准确、深刻的理解，也就可以对配置不合理的人员进行调整。

（3）发展预测。人力资源发展预测不仅是人力资源规划的重要组成部分，而且是人力资源规划制定的依据和前提。如果不从发展的角度对企业的人力资源需求和供给做出正确的预测，人力资源规划就无从谈起。企业需要在对战略、市场、组织构架、岗位体系，甚至外部经济社会发展、经济结构调整、科技进步、社会人力资源供给与市场变化等的趋势及其对人力资源发展的需求进行前瞻性规划的基础上，进行人力资源发展预测。人力资源发展预测包括人力资源需求预测和人力资源供给预测两部分。人力资源需求预测就是预测在规划期内，企业对人力资源总量、结构、素质等方面的需求。人力资源供给预测包含企业内部人力资源供给预测和企业外部人力资源供给预测。企业内部人力资源供给预测是指预测在规划期内企业内部可以自行供给的满足人力资源发展需要的人力资源类型和总量,这个结果要考虑到企业稳定的供给情况和由人员流动带来的结构变化,包括员工离职、轮岗、晋升与降职等带来的人力资源供给的变化。企业外部人力资源供给预测主要考察的是在规划期内的经济环境、人力资源市场,以及其他各类人力资源来源渠道下企业从外部可能获得的人力资源。企业外部人力资源供给预测要比企业内部人力资源供给预测复杂和困难得多,尤其在目前多变的经济环境下,要对所能获得的人力资源的结构类型、素质、数量等进行真实、准确的描述是很难的。

(4)战略选择。在人力资源规划中,人力资源战略的选择与制定不仅是重要的内容及环节,而且处于核心地位。企业要选择符合企业人力资源发展的宗旨、观念、指导思想、战略原则、任务目标,以及重点业务单位和重点职能部门需求的人力资源战略,并制定重点工程和重点人力资源职能战略等。从某种程度上说,人力资源规划主要是指人力资源战略、政策和实施对策的制定与选择,人力资源战略对人力资源规划来说,起着一种提纲挈领的作用,因此能否选择和制定一份合适的人力资源战略,不仅关系到人力资源规划的成败,而且直接影响企业的经营战略目标能否成功实现。

(5)对策组合。选择了人力资源战略,并不代表人力资源战略制定的工作就结束了。为了阐述人力资源战略并保证人力资源战略的实现,企业还必须制定与人力资源战略相适应的人力资源对策。人力资源对策组合既是人力资源战略制定的重要环节,也是人力资源战略的必要前提。企业在把握现阶段人力资源管理与开发工作的重点和要点之后,关键要把这些"重点"和"要点"问题的解决落到实处、变成行动。这样就必须制定具体的行动方案、计划、措施,并将它们具体落实到不同的部门与不同的人。当然,在此过程中也要考虑到现有人员的调整、补充及培养、使用等问题,这样就会形成各种各样的人力资源战略实施的具体规划。

(6)规划的实施与控制。在制定人力资源规划之后,还要对人力资源规划加以实施和控制,这就是人力资源规划的实施过程。从一定意义上说,人力资源规划的实施要比人力资源规划的制定更加重要。人力资源规划的实施与控制是以人力资源部门为主要推动力的全企业各个业务部门需要共同完成的任务。有些人力资源规划工作主要由人力资源部门负责落实,如培训规划、招聘规划、外包规划等,其他部门仅需要配合与提供支持;而有些规划的实施与控制的主体是业务部门,人力资源部门主要扮演的是推动者与监督实施者的角色,如员工的职业生涯计划、员工激励计划等都是以业务部门为主要实施者的人力资源规划。

(7)规划的评价与修订。人力资源规划的评价工作是在人力资源规划实施一个阶段之后进行的反馈与纠偏工作。依据评价结果对下一阶段的人力资源规划进行修正,这样就可以使人力资源规划进入一个连续不断的循环过程,使人力资源在这一循环过程中得到持续发展。通过对人力资源规划进行评价,可以发现人力资源规划是否与企业经营发展战略相符合;评价人力资源规划实施后可能带来的后果,可以发现人力资源规划的投入与人力资源规划的收益相比是否合适。企业可以根据人力资源规划的评价结果选择适当的规划,并在实施过程中进行控制和修正。

1.2.2 人力资源规划的分类

人力资源规划可以从多个角度进行分类。从人力资源规划的外延来看,人力资源规划按其涉及的范围可以分为宏观、中观和微观规划。宏观规划一般是一个国家或地区的人力资源发展战略规划,中观规划则是一个行业的人力资源发展构架,而微观规划偏重于一个企业组织的人力资源发展。

按规划涉及的时间长短，人力资源规划可以分为短期、中期和长期规划。短期规划通常历时1~2年，是一个企业年度规划的重要组成部分；中期规划则是一个企业3~5年的发展部署；长期规划一般为10~20年，甚至更长时期。规划涉及时间的长短受企业发展规划、竞争程度、环境稳定性的影响。一般来说，企业越注重长期发展、竞争越激烈、环境越不稳定，其对高素质人力资源的依赖越大；人力资源培养的时间越长，人力资源规划所涵盖的时间段也应越长。

按规划的层次，人力资源规划可以分为总体规划和业务规划。总体规划是企业的人力资源战略规划，它提出人力资源管理与开发总的目标、政策、步骤、预算等安排，是企业整体战略的重要组成部分，也是企业制定各项业务规划的依据；总体规划可以分解为各项分目标、分任务、分政策、分步骤和分预算。业务规划则是总体规划的具体分解。

从实施的角度来看，人力资源规划按规划内容的性质可以分为人力资源管理计划和人力资源开发计划。人力资源管理计划包括人力资源招聘计划、人力资源配置计划、人力资源缩减计划、人力资源外包计划等。人力资源开发计划包括人力资源晋升计划、人力资源培训计划、人力资源激励计划、人力资源职业生涯计划等。人力资源招聘计划是针对企业招聘人员的数量、素质、结构，以及招聘的程序、途径、时间等进行的计划；人力资源配置计划主要是针对人力资源整体结构配置进行的计划，即各种不同类型的人力资源配置的方式及其比例关系，包括年龄结构配置计划、性别结构配置计划、知识结构配置计划、专业结构配置计划、心理结构配置计划、专业人员配置计划、群体配置计划等；人力资源缩减计划是针对人力资源缩减的数量、方案、操作，以及缩减人员的管理进行的计划；人力资源外包计划是针对外包的内容、外包商的选择、风险的控制等进行的计划。人力资源晋升计划是针对晋升的政策、安排和路径的计划；人力资源培训计划是针对培训的对象、内容、方法、操作、评估等工作进行的计划；人力资源激励计划是针对激励的原则、方法、实施、控制等工作进行的计划；人力资源职业生涯计划是针对员工职业生涯的方向、路径、指导、协调等工作进行的计划。本书就是按照这种分类安排章节的。

1.3　人力资源规划的功能

1. 作为企业战略规划的核心内容

人力资源规划是企业整体规划和财务预算的有机组成部分，是企业战略规划的核心内容，在人力资源管理中具有统领与协调的作用。人力资源规划是关系企业和员工的长期、战略性的计划决策，是人力资源战略指导思想和企业战略发展方向的具体体现，为企业的竞争和发展计划的实现提供了坚实的基础。企业根据战略目标、自身人力资源状况和人力资源市场发展状况制定的人力资源规划，可以帮助企业确定未来的工作目标、减少不确定性的威胁、降低企业经营活动的风险，以及将资源集中到与组织目标相一致的经营活动中，使企业的经营目标更容易实现。

2. 保证人力资源管理职能被实现

人力资源规划是人力资源管理各项职能得以实现的信息基础，可以使企业及时预见未来人力资源的潜在问题，为各种人力资源活动提供准确的信息和依据，从而保证人力资源管理职能在未来变幻莫测的环境下也能被实现。例如，对于人力资源的招聘选拔来说，人力资源规划规定了招聘和挑选人力资源的目的、方法及原则；对于人力资源的使用来说，人力资源规划可以改善人力资源分布不均衡的状况，控制企业现有结构中人员在知识、技能、个性、年龄、性别等方面的种种不合理配置，促进人力资源的合理使用，降低用人成本。可以说，人力资源规划的成败直接关系着人力资源管理工作整体的成败。一家企业如果没有制定一个科学、细致的人力资源规划，则它在人力资源政策上就有可能出现较严重的问题，人力资源管理职能就得不到充分的实现。

3. 为企业管理提供重要依据

在企业管理的过程中，如果不能事先为各个经营阶段提供其所需要的人力资源，企业就有可能出现人力资源短缺或过剩的情况，企业经营战略和企业生产经营活动就有可能受到影响，甚至导致企业经营战略的失败。人力资源规划为各项企业管理活动所需的人力资源的数量、质量和结构提供了依据，并成为人力资源政策的具体体现和制定依据。企业实际的人力资源发展状况受人力资源管理政策的影响极大，而企业的人力资源管理政策应该依据人力资源规划来制定，否则企业所制定的人力资源管理政策不仅满足不了企业发展的需求，还会使企业其他的管理目标难以实现。

4. 确保企业对人力资源的需求

目前，人力资源已经成为在市场经济条件下决定企业成败的关键因素，企业为了实现自己的经营战略目标，需要在实现经营战略目标的每个阶段都拥有完成经营战略目标所需的人力资源。任何一个希望能够在市场经济条件下获得生存和发展的企业，为了确保能够如期满足企业对人力资源的需求，都必须制定正确、必要的人力资源开发政策和措施，因此必须进行科学的人力资源规划工作。当企业环境的变化给企业带来人力资源供求的动态变化时，就可以依据人力资源规划对这些动态变化进行科学的预测与分析，并通过招聘、晋升、调配、培训和补偿等切实可行的措施来确保企业短期、中期和长期的人力资源需求得到满足。

5. 节省人工成本

从发展趋势看，随着人力资源价值不断被认可和开发，人工成本在总成本中的比重不断上升，而人力资源规划通过各种措施可以节省人工成本。例如，对现有的人力资源结构进行诊断、分析，找出影响人力资源有效运用的主要矛盾，实现合理利用人力资源、充分发挥人力资源效能、提高企业劳动效率等目标。人工成本中最大的支出是工资，而影响工资总额的主要因素是企业中人力资源的配置状况。人力资源的配置状况包括企业中的人员在不同职务、不同级别上的数量状况。一般来说，企业如果不做人力资源规划，则其未来的人工成本是难以确定的，而随着企业规模的扩大，人员数量会增加，职务等级水平、工资水平会上升，人工成本自然也会增加，这必然会影响企业的利润，甚至可能会超过企业的承受能力，影响企业的长期发展。因此，为了企业的长期利益，人力资源规划需要在预测未来发展的条件下，有计划地调整人力资源配置不平衡的状况，寻求人力资源的合理化使用，把人工成本控制在合理的范围内，从而提高企业的劳动效率。

6. 调动员工积极性

合理的人力资源规划可以极大地调动员工的积极性。人力资源规划通过合理的人员招聘计划、培训计划，可以让员工找到适合自己的岗位，充分发挥自己的潜能，通过晋升和职业生涯计划，员工可以看到自己的发展前景，从而积极地创造条件、努力争取。以人力资源缩减计划为例，对于有些被迫或主动离职的员工来说，从表面上来看是因为企业无法给员工提供优厚的待遇或晋升渠道，但其实这也表明了企业人力资源规划的空白或不足。因为能提供有竞争力的薪酬和福利来吸引人才的企业毕竟是少数，市场上有许多缺乏资金、步履维艰的中小企业，它们是无法为员工提供高额薪酬回报的。但是仍然有些企业能吸引到优秀人才并迅速成长，正是因为它们充分考虑到员工的需求，着力营造企业与员工共同成长的文化氛围，通过规划企业的美好愿景，让员工对未来充满信心和希望，愿意与企业同甘共苦、共同发展。

1.4 制定人力资源规划的原则和常用方法

1.4.1 制定人力资源规划的原则

1. 战略性原则

人力资源规划是企业在一定时期内指导和规范人力资源管理工作的纲领性文件。因此，人力资源规划的制定必须始终贯彻企业战略的思想，从战略高度思考、谋划人力资源队伍发展和人力资源管理工作的全局。这就要求人力资源规划要具有长期的稳定性、科学的预见性和较强的适用性。企业应把人力资源规划建立在对人力资源活动发展规律的正确把握和对企业内外部环境的发展、变化的准确判断的基础之上，以使人力资源规划在执行过程中能最大限度地适应环境变化，及时做出调整。

2. 系统性原则

系统性原则要求企业把人力资源规划工作视为一项系统工程来看待，以企业整体目标的优化为目的，同时厘清各子系统之间的内在联系，协调整个人力资源规划中各个组成部分之间的相互关系，以保证后续人力资源管理各项工作能够顺利进行。因此，在制定人力资源规划时，应该将每个具体规划的特性放到大系统的整体中去权衡，从整体着眼，从部分着手，统筹协调，达到整体的最优化。

3. 服务性原则

人力资源规划是人力资源战略的具体文本化，而人力资源战略又是企业总体发展战略的一部分。因此，人力资源规划不能独立于企业发展战略之外，而要服从和服务于企业的总体发展要求及总战略，为实现企业既定的目标提供强有力的人力资源保障和支撑。如果说企业发展规划是一级规划，那么人力资源规划就是二级规划。企业要根据企业总体发展战略实施的路径和发展的不同阶段，分别制定相应的人力资源具体规划、对策、措施。

4. 人本性原则

人是管理对象中最具有能动性的资源要素，是企业生存和发展的决定性因素。对人的管理的成败关乎企业的命运。人本性原则就是要求企业在人力资源规划的制定和实施过程中，坚持以人为本的理念，在注重企业目标实现的同时，关注员工的全面发展；通过人力资源规划，加强对员工行为的规范、培训、引导和激励，把个人的成长目标和企业的目标统一起来，实现双赢。具体来说，企业一要遵循人力资源个体的成长规律、群体配置规律和人力资源市场交换规律；二要尊重员工的个性，了解员工需求，调动员工的积极性；三要激发员工的创造力，发挥员工的作用，实现其个人价值；四要建设良好的企业文化和营造民主管理的氛围，培养共同的价值观，提升员工的认同度，增强员工的归属感，使员工与企业得到共同发展。

5. 动态性原则

面对不断变化的内外部环境，企业必须果断放弃陈腐的静态规划观念，将人力资源规划看作一个动态的过程，实施动态性管理。人在不断地成长，企业在不断地发展，因此，人力资源规划也要不断更新、充实和完善。这就要求人力资源规划的制定要在保证主体稳定的前提下，具有一定的灵活性和可扩展性，只有这样才能不断地促进企业和人的全面进步。

1.4.2 制定人力资源规划的常用方法

制定人力资源规划的方法很多，其中常用的方法有关键成功因素法、战略集合转移法、企业系统规划法等。

1. 关键成功因素法

关键成功因素（Critical Success Factors，CSF）法是本着"抓住主要矛盾"的思路进行规划的一种方法，其主要用于在人力资源规划初期面临众多信息的情况下，识别出对企业发展战略具有战略性支持作用的人力资源因素，进而制定有效的人力资源规划。

应用关键成功因素法进行人力资源规划的主要步骤如下所述。

（1）识别企业发展战略目标。规划者首先需要了解企业发展战略目标，包括企业在人力资源规划期间的发展战略目标及如何来衡量这些目标。

（2）识别所有成功因素。逐层分解方法可以用来分析影响企业发展战略目标的各种因素及其子因素，鱼刺因果图就是一个常用的分析工具，如图1-4所示。例如，假定已经识别出企业发展战略目标是提高产品的市场竞争力，规划者就可以使用鱼刺因果图描绘出影响该目标的各种因素及其子因素。

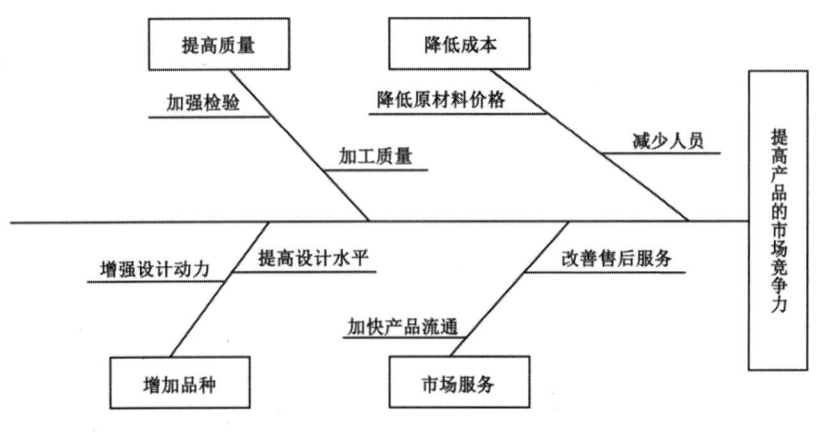

图1-4 鱼刺因果图

（3）确定关键成功因素。在完成目标的所有成功因素被识别出后，规划者需要根据人力资源发展现状确定其中与人力资源规划有关的关键成功因素，并对这些因素进行评价。例如，根据图1-4可以识别出与人力资源发展有关的关键因素：减少人员，以降低成本；加强员工技能培训，以提高产品加工质量、改善售后服务和提高设计水平；激励设计人员，增强其设计动力，以增加产品品种。

（4）明确各关键成功因素的性能指标和评估标准。规划者需要对已经识别出的关键成功因素进行发展性能指标识别，并确定发展的评估指标，以制定出人力资源规划中具体的人力资源发展指标。例如，在减少人员时要明确员工减少到怎样的程度，才能达到既降低企业的人工成本，又不至于导致企业无法及时完成市场对产品生产的需要的目的；对员工进行技能培训时，要明确对哪些员工进行生产技能的培训，才能使产品的加工质量得到提高；在激励设计人员时，要明确对哪些设计人员进行怎样的激励，才能增强设计人员的设计动力。

2. 战略集合转移法

战略集合转移（Strategy Set Transformation，SST）法是 William R.King 于 1978 年提出的。这种方法是把企业发展战略看成一个"目标集合"，其中包括使命、目标、战略及其他战略性组织属性，如管理的复杂性、人力资源管理的经验、管理的习惯和重要的环境约束等。人力资源规划是要把企业发展战略集转化为人力资源发展战略集。人力发展资源战略集由目标、环境约束和战略计划组成。

图 1-5 给出了人力资源规划的过程。

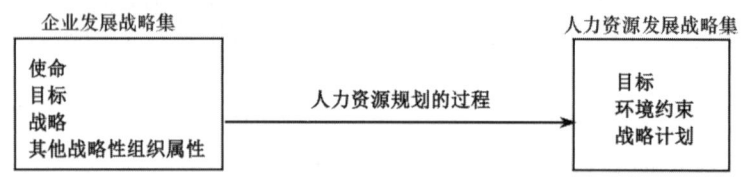

图 1-5 人力资源规划的过程

战略集合转移法的应用包含 3 个层次、两个步骤。3 个层次是指企业的关联集团层、企业发展战略层和人力资源发展战略层。在具体操作时，需要从上到下逐层分析，先分析企业的关联集团层，再分析企业发展战略层，最后分析人力资源发展战略层。两个步骤是指先识别企业发展战略集，再识别人力资源发展战略集。

（1）识别企业发展战略集。在企业战略及长期计划的基础上，规划者可以进一步归纳、形成企业发展战略集。企业发展战略集的构造可按以下 4 个步骤进行（见图 1-6）。

① 识别企业的关联集团。关联集团是与企业有利害关系的一些集团，即影响企业的发展战略目标能否成功的关键集团，如公众（Public, P）、客户（Customer, Cu）、股东（Stockholder, S）、政府（Government, G）、债权人（Creditor, Cr）、管理者（Manager, M）和员工（Employee, E）等。

② 确定关联集团的要求。企业的使命、目标和战略可以理解为反映每个关联集团的要求的折中和综合。规划者不仅要对每个关联集团的要求进行定性描述，还要对如何衡量和满足这些要求进行定量说明。

③ 定义企业相对于每个关联集团的任务和战略。在确定每个关联集团的要求之后，企业的发展任务和战略就可以确定下来了。例如，从股东、债权人和管理者等关联集团的要求出发，提出年增收入 10%的目标 1（O_1），然后就可以分析为达到企业目标，应该采用哪些发展战略。例如，拓展新业务的企业发展战略是为完成企业目标 1（O_1）和企业目标 6（O_6）

而制定的。

④ 解释、验证企业发展战略集与分析企业自身的特点。企业要进行的下一步工作是从企业自身的特点出发分析如何实现这一战略集。例如，从图1-6中可以分析出该企业的特点是管理水平高（A_1）、关键岗位缺乏有经验的技能人力资源（A_3）等。分析企业自身的特点的目的在于思考进行关联集团分析所得到的战略集是否受企业属性的影响，如果受影响则需要在人力资源发展战略中设法解决。

（2）将企业发展战略集转化成人力资源发展战略集。将企业发展战略集转化成人力资源发展战略集需要分3步进行。第一步是建立人力资源发展战略目标，一般需要根据企业发展战略目标或发展战略来确定。例如，在图1-6中，人力资源发展战略目标1（HO_1）的形成是为了支持企业发展战略2（S_2）。也就是说，为了实现"改进信贷"（S_2）这一企业发展战略，需要在人力资源发展战略中形成改善会计人员的素质的人力资源发展战略目标1（HO_1）。人力资源发展战略目标7（HO_7）则是为了实现企业目标6（O_6）而形成的。

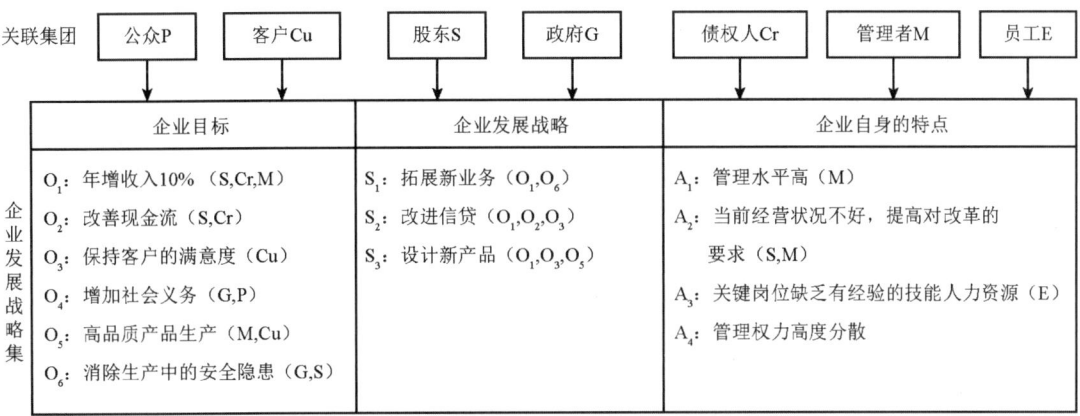

图1-6 企业运用战略集合转移法进行人力资源规划的过程

第二步是分析为实现人力资源发展战略目标还存在哪些人力资源约束条件，一般从企业目标、人力资源发展战略目标和企业自身的特点等方面入手。例如，通过对企业自身的特点2（A_2）的分析，可以得到人力资源约束条件1（C_1）。而人力资源约束条件4（C_4）则是通过对企业目标6（O_6）的分析而获取的。

第三步是构造企业的人力资源发展战略（HS）。构造人力资源发展战略时需要考虑到人力资源发展战略目标、人力资源约束条件与企业自身的特点等方面的影响。例如，人力资源战略 1（HS_1）的构建是为了实现人力资源发展战略目标 1（HO_1）和人力资源发展战略目标 2（HO_2），以及针对人力资源约束条件 1（C_1）和企业自身的特点 3（A_3）而设立的。

利用战略集合转移法完成了从企业发展战略向人力资源发展战略的转移、确认以后，就可以围绕所获取的人力资源发展战略目标进行人力资源规划的制定。当然，人力资源规划的制定也需要人力资源现状分析、人力资源需求预测、人力资源供给预测及各种业务规划制定工作的支持。

3. 企业系统规划法

企业系统规划（Business System Planning，BSP）法是基于人力资源系统作为企业的重要资源与职能管理系统应该支持企业运行的思想，用于企业内部系统开发的一种方法，最早是由美国 IBM 公司在 20 世纪 70 年代初开发、采用的。这种方法首先自上而下地识别企业系统目标、企业的运行过程与所需要的支持资源，再自下而上地设计系统发展目标，最后将企业的发展目标转化为人力资源规划的一个完整过程。

使用企业系统规划法进行人力资源规划是一项重要的系统工程，其工作步骤如下所述。

（1）立项。立项需要企业最高领导者的赞同和批准，明确人力资源规划的范围、目标及期望的成果；需要成立研究小组，选择企业主要领导人之一担任组长，且应保证此领导人能用其主要时间参加研究工作和指导研究小组的活动。

（2）准备工作。对参加研究小组的成员和企业管理部门的管理者进行企业系统规划法的培训，制订研究计划，准备各种调查表及调查提纲。

（3）调研。研究小组成员需要收集各方面的有关资料，深入分析和了解企业有关决策过程、组织职能和部门的主要活动及存在的主要问题，对人力资源系统有全面的了解。

（4）定义业务过程。定义业务过程是企业系统规划法的核心。业务过程指的是企业管理中必要的且逻辑上相关的、为了实现某种管理功能的一组活动。定义业务过程的目的是了解人力资源系统的工作环境，并建立企业业务过程与组织实体间的关系矩阵（见表 1-1）。

表 1-1　企业业务过程与组织实体间的关系矩阵

组织	市场			销售			人员			财务		材料		……
	研究	预测	计划	地区管理	销售	订货处理	人员规划	培训	考勤	财务计划	成本计划	采购	库存控制	发货
财务部	■		■			▲	■		▲	★	★	■		▲
技术部		▲					▲							
销售部	★	★	★	★	★	★			▲				■	
计划部	■						★							
人力部				▲	▲		★	★	★	■				
……														

注：★——主要负责；■——主要参加；▲——一般参加。

（5）业务流程重组。业务流程重组是在业务过程定义的基础上找出哪些过程是正确的，哪些过程是低效的，哪些过程是需要在人力资源系统及信息系统等先进管理技术的支持下进行优化处理的，哪些过程是多余的，哪些过程是因不适合先进管理技术而应当取消或转换的。

（6）定义功能。在企业系统规划法中，把密切相关的、与某一业务流程处理相关的活动归成一类的功能，称为业务功能。业务功能的分类主要按业务处理过程进行，以求能够支持完整的、优化的处理功能。

（7）定义功能岗位。在业务功能被识别出来后，就可定义完成业务功能的岗位设计。岗位设计要围绕已经完成的、优化的业务流程进行，确定哪些业务功能由信息系统、ERP 或 CRM 等先进管理技术实现，哪些业务功能由企业员工实施，通过各种先进管理技术与企业员工之间存在的相互接口来实现。

（8）定义人力资源系统的总体结构、功能及目标。在确定功能岗位后，就可以完成相应的团队建设、支持力量设计，以形成最终的人力资源系统总体结构。然后，围绕该系统结构进一步确定人力资源系统应该具备的功能与目标。

（9）形成最终研究报告。在前述工作的基础上，可以完成企业系统规划法的最终报告，整理研究成果，并且提出人力资源规划和具体的各种业务计划。

1.5　人力资源规划的发展趋势和影响因素

1.5.1　人力资源规划的发展趋势

随着理论和实践的发展，不管是在理论界还是在企业界，人们基本上都认同这样的观点，即人力资源是决定企业竞争优势的重要因素，人力资源的重要性日益凸显，这就直接导致战略性人力资源管理这一新领域的出现，也导致人力资源规划发生很大变化，出现许多新的趋势。

（1）人力资源规划更加适合企业精简且较短期的人力资源战略。

（2）人力资源规划更加注意关键环节，以确保其实用性和相关性。

（3）人力资源规划更加注意特殊环节的数据分析，更加明确地限定其范围。

（4）企业更加重视将长期人力资源规划中的关键环节转化为行动方案，以便对其效果进行测量。

近几年，在人力资源管理环境的剧烈变化和数字经济时代的大背景下，人力资源规划在企业战略管理中的重要性日益凸显。其发展趋势呈现出以下几个特点。

（1）人力资源规划的目标从更加关注企业战略目标的实现转向更加关注员工的发展和利益，以期在更大程度上提高员工的积极性、增强企业的竞争力。在人力资源规划中的激励计划、晋升计划、培训计划、职业生涯计划等方面都充分体现了这一转变。

（2）人力资源规划越来越趋向短期化。人力资源规划所面临的企业内外部经营环境的复杂性、不确定性，以及劳动力市场竞争压力的增加，导致企业的生命周期缩短，因此短期人力资源规划在人力资源管理活动中越来越重要，企业越来越重视短期人力资源规划。

（3）人力资源规划将越来越趋向扁平化。传统金字塔状的组织结构是与集权管理体制相适应的，而在目前崇尚分权以适应市场竞争的管理体制下，各层级之间的联系相对减少，各基层组织之间相对独立，扁平化的组织形式能够更有效地运作。所以，企业的组织结构越来越趋向扁平化，与之相应的人力资源扁平化规划也开始成为流行趋势。人力资源扁平化规划是为满足现代信息技术的发展，特别是为满足计算机管理信息系统的出现的需要而出现的，有助于企业快速适应市场变化。

（4）人力资源规划将越来越强调跨文化性。企业文化的核心就是培育一种创新、向上、符合企业实际发展状况的企业文化。未来的人力资源规划必须充分重视不同文化之间的融合与渗透，保障企业经营的特色，以及企业经营战略的实现和组织行为的约束力。跨国公司需要特别注重人力资源规划与企业文化的结合，从战略角度保证员工的归属感。只有这样，才能使企业的人力资源具有延续性，具有符合本企业的人力资源特色。

1.5.2 人力资源规划的影响因素

企业在制定人力资源规划时，必须充分考虑各种因素对其可能产生的影响，以确保人力资源规划能够顺利实现。

1. 地域因素

在制定人力资源规划的过程中，企业必须考虑不同地域条件对人才招聘等方面的影响。尽管目前人力资源的来源分布在地域方面有离散的趋势，但经济发达、社会环境良好的区域对人力资源的吸引力还是比较大的。这也说明，企业在制定人力资源规划时，需要考虑企业所处的地理位置对其人力资源规划实现的影响。对于所在区域不是经济发达地区的企业，其所能得到的人力资源供给可能会受到影响，对于某些在地域上占据优势的企业，也需要考虑怎样在较多的求职者中找到最符合企业要求的人才，还要注意一些本地人力资源政策环境的变化对人力资源的影响。

2. 人口因素

人口变化会影响劳动力供给总量，也就是说会影响企业的人力资源供给。我国不断完善的生育政策将持续优化我国的人口结构，这会对企业的长期人力资源规划产生重要的影响。企业的人力资源素质和结构会受到人口总量、适龄劳动人口数量、性别比、迁移与受过高等教育的人口变化等重要因素的影响，企业必须对此做出准确的判断，为制定自身的人力资源规划提供重要依据。

3. 经济因素

经济发展状况会影响人力资源市场的发展及企业对人力资源的需求，进而影响企业的人力资源规划。例如，当经济形势好时，人力资源流动的速度就会加快，人力资源供给量会增加，工资会上升，企业得到的人力资源供给量就会增加；而当经济萧条时，人力资源流动的速度就会减慢，人力资源供给量会减少，工资会下降，企业得到的人力资源供给量就会减少。同样，当经济形势好时，企业对高素质人力资源的需求就会增加；当经济形势不好时，企业对人力资源的需求就会减少，甚至裁员。因此，经济因素是企业制定人力资源规划时必须考虑的一个关键因素。专家预计，未来我国经济增长的关键动力将来自数字经济。到2025年，我国的数字经济规模将超过60万亿元，其中产业数字化占比将由2019年的80.2%提升到85%。因此，企业在制定人力资源规划时，为适应数字经济的发展必须采取积极的应对策略。

4. 技术因素

新材料、新技术和新资源在企业中的应用，对人力资源的质量、数量和结构提出了新要求。当前，信息技术突飞猛进，物联网、云计算、大数据、人工智能等技术的出现，以及计算、传感、通信技术的发展和融合，为改变世界提供了前所未有的条件，世界正发生着广泛而深刻的变化。企业需要更多可以与技术的变化相适应的、掌握新知识的人力资源，人力资源结构也因此而改变。企业一边需要吸纳大批具备新知识的员工，一边排斥知识老化的员工，企业的人力资源规划必须满足企业适应新技术发展的需要，并为此做出相应的改变。

5. 法律因素

政府常常制定许多规范人力资源活动的法律法规，以保护劳动者的权益，保证人力资源活动的正常、有序进行。我国以《中华人民共和国劳动合同法》为核心的，包括职业安全与健康、劳动争议、社会保险等内容的劳动法规体系已经比较健全，对规范和发展我国的人力资源市场起到了非常重要的作用。对于企业来说，其人力资源规划必须在国家的法律法规框架中进行，忽视这些法律法规的影响，将导致其人力资源规划制定和实施的失败。

1.6 大数据时代的人力资源规划

著名的质量管理专家戴明说过："我们信赖上帝，但所有其他的皆需要数据。"这说明了数据对于企业管理的重要性。未来学家托夫勒在其《第三次浪潮》一书中最早提出了"大数据"（Big Data）这一概念，并将其称为"第三次浪潮的华彩乐章"。近些年来，随着"云"技术的发展，大数据引起了人们越来越多的关注。2012年，英国科学家维克托·迈尔·舍恩伯格根据自己十几年的研究成果，推出了《大数据时代》一书，该书畅销全球并引发了各界人士的热议，大数据及其分析技术成为目前人们最为关注的课题之一。2015年8月，国务院印发了《促进大数据发展行动纲要》，系统部署大数据发展工作。2021年11月，《"十四五"大数据产业发展规划》发布，制定了未来5年大数据产业发展工作的行动纲领。

随着移动互联网技术的普及，越来越多的人开始接触互联网，并产生海量的数据。IDC发布的《数据时代2025》报告显示，全球每年产生的数据将从2018年的33ZB增长到175ZB，相当于全球每天产生491EB的数据，与人力资源相关的数据同样呈现出爆炸式增长态势。大数据这一信息大爆炸时代的产物，已开始在通信、调查统计、商业零售、管理咨询、刑侦等多个领域得到广泛应用，其未来的应用价值不可限量。

普华永道发布的一份报告指出，随着技术的发展，企业员工也接触和使用了越来越多的技术设备进行学习，数据分析将成为企业知识员工的必备技能，当员工使用不同的技术设备时，企业通过对海量数据的分析处理，可以获知员工的需求及喜欢的学习方式。虽然目前企业界讨论最多的依然是大数据在市场营销和市场调查方面的应用，但是根据德勤人才管理顾问贝尔辛的分析，大数据在人力资源领域的潜力更大，即用于人才分析（Talent Analytics）。如何处理和利用好人力资源的成本收益数据、招聘流失数据、绩效报酬数据等复杂、庞大的信息群成为摆在企业人力资源规划管理者面前的巨大的机遇与挑战。企业在制定人力资源规划时必须重新审视和思考这些规模大、产生速度快的数据，通过对大数据的整理和挖掘，理解更广泛的人力资源变化趋势，并把这些数据作为人力资源规划决策的依据，指导人力资源规划的导向和具体应对措施的改进。

伴随着大数据时代的到来，人力资源规划需要更精确的数据化预测、分析，然而传统人力资源分析软件只能提供结构化数据，而大量的非结构化数据、图文难以获取，因此必须借助大数据分析技术。借助大数据管理，企业不仅可以有效衡量和分析人力资源管理的效果，而且能在人力资源战略问题和人力资源对策问题或者某一类具体规划上获得决策依据，并能够借助分析指标更精确地掌握企业人力资源的发展趋势。简而言之，通过大数据分析，人力资源规划管理者可以将几乎所有的细节量化，从而使企业人力资源的动态变化尽在掌握，做出更加理性的决策，进而提升决策质量和规划效果。其中的关键在于掌握数据的全面性、准确性、及时性、动态性、权威性，能够充分运用大数据并将其转换成创造人才价值、提高企业效益的人力资源规划方案。

大数据具备 5V 的特征，即规模性（Volume）、高速性（Velocity）、多样性（Variety）、低价值密度（Value）和真实性（Veracity）。大数据的这些特征给企业人力资源规划管理者提出了新的要求，面对海量数据，人力资源规划管理者进行综合分析、对比的把控能力必须提高。人力资源规划管理者必须学会借助大数据，结合关联指标进行"剥洋葱"式的分析，将企业的业绩、财务指标与人力资源规划指标有效联系起来，通过云计算、大数据等新信息模式来改进人力资源规划流程，减少规划的层级。人力资源规划管理者必须学会通过大数据分析预测未来，对企业的人力资源需求和供给进行正确的判断，学会使用基于大数据的商业智能工具来帮助人力资源规划从主要凭借经验的模式逐步向依靠事实数据的模式转型。

目前，我国真正将人力资源规划与企业发展战略、财务绩效很好结合的企业并不多，大多数企业还没有足够重视人力资源统计数据的收集和分析工作，没有真正将人力资源数据分析和企业发展战略有效联系起来。但是一些大型企业或跨国集团已经开始了人力资源规划大数据平台的搭建，这样不仅使得各级子公司和分公司可以独立处理人力资源事务，集团还可以进行实时监控，保证数据的及时性、准确性和真实性。同时，通过大数据平台的建设，企业可以实现从招聘管理到薪酬管理、培训管理、绩效管理等各个模块的数据化管理，既大量节约了人力成本，又实现了数据的统一、规范和共享。但对于中小型企业来说，这种靠自身实力搭建的大数据平台（如 OA、SaaS 等），需要投入的人力、物力较多且维护成本过高，一般难以实现，所以目前许多企业都开始借助外力来实现大数据时代的人力资源规划管理。

数据中台赋能人力资源规划数字化转型

数据中台利用大数据技术将沉睡的数据变成数据资产，实现数据价值变现，并以共享模式将数据提供给业务使用，形成数据生产—消费—再生的闭环。数据中台智能分析在人力资源规划数字化转型过程中可以发挥多元化的作用，驱动业务发展，这种作用主要体现在 3 个业务场景层面，即规划决策支持平台、规划数据服务平台、规划业务运营监控平台。

规划决策支持平台：从基于经验的决策到数据驱动的决策，实现高效和科学的规划决策。通过数据中台可快速搭建 HR 管理驾驶舱，支持高层决策。借助数据中台强大的数据集成能力，整合 HR、财务和生产经营数据，解决规划分析实现难的问题，丰富、健全了人力资源管理驾驶舱的分析指标体系。

规划数据服务平台：随着人力资源规划工作的精细化，HR 业务人员在日常工作中越来越离不开数据，即用数据说话，具体包括工作总结中的数据统计、呈报领导的工作报告中的业务数据分析等。数据中台强大的 BI 报表功能，可根据业务需要快速完成数据报表开发，同时，基于 HR 多维分析模型，业务人员可进行自助分析，快捷查询出分析数据。另外，对于集团型企业而言，系统外 HR 业务数据的获取比较困难，往往通过下属企业线下上报汇总。而数据中台在线数据填报功能不仅能有效解决线下填报低效和数据准确性较差的难题，还可以基于预置分析模型动态生成人力资源规划数据分析报告，使人力资源规划工作化繁为简。数据中台充分挖掘了数据的业务价值，变身为数据服务平台，不仅减轻了业务人员工作量、提升了工作效率，还使人力资源规划工作的开展有据可循。

规划业务运营监控平台：通过数据来驱动业务发展，业务人员通过数据看板、大屏、监控报表可实时且动态地掌握业务的变化情况，主要适用于业务流程较长的人力资源业务，包括招聘、绩效考核。例如，在招聘过程中，通过监控平台了解简历投递、资格审查、笔试、面试、录用等各环节的进展情况和人才质量变化情况；通过数据看板跟踪绩效考核过程，分析各步骤耗时、进展情况，帮助 HR 管理者全面掌控绩效考核进程，及时发现问题。

自测题

一、判断题

1．规划就是从战略的高度对未来时期事物发展的总体构思和规定。（   ）
2．人力资源规划的目的是使人力资源发展与企业的经营战略、目标相适应。（   ）
3．人力资源规划的过程从中观上可以划分为态势分析、发展预测、规划编制、规划实施和规划修订 5 个环节。（   ）
4．人力资源长期规划通常历时 3～5 年。（   ）

二、单选题

1．在收集人力资源信息之前，企业需要先（   ）。
　　A．确定人力资源需求　　　　　　B．确定人力资源供给
　　C．明确人力资源战略选择　　　　D．设计人力资源指标体系
2．（   ）不仅是人力资源规划的重要组成部分，而且是人力资源规划制定的依据和前提。
　　A．人力资源现状分析　　　　　　B．人力资源发展预测
　　C．人力资源信息收集　　　　　　D．人力资源战略制定
3．人力资源规划的发展趋势表明企业会越来越关注（   ）。
　　A．企业的利益　　　　　　　　　B．员工的发展和利益
　　C．企业和员工的短期利益　　　　D．企业和员工的长期利益
4．人力资源规划的影响因素是（   ）。
　　A．企业生命周期的变化　　　　　B．人口变化

C. 人力资源部门的人员变化　　　　D. 企业领导和员工的态度变化

三、多选题

1. 人力资源规划的特点是（　　）。
   A. 动态性　　　　　　　　　　B. 系统性
   C. 超前性　　　　　　　　　　D. 独特性
2. 人力资源规划实践包括（　　）3个环节。
   A. 人力资源规划实施　　　　　B. 人力资源规划控制
   C. 人力资源规划修订　　　　　D. 人力资源规划制定
3. 人力资源管理计划包括（　　）。
   A. 人力资源招聘计划　　　　　B. 人力资源激励计划
   C. 人力资源培训计划　　　　　D. 人力资源外包计划
4. 人力资源规划的功能包括（　　）。
   A. 帮助实现企业战略规划　　　B. 确保企业对人力资源的需求
   C. 保证人力资源管理职能被实现　D. 节省人工成本
5. 制定人力资源规划的原则包括（　　）。
   A. 战略性原则　　　　　　　　B. 系统性原则
   C. 服务性原则　　　　　　　　D. 人本性原则
   E. 动态性原则

四、简答题

1. 简述人力资源规划对实现企业战略规划和人力资源战略规划的价值及意义。
2. 试述人力资源规划在人力资源管理中的地位。
3. 人力资源规划的发展趋势呈现出什么特点？会对企业的人力资源管理产生什么样的影响？
4. 目前全球性的金融危机是否会对人力资源规划产生影响？企业应如何应对？

五、案例分析

某地产公司成立于20世纪90年代末，是一家以房地产投资为主，集住宅地产、商业地产、建筑工程等于一体的大型现代企业。该公司先后与国内外著名的城区规划、房地产规划机构合作，相继开发了多个住宅小区与写字楼等精品项目。截至2021年年底，该公司累计开发面积逾600万平方米，销售额达200亿元，是中国房地产开发企业500强之一。凭借规范的公司管理制度、强大的人才竞争优势，以及丰富的人力、物力、财力资源，该公司已经发展成区域内最具成长性和市场竞争力的建筑房地产公司。

不过该公司在人力资源管理方面存在着一些问题，影响了其进一步的发展，如下所述。

1. 人员结构不合理，岗位职责交叉

该公司内部员工多以销售人员为主，项目开发、营销策划、财务管理等方面的高素质人才十分匮乏。高级管理人员通常身兼数职，管理范围过广，没有足够的时间与精力确保自己在所有的管理环节都能做到最好。

2. 专业技术人员的技术能力水平较低，缺乏相关工作经验

该公司的专业技术人员比较匮乏，大多数员工都是从其他行业转行而来的，专业知识水平较低，工作经验较少。

3. 人员流动性较大

由于行业的特殊性，以及该公司缺乏有效的激励机制和培训机制，很多员工（尤其是销售人员）刚熟悉工作就提出离职，人力资源部门不得不再次进行招聘，但许多新员工在熟悉工作后仍选择了离职，形成了"离职—招聘—离职"的恶性循环，员工忠诚度不高，耗费了大量的人力成本、培训成本，导致企业效益不高。

问题：人力资源管理方面存在的这些问题会对该公司产生哪些影响？如何通过人力资源规划解决上述问题？

第 2 章 人力资源信息的收集和处理

学习目标

1. 掌握人力资源信息的概念、作用和分类；
2. 掌握人力资源指标体系的功能和分类；
3. 掌握人力资源信息的收集方法；
4. 掌握人力资源信息的处理方法；
5. 了解人力资源信息收集的原则和步骤。

学习导航

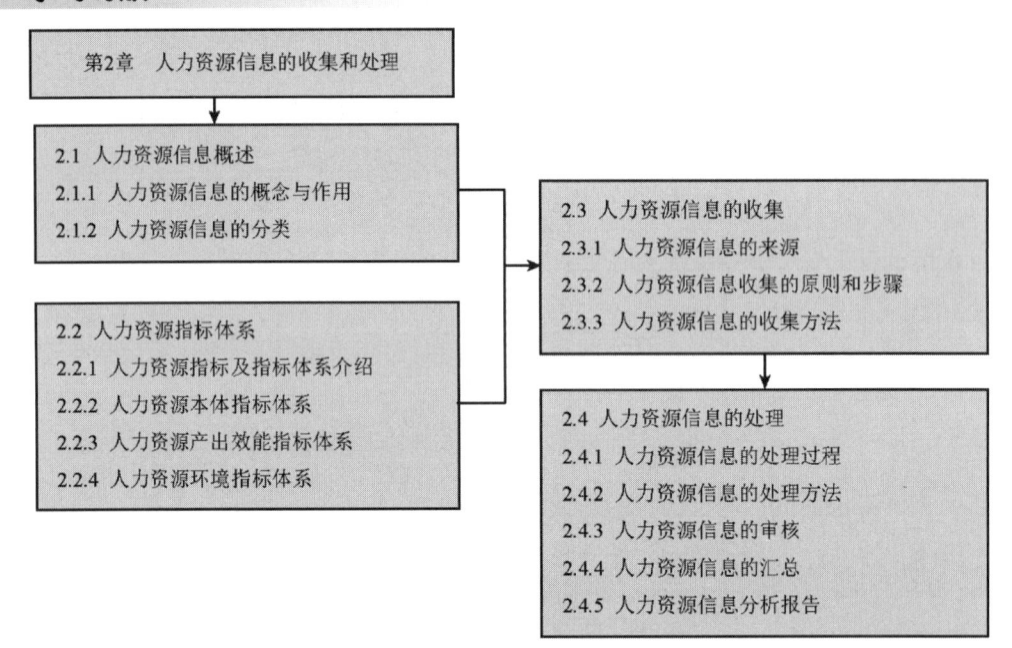

第2章 人力资源信息的收集和处理

2.1 人力资源信息概述
2.1.1 人力资源信息的概念与作用
2.1.2 人力资源信息的分类

2.2 人力资源指标体系
2.2.1 人力资源指标及指标体系介绍
2.2.2 人力资源本体指标体系
2.2.3 人力资源产出效能指标体系
2.2.4 人力资源环境指标体系

2.3 人力资源信息的收集
2.3.1 人力资源信息的来源
2.3.2 人力资源信息收集的原则和步骤
2.3.3 人力资源信息的收集方法

2.4 人力资源信息的处理
2.4.1 人力资源信息的处理过程
2.4.2 人力资源信息的处理方法
2.4.3 人力资源信息的审核
2.4.4 人力资源信息的汇总
2.4.5 人力资源信息分析报告

引导案例

谁能想到"铁人"王进喜当年在油田的一张普通照片，却让日本人从中获取了重要信息，并在日后年利上千万元。这张照片本无特别之处，就是王进喜同志穿着厚厚的棉袄，手里拿着一柄钻机，后面还有高高的井架，天上似乎还飘着雪花，王进喜则眺望远方。然而，就是这张看似普通的照片到了日本间谍手中，却是信息量满满。日本人首先从王进喜的衣着判断，当时的环境是在-20℃左右，当时我国能达到这种气温的地方不多，很可能是在东北地区。再加上之前各大报纸的刊登版面上提到了一个地方，名叫"马家窑子"，这极具东北特色的地名缩小了搜寻的地理范围。经过仔细研究及各种情报相互佐证，如运油大车到达哈尔滨火车站时的积灰厚度等细节，日本人最终确定了油田的位置就在大庆。得出位置后，日本人又开始精确推算大庆油田的生产能力，这一点主要从王进喜手中的钻机手柄及其身后的反应塔来推算。反应塔的直径约为5米，那么当年大庆油田的产量应为360万吨左右，如果再进一步发展，应该能增产至千万吨，届时为满足产量需要绝对要再购买新型设备。于是，日本人迅速研究出了符合我国需求的大庆油田生产设备。几年后，我国石油部门果然向世界公布购买炼油设备的消息，而此时的日本已经抢占到了各种先机，最后一举中标，获利千万元以上。

思考：

日本间谍是如何获取到有用信息的？怎样确保信息的可信度？信息在社会和经济生活中有哪些作用？

人力资源管理是现代企业管理的重要内容之一，人力资源信息管理作为人力资源管理的基础工作或重要手段，对于提高人力资源标准化水平、加强人力资源集约化管理、构建科学且有序的人力资源管控体系，以及促进企业管理水平稳步提升具有重要的现实意义。

企业的人力资源信息是人力资源部门开展工作的前提和依据，能否收集和提供准确、及时、完整的信息关乎整个人力资源规划的成败。在一定意义上，人力资源规划工作就是人力资源信息的输入和输出过程，而面对纷繁复杂的信息，企业有必要将这一过程规范化，以符合人力资源规划工作的要求。

人力资源信息收集和处理都是为做好人力资源规划服务的，目的是准确把握企业的现有人力资源状况，并通过分析和研究对现状进行评价，进而做出符合企业实际情况的人力资源规划。对人力资源现状的评价需要科学的评价标准和尺度，即人力资源指标体系。人力资源指标体系除可以对人力资源现状进行评价外，还可以规范和统一人力资源信息的基本属性，便于进行规划的事前、事中和事后的比较及评价。因此，人力资源信息的收集工作要有目的地进行，严格按照各项指标的具体要求，明确信息采集的目标，采取适合的人力资源信息收集计划，应用专门的信息处理技术，对原始的信息按照规范化的要求进行加工、处理，转化为各项具体的可供分析和研究使用的人力资源指标，为下一步的规划工作打下良好的基础。

2.1 人力资源信息概述

信息是指靠传播媒介传送的情报、资料、图表、录像、录音等。信息的概念突破了自然界和人类社会的界限。它以一般的物质结构与行为方式为传播对象，着重描述系统内部诸要素之间相互联系、相互作用的复杂性、有序性和差异性，具有较高的抽象性及概括性特征。

2.1.1 人力资源信息的概念与作用

人力资源信息是指与人力资源本体及各项人力资源管理工作相关的信息，是人力资源队伍及其管理活动本质特征和运动规律的表现及记录。在以信息技术为标志的新经济时代，企业的任何一项管理决策都需要足够的人力资源信息作为支撑。人力资源信息的有效开发和利用对企业管理有着举足轻重的作用，主要表现在以下几方面。

（1）人力资源信息是企业进行人力资源决策的基础。任何工作最终都要落实到具体负责的人身上，而人与人之间关系错综复杂，不同的人在性格、能力上都有显著的差异，即使同一个人，也会因时间和环境的变化而发生心理或行为上的改变，因此人力资源决策是较为困难的决策之一。历史上许多因为用人正确取得成功和因用人不当导致失败的例子都可以说明这一点。但是要在决策之前彻底、准确地了解人确实有很大的难度。在现代社会，要想保证人力资源决策的正确，唯一有效的办法就是在决策之前，收集和掌握尽可能全面的个体人力资源信息。因此，决策的正确程度和实施效果在很大程度上取决于信息工作的水平及质量。

（2）人力资源信息是组织、指挥、控制过程的工具和手段。当人力资源决策做出后，只有把已经做出的人力资源决策转变成各类具有明确指向意义的人力资源信息，并通过各种渠道传递给接受决策的单位和个人，才能形成具体的意见、指示、命令，从而把决策的内容具体化、规范化、程序化，以便执行和实施。因此可以说，人力资源管理其实是一种以信息处理为中心的工作，是人力资源信息流从输入到输出再到输入的循环往复的过程。

（3）信息反馈是改进人力资源决策的重要方法。信息反馈就是将决策执行过程中或最终产生的各种相关指标信息反馈给决策中心，与原定的决策效果进行比较，找出偏差，再对原决策进行修正的过程。通常来看，人力资源决策的有效性比任何其他决策都低，不仅是因为人是最复杂、多变的因素，还受人的知识水平和个体决策风格差异的影响。因此，要想纠正人力资源决策的失误、提高人力资源决策的准确性，除不断提高人们的思想觉悟和知识水平外，还必须加强信息的反馈和共享，用全面的信息代替片面的信息，不断提高信息的质量。

对于人力资源规划工作来讲，在广泛地占有各类信息的基础上，提取有效的人力资源信息是开展人力资源规划工作的第一步。因此，收集和整理信息是整个人力资源规划工作的前提和基础。图2-1反映了人力资源信息在人力资源规划中的作用，整个人力资源规划的过程实际上就是一个对人力资源信息进行收集和处理的过程。

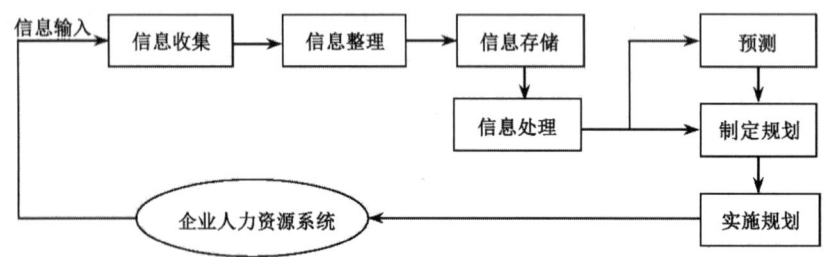

图2-1 人力资源信息在人力资源规划中的作用

2.1.2 人力资源信息的分类

人力资源信息的数量和种类繁多，因此对人力资源信息的分类、整理很重要，以便明确哪些人力资源信息会对人力资源规划产生重要影响，哪些人力资源信息的影响较小、可以忽略。

1. 按人力资源信息的来源划分

按人力资源信息的来源划分，人力资源信息可以划分为内部人力资源信息和外部人力资源信息。通常，外部人力资源信息较难获取，内部人力资源信息相对容易获取。

外部人力资源信息是企业自身难以控制和把握的，如市场的供求关系、资源的丰裕程度、物价指数及国家宏观经济政策等。

内部人力资源信息是以员工的个人基本情况为基础的信息，包括自然状况（性别、年龄、民族、籍贯、身高、体重、健康状况等）、知识状况、能力状况、阅历和经验、心理状况、工作状况、收入状况、家庭背景和生活状况、部门的使用意图等。

2. 按人力资源信息的获取途径划分

按人力资源信息的获取途径划分，人力资源信息可以划分为原始人力资源信息和处理人力资源信息。

原始人力资源信息是指信息直接来源于人力资源的现实活动的信息。这类信息未经过任何处理，是对人力资源现状最客观、最真实的反映。这类信息是信息处理和加工的原始数据，但通常不能被直接使用。

处理人力资源信息是指对原始人力资源信息进行处理后的信息，通常将此类信息按照处理的次数分成一次处理人力资源信息、二次处理人力资源信息等。由于原始人力资源信息中所包含的信息量大而繁杂，很难从原始人力资源信息中得到管理决策所需要的信息，因此需要对原始人力资源信息进行有针对性的处理，严格按照人力资源指标体系的要求加以分类、整理。当原始人力资源信息转变为人力资源指标信息以后，信息表达得更加直接、精练，容易为管理人员所理解和应用。但是应该注意，处理人力资源信息的过程是个人按照自己对信息的理解和认识，去粗取精的过程。在这一处理过程中，必然要舍弃一些个人认为的粗糙的、不受重视或没有价值的内容。这一舍弃是否恰当，往往需要事后验证。例如，人们总是更容易相信信息处理所应用的严密数学公式或先进的技术手段，迷信信息处理的结果。殊不知数学方法的应用有若干明显的或隐含的先决条件，这些条件是否具备则需要用实践来检验。因此，对处理人力资源信息的应用必须持谨慎态度，尤其要关注在处理人力资源信息时所采用的处理方法和适用条件。

3. 按人力资源信息的用途划分

按人力资源信息的用途划分，人力资源信息可以划分为人力资源基本信息和人力资源分析信息。

在人力资源信息中有许多信息是基本信息。例如，员工的姓名、性别、年龄、学历等是每个人都具备的基本信息。这些信息反映了人力资源的基本特征，被称为人力资源基本信息。这些基本信息相对稳定，变化不大。

但有些人力资源信息不是每个人都具备的，或者不是都能够以直接、明显的方式表现出来的，需要经过一定的分析、处理才能获得和使用，这些信息被称为人力资源分析信息。例如，一个员工的出勤率、组织能力和工作态度等都属于人力资源分析信息。

4. 按人力资源信息的功能划分

按人力资源信息的功能划分，人力资源信息可以划分为"人""事""管理过程"3个方面的信息。

"人"的信息是描述个体或群体特征的具体内容，如性别、年龄、学历（学位）、学识水平、专业（专长）、职称状况、思想（道德）、政治素质、身体健康状况等。这些具体化的信息综合表述了个体和群体所具有的工作（业务）能力、水平和结构、能级、学历结构等内容。这些信息在人力资源管理工作中是认识、识别、录用、选拔、考核、奖励人才及其群体的媒介。

"事"的信息是用来描述组织工作的性质和特点的具体内容。例如，说明组织中职位的性质、责权轻重、难易程度所需要的任职资格条件；职岗分别所属的类别、所处等级情况的职位说明书、职位规范，以及职位分类状况、岗位分布情况等。这些信息是人员选拔、录用、培训、晋升、奖惩，以及提供薪资福利待遇的基础。

"管理过程"的信息是在人力资源管理的实践中产生的人力资源信息，既包括人员变动的态势、职岗变化的情况，以及与此相关的人员需求状况和人才流动的意向、趋势（拥有量、需求量、补充量）等，也包括组织据此形成的人力资源管理计划、政策、法规、文件等，以及与人力资源管理密切相关的环境信息。这些信息是组织人员安排和工作动力引导，构建有效的分工协作体系的关键因素。

5. 按人力资源信息的表示方式划分

按人力资源信息的表示方式划分，人力资源信息可以划分为人力资源定量信息和人力资源定性信息。

人力资源定量信息是指以数据形式直接或间接表示的人力资源信息，可以用量的多少来表示。人力资源定量信息对人力资源规划中的人力资源预测而言是必不可少的，因此在人力资源管理中需要及时收集人力资源定量信息，以备规划使用。

在人力资源管理中，除了以数据形式表现出来的人力资源定量信息，还有大量的、不能以量的多少来表示的人力资源信息，这类信息就是人力资源定性信息。人力资源定性信息虽然不像人力资源定量信息那样能以数据形式直接表示，但是人力资源定性信息在人力资源规划中的重要性并不亚于人力资源定量信息。例如，关于人力资源流失的原因、关于影响人力资源工作绩效的内在因素等大多是人力资源定性信息。

2.2 人力资源指标体系

人力资源信息在进行整理以后，仍不能直接用于人力资源规划，必须把初级的人力资源信息转化或提炼为各种适宜规划使用的人力资源规划指标。只有系统的、合乎规范的指标数据才能用于人力资源规划的编制。利用指标来衡量和评价人力资源现状，不是简单地依靠一两个指标，而是需要一整套与人力资源衡量和评价相匹配的指标体系来进行全面、整体的刻画及表述。

2.2.1 人力资源指标及指标体系介绍

1. 人力资源指标及指标体系的概念

人力资源指标，也称人力资源统计指标，是描述各种人力资源现象内在的质的规定和外在的量度，通常用指标名称和指标数值表示。指标名称是对指标质的规定，表示特定的概念或范畴；而指标数值描述的是指标外在的量的多少，是根据指标的具体内容所能计算出的具体数值。例如，截至 2018 年 3 月，某企业的人力资源总量是 245 人。其中，"人力资源总量"是指标名称，是人力资源总量的基本属性；"245 人"是指标数值，是人力资源数量属性的外在量度。

人力资源指标一般具有 3 个特征：首先，用数字表示人力资源信息资料；其次，说明人力资源总体或个别的特征或属性；最后，在一定质的规定下进行数量表达。它们都反映了人力资源现象特定的概念或范畴。因此，也有人把人力资源指标直接理解成反映人力资源现象特定概念或范畴的总体综合性数据。

人力资源指标研究是指，根据对人力资源管理活动及其与经济、社会发展相互影响的客观规律的认识，在必要的统计资料的基础上，建立能够指示和监测各项人力资源管理活动的尺度，通过长期的记录而取得定量信息，用以描述人力资源管理活动的历史、现状及其发展趋势。为了表明人力资源研究对象在各方面相互依赖、相互制约的关系，而将一系列相互关联的人力资源指标组成一个综合的指标系统，这就是人力资源指标体系。人力资源指标体系的确立，一方面是为了明确信息收集的目的和范围，另一方面是为了对整个人力资源规划工作的跟踪和评价提供依据，包括对现状的评价、规划制定过程的参考，以及对人力资源规划实施效果的评价。因此，只有正确、科学地设立反映人力资源工作状况的人力资源指标体系，才能通过对指标记录的分析和比较来客观、真实地了解人力资源管理活动的整体发展过程、发展中的相关因素及发展的内在规律，从而科学地进行人力资源规划。

在人力资源指标体系中，一些基本指标的位置要突出。围绕着基本指标的突出中心位置，其他各项指标有机地组合在一起，共同组成一个完整的指标体系。由于人力资源规划任务目标的不同，各企业所设置的人力资源指标体系也应有所差异。人力资源指标体系中的基本指标要根据人力资源规划的需要来确定，不同的人力资源规划对人力资源指标体系的需求有显著差异。

2．人力资源指标体系的功能和分类

（1）人力资源指标体系的功能。

① 描述功能：客观地展示人力资源自身和环境的现状，是开展调查和收集数据的依据。

② 解释功能：分析不断发展的趋势，以及提供变化的原因和线索。

③ 评价功能：根据可持续发展的判断标准，对实际工作情况做出评价。

④ 监测功能：通过统计，对客观发展情况进行监督和干预，为人力资源规划和政策的制定提供必要的依据。

⑤ 预警功能：根据发展趋势，为未来的人力资源管理活动提供预警和选择可行方案。

（2）人力资源指标体系的分类。

人力资源指标体系按目的可以分为两类：一是描述性指标体系，以基础指标为主；二是评价性指标体系，以相对指标为主。描述性指标体系侧重于描述、解释的功能，而评价指标体系侧重于评价、监测和预警的功能。两者相互依存而又相对独立，既有联系又有区别，是不可分割的统一体，共同构成一个有机的指标体系。

人力资源指标体系按内容划分可以分为人力资源本体指标体系、人力资源产出效能指标体系和人力资源环境指标体系，如图 2-2 所示。人力资源本体指标体系是指对人力资源本身的描述和评价；人力资源产出效能指标体系是指对人力资源本体为组织提供的投入产出效率和做出贡献程度的描述和评价；人力资源环境指标体系是指对支撑人力资源实现产出的各种社会环境因素的描述和评价。每种指标体系又可以细分为多个指标组，在这些指标组中又各自包含多个具体指标。在制定人力资源规划时不可能也没有必要对所有指标面面俱到，只需根据需要选用一些关键的指标作为评价和衡量人力资源状况的依据。

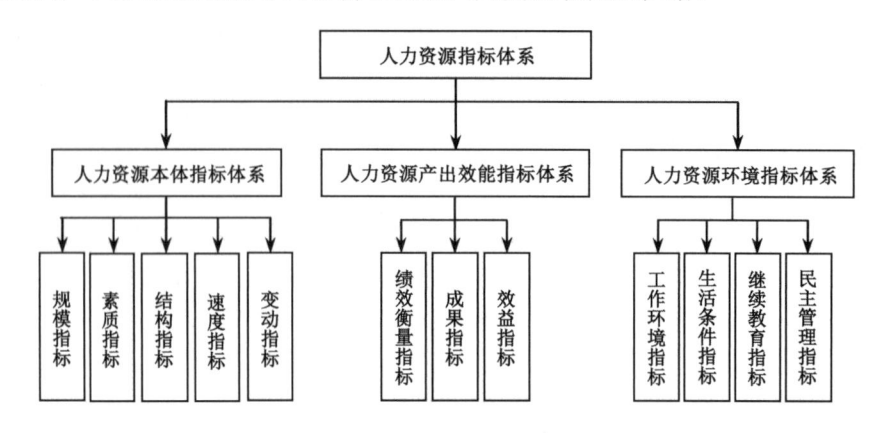

图 2-2 人力资源指标体系

2.2.2 人力资源本体指标体系

1. 人力资源规模指标组

（1）人力资源总量：在某一特定时间内企业所拥有的某类人力资源的总和。企业中经常使用的人力资源总量指标有专业技术人员总量、经营人员总量、销售人员总量、管理人员总量和技术工人总量、期初人力资源总量和期末人力资源总量等指标。

（2）人力资源平均人数：一定时期内人力资源的一般规模和数量指标。由于期初与期末的人数往往不同，计算平均人数指标便于与相关指标进行对比、分析。人力资源平均人数的计算公式为

$$人力资源平均人数=（期末人数+期初人数）/2$$

（3）人力资源密度：这是一个反映人力资源在某一领域分布状况的指标。各类人力资源密度是指各类人力资源数占人力资源总数的比例，即

$$人力资源密度=各类人力资源数/人力资源总数（单位为人/百人）$$

例如，管理人员数/人力资源总数，用于衡量企业中的每百人中有多少管理人员。根据需要，可以计算某些专业人员密度，如某公司管理人员密度为 12 人/百人，类似还可以测算销售人员密度、设计人员密度等。

2. 人力资源素质指标组

人力资源素质指标组包括身体素质指标、心理素质指标和社会素质指标 3 类。

身体素质指标包括力量，爆发力，柔韧性，灵巧、协调性与平衡性，耐力这 5 个方面的指标。身体素质指标用于衡量个人身体健康素质。心理素质指标包括认知、需要、兴趣、动机、情感、意志、性格等指标。社会素质指标又可以分为思想素质、道德素质、业务素质和审美素质等指标。

通常，身体素质可以通过体能和技能测试得到每个人的具体指标，然后汇总为企业员工的总体指标。而心理素质指标和社会素质指标中的思想素质、道德素质、审美素质较难量化，业务素质等可以通过考核和实际工作表现进行衡量。

3. 人力资源结构指标组

在评价人力资源规划时可以利用人力资源的素质、年龄、性别、职能和配置等结构指标对人力资源素质的结构分布进行评价。

（1）素质结构指标：包括知识结构指标和技能结构指标。知识结构指标主要从员工的学历和能级两个方面进行评价。员工的学历素质通常分成研究生及以上、大学本科、大专、中专（高中）和初中及以下 5 个层次。能级通常可以按照员工的专业技术职务、行政职务或业务职务等序列来进行划分。技能结构指标按照专业技术职务能级来划分，可以分为高级专业技术职务、中级专业技术职务、初级专业技术职务和无技术职务 4 个层次。工人按照技术工人的技术能级或熟练程度来划分，可以分成高级技师、技师、高级工、中级工和初级工 5 个层次。

（2）年龄结构指标：如果按粗线条划分可以分成老年、中年、青年 3 个层次，通常年龄在 56 岁及以上者为老年，36～55 岁者为中年，35 岁及以下者为青年。如果需要进一步划分，那么可以将员工的年龄按照每 5 岁或 10 岁为一组进行分组统计。在年龄结构指标中还经常用到年龄峰值、年龄谷值、平均年龄等指标。

（3）性别结构指标：具体设置为男性和女性两种。性别指标在人力资源评价中也具有重要的作用，不同行业的企业运营需要不同性别的员工支持。例如，轻纺、服务行业中的企业需要大量女性员工，而机械制造、重工行业中的企业需要更多的男性员工。

（4）职能结构指标：具体可以分为直接生产人员（包括工人、学徒和直接参与生产的工程技术人员）和非直接生产人员（管理、服务和其他人员）两类，也可以分为生产人员、管理人员、工程技术人员、销售人员、研发人员和其他人员。

（5）配置结构指标：主要用来反映人力资源在企业不同部门、不同工种中的分布情况。例如，部门的人力资源密度指标、部门的人力资源总量指标等可以反映不同部门中的人力资源状况、人力资源的素质情况。这些指标既可用于部门之间的比较，也可用于评价部门的人力资源发展状况，还可用于评价部门人力资源配置的合理性。

4. 人力资源速度指标组

人力资源速度指标是反映人力资源动态发展状况的指标。这是一些可以反映人力资源随着时间变动而改变的指标，主要包括发展速度、增长速度、平均发展速度和平均增长速度等指标。这些速度指标还可以用来与企业经济效益、企业经营发展速度相比较，以判断人力资源的发展是否与企业发展战略同步。

（1）发展速度指标：人力资源的发展速度可以用定基发展速度和环比发展速度来表示。定基发展速度是将报告期的发展水平与某一固定时期的发展水平进行比较。如果 R_0 为固定时期，即基期的发展水平，$R_1, R_2, \cdots, R_{n-1}, R_n$ 为报告期发展水平，则第 i 报告期人力资源定基发展速度 ds_i 的计算公式为

$$ds_i = R_i / R_0$$

式中，$i=1,2,\cdots,n-1,n$。

人力资源的环比发展速度是将报告期的发展水平与前一报告期的发展水平相比较。报告期环比发展速度 hs_i 的计算公式为

$$hs_i = R_i / R_{i-1}$$

式中，$i=1,2,\cdots,n-1,n$。

显然，定基发展速度为有关的环比发展速度之连乘，即

$$ds_n = R_n/R_0 = (R_1/R_0) \times (R_2/R_1) \times \cdots \times (R_{n-1}/R_{n-2}) \times (R_n/R_{n-1})$$

（2）增长速度指标：用于表示报告期人力资源与基期或前一报告期人力资源相比较的净增加率。其计算公式为

$$人力资源增长速度 = 人力资源发展速度 - 100\% = (R_i/R_0) \times 100\% - 100\%$$

（3）平均发展速度指标：为了评价人力资源队伍在一定时期内平均每年的变化情况，可以利用平均发展速度来表示。从基期到报告期人力资源的平均发展速度 $\bar{x}$ 的计算公式为

$$\bar{x} = \sqrt[n]{\frac{R_n}{R_0}}$$

式中，R_n、R_0 分别为报告期的人力资源发展水平和基期的人力资源发展水平。

（4）平均增长速度指标：人力资源平均增长速度为人力资源平均发展速度的净增长速率。

5. 人力资源变动指标组

为反映人员变动，设置了下列指标。

（1）自然变动指标：是指员工退休、退职、病退、辞职等原因导致的人员流动，可以分为退休人员数、病退人员数，以及其他减少人员数等。其中，其他减少人员数是指非上述原因解除雇佣关系的人员数量。

（2）流动指标：是指一定时期内进出企业的人员数量，可以分为流入人员数、流出人员数、流动人员数、净流入人员数，以及其他减员数等。流入人员数是以各种方式进入企业被聘用的人员数量；流出人员数是指以各种方式离开企业并被其他单位聘用的人员数量；流动人员数为流入人员与流出人员数量之和；净流入人员数是流入人员与流出人员数量之差。可以评价的指标如下：

$$人力资源新进率 = 新进人数/在册平均人数 \times 100\%$$

$$月度离职率 = 本月员工离职人数/本月在册平均人数 \times 100\%$$

如果把以月为单位改成以年为单位，就可以得到年度的离职率。离职人数是指辞职、辞退、自动离职的人数。人力资源平均人数是月初人数加月末人数除以2，离职率一般保持在3%～5%为适中。

$$人力资源周转率 = （当年增加人数 + 当年减少人数）/年人力资源平均人数 \times 100\%$$

这一指标既反映了企业在一定时期内的人员总体流动情况，也反映了企业内部人员的更换情况。通过人力资源周转率可以测量企业内部员工的稳定性程度。人力资源周转率过大，说明企业内部的人员流动较为频繁，这会导致企业生产率下降，从而导致招工培训成本增加，而人力资源周转率过低，又不利于保持企业的活力。

（3）内部流动或晋升指标：企业内部人员流动是指在企业内部，根据工作岗位或人员技能的不同，对人员进行分配与流动的过程。在企业内部的流动包括职务晋升、平级调动和降职。内部流动或晋升指标包括人力资源变动率、服务期分析指标、人力资源稳定指数等。

人力资源变动率是指在一定时期内岗位人员变动数占岗位总数的比例，它是反映组织人事调整、人员流动的重要指标。其计算公式为

$$人力资源变动率 = 岗位人员变动数/岗位总数 \times 100\%$$

服务期分析指标主要用于反映人力资源的平均服务年限，用于分析员工可以为企业服务

的年限。该指标在制定人力资源培训规划时是一个很重要的指标，并且可以用于对企业员工的服务时间与离职情况的相互关系进行分析，以便进行人力资源供给预测。

人力资源稳定指数可用于分析人力资源的稳定程度，以确定企业在未来可能够保留的人数。其计算公式为

人力资源稳定指数=服务满一年或以上的人数/一年前聘用的总人数×100%

2.2.3 人力资源产出效能指标体系

1. 绩效衡量指标组

绩效衡量指标是对员工平时的工作表现及工作完成情况的衡量指标，包括工作时间利用程度、员工违纪率和人员作用发挥度等指标。

（1）工作时间利用程度指标包括工作按时完成率、员工出勤率或缺勤率、加班比重等。工作按时完成率是指及时完成的业绩数占应完成的业绩计划总数的比例。其计算公式为

工作按时完成率=及时完成的业绩数/应完成的业绩计划总数×100%

员工出勤率或缺勤率是反映人事管理有效性的辅助指标。其计算公式为

员工出勤率或缺勤率=员工出勤或缺勤人数/员工总人数×100%

加班比重反映加班的比例，加班过多会直接影响一线作业者的身体健康，容易造成事故和影响产品质量。其计算公式为

加班比重=加班工时数/实际工作工时×100%

（2）员工违纪率是反映管理关系协调性的辅助指标。其计算公式为

员工违纪率=员工违纪人数/员工总人数×100%

（3）人员作用发挥度指标主要用于评价人力资源的工作能力的发挥情况。该类型指标是在人力资源自身评价的基础上进行的，需要在人力资源抽样调查以后完成。抽样调查时，可以将人员作用发挥情况分成全部发挥、发挥3/4、发挥1/2、发挥1/4和未发挥5个档次。抽样调查以后，统计汇总，最终得出人员作用发挥度。

2. 成果指标组

成果指标主要用来反映人力资源队伍的产出情况，主要有专利指标、新产品指标和人力资源价值系数等指标。

（1）专利指标：包括专利申请数、专利批准数和专利开发利用率等指标。

（2）新产品指标：包括新产品开发数、新产品销售额和新产品利润额等指标。

（3）人力资源价值系数：主要用于反映人力资源对企业经济发展的贡献率，可以用产值与人力资源数总数之比、利润总额与人力资源总数之比来评价。在需要时，可用产品销售额与销售人员总数之比来反映销售人员对销售业务的贡献度，用新产品开发数与专业技术人员总数之比或专利数与专业技术人员总数之比来评价专业技术人员的价值。人力资源价值系数的计量单位通常可以采用元/人、新产品数/百人等。

3. 效益指标组

效益指标是衡量人力资源效率和效益的一组指标，包括劳动生产率指标和人力资源投资效益指标。

（1）劳动生产率指标按照不同的表示方法有不同的计量标准，有实物量、总产值、净产

值、增加值等不同的表示方法。例如，劳动生产率的实物量指标=产品实物量指标/活劳动消耗量，它反映的是每个劳动者在单位时间内生产某种产品的能力；而劳动生产率的总产值指标反映的是每个人对总产值的贡献程度。

按不同人员范围计算的劳动生产率，可以分为基本生产工人劳动生产率、生产工人劳动生产率和全员劳动生产率。其中，基本生产工人是指直接从事产品生产的工人，生产工人包括基本生产工人和辅助生产工人。全员劳动生产率是以企业全部人员为范围计算的劳动生产率。计算公式分别为

$$基本生产工人劳动生产率 = 总产值/基本生产工人数 \times 100\%$$
$$生产工人劳动生产率 = 总产值/生产工人数 \times 100\%$$
$$全员劳动生产率 = 总产值/人力资源平均人数 \times 100\%$$

（2）人力资源投资效益指标包括以下几项。

① 人力资源投资收益=总收益/人力资源投资总额。

② 人均创利率=利润总额（月、季、年）/人力资源平均人数（月、季、年）×100%。

③ 人均投资成本=人力资源投资总额/人力资源平均人数。

④ 人均固定资产=固定资产平均原值/人力资源平均人数。其中，人力资源平均人数是规划期初人数和期末人数的平均值。

⑤ （月、季、年）工资利润率=（月、季、年）总利润/（月、季、年）工资总额×100%。工资利润率越高，说明单位工资带来的利润越大。

⑥ 百元奖金实现产值 = 产品产值/奖金总额×100。它主要反映奖金的产值效益。

⑦ 培训收益。人力资源培训作为一种经济活动，需要投入，同时它也有产出。因此，需要对培训的收益情况进行评价。培训收益应从个人收益和企业收益两方面进行评价，计算公式如下：

$$培训个人收益 = \sum 历年因培训增加的工资收入 \times 贴现率 - 培训个人支出$$
$$培训个人收益率 = 培训个人收益/培训个人支出 \times 100\%$$
$$培训企业收益 = \sum 历年因培训增加的企业收益 \times 贴现率 - 培训企业支出$$
$$培训企业收益率 = 培训企业收益/培训企业支出 \times 100\%$$

2.2.4 人力资源环境指标体系

1. 工作环境指标组

工作环境指标是一系列有关人力资源工作环境的评价指标，通常包括工作量、研究与设备条件、研究开发经费、信息支持和后勤服务等指标。

（1）工作量指标：用来评价人力资源是否发挥了作用及发挥作用的程度，通常包括不同人力资源的工作总量、工作的难易程度，如人均工作量、工作复杂系数等。工作量通常用产值或利润来表示，必要时还可以用工时来表示。

（2）研究与设备条件指标：用于衡量人力资源的工作条件，主要包含固定资产数、年均投资量，以及设备的先进程度、设备成套率、设备完好率、设备使用率和设备更新率等指标。为了便于比较，可以以元、万元、亿元等为单位来衡量固定资产数和年均投资量。设备的先进程度可以用国际领先、国际先进、国内领先、国内先进、行业领先和行业先进等词汇来表示，而设备的成套率、完好率、使用率和更新率等指标一般用百分比来表示。

（3）研究和开发经费指标：通常只有在充足的研究和开发经费的支持下，才能使人力资源发挥出更大的潜力。这类指标包括经费数额、人均经费数、经费产出率和经费来源等。

（4）信息支持指标：由于现代人力资源工作效率的高低往往取决于其所拥有的信息数量，因此信息的支持应该作为评价人力资源工作条件的主要指标。这类指标通常包括企业的图书杂志拥有量、电脑拥有量、电脑联网比例、信息查询正确性、信息查询及时性及国内外学术交流率等指标。

（5）后勤服务指标：这类指标主要用于评价人力资源的工作后勤保障，其中包含了衡量行政服务、物资供应和辅助人员支持等方面的指标。

2. 生活条件指标组

生活条件是评价人力资源发展状况的一类重要指标，因为人力资源的生活状况不仅影响人力资源的再生产，而且影响人力资源的工作积极性和人力资源能力的发挥。评价人力资源的生活条件主要包括劳动收入与非劳动收入、居住条件、交通通信、家务负担和医疗健康等指标。

（1）劳动收入与非劳动收入指标：评价人力资源生活状况的主要指标之一是劳动收入，其衡量指标包含人力资源工资收入总额指标、人均工资收入、家庭工资收入、工资增长率、奖金率等指标。股份分红属于非劳动收入，但是该指标也反映了员工的生活状况，因此被纳入生活指标评价体系中。其中：

$$奖金率=全年全部奖金总额/受奖励员工标准工资总额\times 100\%$$

（2）居住条件指标：企业员工若拥有良好的居住条件，其体能很快就能得到恢复，并能够通过自我学习提高自身素质，因此居住条件也是评价人力资源生活条件的主要指标之一。居住条件指标包括人均居住面积、房屋购买率、房屋购买支付率、房屋租借率和房屋成套率等。

（3）交通通信指标：人力资源的个人交通通信情况对于评价员工的工作效率和素质，以及提高工作能力都是很重要的。交通指标主要包括上下班途中花费的时间和交通工具类型等指标；通信指标主要包括家庭电话普及率、家庭电脑普及率和家庭电脑入网率等指标。

（4）家务负担指标：家务负担的轻重将直接影响员工的工作、学习和健康状况。这些指标可以分为家务处理形式、家务处理时间等类型。家务处理形式主要有自理和雇工两种，家务处理时间主要用于评价家务自理的处理时间。该指标反映了员工用于恢复自身体力和提高工作能力的时间状况，家务负担重，员工用于自身休息和学习的时间相对就少。

（5）医疗健康指标：通常可以包括个人身体状况、医疗保障和医疗费个人承担量等指标。身体状况包括健康、无病体弱、有病能工作、有病不能工作；医疗保障包括医疗保险和自费等；医疗费个人承担量通常以年为统计单位，分为无须支付及年支付在 100 元及以下、101～500 元、501～1000 元、1001 元及以上。

3. 继续教育指标组

继续教育指标主要用于评价员工的在职培训或自我进修情况，包含继续教育规模和继续教育投资等指标。

（1）继续教育规模指标：这是评价继续教育的基础指标，包含培训人数、培训人次、培训总人时，以及相关的人员培训参加率、人均教育培训费用、人均培训次数、培训完成率和人均培训时间等；从培训的类型分析可以分成脱产、半脱产、不脱产等。

培训参加率=参加培训的实到人数/应到人数×100%

培训完成率=培训结束之后实际完成培训的人数/应到人数×100%

（2）继续教育投资指标：人力资源的继续教育必须得到投资才能进行。人力资源继续教育投资指标主要包括继续教育管理费用、单位继续教育投资费用、个人继续教育投资费用，以及企业继续教育投资费用占总收入的比例等指标。此外，继续教育投资指标还可以包含相关的人均投资指标和投资结构比例指标。

4. 民主管理指标组

民主管理指标是指反映企业管理情况和员工参与企业管理程度的指标，主要包括员工参与度指标、员工投诉率（反映管理关系协调性的辅助指标）和人均建议采纳率等。

员工参与度指标主要用于反映企业员工参与企业经营管理的程度。该类指标可以分为员工对企业控制程度指标和员工话语权评价指标。员工对企业控制程度指标可以用员工持股份额（员工持有股份/企业总股份）、员工持股率（持股员工人数/企业员工数）和员工平均持股率（员工持有股份数/持股员工人数）等指标来表示。员工话语权评价指标则可以用员工建议数、员工建议采纳率和企业重大决策员工参与数等指标来衡量。

员工投诉率=员工投诉人数/员工总人数×100%

人均建议采纳率=已采纳的合理化建议件数/提出的合理化建议总件数×100%

2.3 人力资源信息的收集

一家企业的人力资源规划工作需要大量的历史和现实的数据，只有将这些数据转化成不同类别的指标，并对这些指标加以分析与研究，找出人力资源活动的规律及特征，才能明确具体的规划对象。正是由于人力资源信息在人力资源规划中的基础作用，因此必须加强对人力资源信息收集工作重要性的认识。首先，要注意防止人力资源信息的失真，使信息既不被放大，也不被缩小，更不会被扭曲。因为在失真信息基础上所制定的人力资源规划不仅劳而无功，还会导致依照错误人力资源规划实施的人力资源管理工作的失败，其后果不堪设想。其次，要与各项人力资源指标相契合，尽量按照指标要求的精度和口径获取第一手数据，保证换算出来的指标真实、可靠，为将来的人力资源规划工作提供支持。

2.3.1 人力资源信息的来源

在收集信息前，一定要搞清楚信息的来源（简称信源）。信源是信息的生成之源，即提供信息的根源。信源的可靠与否直接关系到人力资源信息的可靠程度，一个值得怀疑的信源提供的信息很可能不是真实的。人力资源信息的信源可分为以下几种。

（1）文档信源：以文档形式保存已经过加工、处理、存储和分析的人力资源信息，如人员档案、年度考核表、职位说明书等。这类信息由于已经进行过加工、处理，因此内容较为准确、可信度高，是经过验证的具有保存和参考价值的信息。但这类信息在时间上具有明显的滞后性特征，时效性较差。

（2）数据库存信源：将经过专业人员加工、整理、丰富、分析之后的具有一定价值的信息分门别类地保存在数据库中，供专业用户进行信息的查询和筛选，如学历/学位证书、身份证、驾驶证等。这类信息的内容新、价值高、分类清晰、共享性强，是首选的信源。

（3）权威机构信源：研究和管理等活动的主体单位，包括各级国家机关、各类信息中心、行业协会、人才市场等，掌握大量专业信息，这些信息大多比较可靠，即时性和权威性很强。

（4）网络信源：随着计算机技术的发展，计算机网络已深入各行各业，作为一种新兴媒体，互联网已成为人们工作、生活中不可缺少的工具。网络上的信息包罗万象、数量多、选择余地大，但真假难辨，需要多角度、有针对性地区分、识别和选择。

通常，信息量越广，渠道越多，收集到的信息量就越大，彼此之间能够相互佐证，信息就越可靠。在来源方面，企业应尽可能选取官方和熟悉的信源，尽可能保证人力资源信息的真实性。

2.3.2 人力资源信息收集的原则和步骤

人力资源信息收集是指行为主体根据不同的目的、要求，按照一定的程序和方法，对客观存在于信源或载体内的信息进行采集，并采用技术手段加以处理的过程。

1. 人力资源信息收集的原则

人力资源信息收集的过程中应遵循的原则有 3 条：准确性原则、及时性原则和系统性原则。准确性原则要求人力资源信息收集要保证质量，即人力资源信息要符合客观实际，所收集的数据和资料要真实可靠。只有收集到准确的数据，在科学分析的基础上，才能得出科学的结论。及时性原则要求人力资源信息收集要保证及时性，即在规定的时段、在时间节点之前及时上报各种资料。如果不能保证及时性，不仅会直接降低人力资源信息的时效性，甚至可能延误人力资源规划的全局。系统性原则说明人力资源信息收集是一项系统工程，在时间上要概括整个过程，在范围上要包括所有部门，在项目上要囊括所有的内容，在数据填充上要覆盖所有的指标体系。总之，人力资源信息的收集要全面、真实和完整。

为能准确、及时、系统地收集人力资源信息，企业要先制定一个完整、可行的人力资源信息收集方案。人力资源信息收集方案是在进行人力资源信息收集工作前制定的，它是整个人力资源信息收集工作的指导性文件。制定人力资源信息收集方案时应该确定人力资源信息收集的目的，确定人力资源信息收集的范围，拟订人力资源信息收集的调查提纲，制订人力资源信息收集的实施计划。

2. 人力资源信息收集的步骤

人力资源信息收集在准确性、及时性和系统性原则的指导下，可按下面的步骤来收集。

（1）确定人力资源信息收集的目的。确定人力资源信息收集的目的是进一步确定人力资源信息收集的对象、时间、范围、调查提纲和实施计划的前提。本书所讲的人力资源信息收集就是为人力资源规划服务的，因此人力资源信息收集的目的应该由人力资源规划工作的任务确定。要明确围绕人力资源规划的需要，确定信息收集指标的多寡、信息要求的精度等。因此在收集时，可将信息的目标分几个层次（如将信息分为主要信息和次要信息），有目的地进行收集。

（2）确定人力资源信息收集的范围。确定人力资源信息收集的范围，指的就是明确人力资源规划的边界，也就是明确所要开展调查特定范围内的对象，超出部分就不是调查对象了。例如，要取得某企业的技术人员的信息资料，那么该企业就是这次人力资源信息收集的范围，而该企业所属的各个职能部门和车间就是具体的调查对象。

（3）拟订人力资源信息收集的调查提纲。人力资源信息收集的调查提纲，是指准备进行的调查项目和内容，包括对调查单位所需登记的内容和有关情况等。这项工作准备充分可使人力资源信息收集的过程清晰，工作井井有条。如果条件许可，也可找专家来协助拟订人力资源信息收集的调查提纲。

人力资源信息收集的调查提纲取决于人力资源信息收集的目的和调查对象的特征。企业在拟订人力资源信息收集的调查提纲时，一般要注意以下几个方面的问题。

① 人力资源信息收集的调查提纲所列项目应是满足人力资源信息收集的目的所必需的项目。人力资源信息收集的调查提纲必须紧紧围绕人力资源信息收集的目的，从具体的时间、地点、条件及其关系出发，列出必要的、少而精的调查项目。

② 人力资源信息收集的调查提纲所列项目应是调查部门能够明确解答的项目。如果有需要但在实际中没有条件取得资料或不能得到准确答复的项目，则不能列入调查提纲。

③ 人力资源信息收集的调查提纲所列项目的语义要简明易懂。调查涉及的部门人员的知识背景、学历层次、理解能力等会有很大的差异，且他们大部分不是专业调查人员，要回避一些生涩的专业术语，保证他们能看懂调查问卷。因此，问卷中项目的设计要简明易懂，调查所列答案要明确表示，被调查者在填写答案时只能有一种答案可以填写，或者可以从几个答案中选择一种可以明确的回答。如果无法做到这两点，就需要对答案统一标准，或统一说明及提示。在进行答案设计时，如果是文字式答案，就应该设计成"是"或"否"的形式，无须另加说明；如果是数据式答案就应该给出明确的计量单位，并只能填写数据。

（4）制订人力资源信息收集的实施计划。人力资源信息收集的实施计划包括组织计划和进度计划，组织计划是从组织上保证人力资源信息收集工作顺利开展的重要依据，而进度计划是从时间进度上保证调查工作正常开展的重要依据。

组织计划应包括组织信息收集的领导机构，参与调查的单位与人员，调查的方式、方法、时间与地点，各项准备工作（思想发动、工作人员培养与配置、文件准备等）；资金来源与财务预算等内容。

进度计划应包括工作目标、步骤和程序、措施、技术要求、具体项目、质量标准，以及是否需要试点等内容。

确定人力资源信息收集的时间包括双重含义：一是确定人力资源信息所属的时期或时点；二是确定人力资源信息收集的期限。确定人力资源信息所属的时期或时点，是保证统计资料具有准确性的重要条件。人力资源信息收集的期限一般指人力资源信息收集工作自始至终（到形成调查报告）所需的时间。为了保证人力资源信息收集工作的准时完成，应尽量缩短人力资源信息收集的时间。

2.3.3 人力资源信息的收集方法

"工欲善其事，必先利其器。"方法是达到目的的手段，科学的方法可使人力资源信息收集工作产生事半功倍的效果。根据不同的环境和目的应使用不同的人力资源信息收集方法，即使同一个项目也需要多样化的人力资源信息收集方法，同时要注意人力资源信息收集方法的灵活运用和技术创新，不要拘泥于固有的模式。人力资源信息的收集方法主要有普查法、重点调查法、典型调查法和抽样调查法等。

1. 普查法

普查法是指希望获取人力资源全面信息时所采用的调查方法。如果被调查企业的规模较小，就可以直接从被调查对象和日常人力资源管理统计资料中获取。如果被调查企业的规模较大，就需要建立统一的调查机构，制定周密的调查方案，包括确定具体的调查工作人员、调查登记，以及汇总复核和上报。在进行人力资源信息普查时要做到"五统一"，即统一调查时点、统一调查期限、统一调查项目、统一调查方法和统一调查步骤。由于人力资源信息普查可以根据人力资源规划的需要设计调查项目，因此使用这种方法对所需要的人力资源信息的了解更加全面、详细，这对企业后续进行科学的人力资源规划十分有利。但是这种方法由于成本高、涉及面广、工作量大、时间性强，不宜经常采用。

2. 重点调查法

如果人力资源规划对象在某些部门较为集中，或者某类人力资源是本次人力资源规划的重点，就可以采用重点调查法来收集人力资源信息，即对人力资源规划对象集中的部门或规划中的重点人力资源进行相关信息收集，以降低采用全面普查所需要的收集成本。在进行重点调查时，要分清哪些部门、哪几类人力资源是重点调查对象。

3. 典型调查法

典型调查法与重点调查法是两种不同的调查方法。典型调查是从全部调查对象中选择一批具有代表性的典型对象进行调查，而重点调查是选择一批重点对象进行调查，两者是有区别的。典型调查只对很少的一批具有代表性的典型单位进行周密而系统的调查，调查范围小，便于进行深入调查，以获取第一手调查信息。该调查方法花费的人力和物力少、收效快、获取的信息详细可靠，是一种经常被采用的基本调查方法。

4. 抽样调查法

抽样调查法是依照随机抽样原则在调查对象中抽取部分调查对象进行调查，以调查结果来推断总体状况的调查方法。由于抽样调查建立在科学、严谨的概率论和数理统计理论基础之上，采取了随机抽取样本的方法进行调查，排除了人为主观因素的干扰，并通过对样本数量的控制来控制抽样调查的误差，因此抽样调查可以在节约人力、物力和时间的情况下，获取一定的样本调查资料用于对整体的推断。要使抽样调查保持这些优点，就需要在调查的过程中遵循随机抽取样本的原则。

当收集到所需要的人力资源信息以后，就要根据人力资源规划的任务和目的对大量的、繁杂的人力资源信息进行分类、汇总，厘清头绪，找出人力资源发展的内在规律和本质。换句话说，根据需要对人力资源信息进行再加工，使其内在的发展规律能够显露出来，可以使人力资源信息真正成为人力资源规划的基础数据。

2.4 人力资源信息的处理

2.4.1 人力资源信息的处理过程

人力资源信息的处理过程，指的是根据人力资源规划的任务和目的，将通过人力资源调查所取得的原始数据进行分类和汇总,并对其进行再加工,使之成为人力资源评价指标数据的过程。

通过广泛的人力资源调查,可以得到大量的人力资源信息,但这些繁杂的人力资源信息并不能直接用于人力资源规划工作,而是需要经过专门的加工过程。只有对原始人力资源信息进行加工和处理,才能使之转变成各种符合规范的、具有规划价值的人力资源。

人力资源信息的处理过程可以分为5个阶段。第一阶段是对原始人力资源信息的审核阶段,通过初次审核,对发现的问题进行及时补救或纠正。第二阶段是分类汇总阶段,通过采用相关的技术,对初次审核通过的人力资源信息进行分组、汇总和计算。第三阶段是二次审核阶段,对整理好的人力资源信息再一次进行审核,并根据审核中发现的问题进行再次补救或纠正。第四阶段是形成信息资料阶段,用精练的文字、直观的数据或图表等表达形式,简明扼要地描述人力资源现象。第五阶段是综合分析阶段,通过采用各种分析技术和手段,对人力资源信息进行综合分析和计算,按人力资源指标体系的规范、要求形成各种可用来进行人力资源规划的数据。

2.4.2　人力资源信息的处理方法

人力资源信息的处理方法可以按照定量和定性两种类别进行处理。人力资源信息处理的定量方法是统计分组法。统计分组法是指将大量的原始人力资源信息(或资料)经分组归类后,把同质的现象归纳在一起并进行统计。根据数量的多少,被统计的人力资源现象的性质和特征就会显现出来。统计分组法既是人力资源信息处理的基本方法,也是人力资源信息分析的基本方法之一。由于统计分组法是社会经济统计中的一种重要方法,很多有关统计方面的书籍都有详细介绍,这里不再赘述。

人力资源信息处理的定性方法通常包括分析法和综合法。分析法是把人力资源信息按内容不同分解为个别属性、某一局部或某一方面;综合法是把人力资源信息的各个属性、各个部分或每个方面归纳为一个整体加以阐述。对于分析法和综合法而言,分析是综合的基础,综合是分析的总结。通过分析和总结可以进一步了解、把握企业整体和各个部分的人力资源状况,由对人力资源现象的观察发展成对人力资源状况的全面认识,由感性认识上升为理性认识,为人力资源规划工作打下坚实可靠的信息基础。

2.4.3　人力资源信息的审核

人力资源信息的准确性、及时性和完整性决定了它的应用价值。为了确保人力资源信息的可靠、无误,除了要求调查人员认真、细致地工作,还要求其对每份原始数据和资料进行检查及审核。对人力资源信息的审核又称复查,一般采用抽样的方式进行。经抽样审核的人力资源信息要与整体的人力资源信息相比较,确定差错和比率,然后加以推算,用以修正整体的人力资源信息。

1. 人力资源信息审核的内容

人力资源信息的审核包括及时性、完整性和准确性3个方面。及时性审核是指要检查所有资料是否按时完成数据的采集;完整性审核是指要检查资料是否完整、报表是否齐全、应填指标是否有缺漏等;准确性审核是指要检查信息内容是否合理、统计口径是否一致、计算是否准确、计量单位是否合适、前后是否一致等。对于审核中发现的问题要及时采取补救措施，以保证人力资源信息的及时、准确和完整。

2. 人力资源信息补救的技术措施

由于各个企业的情况千差万别，在各种因素的影响下，获取的人力资源信息可能出现空白、偏差和失真。对于这些情况，要把缺漏的人力资源信息补足，对失真和偏差的人力资源信息进行纠正。在各种补救措施中，取舍、补遗、复原、修正等技术应用得较为普遍。取舍多是由于各种原因出现了重复统计，如同一项数据出现多个数值，这时就要进行取舍。补遗是指数据出现了空白和遗漏，需要再次调查或通过对历史资料的推算进行弥补。复原是指由于计算错误导致数据出现偏差，要通过对原始数据的再次计算进行更改。修正是指由于条件的改变，而对原来的数据进行调整。但在实施补救措施时，要注意对将要采取的补救措施的科学性进行论证，并应用同期的历史资料对补救产生的数据进行验证。切忌想当然地拼凑数据，否则会影响后续工作的准确性，甚至会导致整个人力资源规划工作的失败。

2.4.4 人力资源信息的汇总

在取得原始人力资源信息之后，就要着手对这些原始人力资源信息进行初步加工，这个加工过程就是人力资源信息的汇总过程。人力资源信息汇总的方法很多，但从统计的角度来讲可以分为手工汇总、机械汇总和电子计算机汇总三大类。手工汇总又可分为划记法、记录法、折叠法、卡片法和直接加总法等方法。电子计算机汇总又可分为直接汇总和联网汇总两种方法。随着电子计算机的普及，机械汇总法已基本被淘汰。以上汇总方法由于各种统计书籍多有介绍，不再赘述。

2.4.5 人力资源信息分析报告

人力资源信息分析资料是对企业相关人力资源信息进行分析的结果，由于这些分析资料往往以分析报告的形式面世，因此也称人力资源信息分析报告。人力资源信息分析报告对人力资源现象的内在联系和发展规律进行高度概括，是人力资源规划的重要依据。

一份人力资源信息分析报告在结构框架上一般包括4部分。首先要明确提出所要分析的问题，其次要有分析问题的过程，再次要有分析问题的结论，最后要提出相应的对策、措施。

在编写人力资源信息分析报告时，需要注意如下5个方面的问题。

（1）主题要突出。人力资源信息分析报告要围绕主题来确定整个报告的结构和脉络。

（2）论点和论据要一致。人力资源信息分析报告既要有明确的论点，又要有可靠的论据作为支撑。或者说，观点和材料要统一，材料是观点的基础，而观点是对具体材料的归纳和概括。

（3）定性分析和定量分析相结合。性质和数量是各种人力资源现象的两方面，在对人力资源信息进行分析时，二者缺一不可。在定性分析中要善于应用例证，在定量分析中要用好各种人力资源数据。

（4）分析推理要具有逻辑性。分析报告中使用的概念要清晰，思路要清楚，方法要科学，推理要严密，判断要有理有据。

（5）文字要简练，语言要通俗。人力资源信息分析报告通常是短文章，文字要简练，语言要通俗，不要使用晦涩难懂的词汇或追求华丽的修辞。

自测题

一、判断题

1. 人力资源信息是人力资源队伍及其管理活动本质特征和运动规律的表现及记录。（　　）
2. 人力资源定量信息是指以数据形式直接表示的人力资源信息。（　　）
3. 人力资源信息在进行分类以后，就可以直接用于人力资源规划了。（　　）
4. 通过广泛的人力资源调查得到的人力资源信息，不能直接用于人力资源规划工作，要经过专门的加工过程。（　　）
5. 人力资源信息处理的定性方法通常包括分析法和综合法。（　　）
6. 补救是指数据出现了空白和遗漏，需要再次调查或通过对历史资料的推算进行弥补。（　　）

二、单选题

1. 人力资源信息收集的第一步工作是（　　）。
   A. 确定人力资源信息收集的目的　　B. 确定信息收集的对象
   C. 拟订调查提纲　　D. 明确调查内容
2. 下列方法中不属于人力资源信息的收集方法的是（　　）。
   A. 普查法　　B. 典型调查法
   C. 德尔菲法　　D. 抽样调查法
3. 检查信息内容是否合理、统计口径是否一致、计算是否准确、计量单位是否合适、前后是否一致等，是指人力资源信息审核的（　　）。
   A. 及时性　　B. 完整性
   C. 准确性　　D. 科学性
4. 流动指标属于（　　）。
   A. 速度指标组　　B. 结构指标组
   C. 民主管理指标组　　D. 变动指标组

三、多选题

1. 人力资源信息的有效开发和利用对企业管理有着举足轻重的作用，主要表现在（　　）。
   A. 人力资源信息是企业进行人力资源决策的基础
   B. 人力资源信息是组织、指挥、控制过程的工具和手段
   C. 信息反馈是改进人力资源决策的重要方法
   D. 人力资源管理信息是企业内部的人员信息
2. 人力资源指标体系包括（　　）。
   A. 人力资源产出效能指标体系　　B. 人力资源本体指标体系
   C. 人力资源环境指标体系　　D. 人力资源变动指标体系
3. 人力资源信息的收集方法有（　　）。
   A. 重点调查法　　B. 抽样调查法
   C. 统计报表法　　D. 德尔菲法

4. 人力资源指标体系的功能包括（　　）。
   A．评价功能　　　　　　　　　B．预警功能
   C．监测功能　　　　　　　　　D．描述功能
5. 人力资源速度指标组包括的指标有（　　）。
   A．发展速度指标　　　　　　　B．人力资源新进率
   C．增长速度指标　　　　　　　D．人力资源稳定指数
6. 人力资源信息处理的定性方法通常包括（　　）。
   A．分析法　　　　　　　　　　B．统计分组法
   C．综合法　　　　　　　　　　D．筛选法

四、简答题

1. 简述人力资源信息的概念。
2. 简述人力资源信息的作用。
3. 简述人力资源指标体系的功能。
4. 简述人力资源指标体系的内容。
5. 简述人力资源信息收集的步骤。
6. 简述人力资源信息的处理过程。

五、案例分析

唐僧定指标的故事

唐僧团队是一个知名团队，经常在课上被作为典范来介绍，但是这个团队的绩效管理似乎做得并不好。我们来看一下他们的指标考核故事。

话说，唐僧团队乘坐飞机去旅游，途中飞机出现故障，需要跳伞，不巧的是，师徒四人只有3个降落伞包。为了做到公平，师父对各个徒弟进行了考核，考核过关就可以得到一个降落伞包，考核失败就自由落体，自己跳下去。

于是，师父问孙悟空："悟空，天上有几个太阳？"悟空不假思索地答道："一个。"师父说："好，答对了，给你一个。"师父又问沙僧："天上有几个月亮？"沙僧答道："一个。"师父说："好，也对了，给你一个。"八戒一看，心里暗喜：啊哈，这么简单，我也行。于是摩拳擦掌，等待师父出题。然而，师父的题目出来了，八戒却跳下去了，大家知道为什么吗？师父的问题是："天上有多少颗星星？"八戒当时就傻眼了，直接跳了下去。这是第一次旅游。

过了些日子，师徒四人又坐飞机去旅游，结果途中飞机又出现了故障，同样只有3个降落伞包，师父如法炮制，再次出题考大家。师父先问悟空："中华人民共和国是哪一年成立的？"悟空答道："1949年10月1日。"师父说："好，给你一个。"师父又问沙僧："中国有多少人口？"沙僧答道："14亿人。"师父说："好的，答对了。"沙僧也得到了一个降落伞包。轮到八戒时，师父问："14亿人口的名字分别叫什么？"八戒顿时晕倒，又一次以自由落体结束旅行。

第三次旅游时，飞机再一次出现故障，这时八戒说："师父，你别问了，我跳。"然后八戒纵身一跳，师父却双手合十说："阿弥陀佛，殊不知这次有4个降落伞包。"

问题：这个故事说明一个团队应怎样进行指标考核？进行指标考核时要注意什么？

第 3 章
人力资源现状分析

学习目标

1. 掌握人力资源现状分析的内容及方法；
2. 掌握人力资源现状综合分析的方法；
3. 掌握人力资源内部环境分析的方法；
4. 了解人力资源管理工作分析；
5. 了解人力资源外部环境分析；
6. 了解人力资源队伍分析。

学习导航

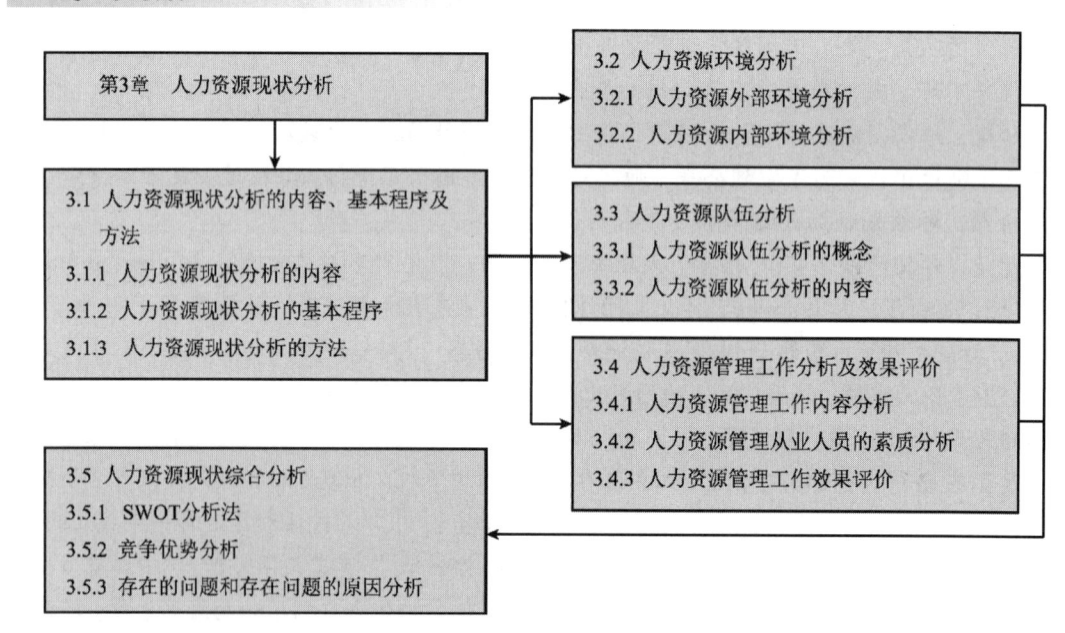

第3章 人力资源现状分析

3.1 人力资源现状分析的内容、基本程序及方法
3.1.1 人力资源现状分析的内容
3.1.2 人力资源现状分析的基本程序
3.1.3 人力资源现状分析的方法

3.2 人力资源环境分析
3.2.1 人力资源外部环境分析
3.2.2 人力资源内部环境分析

3.3 人力资源队伍分析
3.3.1 人力资源队伍分析的概念
3.3.2 人力资源队伍分析的内容

3.4 人力资源管理工作分析及效果评价
3.4.1 人力资源管理工作内容分析
3.4.2 人力资源管理从业人员的素质分析
3.4.3 人力资源管理工作效果评价

3.5 人力资源现状综合分析
3.5.1 SWOT分析法
3.5.2 竞争优势分析
3.5.3 存在的问题和存在问题的原因分析

引导案例

朱总是一家物业服务企业的老板，作为一家诚信企业的"掌门人"，他坚毅勇敢、杀伐决断、雷厉风行。尤其在用人方面，他非常重视奖优罚劣，赏罚分明，带出了一支素质

过硬的物业服务队伍。该企业为20多个住宅小区服务，口碑一直很好，有的小区已经连续被该企业服务十余年了，业主对该企业的服务都很满意。朱总有信心把企业做大做强，他不仅制定了企业战略规划，深挖企业文化，而且陆续制定了各种企业人力资源规划，打算充分利用当前良好的环境大干一场。突发的疫情让企业措手不及，不仅原有的人力资源规划难以继续执行和贯彻，还暴露出原有规划在应急环节的许多缺欠。2020年的春节是朱总度过的最无助的一个春节，一向大刀阔斧的朱总顿感"压力山大"，面对企业的人员现状，深感无所适从。为了保证业主的安全、积极配合社区防疫的要求，小区的工作突然增加了好多，大量的岗位处于缺人状态，仅小区门岗的缺口就有30多个。同时，由于正值春节期间，很多外地员工都已经放假回家了，按照疫情防控政策的要求，他们在正月初五回来复工的可能性也不大。本地的一些员工已经在办公室里打地铺好几天了，连续的加班加点让每个人都显得很憔悴，有几位中层干部已经几夜没睡过一个好觉了。幸好一些志愿者帮忙缓解了一些工作压力，但这不是长久之计啊！

思考：
突发的疫情对人力资源管理造成了哪些影响？制定应急规划时，要考虑哪些因素？如果你是朱总，应该怎么改变人力资源现状？

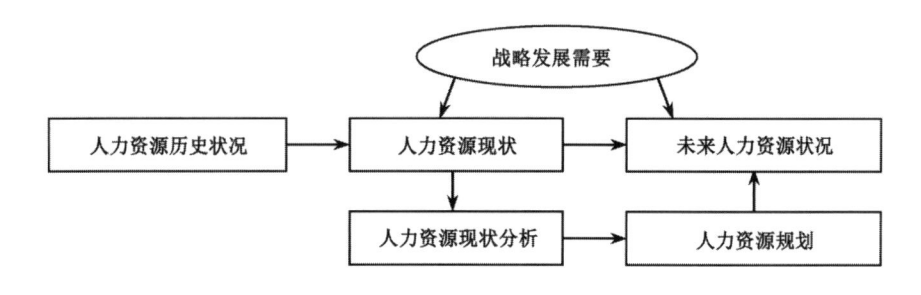

人力资源现状分析是人力资源规划工作的重要环节之一，目的是通过对人力资源现状的分析，摸清企业的"家底"，明确企业现有人力资源各项工作的真实水平；发现促进企业发展的优势及特色，加以巩固和提高；识别企业存在的障碍及欠缺，需要克服和回避；找出隐含的潜力及机会，期待进一步挖掘和把握。需要分析的人力资源现状具体包括人力资源工作的环境、人力资源队伍的基本数量和结构、现有的人力资源规划对企业发展战略的支撑力度、内部和外部可能在未来影响企业发展走势的因素等。只有在科学分析人力资源现状的基础上，才有可能进行科学的人力资源预测，进而制定出科学的人力资源规划。

3.1 人力资源现状分析的内容、基本程序及方法

3.1.1 人力资源现状分析的内容

人力资源现状分析既对企业历史人力资源状况进行总结和反思，也为未来人力资源发展奠定了现实基础，起着承前启后、继往开来的作用。对人力资源现状进行系统、科学的分析，进而制定人力资源发展的目标、战略和对策，以对未来人力资源状况进行有目的的构建和谋划，这就是人力资源现状分析的作用。图3-1所示为人力资源现状分析。

图3-1 人力资源现状分析

人力资源现状分析主要包括 3 个方面的内容：一是人力资源环境分析；二是人力资源队伍分析；三是人力资源管理工作分析。

（1）人力资源环境分析，可以从人力资源外部环境和人力资源内部环境两个层次进行。人力资源外部环境一般包括一个国家或一定区域的政治、经济、文化、法律、政策等社会环境和自然地理环境，以及同行业的竞争合作环境。人力资源内部环境一般是指具体的人力资源使用单位的内部环境。

（2）人力资源队伍分析，要求对企业整体人力资源队伍自身的状况进行分析，明确自身发展的优势和劣势，找出存在的问题及存在问题的具体原因。

（3）人力资源管理工作分析是指在对一个时期（通常为一年）的工作进行总结的基础上，一方面对原有的人力资源规划和工作成绩进行评价，另一方面总结成功的经验和吸取失败的教训。

3.1.2 人力资源现状分析的基本程序

人力资源现状分析的基本程序如图 3-2 所示。这个基本程序大致可以分为 5 个步骤，即确定分析范围、选择分析方法、子系统分析、综合分析和得出分析结果。

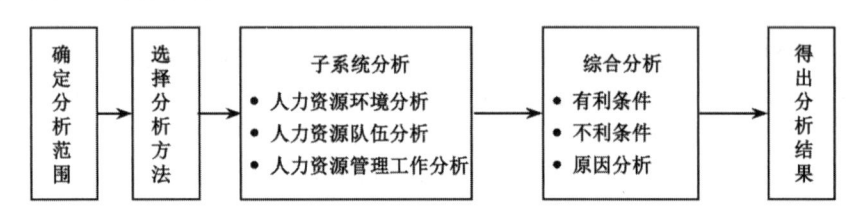

图 3-2 人力资源现状分析的基本程序

1. 确定分析范围

确定分析范围是要确定人力资源现状分析的时间和空间范围，明确人力资源分析的目标和对象。范围不清是进行人力资源现状分析工作的大忌，由于时间和地域界线的模糊时常会导致统计口径不一致、前后矛盾等问题，因此需要规定出具体的时间节点，并明确人力资源现状分析的对象是全体成员还是部分人员。例如，截至 2022 年 6 月 1 日，集团公司全体员工的人力资源现状分析。

2. 选择分析方法

没有科学的、适用的分析方法，人力资源现状分析工作是很难开展的，即使勉强进行也很难得出确切的结论。人力资源现状分析可以采用的分析方法有很多，这些方法各有特点，可以依据具体情况选择合适的分析方法。

3. 子系统分析

子系统分析是人力资源现状分析的核心。人力资源现状分析包括 3 个子系统分析：一是人力资源环境分析，二是人力资源队伍分析，三是人力资源管理工作分析。

4. 综合分析

综合分析是在对人力资源环境、人力资源队伍和人力资源管理工作 3 个子系统分析的基础上进行的。通过对 3 个子系统的综合分析，从不同角度找出人力资源整体发展的有利条件（机会和竞争优势）、不利条件（挑战和劣势）和目前制约人力资源发展的主要问题，以及探寻产生问题的原因。

5. 得出分析结果

人力资源现状分析的最后一个步骤是对之前的工作进行整理，完成分析报告，得出分析结果。人力资源现状分析的目的是进行人力资源规划，所以最后提供的分析报告要符合人力资源规划的需要，尤其符合人力资源预测的需要。如果分析结果不具体、清晰，达不到规划的要求，就需要重新进行人力资源现状分析，直到达到要求为止。

3.1.3 人力资源现状分析的方法

人力资源现状分析的一般方法是指经常使用的基础性分析方法，常见的基础性分析方法有比较分析法、结构分析法、案例分析法、抽样问卷分析法、预测分析法、数理统计分析法、专家分析法、图表分析法和指标体系分析法等。

1. 比较分析法

比较分析法是利用对照、比较的方式，通过刻意选取的一些关键指标的对比，对一家企业的前后过程或在多个相近的企业间分析相同及相异之处的分析方法。类比分析法是在比较分析法的基础上派生出来的分析方法，是人力资源现状分析中经常使用的方法。类比分析法也称比较类推法，是指由一类事物所具有的某种属性，可以推测与其类似的事物也应具有这种属性的推理方法。使用类比分析法的前提是分析对象具有部分相同的属性。分析对象间共有的属性越多，类比结论越可靠。

2. 结构分析法

结构分析法是从一个事物的各个部分之间的相互关系着手，分析事物存在和运动、发展的内在机制及存在根由的方法。在人力资源现状分析中，结构分析法几乎是一种必须运用的方法，一般称为人力资源结构分析法。这种方法把人力资源当作一个大系统进行分解研究。

在结构分析法中，有一种被称为 ABC 分析法的方法很值得我们重视和运用。ABC 分析法亦称分类分析法或重点分析法。该方法先对事物进行统计、排列和分类，找出事物的重点和关键，然后进行分析，以确定管理的相应对策。ABC 分析法的依据可以从"二八规则"出发，即 20%的成分占有 80%的分配，而另外 80%的成分只占有 20%的分配。也就是说，普遍存在着"关键的少数和次要的多数"的关系问题。在人力资源管理中，这种现象很常见，因此可以把 ABC 分析法用于人力资源现状分析。

3. 案例分析法

案例分析法分为个案分析法和群案分析法，是利用具体案例来进行研究、分析的方法，可以达到以点带面的效果。个案分析法是先对一个案例进行典型分析，找出其存在和运动、发展的原因及规律，然后进行推广和普及的方法。群案分析法是对一组案例进行比较和归纳，从中找出相同及差异之处，进而分析出带有普遍意义的规律的方法。案例分析法的关键是如何选择典型案例,以及如何解剖案例。人力资源现状分析中经常使用的典型调查分析、重点调查分析,以及抽样调查分析等都属于案例分析的范畴。

4. 抽样问卷分析法

抽样问卷分析也是常用的重要分析方法,在人力资源现状分析中经常使用。抽样问卷分析法是先以抽样的方式对样本进行问卷调查,然后对调查结果进行分析的方法。抽样问卷通常是指随机抽样问卷,因而其结果可以用来推算总体。抽样问卷的结果带有一定的主观判断色彩,虽然不能笼统地代替统计数据,但可以弥补大规模统计调查结果的不足,尤其可以弥补那些无法统计到的、但必需的、含有主观判断成分的定性数据。抽样问卷分析法的关键在于问卷的设计,要尽量避免含糊、容易产生歧义或两难的用词,提问要准确,假设要具体,表格要简练。问卷表的回收要有组织保证,否则会因回收率过低而导致整个抽样分析行为的失败。同时要注意,由于问卷的回答带有主观判断色彩,结果难免有主观偏差。因此,一方面要适当地增加样本的数量和比例;另一方面要避免单独使用该方法,应与其他方法配合使用。

5. 预测分析法

在进行人力资源现状分析时,有时需要对事物的发展趋势进行分析,这时就需要使用预测分析法。有关人力资源预测的方法很多,可参见本书第4章的有关内容,这里不再赘述。

6. 数理统计分析法

数理统计分析法是一种数学分析方法。其以概率论为理论基础,主要研究两个方面的内容:一是大量随机事件数量变化的基本规律;二是通过部分随机变量间的数量关系及其各自的分布规律来推断总体情况。数理统计的内容主要有参数估计、假设检验、相关分析、试验设计、非参数统计和过程统计等。

7. 专家分析法

专家分析法是利用专家的知识和经验对人力资源现状进行分析的方法,可分为专家个人分析法和专家会议分析法。专家个人分析法是指由专家个人对人力资源现状做出判断、分析,并得出结论。此分析法属于个人行为,由于不同专家的知识结构和研究问题的角度不同,加之主观偏好,不可避免地会有误差。专家会议分析法是指将所有专家集中在一起进行讨论和交流,相互启发,优势互补。这样容易得出较为具体、全面的结论,但心理上易被他人观点左右,影响个人的判断。为弥补专家个人分析法和专家会议分析法的不足之处,在人力资源现状分析过程中经常使用专家调查法——德尔菲法。德尔菲法既是一种判断方法,也是一种预测方法,这种方法将在本书的第4章中进行详细介绍。

8. 图表分析法

图表分析法是利用图、表(多指统计图和统计表)的形式对人力资源现状进行分析的方法。图表分析是数字资料分析的重要表现形式,具有明晰、概括性强、有条理、直观等优点,在人力资源现状分析中经常作为辅助分析方法使用。

9. 指标体系分析法

指标体系分析法是运用指标体系对人力资源现状进行分析的方法。要分析企业的人力资源现状这一复杂的系统，以及阐明企业内部和外部诸要素间的相互关系，必须采用一整套科学的指标体系来进行系统的检验和研究。

3.2 人力资源环境分析

现代企业每天都生存在复杂而多变的环境中，不断地与环境之间进行着人员、物质和信息的交换。环境为企业提供生存和发展的机会，但也可能给企业带来巨大的威胁和挑战。为此，企业要适应环境的变化，未雨绸缪，通过对环境的分析，不断地做出相应的调整。同样，作为企业组成部分的人力资源个体，也生活在一个纷繁复杂的环境中。因此，无论是企业还是个体都要不断地调整自己以适应环境的变化。但环境的变化时常超出我们的想象，对人力资源环境进行分析时不可能也没有必要对影响环境的所有因素进行详尽的分析，但是对那些关系到企业生存，以及对企业的发展起关键作用的环境因素必须进行系统和科学的考量。

图 3-3 所示为人力资源环境因素分析。从该图中可以看出，人力资源环境可以分为 3 个圈（3 个层次）：第一层次是指战略环境，主要包括政治、经济、社会、技术等因素；第二层次是指行业竞争环境，主要包括竞争对手、潜在加入者、替代品、顾客和供应商等几种力量；第三层次是指企业内部具体的人力资源环境，可以根据具体情况分成若干方面。企业外部环境指的就是前两个层次，而内部环境指第三层次。

在这里还需要加以注意的是，第一，环境分析只是一种外在系统的分析，必须紧密联系人力资源本体系统的实际情况。首先，分析环境因素要按照科学的逻辑顺序进行，通常先从企业外部环境分析入手，然后分析企业内部环境因素，最后结合人力资源队伍内部条件进行综合分析，目的是找出对人力资源队伍发展影响较大的各个环境因素。第二，人力资源环境分析只是人力资源现状分析的一个环节，是为下一步人力资源预测工作服务的，最终的目的是做好企业的人力资源规划。第三，人力资源环境分析不能代替人力资源现状分析，应该将环境因素和人力资源队伍的内部条件相结合进行分析，外因是要通过内因才能起作用的。第四，是否要对几个层次的环境和环境中的全部因素进行分析，要视人力资源现状分析的需要而定，不是每种现状分析都要将环境分成几个层次进行。

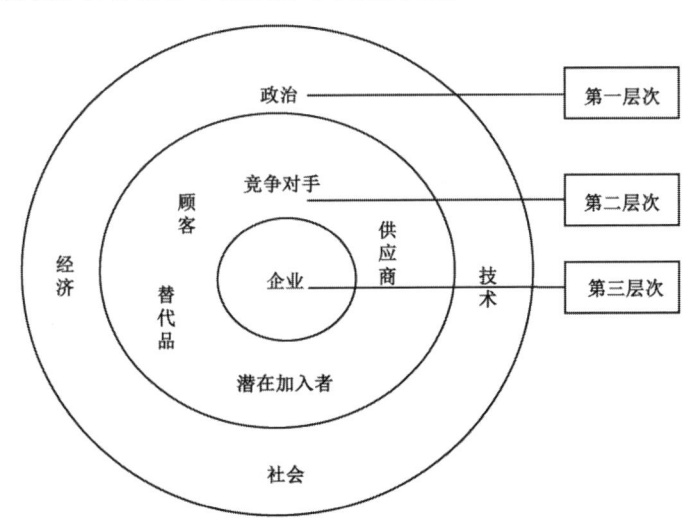

图 3-3 人力资源环境因素分析

3.2.1 人力资源外部环境分析

人力资源外部环境包括人力资源战略环境和人力资源行业环境。

1. 人力资源战略环境分析

人力资源战略环境分析是指对对人力资源发展具有战略意义或战略性影响的环境因素进行分析。通常可以将人力资源战略环境因素分成四大类：政治与法律因素（Publics）、经济因素（Economics）、社会文化因素（Society）和技术因素（Technology）。根据这四大因素进行的环境分析，称为 PEST 分析。人力资源行业环境是指企业在所处行业中的竞争和合作态势，人力资源行业环境分析的要素是指各种在行业结构中具有竞争意义或具有平衡意义的变量。

人力资源战略环境是一个巨大的系统，不仅存在着若干子系统和层次，还可以分为若干细目。因此，对人力资源环境的分析不能盲目行事，一定要选取影响企业发展的关键因素和目前虽不是关键因素但今后有可能成为关键因素的因素进行重点分析。对人力资源战略环境进行分析时要特别注意：进行人力资源环境分析的目的通常不是改变环境态势，而是掌握其变化的实质与规律，以使单位的发展和人力资源的发展尽可能适应外部环境的变化。

（1）政治与法律因素。每个企业都生存在既定的政治法律环境下，影响人力资源活动的政治环境因素包括政治体制、经济管理体制、政府与企业关系、人员流动活动的法律法规、方针政策等。法律的变化可能直接鼓励或限制着某些企业的生产经营活动，直接影响人力资源管理工作的开展。例如，《中华人民共和国劳动合同法》的出台，使得很多企业的人力资源战略做出重大调整。

（2）经济因素。企业所处地域的总体经济状况会直接影响企业的人力资源供求。因此，在人力资源规划中要对总体经济形势、劳动力市场供求和消费物价指数等进行有针对性的分析，了解这些经济因素给人力资源规划带来的影响。例如，当经济处于萧条时期，企业容易获得人力资源且获取成本较低，但是由于经济萧条，企业对人力资源的需求也会降低。

（3）社会文化因素。社会是由人类生活所组成的各种组织及行为规范与态度的集合。社会这个系统中有众多的社会组织，企业只是其中的一个成员。影响人力资源规划的社会因素包括人口状况、教育水平和文化等。

文化是影响人类行为和欲望的重要因素。社会文化反映了整个社会的基本信念和价值观念状况。不同国家和种族都有自己传统的、特定的文化，文化对个人的影响是根深蒂固的。人力资源规划要把文化作为重要的因素加以分析，实现各种文化的交叉融合，更好地确立自己的企业文化。行业文化是指行业内人们对一些事物的基本假设和信仰，它们对行业战略的形成具有十分重要的作用。

（4）技术因素。科学技术对人力资源规划的影响是多方面的。新技术的出现，使人力资源规划需要考虑如何使现有人力资源跟上科学技术的发展，通过员工培训或招聘新的员工，使企业的人力资源结构符合最新科技的发展需要。一方面，新技术代替了旧技术，在提高效益的同时也淘汰了许多岗位，减少了企业对这些人员的需求；另一方面，新技术的出现带来了新岗位，增加了企业对新技术人才的需求，带来人力资源供求结构的变化。

除上述四大因素外，一些专家认为还有一种要素也应引起充分重视，那就是自然环境。

自然环境的禀赋差异对民族、国家、文化、社会的形成和发展的影响是巨大的,因此有必要在分析人力资源现状时对自然环境加以分析。

在对战略环境进行分析的过程中,要对从各类因素中筛选出来的战略环境关键因素进行评价。对战略环境关键因素进行评价时可以建立评价模型,应用图表进行分析,如图 3-4 所示。

(P)政治与法律	政治制度与体制 民主与法制 政局稳定 改革开放政策 人力资源流动政策 ……	(S)社会文化因素	人口状况 教育 就业比率 文化 收入分配 生活方式 ……
(E)经济	国民总产值 国民收入 产业结构 市场需求 ……	(T)技术因素	国家科研投入 科技政策 高新技术商品化程度 技术发展趋势 ……

图 3-4 PEST 分析

战略环境关键因素必须是真正的关键要素,对企业来讲有着至关重要的作用,它们既可以是机会,也可以是威胁。例如,对某人力资源发展的战略环境关键因素进行分析,并将分析结果列于表 3-1 中。从表 3-1 中可以看出,为人力资源发展带来发展机会的战略环境关键因素有"国家加大对教育的投入"和"国家鼓励高技术产业的发展"两项,对人力资源发展不利的战略环境关键因素有"国外企业的技术创新速度加快"和"市场竞争加剧"两项,而"区域人力资源流动"给企业所带来的影响,既有正面的促进作用,又有负面的阻碍作用,两项相抵,故评价值是 0 分。经过计算,总加权得分为 0.45 分,高于 0 分。因此,企业所处的战略环境对人力资源发展总体而言是有利的,总体的发展机会大于发展障碍。

表 3-1 企业战略环境关键因素评价模型表

战略环境关键因素	权 数	评价值(分)	加权得分(分)
区域人力资源流动	0.20	0	0.00
国家加大对教育的投入	0.20	2	0.40
国家鼓励高技术产业的发展	0.25	2	0.50
国外企业的技术创新速度加快	0.20	−1.5	−0.30
市场竞争加剧	0.15	−1	−0.15
总计	1.00		0.45

注:权数是指该项要素的影响程度,1 表示最大,0 表示最小,但不管大小,表 3-1 中所列各项要素的权数总和应该等于 1。评价值按 5 分制打分,2 分表示为重大机会,1 分表示为一般机会,0 分表示既不是机会也不是威胁,−1 分表示为一般威胁,−2 分表示为严重威胁。

2. 人力资源行业环境分析

人力资源行业环境分析是指从行业角度对企业发展的有利因素和不利因素加以分析,找出企业在本行业的生存和发展路径。

（1）人力资源行业环境分析的内容。

① 行业特性分析。行业特性是指各行业由于使命、产品和生产过程方面的不同而具有的不同性质。行业特性分析包括以下几个方面：行业的经济特征（市场规模和增长速度、买者和卖者的数量、技术革新的速度、资本要求等）；行业的地位（行业在工业生产体系中的位置）；企业的地位（企业在行业内分工体系中的位置，与其他关联企业的分工关系）；行业所使用的资源和技术分析（可分为劳动密集型行业、资金密集型行业和技术密集型行业）；行业技术发展趋势、技术进步状况等。

② 行业规模结构分析。不同行业、不同类型的企业所处的位置不同，将来采取的发展模式也会不同。第一类是悬殊型，本企业处于领导地位，其他企业和企业在规模和实力上相差很大，行业内竞争不甚激烈。第二类是均衡型，行业内各企业之间势均力敌，竞争十分激烈。注意在进行行业规模结构分析时，一定要分析行业内处于领导地位的几家大企业的经营状况，分析它们的经营思想、经营战略、产品特色、技术水平、竞争能力、市场占有率和优劣势，以及与本企业的相互关系等因素，分析这些具有十分重要的意义。

③ 行业市场结构分析。从行业供求关系来看，行业市场结构基本上可以分为3类，即供不应求、供求平衡和供大于求。若供大于求，则企业间的竞争加剧，可能导致行业的整体效益下滑，弱势企业可能会裁减人员，甚至破产倒闭；若供小于求，则各企业的产品都可以找到合适的市场定位，价格相对稳定，未来新的竞争者会大量涌入本行业，可能会造成未来人力资源需求旺盛。同时，还应对行业市场的需求状态、行业产品需求变动的规律等进行分析。

④ 行业数量结构分析。一般来讲，市场规模大，企业数量就多；行业内集中程度低，大企业少。反之，市场规模小，企业数量就少；行业集中程度高，大企业多。

⑤ 行业组织结构分析。应对行业内企业联合和竞争的状况进行分析。

⑥ 行业社会环境方面的限制分析。行业在发展过程中，应当防止对空气、森林、水源、地貌等自然环境的污染，这些因素将会对行业的发展起限制作用。

（2）行业竞争的五力模型。在行业分析中，重要的是对行业内竞争态势的分析。世界著名管理学家、美国哈佛商学院教授迈克尔·波特在20世纪80年代提出了行业竞争的五力模型，也就是人们所说的5种力量分析法。按照此理论，行业竞争由5种基本竞争力量组成，即竞争对手、加入者、替代品、顾客和供应商。

图3-5所示为行业竞争的五力模型，可以把它应用到人力资源环境分析上。

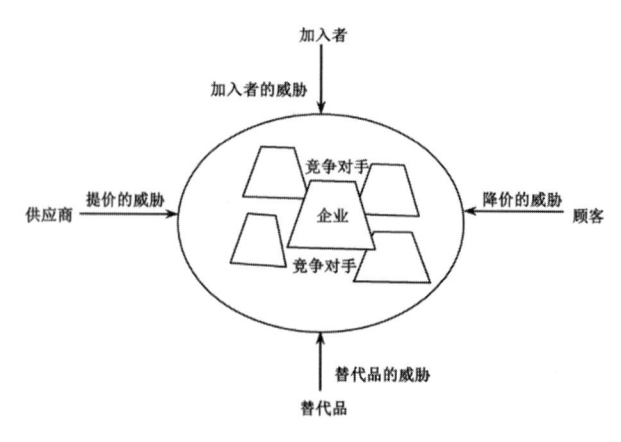

图3-5 行业竞争的五力模型

通过图3-5可以看出，一个行业经济结构的变化、竞争的激烈程度，以及获得利润的最终潜力，是由这5种力量的基本状况和综合强度决定的。无论是一个单位的人力资源系统，还是一个行业的人力资源系统，甚至是更大范围的跨行业的人力资源系统，它们的生存、发展及内部因素的消长和转化，都与由这5种力量构成的行业竞争密切相关。其一是这5种力量之间关系的变化直接影响着上述各个层次人力资源系统的发展；其二是构成这5种力量的各人力资源系统之间的竞争对抗一方面可以改变整个行业的竞争态势、推动行业发展，另一方面可以促进各人力资源系统的优化、发展，择优汰劣。因此，分析行业竞争的5种力量有着重要意义。

虽然从理论上来看，一个行业的竞争态势是由5种力量共同决定的，但由于各种力量的地位和强度不同，往往是某种力量或某几种力量在一定时期内起决定性作用。因此，在分析这5种力量时，要找出那些对整个行业竞争有着关键影响作用的力量和因素，并加以着重分析和比较。

除上述5种力量外，近来一些专家还提议增加分析的范围，即对那些对行业竞争可能会有一定影响的其他力量也进行分析，如政府、行业协会、贸易组织、金融机构、投资者、工会组织、中介组织、地方社区和其他利益相关者等。如果上述某种力量足以影响整个行业的竞争态势，就必须考虑到它的影响，将其作为主要因素加以分析。

相关链接

行业竞争的五力模型与一般战略的关系如下表所示。

行业竞争的五力模型与一般战略的关系

行业内的 5种力量	一般战略		
	成本领先战略	产品差异化战略	集中战略
加入者的威胁	具备威慑能力以阻止潜在加入者的进入	培养顾客的忠诚度以挫伤潜在加入者的信心	通过集中战略建立核心能力以阻止潜在加入者的进入
降价的威胁	具备向大买家提出更低价格的能力	因为选择范围小而削弱了大买家的判断能力	因为没有选择范围使大买家丧失判断能力
提价的威胁	更好地抑制大卖家的砍价能力	更好地将供方的涨价部分转嫁给顾客	进货量小，供应商的砍价能力就强，但集中差异化的企业能更好地将供应商的涨价部分转嫁出去
替代品的威胁	能够利用低价抵御替代品	顾客早已习惯于一种独特的产品或服务，因而降低了替代品的威胁	特殊的产品和核心能力能够防止替代品的威胁
竞争对手	能更好地进行价格竞争	品牌忠诚度能使顾客不理睬你的竞争对手	竞争对手无法满足集中差异化顾客的需求

（3）行业竞争关键因素分析。通过行业竞争模型找出对企业发展和对人力资源系统发展有影响的因素后，就需要对其进行评价。对行业竞争的评价一般可以采用行业竞争关键因素评价模型（见表3-2），即选出竞争模型中的关键因素，并按照其对本企业的影响程度分别给予评价分值，最后按照不同的竞争对手分别进行加权处理，根据加权总分值对竞争对手进行评价。在对竞争对手进行评价时，评价值分别为2分、1分、0分、–1分和–2分。2分表示其竞争能力处于行业中的最强水平，1分其次，0分表示其竞争能力处于行业的平均水平，–1分表示其竞争能力低于行业的平均水平，–2分表示其竞争能力处于行业中的最低水平。若总加权得分为2分，则表示其总体竞争能力为行业中的最强水平；若总加权得分为0分，

则表示其总体竞争能力为行业平均水平；若总加权得分为–2分，则表示其总体竞争能力为行业中的最低水平。

表3-2 行业竞争关键因素评价模型

行业竞争关键因素	权数	本企业 评价值（分）	本企业 加权得分（分）	竞争者（1）评价值（分）	竞争者（1）加权得分（分）	竞争者（2）评价值（分）	竞争者（2）加权得分（分）
市场占有率	0.20	−1	−0.20	0	0.00	2	0.40
顾客服务	0.15	−2	−0.30	1	0.15	−1	−0.15
价格	0.15	1	0.15	−1	−0.15	0	0.00
人力资源	0.16	0	0.15	0	0.00	1	0.16
资本	0.10	1	0.10	−1	−0.10	−2	−0.20
技术水平	0.12	0	0.15	1	0.12	0	0.00
产品质量	0.12	1	0.12	0	0.00	−1	−0.12
总加权得分	1.00		−0.13		0.02		0.09

利用行业竞争关键因素评价模型可以分析行业中不同企业的综合竞争能力。从表3-2所示的行业竞争关键因素评价模型中，可以发现竞争者（2）的综合竞争能力在所评价的行业竞争对手中最强，本企业最差，竞争者（1）则为行业中较好的。从该模型中还可以分析出竞争者（2）的市场占有率要远远高于其他企业，但其资本实力很差。综合考虑，本企业在行业竞争中处于劣势，但也有很多优点，在未来可以考虑与竞争者（2）合作，因为二者的互补性较强。

3.2.2 人力资源内部环境分析

企业内部的人力资源环境常常会由于外部环境的变化和人力资源个体行为的影响而发生变化，导致人员结构与需求的改变。企业必须通过对内外部环境的综合分析，采取相应的人力资源策略，制定符合本企业实际情况的人力资源规划。

1. 人力资源内部环境分析的内容

人力资源内部环境分析的内容包括企业战略、企业政策与制度、企业文化等。

（1）企业战略。企业战略是企业在追求长远目标时，对环境的变化和挑战所采取的应对策略，是企业为自己确定的长远发展目标和为实现这一目标而制定的制度、方针、政策的总和。不同企业战略对应不同的人力资源战略，而企业也会根据自身人力资源所具备的优势和劣势，不断修正、调整人力资源战略和企业战略。表3-3所示为企业实施不同类型的战略时对应的人力资源规划重点。

（2）企业政策与制度。企业必须制定整套的人力资源政策和措施，以确保人力资源战略和企业总体战略的实现。政策的规定要正确、明晰，政策的实施要有充分的支撑条件，否则无法确保人力资源规划的实现。人力资源规划的制定者应充分地分析、掌握企业政策与制度，以保证其所制定的人力资源规划能使企业和个体都实现长期的利益，充分发挥企业中每个员工的主动性和创造性，使每个员工各尽其力，提高工作效率，提高企业的凝聚力和增加效益，实现组织的目标。

表 3-3 企业实施不同类型的战略时对应的人力资源规划重点

战　略		定　义	人力资源规划重点
一体化战略	前向一体化	兼并或控制销售环节	充分利用原有的销售网络，整合原有的人力资源，实现企业文化的统一与融合
	后向一体化	控制原材料的供给环节	建立与产品和供应环节相适应的人力资源体系，并显现出整体优势
	横向一体化	吞并、联合或控制原有竞争对手	建立更大规模的人力资源体系，优化人员配置，实现相同职能的合并和重组
加强型战略	市场渗透	组织更为强大的销售力量，扩大现有市场份额	明确人力资源的需求，更大范围地吸纳人才（尤其是销售人才），并进行专业的培训与开发
	市场开发	将现有产品推广至新的地域	着重培养新市场开发人员和在新地区招聘新员工，以建立新的销售网络
	产品开发	通过产品的升级换代，增加销售额	重点为研发人员和销售人员的招聘、培训与开发
多元经营战略	集中化多元经营	扩展与原业务相关的新产品或服务	围绕培养优秀的管理队伍展开工作，建立严格的质量监管体系
	混合式多元经营	扩展与原业务不相关的新产品或服务	重点在于建立与新产品相匹配的全部人力资源队伍，尤其是高级管理人员
	横向多元经营	向原有用户提供与原业务不相关的新产品或服务	保持企业现有人力资源体系的特点，强化与新产品有关的培训，增强销售队伍的实力
防御型战略	合资经营	多方力量合作组成的独立企业	不同企业文化的融合，多方人员的匹配
	收缩	通过减少资产对企业进行重组，以扭转销售额和盈利下降的局势	保留与剩余资产相关的人力资源队伍，并尽力精减人员
	剥离	将企业或组织的一部分资产售出	保留与核心竞争力相关的人力资源部分
	清算	为将有形资产价值变现而将企业全部资产售出	力求实现具有企业核心竞争力的高级人才的不流失

一套标准的企业内部规章制度和政策体系主要包括以下内容。

① 职位评价系统。职位评价系统是一个用于界定员工所要完成的各项任务和职责的系统。它要求用科学的分析方法对员工的职务进行评价，确定其工作范围、工作规范、工作职责和任职资格条件。职位评价系统在企业中起的是比较和参照的作用，通过它，企业可以了解人力资源在企业中的真实状况。

② 绩效评估系统。绩效评估系统是一个用来评估员工绩效情况的系统。通过一个能衡量人力资源绩效好坏的系统不仅可以定期地检查员工的工作情况，还可以为员工进行及时的绩效反馈，督促员工提高技术、改善工作效率，从而有利于实现企业目标。通过绩效评估系统，企业也可以及时了解人力资源的培训、发展需要，及时做出安排。

③ 薪酬管理系统。尽管薪酬不是激励员工的唯一方法，但薪酬激励确实是一种非常重要的、基础性的、最容易被管理者运用的激励方法。要实现企业发展的良性循环，必须有一套行之有效的激励约束机制。薪酬管理系统就是激励约束机制的重要组成部分，主要起到监督人力资源是否达到了企业及个人目标的作用。

④ 员工管理系统。首先，企业需要制定相应的规章制度和行为规则，编制员工行为手册，要求所有的员工按制度办事。其次，企业要制定完整的职位晋升制度及基于技能和绩效的优胜劣汰机制。

(3)企业文化。企业文化是一家企业长期形成的全体员工认同的价值观、行为规范和信念,是企业管理精神世界中最核心、最本质的东西。共同的价值观念可以统一企业员工的思想,使其聚焦于企业的总目标;成员能自觉地调控自己的行为,为实现企业组织的总目标而贡献自己的力量。良好的企业文化是企业内部团结的纽带、沟通的桥梁,团队之间达成默契的共同语言,对生产和经营起到很大的协调与稳定作用。制定人力资源规划时必须对企业文化加以分析与运用,建立起员工共同的精神家园。

2. 人力资源内部环境分析的方法

人力资源内部环境是人力资源的使用环境,其要素是指企业在经营活动中能够创造价值的因素。

(1)价值链分析法。所谓价值链,是指由单位的各项生产经营活动构成的创造价值的动态过程。迈克尔·波特提出的"价值链分析法",把企业内外价值增加的活动分为基本活动和支持活动,如图3-6所示。基本活动涉及企业的进料后勤、生产、发货后勤、销售、售后服务,支持活动涉及人力资源管理、财务、计划、研发、采购等。基本活动和支持活动构成了企业的价值链。在不同的企业参与的经营活动中,并不是每个环节都能创造价值,实际上只有某些特定的经营活动才能真正创造价值,这些真正创造价值的经营活动,就是价值链上的"战略环节"。企业要保持的竞争优势,实际上就是企业在价值链中某些特定战略环节中的优势。

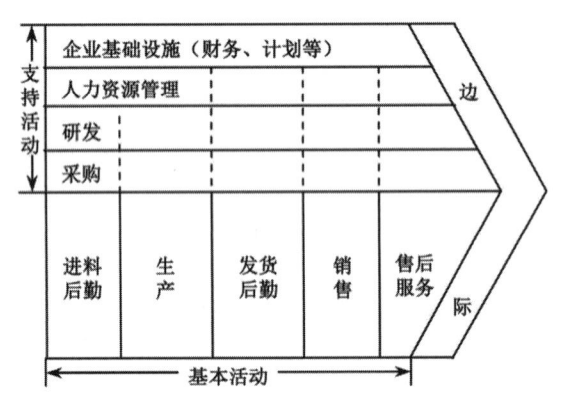

图3-6 企业的价值链

通过价值链分析法,可以看出一个单位生产经营的历史、现状,以及战略重点和战略实施的措施,而这对一个单位的人力资源系统来讲,恰好反映了它在企业中所处的环境。

价值链分析法不仅适用于人力资源内部环境分析,还适用于描述人力资源系统间的联系,尤其人力资源管理各个环节之间的联系。如图3-7所示,企业的人力资源管理工作可以分为支持活动和基本活动两类。支持活动包括人力资源规划与工作分析、人力资源培训与开发、绩效管理和薪酬管理,基本活动包括招聘挑选、人岗匹配、实施目标、岗位绩效和组织绩效,整体的人力资源活动的最终目的是实现组织价值。通过这个人力资源管理价值链可以看出,人力资源规划在整个价值链中处于基础地位,它与工作分析一起处于支持活动的顶端,都是人力资源管理体系中的基础职能。

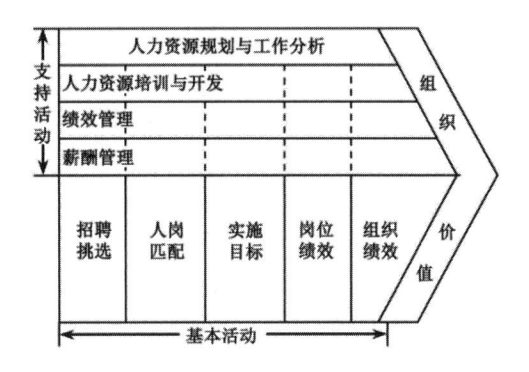

图 3-7 人力资源管理价值链

（2）企业内部关键因素的评价。价值链分析提供了寻找企业内部环境关键因素的方法，找出这些关键因素之后，还要对它们的影响程度进行科学的评价，这里采用前面所介绍的关键因素评价模型。首先，对于影响企业价值链增值的关键因素，分析其对企业价值链增值起到阻碍和推进作用的影响程度，按照影响程度的大小给出权数。其次，就人力资源系统对这些关键因素的支持能力进行评价。例如，对某民营科技企业的价值链关键因素评价与人力资源系统对价值链关键因素的支持能力评价如表 3-4 和表 3-5 所示。

表 3-4 价值链关键因素评价

基本活动	关键因素	因素状况	权数	评价值（分）	加权得分（分）
技术研发	研发能力	中等水平	0.15	0	0.00
	研发条件	国内中上水平	0.05	1	0.05
产品设计	外观设计	较差	0.10	−1	−0.10
	质量设计	国内先进水平	0.10	2	0.20
生产制造	生产工艺	有待提高	0.15	−2	−0.30
	质量控制	下降 10%	0.15	−1	−0.15
销售	分销渠道	东北地区空白	0.05	−1	−0.05
	广告	效果一般	0.10	−1	−0.10
服务	响应时间	低于行业平均水平	0.10	−1	−0.10
	顾客评价	中等水平	0.05	0	0.00
总计得分			1.00		−0.55

表 3-5 人力资源系统对价值链关键因素的支持能力评价

关键因素	人力资源支持	支持状况	权数	评价值（分）	加权得分（分）
研发能力	研发人员	缺乏创意	0.15	0	0.00
外观设计	外观设计人员	缺乏时代感	0.15	−1	−0.15
质量设计	质量设计人员	经验充分	0.10	2	0.20
劳动生产率	装配线操作工人	新操作工多	0.15	−2	−0.30
质量控制	基层管理人员	业务不熟练	0.15	−2	−0.30
销售渠道	销售人员	人员流失率高	0.15	−1	−0.15
响应时间	售后服务人员	缺乏主动性	0.15	−1	−0.15
总计得分			1.00		−0.85

从表 3-4 所示的价值链关键因素评价中可以看出,该企业价值链关键因素的加权得分为 –0.55 分,已经低于行业的平均水平。该企业的现状很差,难以抵御较大的市场和行业风险,存在被行业淘汰的风险。从表 3-4 中还可以看出,该企业在生产制造、销售和服务等关键环节都明显低于行业平均水平,这些就是亟待改进的关键因素。对于这些关键因素要做进一步的分析和研究,以了解为何该企业的生产制造、销售和服务等基本活动会下降。而人力资源规划工作需要解决的是从整个人力资源系统的角度对这些关键因素做进一步分析,找出具体的改进方法。

从表 3-5 中不难发现,在人力资源系统中,只有质量设计一项由于人员经验充分而对上述关键因素起到了积极作用,而对其他基本活动的支持均不理想,是负值。发现这些人力资源管理中存在的问题以后,为人力资源的现状分析找到了具体的分析目标和对象。例如,劳动生产率低和质量控制力度不强,是员工是新人和业务不熟练所导致的,可以考虑在将来的人力资源规划中加强对这两类人员的培训。而销售人员和售后服务人员,可能是因为激励制度存在问题,所以才出现人员流失率高和工作缺乏主动性的现象,因此在规划中可以加入激励性政策的内容。

3.3 人力资源队伍分析

3.3.1 人力资源队伍分析的概念

人力资源队伍本身是人力资源的内在系统,是人力资源存在和发展的内在条件及客观基础。企业外部环境的各种因素只有作用于企业内部各类人力资源个体身上,才能显现人力资源队伍的整体优势和劣势,它们决定着人力资源的现状和发展潜力。因此,人力资源队伍分析是人力资源现状分析的重要组成部分。

人力资源队伍本身是一个非常复杂的大系统。在这个系统中,不值得也没有必要对所有的人力资源个体进行分析,但是必须把握那些能够左右人力资源现状和人力资源发展的关键要素,并加以分析、研究。

人力资源队伍分析的目的和任务:从企业内部人力资源整体的角度,了解哪些因素正在或将要对人力资源的现状和未来的发展起作用,以及这些因素的性质。这些因素可以分为两类:一类是支持性的因素,也称优势或长处;另一类是妨碍性的因素,也称劣势或弱点。通过对优势和劣势的分析和比较,找出那些对人力资源现状和人力资源发展起决定性作用的因素。对那些关键性的优势,要尽可能地巩固和提高;对那些关键性的劣势,要尽可能地控制和转化。要花费足够的时间和精力,采取有针对性的措施,尽可能地使劣势转化为优势,即使不能将劣势转化为优势,也应尽力使劣势不至于对企业的人力资源工作造成损失。

3.3.2 人力资源队伍分析的内容

对人力资源队伍的分析,一般采用综合指标体系分析法。人力资源队伍指标体系包括规模、结构、速度、变动和效益等指标组,这些指标从不同的侧面反映了人力资源队伍的基本性质和特征。根据不同的人力资源规划目的要选取不同的指标体系或指标组,也就是说,要从众多的指标中找出最关键的几种加以评价、分析。关键要素的选取可以采用逐组筛选的方法,反复对比,最后加以确定。这里仅以结构指标为例进行分析。

人力资源结构分析在对人力资源队伍分析中是非常重要的部分,是对企业现有人力资源的调查、审核和分类,为后续规划工作打下基础。人力资源结构分析主要包括如图 3-8 所示的几个方面。

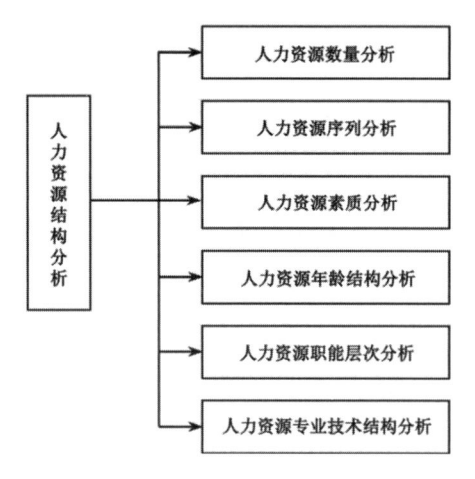

图 3-8　人力资源结构分析

1. 人力资源数量分析

人力资源规划对人力资源数量分析的重点在于探求企业现有的人力资源数量是否与其现有的工作量相匹配。在人力资源配置标准的方法运用上,通常有以下几种。

（1）动作时间分析:选择同类业务中等水平的工人进行一项操作,计算其标准操作所花费的时间。动作时间分析应根据正常作业、疲劳、延误、工作环境配合、努力等因素定出标准时间,并按总工作量核算出所需员工数。

（2）业务审查:这是通过审查过去工作量的经验结果来计算人力资源配置标准的方法。根据所依据的经验资料来源的不同,可分为最佳判断法、经验法、工作抽样法、相关与回归分析法等。

①最佳判断法是先通过运用各部门主管及人力资源、策划部门人员的经验,分析出各项工作所需的工作时间,再判断出人力资源配置标准。

②经验法是先根据完成某项生产、计划或任务所消耗的人力资源记录来研究、分析每个部门的工作负荷,再利用统计学上的平均数、标准差等确定完成某项工作所需的人力资源数量。

③工作抽样法是一种统计推论的方法,常用于无法以动作时间衡量的工作。根据统计学的原理,以随机抽样的方法来测定一个部门在一定时间内,实际从事某项工作所占规定时间的百分比,以此数据来测定工作效率。

④相关与回归分析法是利用统计学的相关方法与回归原理来测量、计算和分析同类企业在工作量与人力资源数量之间存在的相关关系的方法。

2. 人力资源序列分析

不同性质的企业,对人力资源类别的需求有很大差异。从功能角度来看,企业内部人力资源归纳起来有战略决策、市场营销、研发、生产服务和职能管理等几类人员,规模更大的企业可以独立地分出采购和后勤服务两类人员。这几类人员的数量和比例代表了企业内部人力资源队伍的类别结构。有了这些人力资源结构分析的资料,就可以分析、研究影响该结构的因素，这些因素可能包括企业所处的市场环境、企业所使用的生产与管理技术、劳动力市场状况等。

3. 人力资源素质分析

人力资源素质分析就是对企业现有员工的受教育程度及其接受专业技术培训的状况所做的分析。通常受教育和培训程度与工作效率正相关。但员工受教育程度与培训程度的高低，应以满足工作需要为原则，达到适才适用的目的。员工素质必须与他现有的岗位相匹配，高素质未必会带来高效率，有时可能适得其反。人力资源素质分析就是要从人的要求和岗位的要求这两方面来分析企业现有员工的素质如何、适合从事什么样的工作，以及特定工作岗位要求什么素质的员工、要接受什么类别和内容的培训等。

4. 人力资源年龄结构分析

分析员工的年龄结构，在总的方面可按年龄段进行，统计全企业员工的年龄分布情况，进而求出全企业的平均年龄。了解年龄结构，旨在了解企业员工的年龄趋势、企业员工的学习能力、企业员工体能负荷、工作职位或职务的性质与年龄的匹配要求等。

5. 人力资源职能层次分析

根据管理幅度原理，主管职位与非主管职位应有适当的比例，因为个人的能力和精力有限，很难管好过多的下属。分析人力资源结构中主管职位与非主管职位，可以显示企业中管理幅度的大小及部门与层次的多少。如果一个组织中的主管职位太多，就会造成组织结构不合理，导致管理控制幅度太小、部门与层次太多、工作程序繁杂、沟通协调的次数过多等问题，从而造成工作效率低下。通常的职能层次都是上窄下宽的"金字塔"式的结构，从上到下可以分为高层、中层、基层和执行层。

6. 人力资源专业技术结构分析

人力资源根据个人所具有的专业知识及所从事的工作性质，可以分为若干不同的专业和技术等级。专业技能的评定主要根据员工个人的工作业绩和能力进行综合评估。例如，某企业的工程技术人员的职等共分为七等、十七级，七等由低到高分别是技术员、助理工程师、工程师、主管工程师、主任工程师、高级工程师、首席工程师；同一职等中根据职责、业绩和资历等的不同，再设置不同的职级，通常一个职等下还可以分为二级或三级。

进行人力资源队伍现状分析时有两个问题需要注意：一是要注意进行人力资源队伍中的较高层次人力资源部分的分析，如销售人员队伍分析、技术人员队伍分析、经理人员队伍分析等；二是要注意人力资源队伍发展与经济和社会发展的协调性，尤其注意在经济发展的不同阶段，人力资源队伍要做出的相应调整。

3.4 人力资源管理工作分析及效果评价

战略目标的实现与人力资源管理工作息息相关。企业的经营管理说到底是对5类资源和要素（人、财、物、信息和时间）的竞争、组织和利用过程。而在诸多资源和要素中，人是主动的、感性的、可再生的，人作为第一资源的重要作用越来越受重视。因此，任何企业的发展都离不开人力资源管理工作，或者说企业的发展在一定意义上取决于人力资源管理工作的成效。当今的人力资源部门不是被动地执行命令,而是在企业管理的各个方面提出建设性的意见和可执行的方案,帮助具体业务部门解决与人有关的问题,最大限度地发挥人力资源部门应有的职能。为企业寻找合适的人才,留住人才,培养人才,为企业保持强劲的生命力和核心竞争力提供强大的人力支持,是人力资源部门的重要任务。人力资源管理工作分析包括人力资源管理工作的内容分析、人力资源管理从业人员的素质分析和对人力资源管理工作管理评价这3部分内容。

3.4.1 人力资源管理工作内容分析

现代企业对人力资源部门的要求和期待都达到了空前的水平。人力资源部门不仅要行使行政管理职能,而且要成为企业经营管理的战略合作伙伴。人力资源管理工作从内容上可以分为以下4类。

1. 战略性人力资源管理

战略性人力资源管理的主要任务是将企业的人力资源战略和经营战略结合在一起,并确保企业所制定的人力资源管理战略得以执行,它要求人力资源管理者成为企业的战略伙伴。战略性人力资源管理的职能可以细化为以下几项。

(1)人力资源规划:包括分析和把握企业经营战略及发展规划,进行人力资源环境分析,并在此基础上进行人力资源的预测和规划,以及人力资源管理政策的选择。

(2)人力资源战略调整:包括在市场环境或经营方向发生重大变化时人力资源管理体制的调整、人力资源管理机制的革新,人力资源管理的模式、策略、政策、制度应随之迅速做出调整。

2. 变革和转型管理

人力资源部门是变革的发现者、倡导者和推动者。在这个急剧变化的市场环境里,企业不仅需要经常性变革,还需要蓄积和培养实施变革的能力。人力资源管理部门必须帮助和推动企业确定何时进行变革,并且对变革的过程进行管理。变革管理的职能可细化为以下几项。

(1)组织发展:包括组织机构调整或变更,组织文化调整,强调员工合作和信任,力求创造一个积极的工作环境,保障组织的有效性。

(2)知识管理:包括分析、明确企业的知识要求,针对员工知识潜能进行开发和管理,实现企业员工的知识更新,保障员工适应变化。

(3)人力资源配置重组:包括人力资源优化配置和人力资源并购重组。

(4)成立人力资源项目组:包括为了与经营战略和组织调整相适应,成立人力资源项目组,具体执行人力资源管理的变革调整及相关的人力资源调配。

(5)人力资源咨询:包括变革宣传、员工沟通、咨询会、心理咨询等。

3. 提供人力资源管理服务

人力资源部门应能够构建有效的人力资源管理制度和实施有效的管理过程和管理实践。这也是传统人事管理的核心内容,是一些日常的程序化工作。它的职能可以细化为以下几项。

(1)劳动关系管理:包括雇用、劳动合同关系、辞职、解雇,以及培训协议等关系管理。

(2)招聘甄选:包括面试、招募、测试、录用等。

（3）培训与开发：包括员工各类培训、员工职业生涯设计、员工在职学习、外派学习等。

（4）薪酬管理：包括工作分析与岗位描述、岗位评估、固定工资管理、绩效工资管理、保险管理、休假管理、退休计划、福利管理等。

（5）人事调配：包括人事任免、竞聘上岗、岗位调动、干部轮岗、员工待岗等。

（6）考核评价：包括试用员工考核、员工考核、管理干部考核、部门考核评价、人才测评等。

（7）职位管理：包括定编定岗、从业人员任职资格管理、职位任职资格管理、风险岗位双人上岗等。

（8）人事记录：包括人事档案管理、人事信息管理、计划生育和各类证明等。

4. 员工关系管理

人力资源部门承担着对员工的献身精神和贡献进行管理的任务，并要成为员工的代言人。员工关系管理和员工激励与员工士气有关，所以需要人力资源管理者站在员工的立场去倾听他们的声音，回答员工提出的各种问题，并设身处地地为员工着想。这项工作可细化为以下几项。

（1）员工激励：包括高管人员激励，股票期权计划，员工持股计划，宣传企业文化，员工表彰或荣誉称号的授予，团队精神及敬业精神建设，接班人计划，员工提案制度等。

（2）员工沟通：包括开发一系列沟通机制，如员工满意度调查、员工谈话、员工大会、员工信箱、座谈会、咨询会、总裁见面会等。

（3）员工服务：包括看望员工及其家属，帮助员工解决困难或渡过难关。

（4）健康与安全：包括员工体检、女工管理、独生子女优待、安全措施防范等。

（5）接受员工申诉和诉讼：包括员工申诉的调查与解决，劳动纠纷的处理，劳动仲裁法院诉讼的处理等。

3.4.2 人力资源管理从业人员的素质分析

在明确了人力资源管理的具体工作和职能定位之后，还要分析执行这些具体工作的人员素质能否符合工作要求。人力资源部门从传统的行政支持者变为企业经营管理的合作伙伴，更侧重研究、预测、分析和制定规划等方面的工作，这就对人力资源管理从业人员提出更高的要求。人力资源管理从业人员既要熟练地完成日常操作性事务，也要懂得现代管理的原则和理念。以下是人力资源管理从业人员所应具备的素质。

（1）道德素质：人力资源管理工作经常会涉及企业的核心机密、重大人事调整、组织结构设计或个人档案管理等企业关键信息，尤其在当今市场经济条件下，趋利行为日盛，相关人员的道德素养、职业操守和诚信水平尤为重要。在能力、心理、智力素质大致相当的前提下，谁的道德水准高，谁对于企业来说就更为重要。

（2）专业知识：人力资源管理从业人员除了具备人力资源管理专业能力，还要了解与企业相关的专门知识，如行业知识、生产知识、技术知识等。因为不懂这些相关知识就失去了与其他部门进行沟通的前提，不利于共同解决问题。

（3）能力构成：包括思维分析能力、学习能力、沟通协调能力、纳谏倾听能力、人际交往能力、人际网络的建设能力、有效激励能力等。人力资源管理从业人员应掌握与人交往的各种技巧和方法，善于表明自己的立场、倾听和借鉴他人建议，乐于换位思考和改善激励效果等。

（4）个性特征：包括个人人格魅力、感召力、亲和力、专业知识技能、领导风格等。人力资源管理从业人员每天要和不同类别的人打交道，要时刻为企业缓和矛盾、处理人际纠纷，既要揣摩领导意图，又要关心和体贴员工，还要理解和关心他人，如果没有好的心理调节能力和情绪控制能力，则是难以胜任的。

相关链接

面试官的职业素养

"金三银四、金九银十"是招聘的旺季，凡是做过HR的人都知道这一点。春节刚过，许多企业都进入了招聘阶段，很多人都形容春节过后的招聘其实是一场抢人大战，而一家企业全年的发展情况如何，在很大程度上取决于这场抢人大战的结果。由此可见招聘的重要性，同时也说明了没有两把"刷子"是很难在这场抢人大战中胜出的。那么，面试官要具备哪些职业素养，才能使自己在这场大战中凯旋呢？

招聘的目的是为合适的岗位找到合适的人，满足企业的最终发展需求。因此，找到合适的人只是第一步，而让合适的人能够入职并最终在企业生存才能达到我们的目标，只有完成了这些，招聘才算圆满完成。因此，要做到这些，面试官具备以下职业素养就显得非常重要。

1. 清楚企业的战略及发展方向，包括企业倡导的理念与价值观

企业的战略与发展方向，决定了企业的组织架构及各部门的人员配额，并根据这些确定各岗位的职责。只有知道了岗位职责，才能够知道要找的人需要具备哪些能力与经验。企业的理念与价值观，也可以统称为企业文化。每家企业都有自己独有的企业文化，新员工很难"生存"的一部分原因是他们无法适应企业的一些独有的理念与习惯等，所以面试官在招聘之前，首先要弄清楚本企业倡导的企业文化是什么，这样面试官在挑选新人时，才能够清楚新人需要具备什么样的思维、价值观等。正所谓，"三观不合"是导致陌路的根本原因。

2. 面试官要通过自身的行为，正确展示企业的形象

面试是一个双选的过程，企业在考察应聘者，应聘者也在考察企业。面试官的态度和行为及展示出来的形象，很大部分能够决定应聘者对本企业的印象如何，可见面试官的重要性。因此，面试官在根据岗位职责及企业文化考察了应聘者之后，应该通过自身的一些行为来提高应聘者对本企业的印象。比如，面试时，面试官应自信大方，面对应聘者的提问，气场镇定，如实相告。同时，在确定了合适的候选人之后，应给应聘者描绘发展前景及趋势等，俗称"画饼"。当然，"饼"不能画得过大，要确保是看得见、摸得着的，否则会适得其反。

3. 随时关注与跟踪新员工的在岗情况及心路历程

招聘的最终目的是满足企业的发展需求，只有确保新员工能够生存及发挥自身的价值，才能够达到招聘的最终目的。因此，找到合适的人只是"万里长征第一步"，后面的路还很长。身为HR的我们是新员工认识的第一人，新员工对我们会有着本能的第一熟悉感，我们正好可以借助这一点，通过正式与非正式的方法关心他们的生活和工作，随时随地掌握新情况，确保新员工能够融入企业。同时，我们应随时与新人员的领导保持沟通，了解新员工的工作进度，确保新员工的生存率及最终发挥价值。

招聘是HR最容易入门的一个模块，也是最难做好的一个模块。正所谓打铁还需自身硬，招聘成功与否，最终还是要依靠我们自身的努力与企业的实力。

3.4.3 人力资源管理工作效果评价

在对人力资源管理工作的内容和人力资源管理从业人员的素质进行分析后,还需要对人力资源管理工作的效果进行评价。根据人力资源管理工作内容的分析结果,从中选择能够反映工作业绩的关键因素。在选择这些因素时要注重它们对人力资源管理工作的影响程度,而不是工作的效果,这些因素对人力资源管理工作的影响有的可能是积极的,有的可能是消极的。将这些因素挑选出来后,依据其对工作的影响程度确定权数,然后对这些因素进行评分。2分表示工作状况最好,1分表示较好,0分表示一般,-1分表示较差,-2分表示最差。最后进行加权计算总得分,如果分值为负值,则表示工作状况不好;如果分值为正值,则表示工作状况超过一般水平。分值越高,表示工作状况越好。某企业人力资源管理工作效果评价如表3-6所示。

表3-6 某企业人力资源管理工作效果评价

关 键 因 素	因 素 状 态	权　　数	评价值（分）	加权得分（分）
人力资源发展战略	从未修订	0.10	-2	-0.20
组织机构	人力资源部已经建立	0.20	1	0.20
人力资源素质	学历偏低	0.10	-1	-0.10
人力资源来源	人才市场	0.20	1	0.20
收入分配	差距不大，缺乏激励	0.18	-2	-0.36
培训	注重实效性	0.12	2	0.24
绩效考核	计划实施	0.10	0	0.00
总加权得分		1.00		-0.02

从表3-6可以发现,对该企业人力资源管理工作影响较大的因素是人力资源来源、收入分配、组织机构和培训等。工作成绩主要是人员培训、组织机构和人力资源来源,工作问题是收入分配、人力资源发展战略和人力资源素质。总加权得分为-0.02分,说明该企业的人力资源管理工作状况低于一般水平,存在较多的问题。该企业主要在收入分配和人力资源发展战略中存在较大的问题,如果不及早解决,则将会影响该企业人力资源队伍的整体发展,最终会影响该企业总体战略的实施。

3.5 人力资源现状综合分析

人力资源现状综合分析是指在人力资源环境、人力资源队伍和人力资源管理工作分析的基础上,运用SWOT分析法,通盘考虑企业在人力资源管理方面存在的问题,并找出问题产生的根源,为以后提出对应策略奠定基础。

3.5.1 SWOT分析法

SWOT分析是指通过对企业进行的内外部环境、资源及战略能力的分析进行总结,从中找出关键性因素,系统地确认企业内部的优势（Strengths）、劣势（Weaknesses）,以及企业所面临的机会（Opportunities）、威胁（Threats）4个方面的因素,然后依据矩阵的形态将它们相互匹配，通过进一步的分析、研究制定相应战略的过程。

1. SWOT分析的步骤

（1）进行企业外部环境分析，找出企业在外部环境中所面临的机会和威胁。

（2）进行企业内部条件分析，找出企业目前所具有的优势和劣势。

（3）构造一个二维矩阵，该矩阵以外部环境中的机会和威胁为一方，以企业内部条件中的优势和劣势为另一方，该矩阵有4个象限或4种SWOT组合。

（4）将内部优势与外部机会相匹配，得到优势—机会组合（SO）并填入SO象限里。

（5）将内部劣势与外部机会相匹配，得到劣势—机会组合（WO）并填入WO象限里。

（6）将内部优势与外部威胁相匹配，得到优势—威胁组合（ST）并填入ST象限里。

（7）将内部劣势与外部威胁相匹配，得到劣势—威胁组合（WT）并填入WT象限里。

2. 组合策略分析与选择

在完成环境因素分析和SWOT矩阵的构造后，便可以制订相应的行动计划。制订行动计划的基本思路如下：发挥优势因素，克服劣势因素；利用机会因素，化解威胁因素；考虑过去，立足当前，着眼未来。运用系统的综合分析方法，将排列与考虑的各种环境因素相互匹配、组合，得出一系列企业未来发展的可选战略。

（1）优势—机会（SO）组合。这是一种最理想组合，任何企业都希望能凭借企业的优势和资源来最大限度地利用外部环境所提供的多种发展机会。

（2）优势—威胁（ST）组合。在这种情况下，企业应巧妙地利用自身的优势来应对外部环境中的威胁，其目的是发挥优势而减少威胁。但这并非意味着一家强大的企业，必须以其自身的实力来正面回击外部环境中的威胁，合适的策略应当是慎重而有限度地利用企业的优势。

（3）劣势—机会（WO）组合。企业已经鉴别出外部环境所提供的发展机会，同时企业本身又存在着限制利用这些机会的劣势。在这种情况下，企业应通过外在的方式来弥补企业的劣势，以最大限度地利用外部环境中的机会。如果企业不采取任何行动，则相当于将机会让给了竞争对手。

（4）劣势—威胁（WT）组合。企业应尽量避免处于这种状态。然而一旦企业处于这种状态，在制定战略时就要尽力减少威胁和劣势对企业的影响。事实上，这样的企业为了生存下去必须奋斗，否则可能要选择破产。而要生存下去，企业可以选择合并或缩减生产规模的战略，以期能克服劣势或使威胁随时间的推移而消失。

可见，SO对策是一种最理想的对策，是企业在最为顺畅的情况下十分乐于采取的对策；ST对策和WO对策是一种苦乐参半的对策，是企业在一般情况下采取的对策；WT对策是一种最为悲观的对策，是企业在最困难的情况下不得不采取的对策。

表3-7所示为某化工厂人力资源现状分析。从表3-7中可以看出，该厂人力资源队伍内部条件的优势比较明显，劣势也比较突出；外部环境中既存在着机会，也存在着威胁。这种分析一目了然，为该厂制定人力资源战略和规划及配套的对策措施提供了依据。

表 3-7 某化工厂人力资源现状分析

	威胁因素（T）	机会因素（O）
外部环境	1. 竞争对手实力强大 2. 替代品不断开发出来 3. 外商在国内与其他厂商成立合资企业 4. 城市市场开始趋向饱和 ……	1. 在国内同行业中竞争处于攻势 2. 企业形象较好 3. 已经推出新型材料 4. 用户倾向使用新型环保材料 ……
内部条件	1. 人力资源队伍已形成较大规模 2. 人力资源队伍结构合理 3. 较强的凝聚力 4. 关键技术国内领先 ……	1. 人力资源队伍知识老化 2. 人力资源队伍中关键岗位人员的离职率高 3. 工资分配制度不合理 ……
	优势因素（S）	劣势因素（W）

SWOT 分析的落脚点是扬己之长，克己之短。对于自身的优势，要尽可能地培育它，最大限度地发挥它；对于自身的劣势，要尽可能地克服它，在一定条件下要采取得力措施及时扭转它，把它变成一定程度的优势。对于外部的机会，要尽可能地把握住，充分地利用它；对于外部的威胁，要尽可能地避免它，或者采取得力措施最大限度地减少这种威胁所带来的损失。外部威胁往往会因为内部存在的劣势而得到加强，这对于企业来讲无疑是雪上加霜。因此，企业必须抓住外部机会并发挥优势，尽可能克服劣势，以避免外部威胁所带来的打击。

在应用 SWOT 分析法对人力资源现状进行综合分析时，首先要列出对人力资源队伍发展有着重大影响的外部和内部的关键因素，然后对这些因素进行评价，从中判断出外部的威胁和机会、内部的优势和劣势。在对 S、W、O 和 T 各因素进行系统分析之后，就可考虑选择相应的战略及对策。

当然，综合分析仅有上述的 SWOT 分析是远远不够的，还应该从 3 个方面进行深入分析，包括对竞争优势进行充分的分析、对存在问题的分析和对存在问题的原因进行分析。

3.5.2 竞争优势分析

市场经济是竞争经济，竞争的核心是对于人才的争夺。市场经济条件下的人力资源优势总要外化为企业的竞争优势。人力资源竞争优势是一种综合优势，它的基础是人力资源本身和人力资源效能。图 3-9 所示为人力资源竞争优势分析。

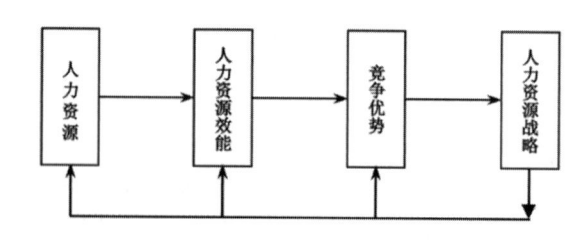

图 3-9 人力资源竞争优势分析

图 3-9 表示，首先，要认识企业现有人力资源，通过分析找出企业现有人力资源存在的优势和劣势，找出发展人力资源的机会。其次，要鉴别现有人力资源效能，通过分析找出提升人力资源效能的途径。简单地说，人力资源效能是现有人力资源的使用效益和功能的发挥

程度。再次，要在人力资源分析和人力资源效能分析的基础上找出企业现存的及潜在的人力资源竞争优势，同时要找出把人力资源和人力资源效能转化为竞争优势的途径及方法。然后根据人力资源竞争优势选择一个恰当的战略，以抓住外部环境提供的机会，取得成功。最后，要关注战略实施效果的反馈，通过逐级反馈来确保各环节工作的正确性，为企业赢得未来竞争提供充足的人力资源支撑。

因此，人力资源竞争优势是多维概念：它不仅要争夺人力资源，建立和壮大人力资源队伍，更要有效地配置和使用人力资源；它不仅是为了赢得当前的竞争，更是为了把握未来的竞争，不断地投资和获得持续的竞争优势；它不仅是为了把握今天的竞争优势，更是为了扩大竞争优势，以及寻找和培育新的竞争优势。

人力资源竞争优势有3类，分别为适应型人力资源竞争优势、创新型人力资源竞争优势和综合型人力资源竞争优势。

（1）适应型人力资源竞争优势是指人力资源和人力资源效能通过适应外部环境的变化形成人力资源竞争优势。外部环境不停地变化仅会经常带来新的机会，也会带来新的威胁。人力资源系统要能及时识别这种机会和威胁，及时调整内部结构及运行机制，在适应外部环境变化的同时，利用机会形成企业自己的人力资源竞争优势。适应型人力资源竞争优势要求人力资源系统具备敏捷捕捉、反应快速和组织可塑等特点。

（2）创新型人力资源竞争优势是指人力资源和人力资源效能通过系统内的创新形成持续的人力资源竞争优势。系统内的创新包括体制的创新、知识的创新、技术的创新、效能的创新和组织的创新等方面。持续的创新会改变企业的成长轨迹，形成具有原发性特征的内部人力资源增长优势和人力资源效能优势，进而转化为强大的人力资源竞争优势。创新型人力资源竞争优势要求人力资源系统具备直觉敏锐、想象丰富、创造有力、技术独特等特点。

（3）综合型人力资源竞争优势是指兼有上面两种类型的特点，综合形成人力资源竞争优势。综合型人力资源优势一般表现得更加明显、持久、有力，具有可持续性。

3.5.3 存在的问题和存在问题的原因分析

1. 存在的问题分析

竞争优势的反面就是劣势，即企业在人力资源管理中存在的问题。人力资源现状分析暴露出的问题泛指4个方面：一是人力资源系统在运行过程中显现出来的薄弱环节，这是制约企业发展的瓶颈；二是与其他人力资源系统相比，自身存在的相对不足之处（虽然综合来看有一定的实力，但与强大的竞争对手相比便相形见绌）；三是与企业战略发展的总体要求相比存在的差距，很明显，这已不只是人力资源系统自身的制约因素，而是成为企业整体事业发展的制约因素；四是尚能满足目前发展的需求，但并没有为今后的发展留有余地，成为以后发展的障碍。通常，这4类问题都反映在人力资源本身和人力资源效能的发挥上，通过系统的分析可以找到。

人力资源现状分析暴露出来的问题，如果不及时解决则会带来消极和负面的后果。这些后果一是会影响人力资源系统自身的良性运转；二是可能导致企业在竞争中失利；三是制约企业整体事业的发展；四是影响企业未来的发展。由于问题的存在，即使出现了利好的机会也无法抓住或无法充分利用，企业无法形成自身的竞争优势。而当威胁来临时，这些内在问题就会被强化和放大，使企业在竞争中不仅处于劣势，而且会雪上加霜。所以，对于人力资源管理中存在的问题,企业绝不能姑息、迁就,而应引起充分的重视。首先,要对人力资源和人力资源效能进行分析,找出存在问题的环节;其次,要对问题本身进行分析,找出那些影响竞争优势形成的关键问题,并进行重点分析;再次,要对关键问题的后果进行分析,充分认识这些后果的严重性;最后,要研究解决关键问题的办法,提出战略性的对策、措施。

2. 存在问题的原因分析

在进行人力资源现状分析时,仅仅找出人力资源管理中存在的问题是不够的,还应该进一步做深入、细致的分析,找准问题的症结,加以根治。具体分析时要注意,最好不要将分析的内容与存在的问题分析混在一起。这样做的欠缺有3点:一是思路看起来不够清晰,容易使人混淆问题和原因;二是对存在问题的原因的分析容易出现疏漏;三是不利于提出解决问题的对策。因此,在进行人力资源现状分析时,最好把存在的问题分析和存在问题的原因分析分开进行。

任何事物表象的内部,都有其深层次的动因。人力资源现状中所存在的问题也是一样的,要解决这些问题,必须透过现象看本质,从问题产生的实质根源着手,这样才能从根本上达到目的。人力资源管理中所存在的问题产生的原因通常都具有一定的深度,必须进行多角度、多层次的细致分析和研究才可能找到。可以按照以下逻辑脉络来探究产生问题的深层次原因:首先,找出存在的问题;其次,找出可能导致这个问题出现的各种动因;再次,对各种动因进行比较,找出直接的原因;然后,对这一原因或几个原因(有时问题的产生是多方面的)追根溯源,找到最终的症结所在;最后,确定解决问题的根本办法。

当前我国人力资源发展中所存在问题的深层次根源大多存在于管理、条件、环境和思想4个方面。管理方面大致包括体制、制度、机制、政策等因素;条件方面大致包括工作、生活、培训、待遇等因素;环境方面大致包括经济环境、社会环境、技术环境、自然环境等因素;思想方面大致包括观念、认识、作风、精神等因素。有时,一个问题还有可能是由两个或更多的原因引发的,所以要进行综合分析。

解决问题的对策可以分为几种,最好的办法当然是彻底地根治,不留隐患。但很多问题都不可能被彻底解决,对于一些企业的宿疾,不能期待一步到位,要分阶段处理。还有一些实质性的问题,目前还没有更好的解决办法,只能延缓并加以控制,力求对企业的发展不产生不利的后果。

自测题

一、判断题

1. 一个行业的竞争态势是由5种力量共同决定的,但往往是某种力量在一定的时期起决定性作用。（　　）
2. 人力资源现状分析的最后一个步骤是进行综合分析并完成分析报告。（　　）
3. 比较分析法就是通过刻意选取的一些关键指标的对比,对一个企业的前后过程或在多个相近的企业间确定相同与相异之处的分析方法。（　　）
4. 环境分析是一种外在系统的分析,与人力资源主体系统的关系不大。（　　）
5. 在分析人力资源现状时,没有必要对自然环境加以分析。（　　）
6. 战略环境关键要素对企业发展起着至关重要的作用,它们既可以是机会,也可以是

威胁。 （ ）
7. 不同企业战略对应不同的人力资源战略。 （ ）
8. 迈克尔·波特提出的"价值链分析法"是外部环境分析方法。 （ ）
9. 人力资源从业人员只要熟练地完成日常的操作性事务就可以了。 （ ）

二、单选题

1. 利用专家的知识和经验对人力资源现状进行分析的方法是（   ）。
   A．专家分析法   B．德尔菲法
   C．抽样问卷分析法   D．结构分析法
2. 从一个事物的各个部分之间的相互关系着手，分析事物存在和运动发展的内在机制及存在根由的方法是（   ）。
   A．专家分析法   B．德尔菲法
   C．抽样问卷分析法   D．结构分析法
3. 人力资源外部环境包括人力资源战略环境和（   ）。
   A．人力资源政策环境   B．人力资源行业环境
   C．人力资源法律环境   D．人力资源文化环境
4. 按照企业在行业内所处位置的不同，可以分为悬殊型和（   ）两类。
   A．差异型   B．均衡型
   C．竞争型   D．合作型
5. "ABC 分析法"属于（   ）。
   A．专家分析法   B．德尔菲法
   C．抽样问卷分析法   D．结构分析法

三、多选题

1. 人力资源现状分析的内容主要包括（   ）。
   A．人力资源战略分析   B．人力资源环境分析
   C．人力资源管理工作分析 D．人力资源队伍分析
2. PEST 分析法包括（   ）。
   A．政治因素   B．经济因素
   C．社会因素   D．技术因素
3. 行业竞争由 5 种基本竞争力量组成，下列力量中不属于这 5 种的有（   ）。
   A．加入者的威胁   B．顾客的力量
   C．行业协会   D．政府主管部门
4. 人力资源管理工作分析包括（   ）。
   A．人力资源管理工作内容分析   B．人力资源队伍分析
   C．人力资源管理工作的评价   D．人力资源管理从业人员的素质分析
5. SWOT 分析是指对企业进行的内外部环境、资源及战略能力的分析进行总结，从中找出关键性因素，包括（   ）。
   A．优势   B．劣势
   C．机会   D．威胁

四、简答题

1. 简述人力资源现状分析的内容。
2. 人力资源现状分析的基本程序有哪些？
3. 简述行业竞争的五力模型。
4. 价值链分析法的内容是什么？
5. 简述人力资源结构分析的内容。

五、案例分析

找一家你熟悉的企业，从最基本的人力资源信息收集开始做起，运用本章所学的分析方法分析该企业的人力资源现状并对其人力资源工作效果进行评价。

第 4 章
人力资源发展预测

学习目标

1. 掌握人力资源发展预测的内涵、分类和步骤；
2. 掌握人力资源需求预测的步骤；
3. 掌握人力资源供给预测的步骤；
4. 掌握人力资源供求失衡的调整对策；
5. 了解人力资源发展预测方法的选择；
6. 了解企业外部人力资源供给渠道分析；
7. 了解人力资源供求状态分析。

学习导航

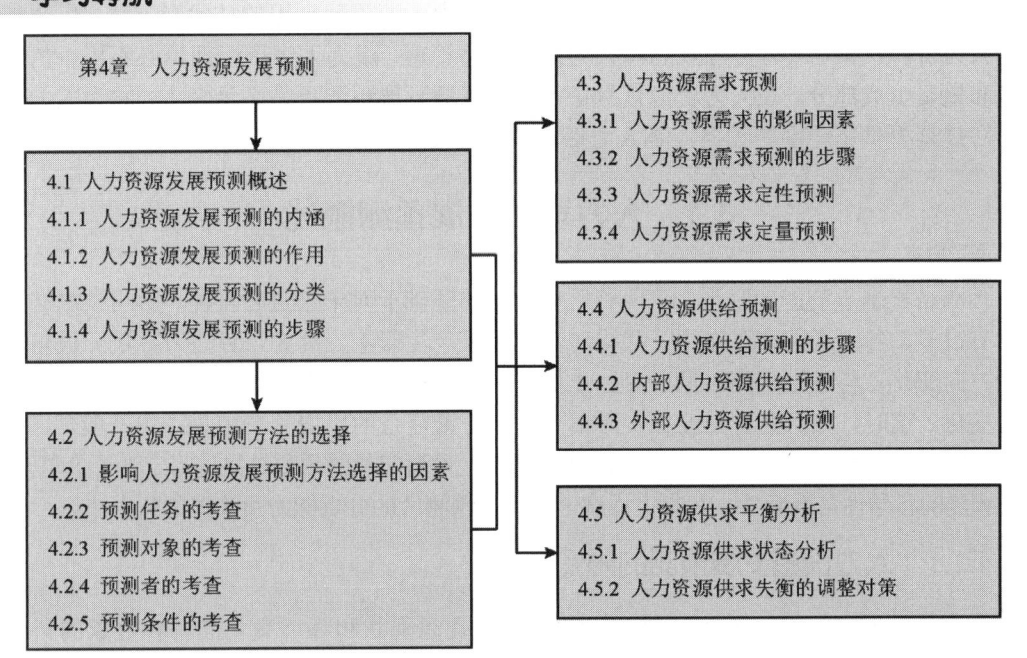

第4章　人力资源发展预测

4.1 人力资源发展预测概述
4.1.1 人力资源发展预测的内涵
4.1.2 人力资源发展预测的作用
4.1.3 人力资源发展预测的分类
4.1.4 人力资源发展预测的步骤

4.2 人力资源发展预测方法的选择
4.2.1 影响人力资源发展预测方法选择的因素
4.2.2 预测任务的考查
4.2.3 预测对象的考查
4.2.4 预测者的考查
4.2.5 预测条件的考查

4.3 人力资源需求预测
4.3.1 人力资源需求的影响因素
4.3.2 人力资源需求预测的步骤
4.3.3 人力资源需求定性预测
4.3.4 人力资源需求定量预测

4.4 人力资源供给预测
4.4.1 人力资源供给预测的步骤
4.4.2 内部人力资源供给预测
4.4.3 外部人力资源供给预测

4.5 人力资源供求平衡分析
4.5.1 人力资源供求状态分析
4.5.2 人力资源供求失衡的调整对策

引导案例

小胖经营着一家烧烤店，名字就叫小胖烧烤。经历了近20年的诚信经营，小胖烧烤的口碑很好，是当地最大、最火的烧烤店。小胖的文化程度虽然不高，但是为人很仗义，安排了很多亲戚朋友在店里工作。员工的工资虽然不太高，但这在经济低迷的小城市已经足够生活了，比上不足比下有余吧。现在小胖经营着城南和城北两家店，他和老婆各负责一家店。每天晚睡早起地经营很辛苦，随着年龄和腰围的增长，小胖感觉越来越力不从心了。最近，让他更烦恼的是，城里又开了一家烧烤店，名字叫老胖烧烤，并且其老板扬言要开10家连锁店，这不是摆明了要和自己打擂台吗？听去吃过的老食客说，味道赶不上自己家的。在口味这块，小胖老板倒是很有自信，谁还会比自己更了解家乡人的喜好呢？可气的是，对手已经开始公开地从他的店里挖人了。有几个年轻的伙计已经跳槽到老胖烧烤去了，其中一个还是自己的表侄子。没走的员工每天对工作很不上心，经常出错。甚至有几个自己带出来的元老级员工还嚷嚷着要涨工资，不涨工资就跳槽等。小胖仔细打听了以后更是气不打一处来，对手给员工的工资和待遇很不错，不仅工资高出自己店一大截，有技术的还给股份。小胖很纳闷：这么多年的感情还抵不过股份吗？我平时待他们不薄啊？我这不是为竞争对手培养员工吗？再说了，我怎么没想到给他们股份呢？我到底错在哪儿了？

思考：

小胖老板在烧烤店发展的过程中忽略了什么？企业发展的过程中，需要注意哪些内部和外部因素？

人力资源发展预测，也称人力资源预测，是人力资源管理常用的技术和方法，广泛地应用于人力资源决策、人力资源规划和人力资源战略管理，成为人力资源理论必不可少的支撑系统和重要组成部分。在人力资源规划中，人力资源发展预测更是举足轻重，它为人力资源战略和规划提供第一手的数据，是人力资源规划的前提及依据。

4.1 人力资源发展预测概述

预测是根据事物间的联系，在现有历史资料的基础上对未来进行推测。影响预测结果的因素有很多，各因素间交互作用，共同对预测结果产生影响。例如，劳动力数量一般与产量呈同方向变化，与标准工作时间长度、出勤率、改善技术、改进工作方法、改进管理等呈反方向变化。这时，如何结合企业的实际情况，从纷繁复杂的历史资料中总结出一般规律，分析、研究这些规律，选择合适的预测方法进行预测，并对定量的预测结果进行定性评价与修正，保证预测的科学性与准确性，在很大程度上取决于预测者的分析能力及管理判断力。

4.1.1 人力资源发展预测的内涵

人力资源发展预测，是指通过对当前的人力资源现状和环境变化的种种迹象的科学分析，对未来一段时间内人力资源发展的趋势做出事先估量，或者说根据人力资源发展的事实状态，运用各种科学的方法，对目标时期内人力资源发展的未来状态进行定性和定量的估计、判断，以确定未来时期人力资源发展的趋势。

人力资源活动受政治、经济、科技、教育、文化、地理、气候等多种因素的综合影响，且人力资源本身具有高度的能动性，因此，随着我国市场经济体制的不断深化和商业竞争的日益加剧，人力资源发展预测工作变得错综复杂，难度也在逐渐加大。然而，即使难度很大，企业要进行正确、有效的人力资源决策，制定科学、合理的人力资源规划，也必须开展人力资源发展预测。这也是人力资源发展预测越来越受人们重视的重要原因。

进行人力资源发展预测的目的是认识人力资源发展的规律。为此，进行人力资源发展预测时需要注意3方面的内容：一是掌握人力资源发展的规律和特点；二是找出影响人力资源发展的关键因素；三是揭示未来人力资源发展的趋势。

人力资源发展预测的要素包括定性要素、定量要素、时间要素和概率要素。定性要素决定人力资源发展的性质，对人力资源发展进行方向性和叙述性的描述，是人力资源发展预测的出发点；定量要素决定人力资源发展的规模、速度、比例等"数"的方面的属性，对人力资源进行"量"的描述。定量要素中主要是那些能代表人力资源基本数量属性的因素，这些基本数量属性都用一个或几个数据指标来表示。人力资源发展可以用以时间为基本变量的函数，因此时间要素是人力资源发展预测不可或缺的重要因素。概率要素决定着人力资源发展过程中事件发生的可能性，是对机会的描述，一般也用量的形式来表示。

4.1.2　人力资源发展预测的作用

1. 人力资源发展预测对组织的贡献

（1）满足组织在生存、发展过程中对人力资源的需求。现实生活中的组织都是动态组织，而非静态组织。组织的生存和发展与人力资源的结构密切相关。在静态的组织条件下，人力资源发展预测并非必要，因为生产经营领域不变、所采用的技术不变、组织的规模不变，人力资源的数量、质量和结构均不发生变化；在动态的组织条件下，人力资源发展预测非常重要，人们总是要分析预测人力资源的供求，并采取适当的手段来平衡人力资源供求，以确保组织目标的实现。

（2）提高组织的竞争力。人力资源发展预测是在分析组织的内外部环境以后，根据组织的战略目标制定的，而且它考虑了环境的变化因素，随着环境的变化而变化。因此，进行人力资源发展预测有利于提高组织的环境适应能力、完善组织的战略目标、提升组织的竞争力。

（3）人力资源发展预测是人力资源部门与其他直线部门进行良好沟通的基础。

2. 人力资源发展预测对人力资源管理的贡献

（1）人力资源发展预测是实施人力资源管理的重要依据。人力资源发展预测确定人员的需求量、供给量，指导职务、人员及任务的调整，为组织的录用、晋升、培训、人员调整，以及人工成本的控制等活动提供准确的信息和依据，是人力资源管理的重要部分，在大型、结构复杂的组织中的作用尤其明显。

（2）有助于调动员工的积极性。人力资源发展预测能引导员工进行职业生涯设计和职业生涯发展，利用员工对未来工作的信心和职位晋升的美好憧憬可以更好地调动员工的工作积极性。

4.1.3　人力资源发展预测的分类

从不同的角度可以对人力资源发展预测进行不同的分类。

按照人力资源的供求关系，人力资源发展预测可以分为供给预测和需求预测。供给预测又可以分为内部供给预测和外部供给预测。

按照预测的目标年度，人力资源发展预测可以分为短期人力资源发展预测、中期人力资源发展预测和长期人力资源发展预测。通常来讲，5年以内的人力资源发展预测为短期人力资源发展预测，5～10年的人力资源发展预测为中期人力资源发展预测，10年以上的人力资源发展预测为长期人力资源发展预测。越短期的人力资源发展预测，定量的内容越多，要求的精度越高；而长期的人力资源发展预测所要求的精度会相对低一些，定性的内容多些。

企业的人力资源发展预测通常是对企业人力资源队伍的预测，按照人力资源队伍的构成，人力资源发展预测又可以进一步分为人力资源规模预测、人力资源年龄结构预测、人力资源专业结构预测、人力资源学历结构预测、人力资源职务结构预测和人力资源效益预测六大类。

4.1.4 人力资源发展预测的步骤

人力资源发展预测一般可以分为7个步骤，即确定预测任务、组成工作团队、选择预测方法、准备预测资料、建立预测模型、实施预测和验证预测，如图4-1所示。

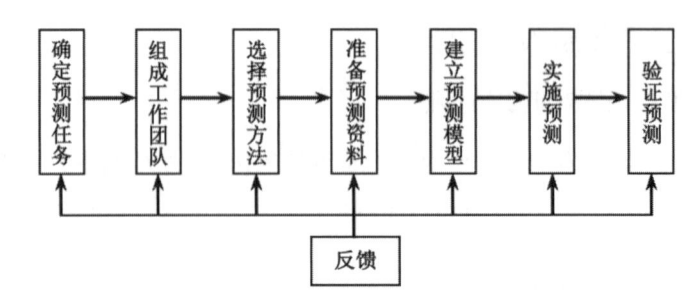

图4-1 人力资源发展预测的步骤

1. 确定预测任务

人力资源发展预测是一项复杂的系统工程，要想进行人力资源发展预测，要先确定预测任务，而预测任务通常由企业高层领导提出。确定预测任务时要根据企业当前所处的环境及其发展趋势来确定人力资源发展预测的范围、年限、种类、预测对象和预测的具体目标。

2. 组成工作团队

有了明确的预测任务，就要把这个预测任务落实为具体的人力资源发展预测工作。这就需要相关人员组成工作团队，根据预测任务的具体要求，先对整个预测工作进行整体设计，再有条理地开展预测工作。通常由人力资源管理部门来承担主要工作。在研究过程中，应邀请人力资源管理专业和本行业的专家学者参与、指导，这样有利于人力资源发展预测工作的顺利开展。

3. 选择预测方法

选择预测方法，就是选择具体的预测技术。要根据预测的任务并结合预测的实际条件，本着经济实用的原则来选择预测方法。预测方法一方面要满足预测的要求，另一方面要注意节约人力、物力和财力。选择任何方法，都要满足预测的根本要求，讲求科学严谨，不能虎头蛇尾、应付了事。

4. 准备预测资料

准备预测资料，实际就是收集信息和处理信息的过程，按照人力资源规划所要求的具体人力资源指标体系建立系统的人力资源信息库。具体的实施技术详见本书第 2 章。

5. 建立预测模型

对于相对复杂的人力资源系统，应建立相应的数理模型来辅助预测。即使简单的人力资源发展预测也需要以相应的系数、权数或结构比例、增长率等为预测前提。这些系数、权数或结构比例、增长率的求解过程很复杂，有些也需要建立模型来求证。这些模型虽然不是预测模型，但也属于预测模型的范围。不同的模型有着不同的用途，到目前为止，还没有哪一种模型可以作为适用于全部企业的通用模板。同时，模型具有局限性，都有假设前提和既定条件。例如，政策因素通常是假定不变的条件，但有时会有突然的变化，这时就需要用灵活的手段，以定性的方法或加上政策变量对预测进行动态调整。因此在建立预测模型时，不仅要明确企业的各项已知条件、比较不同模型的适用范围和适用度，还要运用不同的模型，通过它们的预测结果进行对比和选择。

6. 实施预测

建立了预测模型，并经过十分严格的试测检验后就可以实施人力资源发展预测了。在预测时，要注意把握不同模型的适用范围和适用度，必要时可以利用不同的模型进行互补、修正，甚至还可以在对不同模型的预测结果进行平均或加权后直接使用。

7. 验证预测

对预测的结果要进行评价验证，通过与实际运行过程的实测数据比较，看预测的结果在精度、灵敏度和可行性上是否合乎预测要求。预测结果的评价、验证既可以由预测部门完成，也可以聘请专家或权威部门来执行。验证后的预测结果可以作为下一步人力资源规划的依据。

要特别强调反馈的重要性，事实上每一个预测环节都需要反馈，每一次反馈都是对上一个预测环节的检验。尤其在最后两个环节，反馈显得更为关键。从哲学意义上讲，预测是对未来现实的无限逼近，有误差是客观的、正常的、不可避免的。预测的目的是尽可能地减少误差，通过不断反馈、不断试错，弥补缺漏。比如，预测人员的构成，是否涵盖了诸多学科背景？建立的分析模型是否涵盖了所有相关因素？为了更真实、有效地进行预测，可以按照上述预测环节进行测试。根据试测结果的反馈，找出误差原因，再调整、测试，直至得出较为满意的结果，再进行实际预测。

相 关 链 接

人力资源发展预测的准确性还受一些条件的制约。

（1）环境可能与预期的情况不同。人力资源发展预测并非完全科学、严谨的，企业的生存环境充满了复杂性和不确定性，如政府提高最低工资限度、企业的关键人员离职、发生金融风暴、合同突然取消、工会活动出现变化或主要竞争者突然袭击等，给人力资源发展预测工作带来极大的难度。因此企业要有思想准备，制订应急计划，以防止危急事件的出现。

（2）企业内部的抵制。在许多企业中，旧的做事方式、规章、方法等可能根深蒂固，人力资源规划体系的引入可能会改变企业中不同群体之间的利益分配关系，导致企业内部出现反对的倾向，妨碍规划的实施。而人力资源发展预测工作需要企业内部员工的鼎力配合，因为预测所用的基础数据往往要从基层调查而来，或者从档案库和过往资料里找出来，因此在规划的过程中必须讲究技巧，平衡新规划与旧方法之间的冲突。

（3）代价高昂。企业无论是进行人力资源发展预测，还是制定人力资源规划，都需要投入大量的人力、物力、财力，而人力资源的收益很难评估，尤其是人力资源的潜在收益往往容易被低估，无法量化并用于企业人力资源规划。因此人力资源发展预测的代价高昂。

（4）知识水平的限制。人力资源预测与规划都是相当复杂的工作。它要求有高度的想象力、分析能力和独创性的人来做出抉择，管理者必须探求提高其预测能力的方式。如果企业中没有能做预测的人才和能做出正确判断的领导者，那么进行人力资源发展预测可能毫无裨益。

4.2 人力资源发展预测方法的选择

4.2.1 影响人力资源发展预测方法选择的因素

人力资源发展预测工作的成功与否在很大程度上取决于人力资源发展预测方法。然而，即使经常使用的人力资源发展预测方法也有二三十种之多，那么怎样选择合适的人力资源发展预测方法呢？要选择合适的人力资源发展预测方法，就需要对影响人力资源发展预测方法选择的因素进行系统分析。影响人力资源发展预测方法选择的因素有很多，有些因素的作用结果是互相促进的，而有些因素的作用结果却是互相制约的，因此有必要对这些因素进行归类。总的来说，影响人力资源发展预测方法选择的因素大致有以下4类。

1. 预测任务制约的因素

这些因素不是固有的，而是由于预测任务的提出而出现的，如预测的时间、预测的目的、预测的精度、预测的范围等。

2. 预测对象本身制约的因素

预测对象本身的性质、特征和运动规律是客观存在的，预测方法只是为了认识对象而应用的工具，因此只能选择适当的预测方法并使之适应预测对象本身的发展变化。这是选择预测方法的根本要求。

3. 预测者的制约因素

预测者就是人力资源发展预测实施主体，其素质的高低直接决定着人力资源发展预测的最终结果。不具备人力资源发展预测专业知识的人是很难完成整个人力资源发展预测工作的。

4. 预测条件的制约因素

这些因素是指涉及人力资源发展预测所需的资料、工具、手段、经费和时间等的客观条件。没有相应的条件，无论采用哪种预测方法都不能顺利开展人力资源发展预测。

企业在进行人力资源发展预测时应综合分析以上4类因素，权衡利弊，考虑选择哪种或哪几种人力资源发展预测方法比较合适，进而较好地实施这些人力资源发展预测方法。

4.2.2 预测任务的考查

人力资源发展预测任务的提出从根本上对整个预测进行了规定,也对人力资源发展预测方法的选择从根本上进行了规定。例如,在短期内必须完成的人力资源发展预测,使用的预测方法只能相对简易一些;预测的时间充裕,就有可能使用相对精细、复杂一些的预测方法;仅用于规划人力资源发展战略的预测一般要求精度不高,多采用以定性方法为主的预测方法;而用来规划人力资源发展规模的预测一般要求精度较高,因而一般采用以定量方法为主的预测方法;大范围的人力资源发展预测宜采用一般精度的预测方法,小范围的人力资源发展预测宜采用较高精度的预测方法;规划目标年限长的人力资源发展预测可采用精度稍差一些的预测方法,而规划目标年限短的人力资源发展预测应采用精度相对高一点的预测方法。

由于人力资源发展预测的目的不同,因而要求达到的精度不同,可以采取的预测方法也有所不同。精度只是一个相对的概念,没有绝对的精度。在给人力资源发展预测工作提出精度要求的时候,必须考虑到当前各种预测方法所能达到的精度范围。出于效率和效益的考虑,只要人力资源发展预测的精度能满足人力资源发展预测目标的要求,就不必提出过高的精度要求;如果要求过高,则必将增加人力资源发展预测的成本和时间,还会造成人力、物力、财力的浪费。

复杂、系统的预测方法虽然可以达到较高的精度,但花费的时间多、成本高,对信息数据和工具设备条件的要求也高。相反,较为简单易行的预测方法虽然只能达到较低的精度,但花费的时间少、成本低,对信息数据和工具设备条件的要求也低得多。不过,如果预测的结果不可靠,那么由此造成的损失可能更大。因此,要选择适度的精度,既能达到要求,又经济实惠、方便易行。

4.2.3 预测对象的考查

要选择适合预测对象的人力资源发展预测方法,就必须根据不同的预测对象的性质、特点和运动规律来进行通盘考虑。人力资源发展预测的对象既可能是整个企业(集团)的人力资源队伍,也可能是各个部门的人力资源群体。对于整个企业的人力资源队伍而言,预测的既可能是规模的发展总量,也可能是人力资源数量的发展趋势,还可能是人力资源专业构成的变化。这些预测有共性,对于这些共性的东西,可以采用那些通用的预测方法。但是每个预测对象都有其特殊性,对于一些特殊性要求采用通用性的预测方法是行不通的,必须使用一些适用的、专门的预测方法,或者对通用的方法进行改造,使之适用于预测对象的特殊性要求。

因此,在选择和确定预测方法之前,必须先对预测对象进行界定和考查,摸清预测对象在既定条件下的性质、特征及运动规律,再以此为依据去选择适合的预测方法。

4.2.4 预测者的考查

预测者是人力资源发展预测的主体,既是预测的设计者,又是预测的操作者,因此预测者是人力资源发展预测的关键因素。由于预测方法要和预测者的素质相匹配,因此考查预测者是很重要的一环。预测者的考查内容包括预测者的学历层次、专业素质、工作经验、组织能力和操作水平等。大型的、较为复杂的人力资源发展预测还要考虑到预测者群体的组成情况。只有根据预测者的实际状态和水平选出的预测方法,才能充分发挥预测者的优势。

但是人无完人，每个人都或多或少存在某些不足和缺点，因此在发现预测者存在着某种缺欠时，要及时采取补救措施，以确保人力资源发展预测能够顺利开展。第一种补救措施是更换人选，第二种补救措施是增加人选，以使优势互补。

4.2.5 预测条件的考查

预测条件，就是预测的客观条件，包括资料、经费、工具、时间及其他的行政条件等。无论采用什么样的预测方法，都需要一定的客观条件来做保证，那种以为预测只要几个人和几台电脑的观点是极为片面的。如果客观条件充分，则人力资源发展预测工作就能开展得顺利一些，反之就要困难一些。

人力资源发展预测的过程，实际就是对人力资源的信息资料进行加工、处理的过程，预测的结果就是对信息资料加工、处理后得出的结论。由此可见，信息资料对人力资源发展预测是十分重要的。"巧妇难为无米之炊"，没有充足的信息资料，再好的预测方法也不可能得出预测结果。不仅各种定量预测方法需要合乎预测要求的统计资料，定性预测方法也需要完整可靠的历史资料作为预测的依据。一般来说，定量预测方法对信息资料的要求高，预测结果对信息资料的依赖性也强；定性预测方法对信息资料的要求相对较低，预测结果对信息资料的依赖性也相对较弱。

经费保障是人力资源发展预测得以顺利开展的重要条件之一。经费充足就可以采用那些难度较大、精度较高的预测方法，就可以调动更多的人力、物力去收集资料，就可以使用较为先进和尖端的预测工具。而经费拮据时就只能选择一些相对简单和廉价的预测方法，预测精度也会打些折扣。

时间充裕，就可以采用相对复杂的预测方法；而时间紧张，就只能选用一些短期就可以完成的简单预测方法。如果时间较紧但经费充裕，则可以购买成熟的人力资源发展预测软件系统进行预测。

从以上预测任务、预测对象、预测者和预测条件4个方面的分析可以看出，人力资源发展预测方法的选择本身就是一项系统工程，是在对各种主/客观制约因素进行分析、研究的基础上权衡利弊、优选出来的适中、可行的预测方法。

表4-1所示为一些常见的预测方法。具体方法的应用将在后面两节中介绍。

表4-1 常见的预测方法

预测方法类别	预测方法	适用范围
简单预测方法	判断预测法、经验预测法、比率—趋势分析法、流程图预测法、形态分析预测法 德尔菲法	稳定条件下的初步预测 定性预测
企业变化预测	替换模型 马尔可夫模型 回归分析	人员替换分析 以概率为基础的流动预测 与其他规划相联系的预测
最优化模型	直线关联、非直线关联、动态关联 目标关联 分配模型	根据约束条件确定未来需求 为达到既定目标而确定未来需求 将个人与预期的空缺相联系
模拟模型	模拟方法、联合预测方法	数学模拟、与企业规划相联系

4.3 人力资源需求预测

由于人力资源需求除受企业内部的经营状况、已有的人力资源状况等诸多内部因素的影响外，还受企业外部多种不可控因素的影响，因此人力资源需求预测更为复杂。但是在现代企业管理中，要制定合理的人力资源规划和正确的人力资源管理决策，保证企业的顺利发展，就必须进行人力资源需求预测。

人力资源需求预测是指对企业未来某一段时间内人力资源需求的总量、专业结构、学历层次结构、专业技术职务结构与技能结构，以及人力资源的年龄结构等进行的事前估计。在人力资源需求预测中必须注意人力资源发展的规律和特点、人力资源发展在企业发展中的地位和作用，以及两者之间的关系，分析影响人力资源需求的相关因素，揭示人力资源需求变化的总趋势。

4.3.1 人力资源需求的影响因素

人力资源需求预测的影响因素可以从企业内部和外部进行考查，尽可能地综合考虑企业内外部各种因素对企业当前和未来的人力资源数量及结构的影响。

1. 影响人力资源需求的内部因素

影响人力资源需求的内部因素包括企业战略的调整、企业革新和组织变革、企业内部的人员变动，以及工作时间的变化。

（1）企业战略的调整。企业战略的调整事关企业发展的全局，涉及企业的各个方面。企业战略导向的变化必然会引起组织结构、制度体系和市场定位等的变化，对于人力资源管理产生的影响更是全方位的，涉及未来人员配置、岗位调整、人员培训等诸多方面，对人力资源需求规模和结构都会产生深远影响。为了适应企业战略的变化，企业会增加能适应战略变化并能从事新技术岗位的员工。

（2）企业革新和组织变革。每家企业都是追求利润最大化的市场微观主体，受到来自外部的竞争压力和内部的革新动力的双重影响，总是要不断地采用新技术来提高劳动生产率。同时，新技术的采用必然会引起企业组织结构和组织方式的变革。这就意味着，随着组织的变化和资本有机构成的提高，企业对人力资源的技术素质和管理能力的要求也会相应提高，这必然会带来企业当前和未来一段时间内人力资源需求数量及结构的变化。企业在招聘新员工的同时，原有员工中的一部分会因为技术水平和知识的欠缺而离开企业，一部分要接受更进一步的培训和深造，以便适应企业的变化。

（3）企业内部的人员变动。企业内部的人力资源活动本身就是动态的，时刻处于不断的变化之中。员工的生老病死、选拔晋升、离职辞退、退休等都会使企业产生新的人员需求。通常情况下，在预测期内，企业内部由人员的变动而带来的人员需求数量，如由员工退休、辞职和晋升而带来的新增人员需求数量，可以根据历史数据进行推算及预测。

（4）工作时间的变化。在工作总量既定的前提下，工作时间的长短与所需的人员数量成反比例关系，员工平均工作时间越长，企业所需的员工数量越少。因此，影响工作时间长短的因素都会间接地影响企业的人力资源需求。

另外，员工对工作的满意度、领导方式、企业的福利和社会保障水平、薪酬制度、绩效考核机制等也会对企业的人力资源需求产生影响。

2. 影响人力资源需求的外部因素

影响人力资源需求的外部因素主要是通过对内部因素的影响间接发挥作用的。影响人力资源需求的外部因素有宏观经济发展趋势、政治法律环境、消费需求的变化，以及同类和相关企业的影响。

（1）宏观经济发展趋势。一个国家或地区的经济发展趋势对人力资源需求预测的影响很大，有时甚至会成为决定性因素。宏观经济发展趋势会左右企业战略的定位和企业发展目标，影响企业运行的全过程，进而决定人力资源需求的总体规模和结构。通常来讲，宏观经济形势趋好，消费需求旺盛，企业会扩大投资规模、增加生产，人力资源的需求自然会增加。但如果经济不景气或增长趋缓，会导致企业开工不足或维持原有规模，这时新增人力资源需求就会减少。

（2）政治法律环境。国家通过各种法律、法规、方针和政策来进行宏观调控，引导企业的经营及发展方向。比如，当前中央要求"加快构建以国内大循环为主体，国内国际双循环相互促进的发展格局"，在这一战略部署下，很多企业需要调整生产和经营的策略。一定时期的金融、货币和进出口政策会引导企业的投资方向及经营领域。另外，一些区域政策和行业鼓励政策也指引着产业和区域经济发展的方向及路径。这些都会对企业的发展产生较为明显的指导作用，从而激发企业的投资兴趣并促使企业扩大开发领域，间接影响企业的人力资源需求。而法律会对一些具体的企业经营行为做出具体规定，规范企业的人力资源活动，如《中华人民共和国劳动法》《中华人民共和国劳动合同法》《中华人民共和国仲裁法》等。这些法律一方面保障了企业和员工的利益不受侵犯，另一方面限制了企业的人力资源需求。

（3）消费需求的变化。随着社会的进步和经济的发展，人们的消费观念和消费结构日益发生变化，对产品和服务的需求日益多样化。面对变化多样的消费需求，企业必须做出战略上的调整，以生产出适销对路的产品和提供更加便捷的服务。这些势必会导致企业内部的技术迭代和组织结构的变化，从而影响人力资源需求的变化。因此，这也是企业在进行人力资源需求预测时需要考虑的因素。

（4）同类和相关企业的影响。同类企业的影响主要是指行业内竞争对手对企业产生的影响，涉及战略定位、市场规模、技术革新和核心竞争力等诸多方面。同类企业的竞争加剧了各企业对核心领域人才的争夺，企业也更加注重对本企业核心人才的培养和选拔，或者说，企业增加了对掌握核心技术的人力资源的需求。相关企业，如上下游企业在整个产业链条上通过提供原料和销售产品两个方面制约着企业的发展规模及人员数量，因此相关企业也是制约人力资源需求的因素。

除上述因素外，企业所处地区的文化、传统、市民心理和对本企业的认可程度等也会对企业的人力资源需求产生影响。

4.3.2 人力资源需求预测的步骤

人力资源需求预测涉及现有人员的需求、预测期内的人力资源需求和预测期内可能的人员变动情况，应遵循如下 8 个步骤，科学、有序地进行（见图 4-2）。

（1）进行现有人力资源盘点，按照工作分析的要求确定应有的职务编制和人员配置，并统计出具体的人员需求。

（2）与各部门经理沟通，修正人员需求数据。

(3) 综合"(1)"和"(2)",汇总得出现实人力资源需求数据。
(4) 按照企业战略和人力资源规划要求,核定各部门在预测期内的工作总量。
(5) 根据各部门预测期内工作量的增长幅度,核定出各部门要增加的岗位及人数。
(6) 综合"(4)"和"(5)",得出未来增加的人力资源需求数据。
(7) 根据历史数据,对未来可能发生的人员流失情况进行统计和预测,并得出预测期内需要补充的人力资源数据。
(8) 将"(3)"、"(6)"和"(7)"的数据汇总,得出企业总体人力资源需求预测数据。

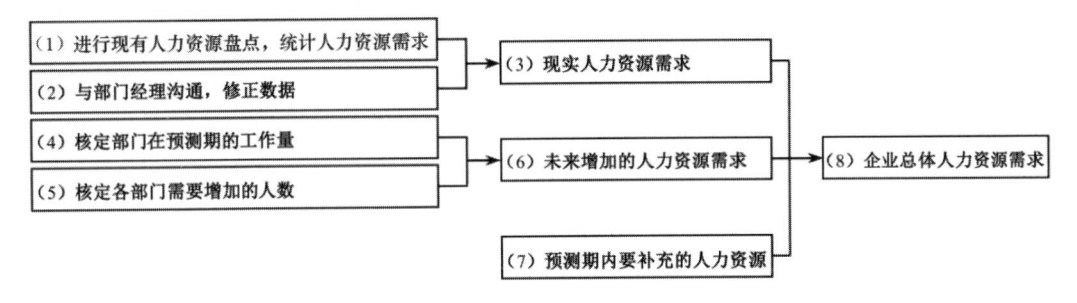

图 4-2　人力资源需求预测的步骤

4.3.3　人力资源需求定性预测

人力资源需求定性预测的方法有很多种,较为简单的方法有流程图预测法和形态分析预测法,较为复杂但相对准确的方法是德尔菲法。

1. 流程图预测法

该方法是一种逻辑推理方法,在进行预测时,需要将预测的各种有关因素按照时间序列或发展过程用流程图的方法进行描述。这样就可以一眼看出预测对象的发展趋势和相关因素的影响,进而可以推测其下一步的发展趋势。

图 4-3 所示为企业销售人员的发展流程,从中可以推出销售人员的发展趋势。

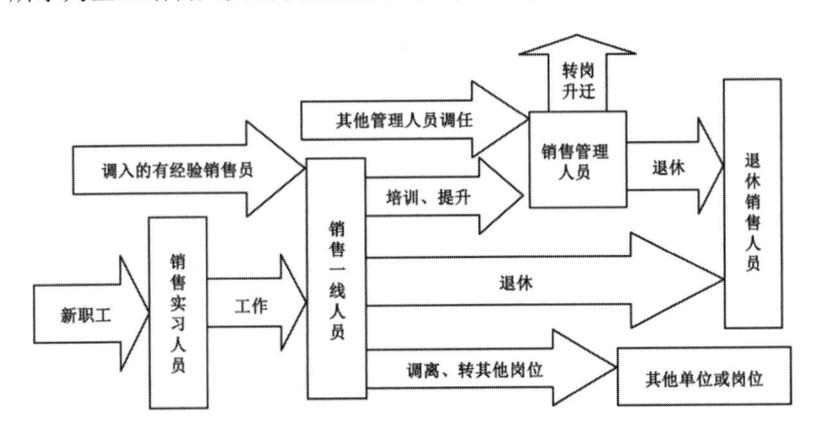

图 4-3　企业销售人员的发展流程

流程图预测法在使用时,要分析预测对象活动的规律和方式,注意按照时间序列来体现流程中的各个环节。另外,在绘制流程图时要注意所描述的环节之间的因果和递进关系,使流程图具备直观性与系统性,明确表达人力资源发展的趋势。由于流程图预测法一般比较简单，只能对现实人力资源工作进行简单临摹，而不能对发展过程中的一些关键问题给出明确的结论，通常只用于人力资源发展预测的早期辅助说明。

2. 形态分析预测法

形态分析预测法是使用二维矩阵表格对所需预测的人力资源进行预测、分析的方法。在表格中列出有关的人力资源和相关的企业经营活动，以分析企业在不同的生产经营状态下所需要的不同人力资源。

从表 4-2 中可以发现，在新产品研制、开发期间需要能力较强的产品设计员、工艺设计员、技师和工人，而不需要生产技术员；但是当产品生产进入小批量生产时，则需要能力较强的工艺设计员、生产技术员、技师和工人，而产品设计员只需要由一般水平的人员来担当。同样，对其他不同类型的生产方案所需要的不同类型人员也可以做出对应的分析。

表 4-2　某产品不同生产方案人力资源投入分析

人力资源	经营活动			
	产品开发	小批量生产	大批量生产	自动化批量生产
产品设计员	强	中	不需要	不需要
工艺设计员	强	强	中	不需要
生产技术员	不需要	强	中	弱
技师	强	强	弱	强
工人	强	强	中	弱

利用形态分析预测方法，可以对企业各种生产经营方案所需要的不同类型人力资源进行分析，进而可以对这些不同类型的人力资源所需要的具体数量进行分析。

3. 德尔菲法

人力资源需求定性预测用得较多的是德尔菲法。德尔菲法在应用中，需要先向相关专家函询某一预测对象的有关问题，请专家以书面形式发表自己的意见，然后将这些意见综合整理成几条有代表性的建议，再反馈给相关专家，就这几条建议进一步征求意见。通过反复地函询，几轮过后，将意见逐渐集中，得出明确的预测结论。整个函询过程匿名进行，既广泛征求了专家的意见，又节省了预测成本的支出，还避免了专家会议预测法中专家相互影响的弊端，能够收集到各类专家的真知灼见。函询专家的人数一般不得少于 50 人，而且函询返回率不得低于 60%，否则预测结论就缺乏广泛性和代表性，不能保证预测的准确。

德尔菲法通常在人力资源发展预测中涉及面广、关系复杂、数据缺乏或影响因素多且难以量化的情况下应用。德尔菲法是在专家会议预测法的基础上发展起来的，但是已经不同于专家会议预测法。因为德尔菲法先采用匿名答卷或书信多次往返征求专家意见，使专家能够充分发表自己的预测意见，而不受他人观点的影响；然后对专家意见采用各种统计方法进行定量评价和处理，使预测结果更加准确。因此，德尔菲法被公认为科学、有效的预测方法，也是人力资源需求定性预测中较为常用的方法。

一般情况下，德尔菲法至多进行 4 轮就要结束。在第一轮预测中，专家的回答是没有限制的，可以是任何形式。第二轮预测则要求专家在综合所有专家回答的基础上重新预测，并说明预测的理由。在第三轮和第四轮的预测中如果没有超出上下四分位区间的答案，就不必说明回答的理由。如果第三轮专家的意见集中在上下四分位区间之内就不必再进行第四轮预测。使用德尔菲法进行人力资源需求预测的过程如下。

（1）确定人力资源需求预测的内容和目标。

（2）组成预测工作小组。小组成员任务主要是选择专家组成员，设计调查表，向专家邮寄、收集、处理调查表，得出最终预测结果。

（3）设计调查表。根据预测对象和目的设计调查表。

（4）组织专家组。选择并邀请专家组成专家组，向专家说明调查目的、预测目标，并征求各位专家的意见。

（5）发调查表。将调查表和背景资料寄给专家，要求专家在熟悉背景资料以后回答调查表中所列问题。

（6）处理调查表。收回调查表后，对调查表进行综合处理，编制新的调查表。新的调查表内容为前一次专家回答问题的中间值和上、下四分点值。中间值代表专家的集中意见，上下四分点值之间的间距表示专家们回答问题的波动区间。中间值可以采用专家们的平均值或多数专家的意见，上、下四分位点是将专家意见按顺序排列好以后，在75%和25%处的专家意见分别是上、下四分位点值。在将专家意见按顺序排列以后，可以按100%～75%、75%～50%、50%～25%和25%～0分成4个区间，75%～25%为一半专家意见的集中区，通常称为上下四分位区间。利用上下四分位统计处理方法可以排除极端数据，即专家的极端意见。在第二次以后的调查表中除给出上一次的调查处理结果外，还会向专家们提出新的问题，要求专家对其做出回答，并给出相应的理由。

（7）第二轮调查。将新的调查表寄给专家，并收回问卷，进行综合处理。专家之后既可以改变原先的意见，也可以坚持原先的意见，但是都需要给出这样回答的理由。这一点是与第一次回答的不同之处。

（8）再次调查。一般需要进行第三次调查，程序同"（6）""（7）"。如果预测结果分歧较大，可以按第三轮形式再进行一次调查。

（9）对预测结果进行整理和分析。预测结果一般使用表格、图形和文字说明的形式表达。

4.3.4 人力资源需求定量预测

在人力资源需求预测中可以采用数学模型进行定量预测，数学模型主要分成静态模型和动态模型两类，一般的人力资源需求预测应用静态模型就可以满足预测需要。本节只介绍一些简单易行的定量预测技术。

1. 类推预测法

类推预测法也称参照类比法，这种预测方法主要用于进入新的行业，一切从头开始的企业。由于企业本身没有在该行业的经营历史，没有人力资源需求先例，对自身所需要配备的各种人力资源类型不熟悉，因此需要按照该行业同类型、同规模企业的人力资源配备情况进行类推预测。例如，现在某企业准备进入电缆行业，但其对电缆行业所需要的人力资源配备情况并不了解，那么其在确定所需要的员工总数时可以先选择两家经营情况较好、与本企业规模相近的电缆生产企业进行人力资源需求配备调查，然后结合调查结果，再根据本企业的技术特点、市场定位、现有人力资源结构等进行人力资源需求预测分析。

2. 基数叠加预测法

这种预测方法主要是将影响人力资源需求的各种因素都挑选出来后，根据各种因素对人力资源需求影响的大小，确定权重。我们可以构造一个简单的预测模型，如下所示：

$$R=R_0（1+T_1+T_2+T_3+\cdots+T_n）$$

模型中的 R_0 为当前实际值，$T_1,T_2,T_3,\cdots,T_n$ 分别为各类影响因素的影响系数。影响系数既可以通过专家预测获得，也可以通过对历史数据的统计分析得到。

例如，某企业在 2022 年年底有研发人员 68 人，预计到 2024 年，以下因素会对研发人员队伍发展产生影响：① 招聘外部各类人员，将使科研队伍增加 20%；② 企业自己培养员工，将使工程技术队伍增加 30%；③ 退休和病假等因素，将使研发队伍减少 10%；④ 辞职和辞退等因素，将使工程技术队伍减少 14%；⑤ 提拔为中层以上领导，将使研发队伍减少 4%；⑥ 人员调动，将使研发队伍减少 8%。这样，2024 年该企业的研发人员队伍人数为

$$R=68×（1+0.20+0.30-0.10-0.14-0.04-0.08）=68×1.14≈78（人）$$

基数叠加预测法简单、实用，只要对影响因素的分析全面、合理，且对影响系数、权重的估计准确无误，就可以得出较为满意的预测结果。

3. 比例分析预测法

有时对某一类预测对象进行预测时，发现该预测对象数量的变化与某些因素具有相对固定的比例关系，而这些因素的数量在预测年度内已经确定。此时，就可以采用比例分析预测法对预测对象进行预测了。

比例分析预测法的应用，首先要将与预测对象相关的因素找出，然后确定两者之间的关系。例如，年销售增加额与新增加的销售人员，或者一项新产品的开发与研发人员的数量等之间存在一种比例关系。注意，这种比例关系是相对固定的，也就是说，预测对象数量的变化与相关因素之间的比例系数应该是相对不变的。

比例分析预测法由于应用简便，在人力资源需求预测中得到了广泛的应用。例如，某企业要求从 2020 年到 2025 年，企业销售额增加 2 000 万元，按照 15∶1 的比例系数，则需要新增销售人员 134 人（2000/15）。

4. 相关分析方法

相关分析方法是基于预测对象的背景资料，使用数学方法来确定人力资源需求预测对象与相关因素的相关度的一种数理统计方法。相关分析方法主要用于分析人力资源的需求是否与其周边环境因素存在相互依存的关系。在进行相关分析时，所采用的方法主要有相关图分析方法和相关系数分析方法。这里介绍相关图分析方法。

相关图分析方法是一种简单、有效的相关分析方法。该方法将人力资源需求预测对象和一组相关因素的每对数据标在平面直角坐标图上。根据这些数据点在图上的集散程度和趋势，来分析人力资源需求预测对象与某一有关变量之间是否存在相关性及相关度的高低。

例如，对某企业的销售人员数和企业销售额（见表 4-3）之间的关系用相关图表示，如图 4-4 所示。

表 4-3 某企业的销售人员数和企业销售额统计资料表

年　　份	2013 年	2014 年	2015 年	2016 年	2017 年	2018 年	2019 年	2020 年	2021 年
销售人员数（人）	59	63	68	72	78	84	92	104	115
企业销售额（万元）	49	78	100	120	136	141	154	163	179

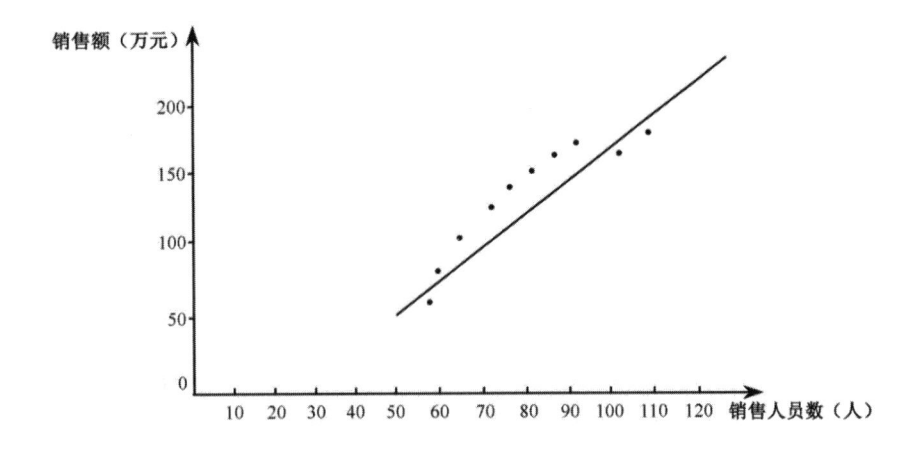

图 4-4　某企业的销售人员数和企业销售额之间的关系

从图 4-4 中可以发现，企业的销售人员数与企业销售额之间具有很强的线性相关性。

5. 模型分析方法

在人力资源需求预测模型中最常用的模型是线性回归预测模型，如果将时间序列预测模型中的时间参数作为特殊的变量看待，那么线性回归预测模型就可以分为时间序列预测模型、一元线性回归预测模型和多元线性回归预测模型 3 种。在采用线性回归预测模型之前，必须先收集充足的预测对象数据与相关因素的数据，然后按照时间序列制作相关图。如果这些数据在坐标图上呈现出直线或基本类似直线的形态，就可以采用线性回归预测模型来进行人力资源需求预测，否则就需要采用相对复杂的非线性回归预测模型。

如果人力资源需求预测的预测对象与某一变量的直线相关趋势成立，就可以建立人力资源需求预测的一元线性回归预测模型，即

$$R = a + bx \tag{4-1}$$

式中，R 为人力资源发展预测对象；x 为自变量，即相关因素数据；a 和 b 为模型参数。

根据 R 和 x 的已知样本数，可以利用最小二乘法求得参数 a 和 b 的估计值 $\hat{a}$ 和 $\hat{b}$，如下：

$$b = \frac{n \sum x_i R_i - \sum x_i R_i}{n \sum x_i^2 - (\sum x_i)^2} \tag{4-2}$$

$$a = \frac{\sum R_i - b \sum x_i}{n} \tag{4-3}$$

这样就可以得到用于预测人力资源需求的一元线性回归预测模型，如下：

$$\hat{R} = \hat{a} + \hat{b}x \tag{4-4}$$

例如，某企业的人力资源总数如表 4-4 所示，现在根据这些数据预测企业在 2022 年和 2025 年所需的人力资源总数。

表 4-4　某企业的人力资源总数

	（1）	（2）	（3）	（4）	（5）	（6）	（7）	（8）
x（年度）	2014 年	2015 年	2016 年	2017 年	2018 年	2019 年	2020 年	2021 年
R（人力资源总数）	165 人	168 人	170 人	176 人	181 人	184 人	190 人	198 人

从表 4-4 中可以发现，企业所需的人力资源总数是逐年增加的，年度和人力资源总数呈

现出明显的线性关系，因此可以利用一元线性回归模型（4-4）来进行预测。这里的自变量 x 就是时间（年度），因变量 R 就是需要预测的人力资源总数。利用式（4-4）来建立函数模型。而要得到准确的预测函数必须先求出系数的估计值 $\hat{a}$ 和 $\hat{b}$。

本例中的 n 为 8，因此计算：

$\sum x_i = x_1+x_2+x_3+\cdots+x_8=1+2+3+4+5+6+7+8=36$

$\sum x_i^2 = x_1^2+x_2^2+x_3^2+\cdots+x_8^2=1^2+2^2+3^2+4^2+5^2+6^2+7^2+8^2=204$

$(\sum x_i)^2 = (x_1+x_2+x_3+\cdots+x_8)^2=(1+2+3+4+5+6+7+8)^2=36^2=1296$

$\sum R_i = 165+168+170+176+181+184+190+198=1\,432$

$\sum x_i R_i = 1\times165+2\times168+3\times170+4\times176+5\times181+6\times184+7\times190+8\times198=6638$

将计算结果代入式（4-2）和式（4-3），可以求得：

$$b=\frac{n\sum x_i R_i-\sum x_i\sum R_i}{n\sum x_i^2-(\sum x_i)^2}=\frac{8\times6638-36\times1432}{8\times204-1296}=\frac{1552}{336}=4.62$$

$$a=\frac{\sum R_i-b\sum x_i}{n}=\frac{1432-4.62\times36}{8}=\frac{1265.68}{8}=158.2$$

由此，可以得到人力资源总数的线性预测模型为

$$R=a+bx=158.2+4.62x \tag{4-5}$$

由于 2022 年和 2025 年对应的顺序号分别为 $x=9$、$x=12$，将其代入式（4-5）中，可以得到 2022 年和 2025 年相应的预测值为

$R(2022)=158.2+4.62\times9=199.78\approx200$（人）

$R(2025)=158.2+4.62\times12=213.64\approx214$（人）

4.4 人力资源供给预测

人力资源供给预测是指为了满足企业未来对人员的需求，根据企业的内部条件和外部环境，选择适当的预测方法，对企业未来从内部和外部可获得的人力资源的结构、数量及质量进行预测。首先进行人力资源供给预测是为了满足企业的需求，并不是所有的人力资源供给都要预测，只预测企业未来需要的人员即可；其次，人员供给有内部和外部两个来源，因而必须考虑内部和外部两个方面；再次，应该选择适合的预测技术，用较低的成本达到较强的目标；最后，需要预测出供给人员的数量和质量。

4.4.1 人力资源供给预测的步骤

人力资源供给预测是一个复杂的过程，要结合企业的需求预测综合分析。一般情况下，人力资源供给预测可以采取如下 7 个步骤（见图 4-5）。

（1）核查企业现有人力资源的总体供求状况。

（2）按照企业的职务调整政策和历史员工调整数据，整理出需要调整的岗位需求。

（3）与各部门经理沟通本部门需要的人事调整情况。

（4）将（2）和（3）的情况汇总，得出企业内部人力资源供给预测数据。

（5）分析外部影响人力资源供给的各种因素。

（6）得出企业外部人力资源供给预测数据。

（7）将企业内部人力资源供给预测和企业外部人力资源供给预测汇总,得出人力资源总体供给预测数据。

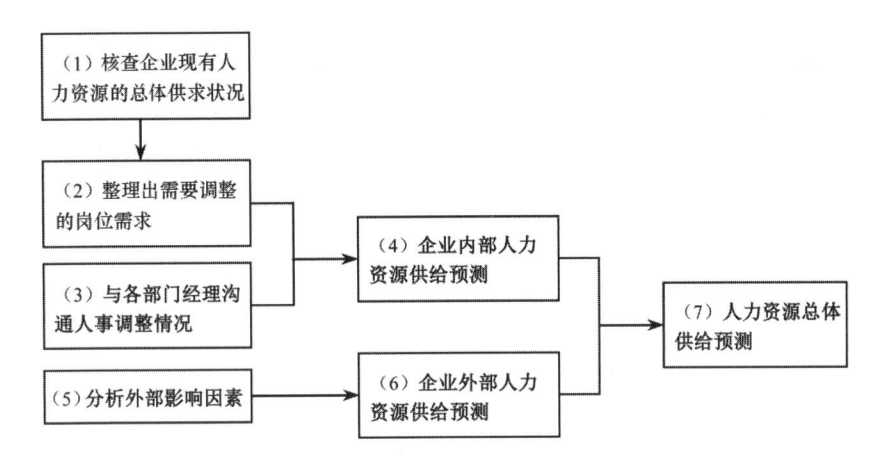

图 4-5　人力资源供给预测的步骤

4.4.2　内部人力资源供给预测

对于内部人力资源供给预测,也要从定性和定量两个方面进行。通常的做法是先摸清企业现有人力资源的总体供求状况,找出供求差距,然后进行具体的人员调配。常用的方法和模型有员工技能清单法、企业员工供求现状核查法、企业岗位接替模型及马尔可夫模型。

1. 员工技能清单法

员工技能清单是用来反映员工基本能力情况的表格(见表 4-5),这些基本能力情况主要包括员工的教育背景、工作经历、资格证书、已经通过的考试、主管的能力评价等。建立员工的基本工作能力与职业发展动向的基本记录是十分重要的。员工技能清单法可用于晋升人员的选择与确定、管理人员的接替计划、对特定岗位的工作分配、工作调动、培训、职业生涯计划和组织结构分析等。员工技能清单能真实地反映企业内部人力资源供给的基本情况,可以用来帮助人力资源规划管理者估计现有员工调换工作岗位的可能性,帮助人力资源规划管理者决定哪些员工可以胜任并能够到空缺岗位中去。

2. 企业员工供求现状核查法

企业员工供求现状核查法是摸清企业当前人力资源状况的通用方法。首先要对企业的所有工作岗位归类;然后根据实际情况设计表格,填写每类岗位中不同层次人员的供求情况;最后进行分类核实。

企业员工供求现状核查法是一种静态的人力资源供给预测方法,不能及时地动态反映企业战略发展导致的企业对人力资源需求的变化,它只适用于小型企业短期内的人力资源供给预测,而不适用于大型企业或长期的人力资源供给预测。

当然,企业员工供求现状还可以用表格的形式表示出来。例如,人力资源供求现状分析图可以用企业人力资源供求情况分析表来表示(见表 4-6),并且从该表中还可以了解不同岗位在规划期需要进行调整的具体情况。例如,在营销类中的最高层中现有数为 12 人、需求数为 8 人、差异数为"+4"人,即该岗位在规划期可以调剂出 4 人,而工程技术类的最高层需要补充 3 人。

表 4-5 员工基本能力情况调查

姓　　名		部　　门		科　　室		工作地点		填表日期	
到职日期		出生年月		职　　务		职　　称			
教育背景	类　别	学校种类		毕业日期		学　　校		专　　业	
	高中								
	中专								
	大专								
	大学								
	硕士								
	博士								
工作经历	工作单位		起始时间		结束时间		担任的工作		
培训背景	培训主题		培训起止时间			培训机构			
技能	技能种类		证　　书		发证单位			发证时间	
志向	是否愿意到其他部门工作		否		是		愿去的部门		
	是否愿意承担其他类型工作		否		是		愿承担的工作		
	是否愿意接受工作轮换		否		是		愿轮换的工作		
需要接受何种培训	改变现有技能和业绩		培训内容						
	提升所需要的经验和能力		培训内容						
主管评价								主管签字	

表 4-6 企业人力资源供求情况分析表

级　别		类　别			
		管 理 类	营 销 类	工程技术类	操 作 类
1	现有数	4	12	7	2
	需求数	5	8	10	2
	差异数	−1	4	−3	0

续表

级别		类别			
		管理类	营销类	工程技术类	操作类
2	现有数	8	12	16	8
	需求数	10	14	16	6
	差异数	−2	−2	0	2
3	现有数	36			15
	需求数	32			16
	差异数	4			−1
4	现有数				13
	需求数				11
	差异数				2

3. 企业岗位接替模型

在人力资源管理中为对一些重要的或关键的岗位出现的空缺能够及时进行补充，或者有计划地为关键岗位准备后续人才，形成人才储备，需要设计企业岗位接替模型（见图4-6）。企业岗位接替模型主要用于确认特定职位的内部候选人。企业岗位接替模型表明了每个岗位可能的接替状况，综合记录了每位候选人员的现职表现、晋升潜力、工作经历、工作能力、工作业绩和所需要改进的不足之处等内容。通过这个模型对下属继任者的挑选简单明了，根据这个模型可以评价每位候选人员是否达到了提升的要求，从而遴选出每个关键岗位的接替人选。

建立企业岗位接替模型的步骤如下：首先进行岗位分析，明确不同岗位对员工的具体要求；其次确定一位或几位较易达到这一岗位要求的候选人，或者确定哪位员工具有潜力，经过培训后可以胜任这一工作；最后把各岗位的候补人员情况与他们每人的职业生涯计划综合起来考虑。

例如，在图4-6中可以发现现任公司总经理是李明，接替他的人选主要有王东和孙凡二人。至于二人中由谁来接替，还需要根据二人的经历、能力、业绩及不足等因素进行对比以后才能决断。王东和孙凡的现职表现都是优秀，而且都具备晋升条件。如果王东接替了总经理一职，就需要有人来接替王东晋升以后所空缺的销售副总经理一职。而可以接替销售副总经理的人选有胡克和郑义二人，他们二人无论是表现还是能力都有待提高。这时可以考虑从赵耀和杨林中挑选一人来接替王东，因为他们二人都具备晋升潜力。当然，还要看他们二人的专业背景和工作经历等。利用这种企业岗位接替模型就可以有序地实现企业关键岗位的人员接替。

4. 马尔可夫模型

对企业内部人力资源的供给预测，实际上就是对人力资源在当前状况下，依据人力资源自身发展规律，对今后某一阶段所可能达到状况的预测。在企业内部人力资源供给预测中，常用马尔可夫模型来预测各个层次或各类型人员的未来分布情况。

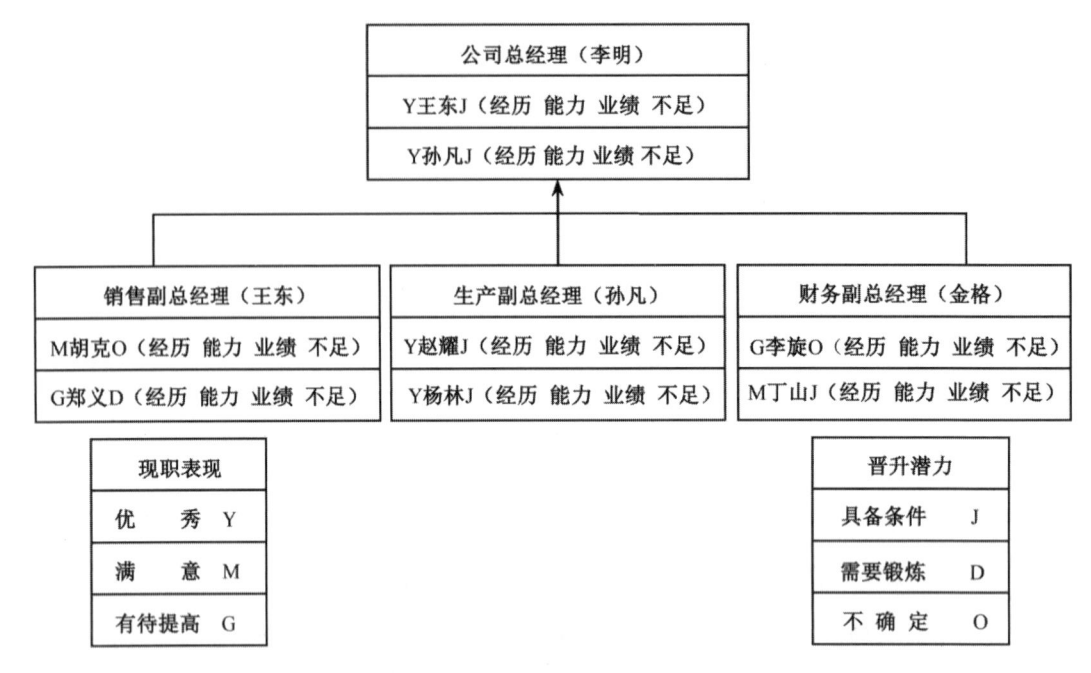

```
                    ┌─────────────────────────────┐
                    │    公司总经理（李明）        │
                    │ Y王东J（经历 能力 业绩 不足）│
                    │ Y孙凡J（经历 能力 业绩 不足）│
                    └─────────────────────────────┘
                                 ↑
      ┌──────────────────────────┼──────────────────────────┐
┌──────────────────┐    ┌──────────────────┐    ┌──────────────────┐
│销售副总经理（王东）│    │生产副总经理（孙凡）│    │财务副总经理（金格）│
│M胡克O（…… 不足）│    │Y赵耀J（…… 不足） │    │G李旋O（…… 不足） │
│G郑义D（…… 不足）│    │Y杨林J（…… 不足） │    │M丁山J（…… 不足） │
└──────────────────┘    └──────────────────┘    └──────────────────┘
```

现职表现			晋升潜力	
优　秀	Y		具备条件	J
满　意	M		需要锻炼	D
有待提高	G		不　确　定	O

图 4-6　企业岗位接替模型

马尔可夫模型是一种运用统计学原理预测组织内部人力资源供给的方法。其思路是通过具体的历史数据，找出组织过去人事变动的规律，并由此来推测组织未来的人事变动。马尔可夫模型最大的一个特点就是其所具有的无后效性，即组织在将来的状态只与现在有关，而与以前的状态无关。其基本思想就是通过对组织当前数据信息的分析，得到组织在当前状态下的初始分布，同时通过对组织在下一种状态下的数据信息的分析得出组织在两种状态之间发生各种转移的概率，并具体求出基于初始状态的转移概率，从而较为准确、有效地预测出组织在将来不同状态下的相关数据。

应用的条件：马尔可夫模型应用的基础是无后效性和平稳性，即在预测时假定组织的转移趋势已经平稳、转移概率已经确定。因此，转移概率的确定和转移趋势的平稳对预测结果的准确与否具有十分重要的影响。最关键的是要求转移趋势确实是比较平稳的，即要求影响系统状态的外界条件不发生大的变化，如果系统的外界因素发生了较大的改变，说明转移概率发生了变化，则需要按照新变化重新计算转移概率；要进行有效的人力资源发展预测，必须做好历史数据的调查和分析，转移概率的确定也要依靠历史数据得到的相关数据来进行，并根据收集到的历史数据和预计的结果，主动、及时地采取相应的措施进行经营管理的决策和实施。

具体步骤如下所述。

（1）根据历史资料，计算出每一类中每名员工向另一类或另一级别变动的平均概率。

（2）根据每类员工的每个级别流向其他类别的概率，建立一个人员变动矩阵表。

（3）根据组织年底的种类、人数和人员变动矩阵表预测下一年度或几年的供给人数。

例如，某电厂截至去年 12 月底共有职工 1274 名，可以分为三大类：管理人员、运行人员、检修人员，分别有 232 人、462 人、580 人；截至今年 12 月底实际共有职工 1272 名，管理人员、运行人员、检修人员分别有230人、478人、564人。近3年人员流动相对稳定。根据历年的具体数据构造一次人员转移概率矩阵，如下所示。

$$P = \begin{bmatrix} 0.94 & 0.04 & 0 \\ 0.01 & 0.95 & 0.02 \\ 0 & 0.03 & 0.95 \end{bmatrix}$$

由此概率矩阵可以看出该电厂分别有2%的管理人员、运行人员和检修人员因离退休、辞职等原因离职；运行人员中有1%转岗到管理岗，2%转移到了检修岗；管理人员有4%转移到运行岗位；检修人员中有3%转移到了运行岗。

以该电厂去年年底的各类职工人数为初始值，根据上述人员转移概率矩阵，预测今年及以后各年的企业供给人数。

通过对电厂近3年人员的计算，电厂内部各层次之间的人员流动情况趋于稳定。电厂从外部获得人力资源主要来源于两个方面：第一，各高校的应届大中专毕业生；第二，军队的转业人员（已经过正规的专业培训和学习）。根据近3年实际到该电厂报到的人数，每年该电厂大约从外部获得人员共20人，其中，管理人员3人，运行人员7人，检修人员10人，即

$$R(t)=[r_1(t),r_2(t),r_3(t)]=[3,7,10]$$

该电厂的人员供给数由下面公式求得：

$$N(t)=N(t-1)P+R(t)$$

据此可以推算该电厂今后几年的人力资源供给情况。

今年的预测数据：

管理人员=0.94×232+0.01×462+3=226（人）

运行人员=0.04×232+0.95×462+0.02×580+7=472（人）

检修人员=0.03×462+0.95×580+10=570（人）

以此类推计算后面两年的预测数据，可以得到如表4-7所示的预测结果。

表4-7 某电厂各类人力资源供给预测结果

	管理人员（人）	运行人员（人）	检修人员（人）
今年	226	472	570
明年	220	481	561
后年	215	490	553

已知今年管理人员、运行人员、检修人员的数量为230人、478人、564人，而根据马尔可夫矩阵预测的管理人员、运行人员、检修人员的数量为226、472、570，两者比较可知预测误差分别为1.74%、1.25%和1.16%，误差较小，因此企业应用马尔可夫模型进行预测是可行的。马尔可夫模型预测的结果显示，该电厂的人力资源供给是有规律可循的，各类人员供给均出现下降趋势，应及早规划新的人力资源供给渠道、增加人员数量，从而弥补人力资源供给的不足。

4.4.3 外部人力资源供给预测

外部人力资源供给预测是通过对各种影响因素的分析，对未来能从企业外部提供的人力

资源供给数量和结构加以预测，以确定企业在今后一段时间内能够获取的人力资源供给量。

当企业某个部门的职位发生空缺时，可以通过在企业内部各部门之间进行人员的调整，即通过内部人力资源的供给来填补这些空缺。但是随着企业规模的扩张和生产率的提高，企业的生产规模会达到一个极限，内部人力资源会趋于紧张，甚至不足。此时，企业内部的人员短缺就必须通过企业外部的人力资源供给来解决。

1. 外部人力资源供给预测的影响因素

外部人力资源供给预测主要预测的是未来几年外部劳动力市场的供给情况。它不仅要调查整个国家和企业所在地区的人力资源供给状况，还要调查同行业或同地区其他企业对人力资源的需求情况。对外部人力资源供给进行预测时，要从定性和定量两个方面进行考虑，通常需要考虑的影响预测因素有全国性因素、地域性因素、人口发展趋势、科学技术的发展、政府的政策法规、劳动力市场的发育程度，以及劳动力的就业意识和择业心理偏好等。

（1）全国性因素：主要包括宏观经济走势、行业经济增长预期、预期失业率和国家总体的劳动就业政策法规等。

① 宏观经济走势：如果宏观经济走势平稳、企业经营环境良好，则人力资源供给的波动不大；如果宏观走势出现波动，则人力资源供给也会出现波折。如果出现利好因素、宏观经济增长较快、企业人力资源需求旺盛、失业率低，则人力资源供给不充足；反之，如果经济下滑、失业率高，则人力资源供给充足。

② 行业经济增长预期：主要考虑企业所处行业的经济增长情况。如果预计行业的经济增长率将提高，那么其他相关企业对人力资源的需求也会增加，这会导致人力资源供给减少。

③ 预期失业率：主要通过预期失业率来了解本企业可以从劳动力市场获取的人力资源补充情况。一般情况下，失业率越低，人力资源供给越少。

全国性因素还包括全国范围内的人才供求状况、国家关于该类职业在就业方面的法规和政策、全国范围内该职业从业人员的薪酬水平和差异，以及全国相关专业的大学生毕业人数和分配情况等。这些因素直接影响企业可以从劳动力市场获取的人力资源情况。

（2）地域性因素：主要包括企业所在地区的人力资源现状、企业所在地区对人才的吸引程度、企业薪酬福利对所在地区人才的吸引程度、企业本身对人才的吸引程度等。

① 企业所在地的人力资源现状：企业需要的人才类型、市场供给情况、同类企业对该类人才的需求情况、本企业所需要的人力资源从外部获取的难易程度等。

② 企业所在地对人才的吸引程度：主要分析企业所在地对人才的各种吸引因素，如经济环境、居住环境、人文环境、社会治安环境、开发开放程度等。

③ 企业自身对人才的吸引程度：企业自身对人才的吸引力是企业能否获取人力资源补充的根本原因，包括企业薪酬和福利对人才的吸引程度、工作的前景、企业发展目标等。

（3）人口发展趋势：我国的人口现状直接决定了企业外部现有的人力资源供给可能性，其中影响较大的因素有人口政策、人口规模、人口年龄、人口素质和劳动力参与率等。企业在分析这些人口因素时，特别要注意对本地区人口状况的分析，尤其是适龄劳动人口的规模。只有清楚地了解本地区的劳动人口规模和数量，才能做出正确的供给总量及结构预测。

（4）科学技术的发展：科学技术的发展对人力资源供给结构和数量都有很大的影响。当

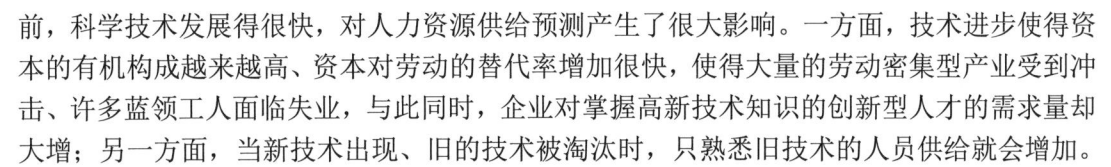

前，科学技术发展得很快，对人力资源供给预测产生了很大影响。一方面，技术进步使得资本的有机构成越来越高、资本对劳动的替代率增加很快，使得大量的劳动密集型产业受到冲击、许多蓝领工人面临失业，与此同时，企业对掌握高新技术知识的创新型人才的需求量却大增；另一方面，当新技术出现、旧的技术被淘汰时，只熟悉旧技术的人员供给就会增加。

（5）政府的政策法规：在经济出现波动时，政府会通过政策法规来引导和规范就业，企业外部人力资源的供给肯定会受到有关政策法规的限制。同时，各地方政府为了各自经济的发展，以及保护本地劳动力的就业机会，也会颁布一些相关的政策法规。例如，《中华人民共和国劳动合同法》对人力资源招聘将会产生较大影响。这些法律法规是进行企业外部人力资源供给预测时必须考虑的因素。

（6）劳动力市场的发育程度：劳动力市场的发育状况对企业外部人力资源供给预测的影响很大。发育良好的劳动力市场有利于劳动力的自由流动，并能形成由劳动力价格引导劳动力合理流动的机制，但此时对由劳动力市场供给的人力资源总量和结构的预测将十分困难。

（7）劳动力的就业意识和择业心理偏好：对于外部人力资源供给不能简单地从数量上进行预测，还需要考虑劳动力的就业意识和择业心理偏好。例如，一些城市失业人员宁愿失业在家，也不愿从事一些脏、难、险、累的工作；再如，应届大学毕业生普遍存在对职业期望值过高的现象，希望能进国家机关、三资企业工作，而不愿意到厂矿企业从事一般岗位的工作。

2. 企业外部人力资源供给渠道分析

我国企业的人力资源外部供给主要渠道有大、中专院校和技术职业学校的应届毕业生、复员转业军人、城镇失业待业人员、农村富余人员和其他组织的在职人员。

（1）大、中专院校和技术职业学校的应届毕业生供给情况较为明确，容易预测。这些人员的供给时间集中在夏、秋两季，近几年的供给数量、专业、规格、学历层次等信息均可以从各地教育主管部门或统计部门获取。

（2）复员转业军人通常由国家进行指令性的计划安排，其数量和素质的预测也较为容易。

（3）对城镇失业人员和农村富余人员的供给预测相对来说比较困难，不仅要考虑其实际存在的数量，还要考虑这些人员的就业心理因素，以及国家的宏观经济导向、就业政策、对农村富余劳动力在城镇就业的限制性措施，甚至国家的惠农支农政策等因素的影响。由于这些人员的获取主要来自劳动力市场，因此对这类人员的供给预测实际上就是对当地劳动力市场的供给预测。

（4）其他组织的在职人员。对于其他组织的在职人员的供给预测需要考虑诸如社会心理、工作压力、个人择业心理、组织本身的经济实力及同类组织相当人员的工资、福利、保险等因素。企业应在可能提供的待遇前提下，通过与其他组织的对比来科学地预测这类人员的供给量。

相关链接

聚焦城市人才争夺战

"21世纪什么最贵？人才！"这是葛优在电影《天下无贼》里的一句经典台词。多年过去了,这句话依然适用,人才的价值毋庸置疑。在这个火热的就业季,众多二线城市集中发起了"人才争夺战"。以武汉、成都、西安等二线城市为代表的多个城市纷纷拿出"毕业大礼包":送钱,送户口,还送房住。在城市之间的激烈竞争中,人才的价值被各城市推到了突出的位置。

2022年6月27日发布的《中共济南市委办公厅 济南市人民政府办公厅关于印发〈济南市人才服务支持政策(30条)〉〈济南市人才发展环境政策(30条)〉的通知》,对新引进或培养的国内外顶尖人才和团队,给予最高1亿元的综合资助;对企业新引进入户的博士、硕士研究生,按每月1500元、1000元的标准连续发放3年租房补贴。济南努力引进国内外高端人才,助力城市发展的脚步从未停止。

是什么让这些二线城市纷纷向人才抛出橄榄枝?二线城市如何才能真正留住人才?面对硝烟四起的人才争夺,济南市又该如何筑巢引凤?

战国时齐威王与魏惠王比宝。魏王问:"齐国有宝贝吗?"齐王答:"没有。"魏王说:"我国国土虽小,却有直径一寸大的珍珠十颗,每颗可照亮前后十二辆车。齐国是大国,难道没有珍宝吗?"齐王说:"我的珍宝概念和你的不同,我有一个大臣叫作檀子,派他守南城,楚国人不敢入侵;我有一个臣子叫盼子,派他守高唐,赵国人就不敢到黄河来打鱼;我有一个官吏叫黔夫,派他守徐州,燕国人就会对着徐州北门祭祀求福;我有一个臣子叫种首,叫他防备盗贼,百姓可以路不拾遗,夜不闭户。像这样的珍宝,其光泽可远照千里,何止照亮十二辆车子呢!"人才是最大的财富,堪称"珍宝",这也许是齐国成为春秋首霸、泱泱大国,魏国仅是弱势小邦的根源所在。

人才资源是第一资源,人才投资是经济高速增长的"发动机"。哪个国家拥有人才优势,哪个国家就拥有发展优势。例如,新加坡资源匮乏,国土面积仅为700多平方公里,人口只有550万左右,却能成为世界竞争力长期居于前列的新兴发达国家,关键在于其以"人才立国,人才治国",以人才优势弥补了自然资源劣势。

人才结构,影响着城市未来的产业结构;人才优势,决定着城市未来发展的竞争优势。有人才就有创新、创业、创造,就有企业、产业、就业。城市与城市之间的竞争,从根本上说是人才的竞争。在火热的就业季,除济南市以外,以武汉、成都、西安、郑州、长沙等为代表的多个城市也发起了"人才争夺战"。

4.5 人力资源供求平衡分析

完成人力资源需求和供给情况预测后,就需要对人力资源的供求状态进行分析,然后对供求失衡包括结构失衡和数量失衡进行调整。

4.5.1 人力资源供求状态分析

人力资源供求状态需要在已知人力资源现状和人力资源的升迁、平调及补充的情况的前提下,利用人员核查方法进行综合分析,如图4-7所示。

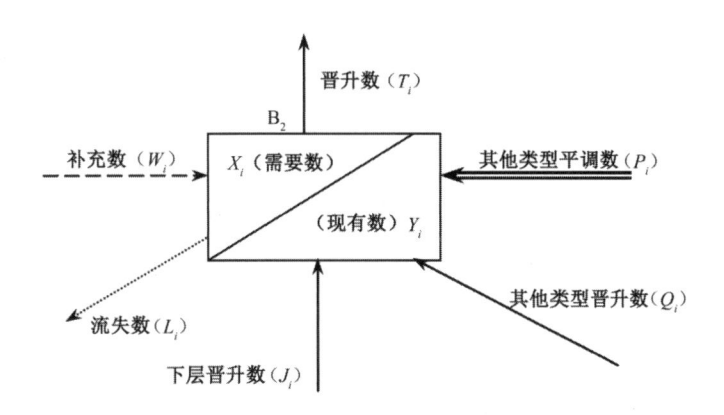

图 4-7 人力资源供求状态综合分析

在图 4-7 中，B_2 表示 B 职务系列中的第二层次的综合平衡情况；X_i 表示在 B_2 这一职务层次中所需要的人员数；T_i 表示从 B_2 晋升到上一职务层次的人员数；Y_i 表示在 B_2 这一职务层次中现在拥有的人员数；J_i 表示从 B_2 下一层次晋升到 B_2 层次的人员数；P_i 表示从与 B_2 处于同一层次其他职务系列平调到 B_2 的人员数；Q_i 表示从低于 B_2 层次的其他职务系列晋升到 B_2 的人员数；W_i 表示外部补充数；L_i 表示流失到企业外部的人员数。

现在某企业的职务岗位供求现状综合分析如图 4-8 所示。以管理类为例，A_1 职务岗位需求的人员为 8 人，而现有人员只有 7 人，缺口为 1 人。A_2 职务岗位的人员供求平衡。A_3 职务岗位的供给人数比需求人数少 4 人。要使 A 职务系列的人力资源供求平衡，必须进行调整，可以选择的调整方法如下所述。

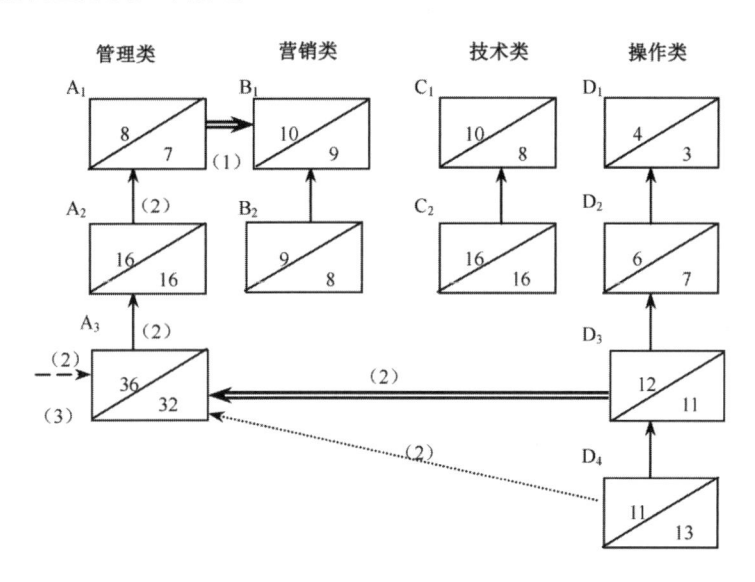

图 4-8 某企业职务岗位供求现状综合分析

（1）由于 A_1 职务岗位较为重要，可以考虑从企业内部补充。故 A_1 职务岗位的一个空缺可以由 A_2 职务岗位上的人员进行递补，使得原来平衡的 A_2 职务岗位产生一个空缺。此时，可以考虑两种方案：一是由外部人员进行补充，将所需人员的具体要求列入外部补充规划中；二是由企业内部其他相关人员进行补充，将所需人员的具体要求在调配规划中予以考虑。

(2) 如果 A_1 职务岗位的空缺由 A_2 职务岗位上的人员进行递补，则 A_2 职务岗位的空缺由 A_3 职务岗位上的人员进行递补。此时，A_3 职务岗位上将产生无法由本职务系列人员进行递补的 5 个空缺。如果考虑从本企业人员中进行递补，则只有从和 A_3 职务岗位相同等级的 D_3 职务岗位上的人员中进行平调，或者从低于 A_3 职务岗位的 D_4 职务岗位上的人员中进行职务外系列人员的晋升，才能保持 A_3 职务岗位的人员供求平衡。

(3) 在进行人力资源供求现状综合分析时，应该考虑到企业可以采用的晋升政策、同级平调的可能性，以及外部供给的可能与成本。例如，由于人的知识结构和工作经历不同，可能管理类人员可以到营销类职务岗位任职、技术类人员可以到管理类和操作类职务岗位任职，但操作类人员不可以到技术类职务岗位任职等。最终生成人力资源供求现状综合分析图，并据此进行各种具体的人力资源业务规划。

根据图 4-8 对 A 职务系列进行人力资源职务岗位综合分析以后，初步可以确定：由于 A_1 职务岗位需要向 B_1 职务岗位平调 1 人，因此 A_2 职务岗位需要向 A_1 职务岗位晋升 2 人，使 A_2 职务岗位产生 2 个空缺；需要由 A_3 职务岗位向 A_2 晋升两人，以填补空缺，使 A_3 职务岗位产生 6 个空缺；这 6 个空缺可以从 D_3 职务岗位平调 2 人，从 D_4 职务岗位外系统晋升 2 人，还有 2 个空缺只能从企业外部补充。

4.5.2 人力资源供求失衡的调整对策

在整个企业的发展过程中，从总量上看，企业的人力资源供求失衡是一种常态，真正意义上的供求完全平衡是不存在的。平衡是一种状态，平衡不是相等，而是供给与需求在结构和数量上处于一种均势。从结构上看，企业所需的人员结构与供给结构总会有这样或那样的偏差，常常是企业急需的人员由于供给不足招聘不到，而不太需要或根本不需要的人员供给过剩。综合结构和总量两种因素，企业经常处于人力资源供求失衡状态。企业在不同发展阶段的人力资源供求状态可以分为结构性失衡、供不应求和供过于求等几种情况，如表 4-8 所示。

表 4-8　企业在不同发展阶段的人力资源供求状态

企业发展阶段	人力资源需求状况	人力资源供给状况
成长期	人力资源需求旺盛	供给不足
成熟期	需求数量稳定，职位调整、自然减员、补充空缺	结构和数量失衡可能同时存在
衰退期	人力资源需求量减少	供给过剩

实现人力资源供求平衡是人力资源规划的目的之一，无论是人力资源需求预测还是人力资源供给预测都是为了实现未来一段时期的人力资源供求平衡。人力资源的供给趋于平衡的过程，既是人力资源有效配置和流动的过程，也是检验人力资源规划具体实施的过程。只有尽力实现人力资源的供求平衡，企业才能提高人力资源使用效率、开源节流，从而降低人力资源成本。

实现企业的人力资源供求平衡就是要通过增员、减员、人员结构调整、人员培训等各种办法和途径，使人力资源从供求失衡状态变为供求平衡状态。

人力资源的供不应求、供过于求和结构性失衡都是在人力资源规划中需要解决的人力资源失衡问题，企业应根据这些人力资源供求不平衡的具体原因和特点，采用不同的调整方法。

1. 供不应求的调整方法

(1) 内部招聘：是指当企业出现岗位空缺时，从企业内部调整员工到该岗位，以弥补空缺的调整方法。内部招聘可以节约企业的招聘成本、丰富员工的工作、激发员工的工作兴趣。但对于比较复杂的工作，内部招聘的员工可能需要进行一段时间的培训。

(2) 聘用临时工：这是企业从外部招聘员工的一种特殊形式。聘用临时工可以减少企业的福利开支，而且临时工的用工形式比较灵活，企业在不需要这些临时工时，可以随时与之解除劳动关系。企业产品的季节性比较强或企业临时进行专项生产时采取聘用临时工的方式比较合适。

(3) 延长工作时间：又称加班制，在企业工作量临时增加时，可以考虑延长工人的工作时间。延长工作时间具备聘用临时工的优点，既可以节约福利开支、减少招聘成本，也可以保证工作质量。但长期延长工作时间会降低员工的工作质量，而且延长工作时间会受到政府政策法规的限制。

(4) 内部晋升：当较高层次的岗位出现空缺时，有内部晋升和外部招聘两种手段，企业一般优先考虑提拔企业内部员工。因为在许多企业里，内部晋升是员工职业生涯计划的重要内容，对员工有较大的激励作用。而且，内部员工比较了解企业的情况，比外部招聘人员能更快地适应工作环境，能提高工作效率，同时节省了外部招聘成本。但是如果企业缺乏生气，则可以适当考虑从外部招聘人员，以增加企业内部活力。

(5) 管理人员接替计划：管理人员接替计划的具体做法是按照企业岗位接替模型，由人力资源部门对企业的每位管理人员进行详细调查，并确定哪些人有资格升迁至更高层次的位置。制定企业岗位接替模型时，应列出企业重要管理岗位可以替换的人选。

(6) 技能培训：对企业现有员工进行必要的技能培训，使之不仅能适应当前的工作，还能适应更高层次的工作，从而为内部晋升政策的有效实施提供保障。如果企业即将出现经营转型，则企业应该及时对员工进行新的工作知识和工作技能培训，以保证在企业转型后，原有的员工能够符合职务任职资格的要求。这一措施的最大好处是防止了企业的冗员现象，并保持了人力资源队伍的稳定。

(7) 扩大工作范围：当企业某类员工紧缺，在人才市场上又难以招聘到相应的员工时，可以通过修改职务说明书，扩大员工的工作范围或责任范围，从而达到增加企业工作量的目的。需要注意的是，扩大工作范围必须与提高待遇相对应，不然会使员工产生不满情绪，影响企业的生产活动。扩大工作范围可以与企业的业务流程重整结合使用，在调整过程中，利用先进的管理技术或操作技术在增强员工的工作责任意识的同时减轻员工的工作量。

(8) 提高技术水平：当市场工资上升时，企业可以考虑提高技术含量，以降低企业对人力资源的需求。企业应采取各种激励措施，鼓励员工对自身工作岗位进行各种技术改革，提高岗位的技术含量，以解决人力资源供不应求的问题。当然，提高技术改革水平还需要与员工技术培训相结合。

(9) 返聘：在企业急缺人员，或企业需要某些退休员工来支持工作时，可以考虑对退休或即将退休的员工进行返聘。

(10) 外部招聘全日制员工：当企业生产工人或技术人员供不应求时，通过外部招聘可以较快地得到熟练的员工，及时满足企业生产的需要。在调整关键岗位员工时，如果企业有内部调整、人员晋升等计划，则应该优先考虑启动这些计划，其次才考虑外部招聘。

2. 供过于求的调整方法

（1）提前退休：企业可以适当放宽退休的年龄和条件限制，促使更多的员工提前退休。如果将退休条件修改得有足够的吸引力，则会有更多的员工愿意提前退休。提前退休使企业减少员工比较容易，但企业也会因此背上比较重的包袱，而且提前退休会受到政府政策法规的限制。

（2）减少人员补充：这是企业在人力资源供过于求时常用的方法。当企业出现员工退休、离职等情况时，对空闲岗位不进行人员补充，这样做可以通过不紧张的气氛减少企业内部的人员供给，从而达到人力资源供求平衡。但采取减少人员补充方式减少的员工数量往往有限，而且难以得到企业所需要的员工。

（3）增加无薪假期：当企业出现短期人力资源过剩的情况时，采取增加无薪假期的方法比较适合，这样做可以使企业暂时减轻财政上的负担，而且可以避免企业在需要员工时从外部招聘员工。

（4）裁员：这是一种没有办法的办法，但是相当有效。企业在进行裁员时，要制定优厚的裁员政策，一般应裁减那些主动希望离职的员工和工作考评成绩低下的员工。裁员会降低员工对企业的信心、挫伤员工的积极性，而且被裁减的员工有时会做出诋毁企业形象的行为，因此企业在裁员之前一定要慎重考虑。

3. 结构性失衡的调整方法

实际上，在制定人力资源平衡措施的过程中，不可能处于单一的供不应求或供过于求状态，人力资源往往会出现结构性失衡。例如，可能是高层次人员供不应求，而低层次人员供过于求。企业应该根据具体情况，对供不应求和供过于求的员工采用相应的调整方法，制定出合理的人力资源规划，使各部门人力资源在数量和结构等方面达到协调、平衡。这里有一点需要注意的是，如果企业不缺乏生气，则应以内部调整为主，把某类富余职工调整到需要人员的岗位上。如果企业的组织结构比较僵化，则应以外部调整为主，即招聘一些外部员工，给企业带来一些新的生产技术和新的管理措施等。

自测题

一、判断题

1. 预测者素质的高低直接决定着预测的最终结果。（　）
2. 人力资源发展预测的精度越高，就越能满足人力资源发展预测目标的需要。（　）
3. 人力资源发展预测都可以采用通用性的预测方法。（　）
4. 要制定合理的人力资源规划和正确的人力资源管理决策，就必须进行人力资源需求的预测。（　）
5. 现状核查法不能及时地动态反映由于企业战略发展导致的企业对人力资源需求的变化。（　）
6. 企业岗位接替模型主要用于确认特定职位的内部候选人。（　）
7. 企业的人力资源供求失衡是一种常态。（　）

二、单选题

1. 使用二维矩阵表格对所需预测的人力资源进行预测、分析的方法是（　　）。
   A．基数叠加预测法　　　　　　B．形态分析预测法
   C．类推预测法　　　　　　　　D．比例分析预测法

2. 如果年销售增加额与新增加的销售人员之间存在一个比例关系，对未来销售人员数量的预测就可以采用（　　）。
   A．基数叠加预测法　　　　　　B．形态分析预测法
   C．类推预测法　　　　　　　　D．比例分析预测法

3. 使用德尔菲法进行人力资源需求预测的第一步工作是（　　）。
   A．组成预测工作小组
   B．确定人力资源需求预测的内容和目标
   C．设计调查表
   D．组织专家组

4. 基于预测对象的背景资料，使用数学方法来确定人力资源需求预测对象与相关因素的相关度的一种数理统计方法是指（　　）。
   A．模型分析方法　　　　　　　B．形态分析预测法
   C．相关分析方法　　　　　　　D．基数叠加预测法

5. （　　）是人力资源供给预测应采取的第一步工作。
   A．组成预测工作小组
   B．核查企业现有人力资源的总体供求状况
   C．整理岗位需求
   D．与各部门经理沟通本部门需要的人事调整情况

三、多选题

1. 人力资源发展预测的要素包括（　　）。
   A．时间要素　　　　　　　　　B．定性要素
   C．定量要素　　　　　　　　　D．概率要素

2. 预测从人力资源的供求关系上可以分为人力资源供给预测和人力资源需求预测。人力资源供给预测又可以分为（　　）。
   A．内部人力资源供给预测　　　B．人力资源定性预测
   C．人力资源定量预测　　　　　D．外部人力资源供给预测

3. 人力资源发展预测的步骤包括（　　）。
   A．建立预测模型　　　　　　　B．确定预测任务、提出研究课题
   C．实施预测和验证　　　　　　D．选择预测方法、准备预测资料

4. 我国企业的人力资源外部供给主要渠道有（　　）。
   A．城镇失业待业人员
   B．大、中专院校和技术职业学校的应届毕业生
   C．农村富余人员
   D．复员转业军人

5．马尔可夫模型应用的基础是（　　）。
　　A．系统性　　　　　　　　　　B．平稳性
　　C．转移性　　　　　　　　　　D．无后效性
6．人力资源失衡的内部调整方法有（　　）。
　　A．内部招聘　　　　　　　　　B．聘用临时工
　　C．延长工作时间　　　　　　　D．管理人员接替计划
7．人力资源供过于求的调整方法有（　　）。
　　A．增加无薪假期　　　　　　　B．减少人员补充
　　C．裁员　　　　　　　　　　　D．提前退休

四、简答题

1．简述人力资源发展预测的内涵和目的。
2．人力资源发展预测的步骤有哪些？
3．简述德尔菲法的工作步骤。

五、计算题

1．某企业多年的人力资源总数如表 4-9 所示，根据这些数据应用一元线性回归预测模型，预测企业在 2023 年所需的人力资源总数。

表 4-9　某企业多年的人力资源总数

年　度	2014 年	2015 年	2016 年	2017 年	2018 年	2019 年	2020 年	2021 年
HR（人力资源总数）	68 人	81 人	95 人	107 人	120 人	129 人	135 人	148 人

2．根据图 4-9 所示的 4 类人员的数据进行人力资源供求状态综合分析。

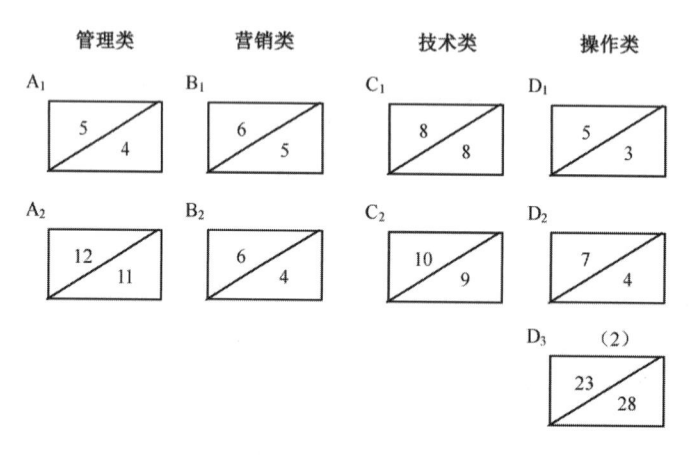

图 4-9　4 类人员的数据

六、案例分析

1．某物流公司的人力资源现状

截至 2017 年 5 月 31 日，该公司共有从业人员 184 人，其中在职员工 105 人、下岗员工 16 人、劳务派遣员工 65 人。该公司在职员工包括管理人员 44 人，其中机关管理人员 29 人

（含 2 名轮岗人员，共占在职员工总数的 27.6%）、基层管理人员 15 人（占在职员工总数的 14.3%）；船员 31 人，其中船干（三副三管轮以上）18 人（占在职员工总数的 17.1%），一般船员 13 人（占在职员工总数的 12.4%）；陆上一般工人及其他操作人员 30 人（占在职员工总数的 28.6%）。

从文化结构分析，该公司中高中及以下文化程度的员工共 54 人，占在职员工总数的 51.4%；大专文化程度的员工共 25 人，占在职员工总数的 23.8%；本科文化程度的员工共 22 人，占在职员工总数的 20.9%；研究生文化程度的员工共 4 人，占在职员工总数的 3.9%。

从专业技术职称角度分析，该公司现有各类专业技术职称的员工为 68 名，是 2005 年该公司刚成立时的 1.7 倍，其中，有高级职称的员工为 5 人，有中级职称的员工为 20 人，有初级职称的员工为 43 人。有中级及以上专业技术职称的员工占在职员工总数的 23.6%，有初级职称的员工占在职员工总数的 40.6%，两者合计后拥有职称的员工共占在职员工总数的 64.2%。

从年龄结构分析，该公司中 35 岁以下的员工共 25 人（占在职员工总数的 23.8%）、36~45 岁的员工 12 人（占在职员工总数的 11.4%）、46~55 岁的员工 40 人（占在职员工总数的 38%）、55 岁以上的员工共 28 人（占在职员工总数的 26.8%）。虽然近年来该公司通过招聘大学生，以及培养年轻人才的手段在一定程度上缓解了员工队伍结构老龄化的趋势，但该公司现有 50 岁以上的员工 60 人，竟然占在职员工总数的 57.1%，整体年龄结构仍然偏老龄化，人才新老交替的过渡将会变得非常严峻。据测算，2018 年 5 月至 2023 年年底将共有 42 名员工退休，其中中层及以上管理人员 7 人、一般管理人员 9 人、船干 3 人、普通操作岗位 19 人、离岗人员 4 人。该公司在 5 年内面临的人才缺口压力非常严峻。

从管理结构上看，公司现有中层及以下管理人员共 39 人（去除高层管理人员及顾问）。其中，中层管理干部（副科级及科级）共 12 人，占在职中层以下管理人员的 30.8%；新聘主管共 4 人，占在职中层以下管理人员的 10.3%；办事员岗位的员工共 23 人，占在职中层以下管理人员的 58.9%。从管理效能上说，该公司现有的管理结构还有很大的提升及改进空间，主管及以上岗位与办事员岗位的员工数量几乎为 1:1。

从各类骨干的综合业务能力进行分析，目前该公司的管理骨干大致可分为 3 类：中层干部、主管、船干。

目前该公司的中层干部共 12 人，平均年龄为 49.6 岁；本科及以上学历的中层干部为 4 人，大专学历的中层干部为 5 人，中专及以下学历的中层干部为 3 人；有高级职称的中层干部为 2 人，有中级职称的中层干部为 5 人，有初级职称的中层干部为 5 人。2018—2021 年这 4 年内中层干部的退休人数分别为 1 人、1 人、4 人、0 人，合计将有 6 人达到法定退休年龄。该公司的主管共 4 人，平均年龄为 28.8 岁；其中，有研究生学历的主管为 1 人，有本科学历的主管为 3 人，其余 4 名主管均有初级职称。该公司的船干共 18 人，平均年龄为 40.2 岁；其中，无本科及以上学历，有大专学历的船干为 10 人，有中专及以下学历的船干为 8 人；有中级职称的船干为 7 人，有初级职称的船干为 11 人；2018 年将有 1 名船长及 1 名轮机长退休。

由于近年来物流产业发展迅猛，企业业务量不断扩大，总体来看，该公司有望在 5 年内实现业务翻一番的经营目标。

问题：请根据以上资料分析各类人员的变动趋势，并指出当前该公司在人力资源规划方面存在的问题，试着提出你的解决方案。

2. 裕华饭店的人力资源需求预测

裕华饭店是一家著名的涉外饭店，该饭店认为保持稳定的高素质人力资源存量对于饭店是至关重要的，因此，人力资源需求预测是该饭店人力资源部的重要工作内容。

裕华饭店人力资源部每年送交各业务部门经理一份意见征询清单，征询的问题涉及其对饭店今后3年业务的预期发展，并要求业务经理们将上述问题的答案转化为本部门各类职务人员的需求量预测。此外，征询的问题还涉及各部门现任人员的实际情况和职位空缺数等。这一工作已经进行多年，目的在于了解人力资源供求之间可能出现的差距。裕华饭店基于这一调研结果做出的决策，会涉及各部门之间人员的转移，以及必要的人员补充、晋升或培训等措施。

对于任职资格水平较低的职位，人力资源部认为不需要进行细致的人力需求预测，因为劳动力市场上相应的供给很充足，可以根据需要随时补充。而且，低职位的员工的职业历程短、流动率高，供求间的匹配比较容易。人力资源部主管认为，在人力资源供求预测工作中，如果让更多的管理人员参与意见沟通，可使预测工作进行得更好。他还认为，要想使人力资源规划工作做得更好，必须准确确定饭店业务量与人员需要量之间的关系。

问题：裕华饭店人力资源部在进行人力资源需求预测时，采取了哪些值得借鉴的做法？你认为在人力资源需求预测中，对于较高职位和较低职位的员工采取不同的方法是否正确？为什么？

第5章
人力资源战略的制定与选择

学习目标

1. 掌握人力资源战略的概念和本质特征；
2. 掌握人力资源战略的制定过程；
3. 掌握人力资源战略选择的程序；
4. 了解人力资源战略的模式和类型；
5. 了解与企业战略相匹配的人力资源战略。

学习导航

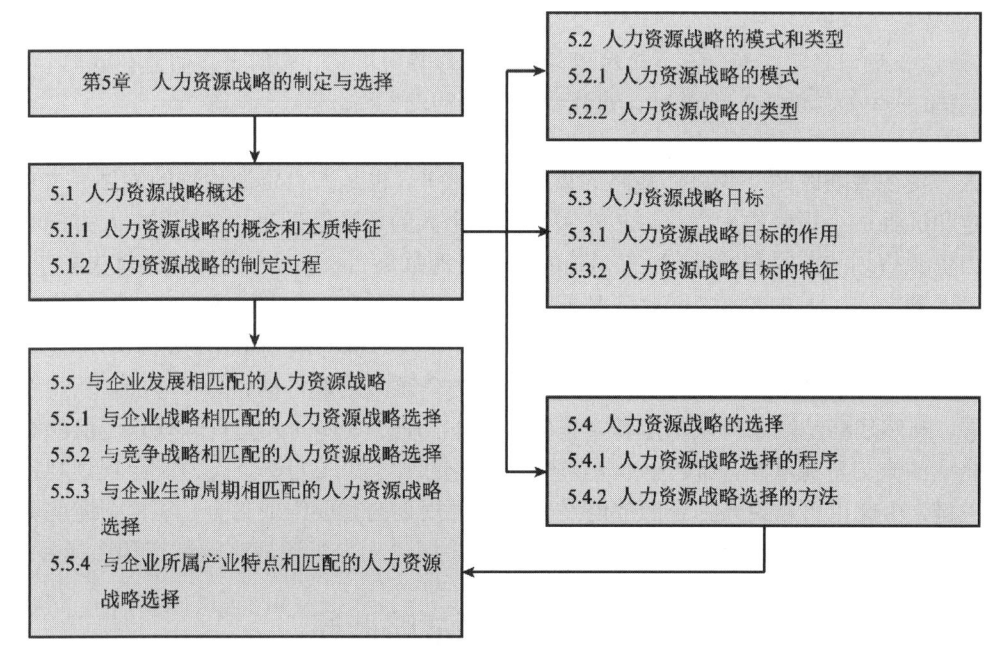

- 第5章 人力资源战略的制定与选择

- 5.1 人力资源战略概述
  - 5.1.1 人力资源战略的概念和本质特征
  - 5.1.2 人力资源战略的制定过程

- 5.2 人力资源战略的模式和类型
  - 5.2.1 人力资源战略的模式
  - 5.2.2 人力资源战略的类型

- 5.3 人力资源战略目标
  - 5.3.1 人力资源战略目标的作用
  - 5.3.2 人力资源战略目标的特征

- 5.4 人力资源战略的选择
  - 5.4.1 人力资源战略选择的程序
  - 5.4.2 人力资源战略选择的方法

- 5.5 与企业发展相匹配的人力资源战略
  - 5.5.1 与企业战略相匹配的人力资源战略选择
  - 5.5.2 与竞争战略和匹配的人力资源战略选择
  - 5.5.3 与企业生命周期相匹配的人力资源战略选择
  - 5.5.4 与企业所属产业特点和匹配的人力资源战略选择

引导案例

易通公司是一家原料和成品"两头在外"的生产型亚麻坯布的出口加工企业，其产品主要销往欧洲市场。经过多年的产品开发，其多种坯布受到欧洲服装生产厂的欢迎，订单数量节节攀升，公司的效益也成倍增长，这几年已经成长为省内的明星企业。董事长马总信心满满，准备继续扩大经营规模，深入开发欧美市场。但是，突如其来的疫情使得原来的经营计划遭遇瓶颈，先是意大利和法国的退单量激增，产品一度出现了积压；好不容易疫情缓解一些，订单数量有所回弹，海运集装箱的运费又增长了。之前，公司的原料和成品高度依赖海外运输，导致产品利润率直线下降，去年公司总体保持微利态势，有几个月甚至出现了亏损。后来，公司调整了运输线路，改用中欧班列，但不久之后，中欧铁路运输又受到了影响，总是不定期地延迟交货，这让客户很不满意，公司的效益好像也不太乐观。面对这些困难和挑战，公司高层一筹莫展，怎么化解眼下的危机是急需解决的问题，这关系到公司的前途和命运。

近几天，高层一直在开会讨论公司未来的生存和发展的问题。会上，大家激烈争论。有人提出：安于现状，静待疫情过去。有人反对说：疫情如果长期存在怎么办？有的人提出去东南亚某国设厂，降低成本。有人反对说：当地政治环境不稳定。有人说：国内市场广阔，可以进一步开发。有人反对说：国内不大认可亚麻产品……销售部的李总认为当前应该审时度势地改变企业经营战略，要紧跟国家的宏观政策和产业发展导向，结合实际提出企业的愿景、战略和具体规划；立足于国内，建立自己的亚麻原料生产基地，防止在原料端过分依赖进口；同时，继续研发和生产坯布，兼顾国内和国外两个市场，生产适销对路的亚麻成衣，延伸产业链，增加附加值。这个提议得到了与会同志的赞同，马总也非常支持这个提议。但是企业经营战略的改变会带来很多的调整，资金怎么筹措？人员怎么安置？原来的员工是去是留？怎么适应新的工作岗位？需要重新招聘多少人员？现在，已经几天过去了，新企业经营战略还在处于可行性论证阶段。

思考：
请结合案例思考在新时代，面对国际和国内形势的变化，我国企业的总体战略和人力资源战略应该如何调整？调整时，应该注意哪些问题？

人力资源战略既是企业总体战略的重要组成部分，也是人力资源规划的纲领性文件，能否制定和选择一个正确的人力资源战略关系到整个人力资源管理工作的成败。人力资源战略是人力资源规划的前提和统帅，没有明确的人力资源战略目标，人力资源规划就失去了方向，就成为无源之水、无本之木。因此，对于人力资源规划而言，人力资源战略必不可少。一方面，人力资源规划是人力资源战略的细化和具体化，人力资源规划工作自始至终都要贯彻人力资源战略的理念和意图，人力资源规划是为人力资源战略服务的；另一方面，从规划的角度来看，既然战略是规划得以制定和实施的依据，在制定具体的人力资源规划之前就必须先确定企业的人力资源战略，那么企业人力资源战略的制定就成为整个人力资源规划制定环节中的关键，由此也可以说人力资源战略是人力资源规划的重要组成部分。本章阐述的就是作为人力资源规划的重要组成部分的人力资源战略，探讨人力资源战略的制定和选择。

5.1 人力资源战略概述

5.1.1 人力资源战略的概念和本质特征

战略（Strategy）一词源于希腊语 Strategos，意为军事将领、地方行政长官，后来演变成军事术语，指军事将领指挥军队作战的谋略。进入现代社会后，战略的含义从军事领域逐渐扩展到政治、经济、社会、技术等各个领域，并得到了广泛的应用。尤其在近代市场，经济空前繁荣，面对瞬息万变的市场环境和激烈的竞争，企业也引入了战略概念，目的就在于未雨绸缪、明确方向，以立于不败之地。

人力资源是把人看成一种资源，是指企业在一定时间、空间条件下，劳动力数量和质量的总和。作为企业战略的下属概念，人力资源战略是指企业在对其所处的外部环境、内部组织条件，以及各种相关要素进行系统、全面分析的基础上，从企业的全局利益和发展目标出发，就人力资源的发展（开发、利用、提高和发展）所做出的总体策划。

在企业总体战略确定的情况下，制定人力资源战略有很大的现实意义。第一，帮助企业明确未来相当长一段时期内人力资源管理的重点；第二，界定了人力资源的生存环境和空间；第三，有利于发挥企业人力资源管理的职能，确定相关政策的合理定位；第四，有利于保持企业人力资源长期的竞争优势；第五，有利于增强领导者的战略意识；第六，有利于全体员工树立正确的奋斗目标，增强员工的信心，鼓舞员工的士气，进而使员工努力工作。

随着管理理论的发展和管理实践的深入，人力资源管理从事务性走向战略性，人力资源战略管理逐步形成，并日益成为企业进行人力资源管理实践的指导原则。人力资源战略从广义的角度来看，包括人力资源发展的宗旨、目标、战略决策和对策；从狭义的角度来看，则仅指实现人力资源发展宗旨和目标的计划与方法。本书中所论及的人力资源战略都是指广义的概念。

虽然理论界对于人力资源战略的内涵界定还存有争议，但对其本质特征的认识却比较趋同。归纳起来，人力资源战略的本质特征有以下几个方面。

1. 全局性

人力资源战略是站在全局的角度，谋划人力资源发展的总体规律和思想观念，它制约着有关人力资源发展的各个方面。人力资源战略的全局性决定了人力资源战略要展望企业整体的发展和规划各个局部之间的关系。人力资源战略不包括局部和具体的问题，只包括那些足以影响企业整体发展的因素，但如果某个局部或具体因素的改变足以影响全局，甚至对全局具有决定性意义，那么这一关键因素也应被纳入人力资源战略考虑的范围。

2. 长期性

人力资源战略的着眼点应该是人力资源主体系统在未来相当长一段时期内的发展问题，而不是眼前的或短期的发展问题。在这里要处理好短期利益与长期利益的矛盾，有些问题在目前看起来是有利的，而从长远来看却是应该舍弃的，这就要求人力资源战略的制定必须具有前瞻性，既能立足于现实，又能着眼于未来，兼顾长期和短期利益，寻求持续和平稳的发展态势。一般来说，长期的人力资源战略应以5～10年为宜，而短期的人力资源战略以3～5年为宜。

3. 重点性

影响和制约人力资源发展的因素有很多，但是具有关键作用的因素并不多。对于这些关键要素，要逐一进行深入、细致的分析，以达到发挥优势和回避劣势的目的。人力资源战略的重点性实质上就是要抓住人力资源发展过程中的主要矛盾的主要方面，即关键因素，包括关键的问题、关键的系统、关键的层次、关键的环节和关键的时期等。

4. 层次性

人力资源战略具有层次性，有两个方面的含义。一是整体与局部是相对的概念。例如，车间人力资源体系对于本系统来讲是全局，可是对于更高层次的企业系统来讲就只是局部，不同层次的人力资源系统，都应有与其规模、职能相适应的人力资源战略。二是对于一个人力资源系统来讲，人力资源战略本身也具有层次性，既有总战略，也有子战略，还有单元战略。

5. 发展性

人力资源战略既具有长期性，也具有发展性。发展才是硬道理。无论是哪一个层次的人力资源战略，都要体现出"发展"的内涵，发展的观念要贯穿人力资源战略制定的始终。人力资源战略的制定和选择要根据现有资料，综合考虑各种可能和将要发生的情况，识别机遇和挑战，在尽可能回避风险的同时抓住机遇，实现企业战略的发展目标。

6. 指导性

人力资源战略指明了人力资源主体系统在一定时期内的发展方向和目标，以及实现目标的途径和所应执行的对策，从而指导人力资源整体的发展。人力资源战略的指导性要求人力资源战略的用词要准确、适当，不能模棱两可；对于具体问题要态度明确、观点统一，以防不同部门之间利益掣肘。

7. 适应性

人力资源战略虽然可以指导人力资源的发展，但是势必会受到不断变化的外界环境和人力资源自身条件的影响及约束。因此，人力资源发展战略必须具有适应性，既能适应外部环境的变化，又能适应人力资源内部各种条件的需要。企业应该根据环境的变化，因地制宜、实事求是地制定符合企业自身成长需求的人力资源战略。

8. 稳定性

尽管未来时期人力资源发展的外部环境和内部条件可能时时都在发生变化，但是人力资源战略一旦制定之后，就要保持总体上的相对稳定性。只有相对稳定，才能从长计议。朝令夕改，势必迷失方向。当然，保持总体上的相对稳定性并不排除局部的动态调整。也就是说，人力资源战略在具有稳定性的同时，还要具有一定的弹性，以适应各种可预见的环境变化的考验。

5.1.2 人力资源战略的制定过程

人力资源战略的整个制定过程都要始终体现企业发展的理念，人力资源战略制定的依据是人力资源现状分析和人力资源发展预测。任何一个人力资源战略在制定过程中，即便对影响因素考虑得十分周全，也难免会有所疏漏，而且内外部环境的瞬息变化也会使新制定的人力资源战略产生偏差。因此，人力资源战略在制定出来之后，必须在实施的过程中接受严格的检验并及时进行反馈和修正，继续指导人力资源管理活动。

人力资源战略的制定过程包括3个环节，即阐明宗旨、确认目标和选择战略。

1. 阐明宗旨

人力资源战略的宗旨是指人力资源战略管理的使命。它的内涵是根本性的，是人力资源战略管理存在的必要性和意义之所在。阐明人力资源战略的宗旨是人力资源战略制定的首要任务。

人力资源战略管理的宗旨主要是依据企业的人力资源内外部环境的实际需要，客观地进行定位，以确保企业总体战略发展目标的实现。确定人力资源战略的宗旨，必须把人力资源战略管理的性质、特点和目的阐述清楚。这里需要注意宗旨界定的范围问题，宗旨界定的范围要适度。宗旨过宽，会因为内容过多而使人力资源战略管理的使命不清、方向不明，无法达到指导人力资源管理活动的目的；宗旨过窄，则会因为目标过于单一而使整个人力资源管理系统无法适应外部环境的变化，缺乏灵活性，束缚人力资源管理工作的开展。许多优秀企业的人力资源战略宗旨都简单明了，寓意深远。

> **相关链接**
>
> **刘洋："双循环"蓝图下中国企业的战略选择**
>
> 在全球经济下行的强压之下，我国强调要"逐步形成以国内大循环为主体、国内国际双循环相互促进的新发展格局"。
>
> "双循环"蓝图已然绘就，这对企业战略选择有何影响？笔者认为在"双循环"的制度蓝图下，我国企业的战略选择应该注意以下4个方面。
>
> 对我国经济持续增长保持信心。在全球经济深度衰退的背景下，信心成为关键。企业家应该相信我国在市场、制度和技术体制方面的独特优势力量，坚信"以国内大循环为主体、国内国际双循环相互促进"蓝图下我国经济的韧性和长期向好的趋势。
>
> 持续加大创新投入，推进技术变革。总体上，我国将在巩固全球制造中心和供应链中心的前提下，逐步成为全球创新中心。在"双循环"蓝图下，针对技术变革的制度支持强度会持续增加。借助制度的力量，持续加大创新投入，联合其他企业、高校和科研机构等形成技术突破，是保持全球竞争力的核心基础。特别地，新一轮产业革命为我国企业实现技术追赶提供了机会窗口，若能把握好我国在市场、制度和技术体制方面的优势，我国企业在以人工智能、区块链、云计算、大数据为代表的数字技术领域将大有可为。
>
> 此外，大力加强技术研究不仅可以让我国企业掌握国际话语权，更重要的是这些技术突破反过来会极大地促进"双循环"的效率。
>
> 积极参与"国内大循环"系统的建设。这对我国企业而言，不仅是在超大规模市场中寻求机会，更重要的是基于"国内大循环"系统的逻辑，在连接生产、分配、流通、消费等各环节的各类基础设施建设中寻求机会。例如，一方面，我国在经济高质量发展的过程中在公共卫生、养老健康等方面有着巨大的需求；另一方面，我国在保障生产要素畅通流动的硬件和软件方面亦有大需求。从这些需求中寻求机会，不仅能让企业获得巨大的发展空间，还能与政府一起大幅降低交易成本。
>
> 积极参与"国际大循环"系统的建设。首先，充分依托我国搭建的降低跨国交易成本的制度框架，改变以"出口"为导向的逻辑，积极参与"一带一路"沿线国家和地区，以及与我国跨国交易成本较低的国家和地区的生产、分配、流通、消费等各环节及各类基础设施建设。其次，依托我国独特的三大优势，提升企业在全球市场上的分工地位。这需要我国企业在充分发挥我国大规模市场优势的前提下，大魄力地提升持续创新能力，形成独

特的竞争优势以保障自身在全球市场上的价值获取。最后，企业要充分发挥我国技术体制的优势，依托全球最完整、规模最大的工业体系和专业人才，扎实地形成一系列细分市场的国际龙头企业，逐步掌握国际产业链的话语权。

"以国内大循环为主体、国内国际双循环相互促进"的制度框架，为我国经济接下来的发展绘制了清晰的蓝图。一方面，我国企业可以在"双循环"规则下寻求自身高质量发展的战略路径；另一方面，我国企业通过"集体行动"也让"双循环"框架更为完善。

2. 确认目标

人力资源战略目标，也称人力资源发展战略目标，是人力资源战略宗旨的具体化。人力资源战略目标的确认包括目标内容、目标实现期限和目标实现的衡量标准的确认。

人力资源战略目标的作用在于它给出了人力资源发展的终点，体现了企业经营战略对人力资源系统的期望。围绕这个目标，才能从战略层面指导人力资源系统的发展和运行方向，才能指导人力资源具体管理业务的运行方向和资源的有效配置，才能在人力资源发展过程中对人力资源战略及其实施效果进行评价，以确定是否继续实施原定战略或对战略进行修正。

由于人力资源战略目标在人力资源发展中具有特殊的重要作用，因此在制定人力资源战略时，必须制定一个具有明确性、现实性、激励性、可接受性、可操作性和可检验性的人力资源战略目标。

相关链接

惠普公司的人力资源战略目标：与公司员工分享共同创造的成功；按照员工的绩效提供工作保障；承认个人成就；帮助员工从工作中获得满足感和成就感。

在制定人力资源战略目标时，应该从人力资源战略目标的实现年限、层次等方面对其进行详细说明。按人力资源战略目标的实现年限，可以分为长期人力资源战略目标、中期人力资源战略目标和短期人力资源战略目标。长期人力资源战略目标是人力资源规划的战略目标，其年限通常为 10 年以上，是企业长期经营战略对人力资源的需求目标，一般以定性的方式描述。中期人力资源战略目标的年限一般为 5~10 年，其内容通常比较具体，需要以定量的方式描述。短期人力资源战略目标实际上是具体的管理业务目标，是人力资源规划的具体实施目标。短期人力资源战略目标只考虑在一年内需要完成的任务，内容广泛而具体，以绝对数量的形式表现出来。

人力资源战略目标还可以按照层次分成人力资源总体战略目标、人力资源子战略目标和人力资源战略具体操作目标。

（1）人力资源总体战略目标。人力资源总体战略目标是人力资源规划的最终目的，是从整体上表明人力资源系统最终需要达到的境界。人力资源总体战略目标的描述通常用定性的方式进行。例如，某企业的人力资源总体战略目标如下：面对国内外电子行业市场竞争的激烈化、全球化程度的加剧，企业在今后 10~15 年内需要加强人力资源的开发，通过人力资源管理体系的改革，逐步培养出一批与当前和未来市场竞争相适应的人力资源队伍、能够开发具有国内外先进技术产品的专业技术人员队伍、能够开拓国内外市场和扩大市场销售份额的经销人员队伍、能够实行有效管理的管理人员队伍、能够完成高难度技术加工的技术工人队伍。

（2）人力资源子战略目标。人力资源子战略目标是对人力资源总体战略目标的分解，对人力资源总体战略目标起到支撑作用，从不同的子系统、不同的方向保证人力资源总体战略目标的实现。人力资源子战略目标通常就是人力资源管理中的各个具体业务部门的职能目标，如人力资源培训目标、人力资源招聘目标、人力资源晋升目标等，由这些目标可以确定各个子系统的战略部署。

（3）人力资源具体操作目标。人力资源具体操作目标是对人力资源子战略目标的分解，是支撑人力资源总体战略目标的最基本的目标，通常为年度目标。例如，某企业为了提高产品质量和适应新工艺需要，其人力资源年度培训目标定为在 5 月之前培训高级焊工 12 人、铣工 2 人，并选派 10 名青工赴德国学习数控机床操作技能。

3. 选择战略

在阐明了人力资源战略的宗旨和确认了人力资源战略目标后，还要对人力资源战略进行选择。所谓的人力资源战略选择，就是在对人力资源战略因素进行分析的基础上，采用科学的分析方法选出各种可行的备选战略方案，通过对这些备选方案的优劣进行比较和评价，最后确定一项相对适宜的人力资源战略。有关人力资源战略选择的内容和过程，后文再做详细阐述。

5.2 人力资源战略的模式和类型

5.2.1 人力资源战略的模式

1. 人力资源战略模式介绍

人力资源战略模式，即人力资源发展模式，是指人力资源战略的模型样式。它是从战略的高度对人力资源发展格局进行的一种客观描述，一般包括人力资源发展的指导思想、战略目标、战略模型、战略重点，以及人力资源发展的步骤和一系列方针政策等。

人力资源战略模式的内容和人力资源战略的内容是一致的。不同的是，人力资源战略模式与一般的人力资源战略相比已经模式化。或者说，人力资源战略模式不再是简单的具体战略，而是一个具有完整结构的战略体系。因此，在制定人力资源战略时一定要有模式意识。

人力资源战略模式有两种形态：一种是现实存在的，另一种是非现实存在的。现实存在的人力资源战略模式是人力资源发展实践的产物，是经过实践检验、证明的成功的发展"套路"。非现实存在的人力资源战略模式是指还没有经历实践的考验，仍然停留在纸上，处于一种规划和待实施状态的战略。由此可见，前一种形态的人力资源战略是一种客观存在的战略，而后一种形态的人力资源战略是一种将要实施的战略。但是，无论是哪种形态的人力资源战略，都要形成一种模式。

2. 两种形态的人力资源战略模式的关系

两种形态的人力资源战略模式的关系紧密，在一定条件下可以相互转化。加拿大麦吉尔大学管理学教授明茨伯格认为，企业战略是由 5 种规范的定义阐明的，即由计划（Plan）、计策（Ploy）、模式（Pattern）、定位（Position）和观念（Perspective）五要素构成的 5P。他的定义比较全面地阐述了战略模式。图 5-1 所示为战略模式示意图。我们可以借助图 5-1 来说明人力资源战略模式。

如果把图 5-1 中的战略理解为人力资源战略，那么计划的战略就有可能是一种非现实存在的战略模式，而实现的战略就有可能是一种现实存在的战略模式。这样，非现实存在的人力资源战略模式就有可能通过实施的途径转变为现实存在的人力资源战略模式。然而，计划的战略并不一定都能变成实现的战略，只有成功实施的战略才有可能成为实现的战略，而相当一部分的战略由于条件的制约而不能实施或实施失败，从而不能成为实现的战略。当然，实现的战略中除了包括成功实施的计划战略，还包括大量的自发产生的应急战略。

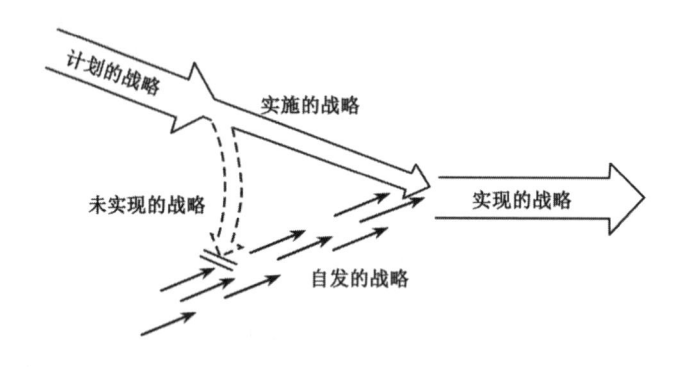

图 5-1 战略模式示意图

由此可见，非现实存在的、正在规划的人力资源战略模式如果没有进一步实施或实施失败，就不能成为现实存在的人力资源战略模式，而客观存在的、已经现实存在的人力资源战略模式也不一定是由非现实存在的、正在规划的人力资源战略模式转化而来的。或者可以说，可能一家企业既没有进行人力资源规划，也没有一个准备应用的人力资源战略模式，但在企业发展的过程中，人力资源战略模式自发地形成了。这种自发产生的人力资源战略模式包含较多的运气成分，由于缺少规划的指导和管理，带有相当程度的盲目性、应急性和滞后性，虽然现在可以引领企业的人力资源工作，但从长远的角度看肯定是行不通的。

相 关 链 接

导致一个人力资源战略失败的原因是复杂的，既可能是战略本身有缺陷导致的，又可能是战略实施不当导致的，还有可能是客观环境突变导致的。总结起来，人力资源战略制定失败的原因主要有以下几点。
（1）人力资源战略与人力资源主体系统的宗旨矛盾。
（2）盲目套用人力资源战略模式。
（3）人力资源外部环境和内部条件的分析有误。
（4）人力资源发展预测不科学或有偏差。
（5）人力资源战略制定者的知识储备、技能水平和价值观等不足以胜任其工作。
（6）一些关键部门和资深管理人员没有参与人力资源战略的制定。
（7）人力资源战略受过去形成的人力资源战略模式的影响，难以改变。

5.2.2 人力资源战略的类型

人力资源战略的分类可谓林林总总、五花八门，人们从不同的角度对人力资源战略进行了分类、归纳。从人力资源获取和使用角度来进行分类的观点较为普遍，具体来讲有如下类别。

1. 根据人力资源获取的来源渠道分类

根据人力资源获取的来源渠道不同可以将人力资源战略分为外部获取战略、内部获取战略和混合获取战略。

（1）外部获取战略，即企业的人力资源完全依靠外部劳动力市场获得。这种战略的优点主要是能够提供有吸引力的高薪酬，从而吸引外部劳动力市场的员工进入企业；能够吸纳大量优秀人才，使员工队伍更加优良，进而加强企业的创造力、减少培训等方面费用。但由于员工与企业之间是一种纯粹的利益关系，相互之间的权利和义务主要是依靠合同确立的，因此会产生明显的弊端，如员工对企业缺乏认同感、人员流动率比较高、队伍相对不稳定、员工文化差异大、观念冲突多和协调成本高等。选择此类战略要求企业所在地的劳动力市场相对较发达，企业可以随时在劳动力市场上招聘到需要的人；企业要加强制度管理，尽量实行标准化的管理，减少企业活动对员工的依赖，并将工作规范作为招聘的主要依据。

（2）内部获取战略，即企业的人力资源大部分是从企业内部获取的。这种战略的优点在于通过福利、培训等方式来增强员工对企业的归属感，通过培养员工来提高企业的凝聚力，进而提高企业的竞争力。企业的人力资源队伍相对稳定，且企业内部的沟通相对顺畅。这种战略的缺点是企业在员工身上的投资幅度大，工作规范不太严格，招聘时更重视申请人员的培养潜力，同时员工的流动率较低，导致企业的创新能力不强。完全内部获取战略适用于对团队合作的程度要求较高，企业的文化氛围浓重，并且能够影响企业员工行为的企业。

（3）混合获取战略，即企业的人力资源通过外部市场和内部市场结合的方式获得。这类战略是通过综合外部获得人力资源和内部培养两种方式的优缺点，对企业不同类型的员工运用不同的获取方式，进而达到人力资源获取的最优方式。例如，如果对于企业的中高层管理人员的认同感要求较高，则会考虑对这些岗位采用内部获取战略；如果对于研发设计人员的创造性要求较高，则会考虑采用外部获取战略。混合获取战略适用于规模较大、部门较多的企业，此战略的优点在于混合使用两种战略，对不同的人员采用不同的管理方法，使得人力资源管理更科学和合理。

2. 根据对人力资源的使用和培养方式分类

根据对人力资源的使用和培养方式的不同可以将人力资源战略分为低成本战略、高投入战略和混合战略。

（1）低成本战略，即尽量降低企业使用员工的成本。此战略以企业利益最大化为最终目标，最大限度地降低人力资源管理的成本。除对员工进行简单的基本操作训练外，几乎没有额外的培训投入，对员工的考核主要针对的是其工作结果。员工与企业的关系是单纯的契约关系，员工对企业的认同感不高，因此人员流动率较高。这种战略适用于标准化程度高和以低成本优势为核心竞争力的企业。要求企业所在地的劳动力市场相对发达，人力资源的流失不会影响企业的正常活动；同时，企业产品的更新速度不能太快，创新能力要求不高。

（2）高投入战略，即在人员使用和培训方面的投入较大的人力资源战略。这种战略的主要特点在于通过加大对员工的投资、增加人力资本总量进而提高企业效率，依靠员工的成长带动企业的发展。企业关注员工的成长，从招聘开始就大量投入人力、物力，因此人员流动率相对较低，而认同感和忠诚度较高。对员工的考核需要结合过程和结果。采用此战略的企业应该是以团队精神、创造力和凝聚力等因素为核心竞争力的企业。企业产品应具有更新快、创新性较高、技术领先的特点；组织具有崇尚合作和分权化的特点。

（3）混合战略，即混合使用上述两种战略的人力资源战略。该战略综合以上两种战略的特点，通过对不同员工使用低成本战略或高投入战略，优化企业的人力资源配置。企业可能对研发人才采取高投入战略，而对于从事简单操作的工人实施低成本战略。这种战略通常适用于规模较大、员工数量较多、职能划分较明确的企业。实行这种战略对企业的人力资源管理方面要求较高，否则会造成人力资源管理的混乱。

3. 根据企业对人员流动的态度分类

根据企业对人员流动的态度不同，可以将人力资源战略分为不留人战略、培养留人战略和诱导留人战略。

（1）不留人战略，即不会努力采取措施来留住人才的人力资源战略。为了最大幅度地降低人力资源管理成本，企业与员工之间是临时契约关系，企业对员工的投入多体现在发放行业平均水平的薪酬上，而用于培训的费用极少。采用此战略的企业应该位于劳动力供给充足的地区，具有对员工依赖度低、机械式的组织结构、生产制度严格、产品技术含量不高而通用性强的特点。

（2）培养留人战略，即通过给员工提供量身定做的相关培训来吸引和留住员工。此战略是通过为员工个人提供有针对性的培训和良好的发展机会来提高员工的技能水平及企业的工作效率，进而留住优秀员工的。采用此战略的企业会高度重视对员工的培训和开发，在招聘时，企业会更注重员工的潜力而不仅是技能。但由于培训的投入大，企业提供的薪酬可能会略低于市场平均水平。此战略适用于资金实力相对不强和处于成长期的企业，这类企业通常具有高度创新意识、产品更新速度较快的特点，由于尚未或正在形成企业核心技术，因此迫切需要加快员工的知识更新速度，并可以为员工提供更多锻炼和成长的机会。

（3）诱导留人战略，即通过高于市场平均水平的薪酬来留住优秀人才，达到保持和增强企业的核心竞争力的目的。采用此战略的企业对员工的投入主要体现在高薪酬上，而在培训方面的投入基本没有。此战略适用于企业内部高级管理人员和掌握关键技术的员工缺乏，而且技术的可替代性差，对关键员工的依赖较大，又没有良好的企业文化和团队精神，只有依靠高薪酬才能留住核心人才的企业。

5.3 人力资源战略目标

人力资源战略，是人力资源未来发展的蓝图。要实现人力资源战略设想，必须建立一套人力资源战略目标体系，将人力资源部的战略展望和发展方向转化为更具体的活动目标。人力资源战略目标体系的设立可以使企业各个环节的管理者明确应该达到的业绩水平。反之，如果人力资源部的战略展望和发展方向没有转化为具体的各职能活动的目标，则人力资源部的战略蓝图只能是一个可望而不可即的空中楼阁。

5.3.1 人力资源战略目标的作用

将人力资源各项发展目标写进人力资源战略中，就形成了各项人力资源战略目标。人力资源战略目标既是人力资源战略构成的基本内容，也是人力资源管理工作需要遵循的工作方针，还是企业通过一定时期的努力所要达到的结果和期望。

人力资源战略目标的作用主要表现在 4 个方面，即在战略体系中的作用、在战略制定过程中的作用、在战略实施过程中的作用和在战略控制过程中的作用。

（1）在战略体系中的作用：在人力资源战略的构成中，人力资源战略目标是不可或缺的根本因素，处于核心地位，其他因素都要服从和服务于这个目标。

（2）在战略制定过程中的作用：人力资源战略目标是战略选择和对策组合的基本依据及出发点，科学的战略目标既能体现人力资源主体系统的发展方向和企业的具体期望，又能体现出战略制定的基本思路。

（3）在战略实施过程中的作用：人力资源战略目标是人力资源战略实施的指导原则，它能从战略层面引领人力资源主体系统的发展和运行，有效配置人力资源，固化人力资源战略的具体模式。

（4）在战略控制过程中的作用：评价和检验人力资源战略好坏和实施效果的标准就是人力资源战略目标，它是衡量战略成功与否的标尺，根据它确定的发展轨迹来决定是继续执行原有战略还是对原有战略进行必要的修正。

5.3.2 人力资源战略目标的特征

科学的人力资源战略目标应该具有 6 个方面的特征，即明确性、现实性、激励性、可接受性、可操作性和可检验性。

（1）明确性：人力资源战略目标的表述必须明白无误，言简意赅，易于被人理解，而不会产生歧义。

（2）现实性：人力资源战略目标不是凭空想象的，必须从实际出发，实事求是。因此，在制定人力资源战略目标时，必须以人力资源现状分析和人力资源发展预测的结果为客观依据。

（3）激励性：人力资源战略目标的制定要适当，要能够起到激励作用。过高难以实现，过低又缺乏挑战，因此人力资源战略目标要在人们努力程度可以达到的范围之内。同时，人力资源战略目标的表述要铿锵有力、朗朗上口，且能激发员工的活力。

（4）可接受性：人力资源战略目标的实现，是企业全体人员共同奋斗的结果，因此要被企业大多数人员接受和认可。而要做到这一点，就要兼顾各方利益。也就是说，人力资源战略目标与相关各方的利益要没有冲突。因此，在制定人力资源战略目标时，要充分征求有关各方的意见、权衡利弊、谨慎行事。

（5）可操作性：人力资源战略目标的制定是为了实施，既然如此，人力资源战略目标本身就要便于按层次、系统和时间阶段分解，能够转化为具体的可操作的目标和计划，最终明确到若干个具体任务，具体分配给相关的部门或个人，以利于工作的完成和战略目标的实现。

（6）可检验性：人力资源战略目标应该是可检验的，否则就无从知晓人力资源战略目标完成与否，以至于望洋兴叹，或者夜郎自大、自欺欺人。人力资源战略目标要具有可检验性，意思就是要使人力资源战略目标量化。越是近期目标和具体的目标，越应该量化。但是，对于长期目标,全部量化的确具有一定的难度,这时需要用明确的、详细的定性术语来表达,并辅之以量化的范围或进度以便于检验。

5.4 人力资源战略的选择

5.4.1 人力资源战略选择的程序

制定了人力资源战略的宗旨和目标,只是明确了人力资源战略的方向和要达到的目的,还缺乏人力资源战略的实质内容,具体来讲就是要通过对各种关键因素的分析,厘清企业发展的思路,分析、制定和选择符合企业特点的实施方案。

人力资源战略的选择在程序上分为战略因素分析、战略组合、战略评估、战略决策4个步骤(见图5-2)。

战略因素分析是人力资源战略选择的基础性工作。企业只有通过对能够影响人力资源战略的关键因素进行分析,才能认清自身的优势和劣势,进行下一步的战略选择。通常,战略因素分析包括内部条件因素分析、外部环境因素分析和行业竞争因素分析。另外,企业所采取的战略、企业所处生命周期的阶段、企业的类型等也是战略因素分析中的关键因素。

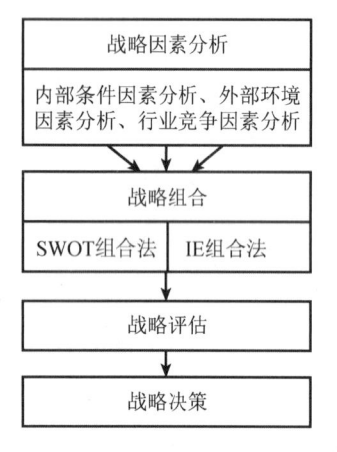

图 5-2 人力资源战略选择的程序

在战略因素分析的基础上,依照"发挥优势,克服劣势,抓住机会,避免威胁"的指导原则,进行不同的战略组合,列出人力资源发展的多种战略。研究战略组合的方法有 SWOT 组合法和 IE 组合法(也称内外因素矩阵法)等。

面对多种可供选择的人力资源战略备选方案,企业要对各个备选方案进行客观的评估,为最终的人力资源战略提供切实可行的比较依据。人力资源战略方案的评估主要包括可靠性、可匹配性、可接受性和可行性4个方面的评估。

人力资源战略选择的最后一个步骤是战略决策,即从众多可供选择的人力资源战略方案中选出一种最为恰当的方案,并把它最终确定为人力资源战略。

5.4.2 人力资源战略选择的方法

1. 战略因素分析方法

战略因素分析是进行战略组合的前提。战略因素分析包括3个方面,即内部条件因素分析、外部环境因素分析和行业竞争因素分析。对战略因素进行分析可以采用评价模型表的方法。战略因素分析方法与人力资源现状分析方法类似,只不过是分析和研究的内容侧重点不同。

内部条件因素评价模型表主要用于分析和选择企业内部人力资源的突出优势及明显劣势;外部环境因素评价模型表主要用于分析和选择企业外部的关键机会及显著威胁;而行业竞争因素评价模型表主要用于分析比较行业内主要竞争对手的总体情况。这3种评价模型表的功能虽有区别,但使用方法大致相同。表 5-1～表 5-3 所示为内部条件因素评价模型表、外部环境因素评价模型表和行业竞争因素评价模型表。

表 5-1 内部条件因素评价模型表

战略因素	因素状态	权 数	评价值(分)	加权得分(分)
1				
2				
3				
4				
5				
6				
……				
总加权得分(分)		1.00		

表 5-2 外部环境因素评价模型表

战略因素	因素状态	权 数	评价值(分)	加权得分(分)
1				
2				
3				
4				
5				
6				
……				
总加权得分(分)		1.00		

表 5-3 行业竞争因素评价模型表

战略因素	权数	竞争者(1) 评价值(分)	竞争者(1) 加权得分(分)	竞争者(2) 评价值(分)	竞争者(2) 加权得分(分)	竞争者(3) 评价值(分)	竞争者(3) 加权得分(分)
1							
2							
3							
4							
5							
6							
……							
总加权得分(分)	1.00						

战略因素分析的具体步骤如下所述。
(1)选择和明示各项战略因素。
(2)根据各项战略因素对人力资源战略影响的重要程度确定其权数。各项权数的总和等于1。
(3)评价各项战略因素,确定评价值。
(4)计算各项战略因素的分值。
(5)计算和分析战略因素的总加权得分。

2. 战略组合分析方法

企业经常采用的战略组合分析方法为 SWOT 组合法和 IE 组合法（Internal-External Matrix）。

前面已经介绍过，SWOT 分析法是进行人力资源现状分析时的一种重要方法。与 SWOT 分析法类似，SWOT 组合法是进行人力资源战略选择的一种重要方法。SWOT 分析是 SWOT 组合的前提，而 SWOT 组合是 SWOT 分析的结果。

SWOT 组合法可以提供 4 种类型的战略，分别是 SO 策略组合、WO 策略组合、ST 策略组合和 WT 策略组合，如表 5-4 所示。其中，WT 策略组合表明的是以内部劣势来面对外部威胁，以己之短来迎接挑战，这有很大的危险性。因此，企业通常的选择是前 3 种组合中的一种或以其中一种组合为主。在实践中应用的最大难点通常不是策略组合的选取，而是要找对在内部条件和外部环境中起决定作用的关键因素，这需要较为专业的判断。

表 5-4 人力资源战略的 SWOT 分析模型

外 部 因 素	内 部 因 素	
	内部优势（S）：在企业战略、企业特点各方面的优势	内部劣势（W）：在企业战略、企业特点各方面的劣势
外部机会（O）：外部环境出现的对人力资源管理而言是机会的变化	SO 策略：发挥组织优势，利用机会	WO 策略：充分利用机会，克服弱点
外部威胁（T）：外部环境出现的对人力资源管理而言是威胁的变化	ST 策略：利用企业的优势克服或避免威胁因素	WT 策略：紧缩业务，建立合资企业

企业在用 IE 组合法进行人力资源战略选择时，首先将人力资源主体系统的内外部因素分别综合加权求出总分值，然后在 IE 组合矩阵中找出相应的战略组合。IE 组合法如图 5-3 所示。

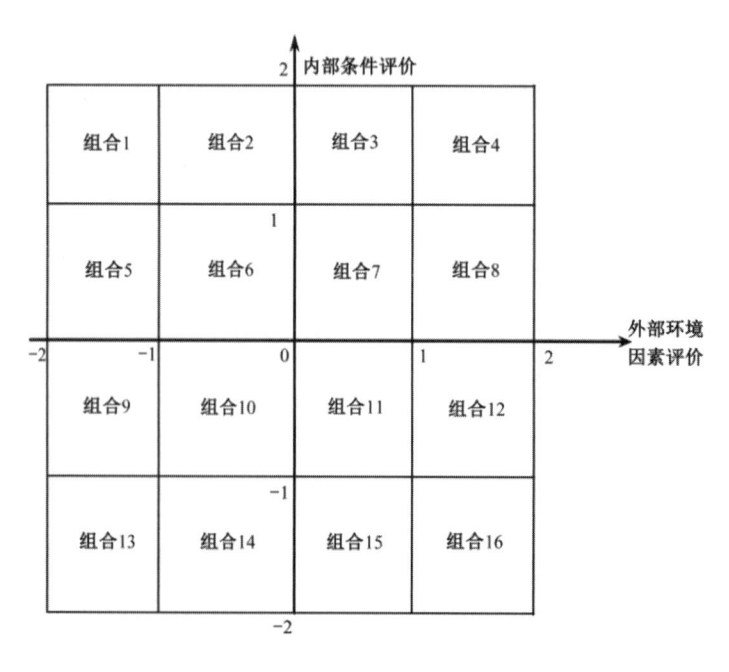

图 5-3 IE 组合法

从图 5-3 中可以看出，组合 4 和组合 13 是两个极端；组合 4 具有得天独厚的发展机会和优势，人力资源主体系统可采取充分发展的增长型战略；而组合 13 的发展条件最差，人力资源主体系统不仅得不到发展，而且趋于解体，这时只能采取重组或遣散的战略。组合 3 和组合 8 的发展条件相对较好，可采取较快发展的战略，即增长型战略。组合 2、组合 7 和组合 12 的发展条件偏好，可采取缓慢发展的战略，即增长型和稳定型相结合的战略。组合 1、组合 6、组合 11 和组合 16 的发展条件一般，既不好也不坏，只能采取稳定型战略。组合 5、组合 10 和组合 15 的发展条件偏差，可采取稳定型和收缩型相结合的战略。组合 9 和组合 14 的发展条件较差，可采取全线收缩或调整的战略。

3. 战略方案的评估方法

在综合分析战略方案组合之后，还要对备选方案进行评估，以便最后敲定要规划和执行的战略方案。所谓评估，就是对各种备选战略方案进行价值判定，为最终的战略决策提供依据。战略方案评估的内容通常包括 4 个方面，即可靠性、可匹配性、可接受性和可行性。

（1）可靠性：实际上就是评估战略形成的质量。分析质量的可靠性需要有人员、程序、资料、方法 4 个方面的保证。首先要考查参与制定战略的人员是否具有相应的经验和技能；其次要考查战略方案形成的程序是否科学、严谨；再次要考查分析资料是否准确、完整和及时；最后要考查分析的方法和技术是否有效。

（2）可匹配性：主要评估战略方案与人力资源战略管理的宗旨、发展目标的匹配程度。人力资源战略管理的宗旨、发展目标确定以后，人力资源战略必须与之相符，为其服务。或者说，人力资源战略必须满足人力资源战略管理的宗旨和发展目标的总体要求。如果不匹配，就有必要重新选择战略方案。

（3）可接受性：人力资源战略方案的可接受性和人力资源战略目标的可接受性是一致的，即人力资源战略方案也要被企业大多数员工接受和认可。人力资源战略方案是贯彻人力资源战略管理宗旨的具体程序，是实现人力资源发展目标的具体途径。因此，如果不能被企业大多数员工所认同，那么这个方案也就失去了实施的价值。

（4）可行性：人力资源战略方案的可行性是指对战略方案的实际检验，主要分析战略方案在目标年限内能否施行，包括实施的条件是否成熟、检验已经量化的指标是否准确、定性的指标是否有偏差等。如果人力资源战略方案不具有可行性，那么要考虑重新拟订方案。

4. 战略决策方法

在对若干备选战略方案进行评估后，下一步要从其中选出一种较为合适的方案，并把它认定为最终付诸实施的人力资源战略，这就是所谓的战略决策。这里要明确的一点是，合适的方案不一定就是最优的方案，因为最优的方案往往是施行起来难度最大、限制条件最苛刻的，因此要权衡和对比各种因素，选择最适合或最满意的方案。战略决策最流行的制定分析法是定量战略计划矩阵。

定量战略计划矩阵（Quantitative Strategic Planning Matrix，QSPM）是战略决策阶段的重要分析工具，利用以往的分析结果来进行战略评价，能够客观地指出哪种战略是最佳的。QSPM 的分析原理是这样的：组织相关的专家和企业高级管理人员对已制定出的各种战略分别评分，评分的依据是各战略能否使企业更充分地利用外部机会和内部优势，以及尽量避免外部威胁和减少内部弱点4个方面，得分的高低反映战略的优秀程度。

QSPM 的优点：一是可以相继或同时考查一组战略，在 QSPM 中可以同时评价的战略或战略组数量不受限制；二是它要求在决策过程中将有关的外部和内部因素结合起来考虑，通过 QSPM 可避免关键因素不适当地被忽视或偏重，使人们注意到影响战略决策的各种重要因素。QSPM 的缺点是它总是要求直觉性判断和经验性假设。权重和最优程度分数的确定都要依靠主观判断。尽管这些判断所依据的是客观信息，但不同的分析专家也可能应用相同的方法得出不同的结论。表 5-5 所示为战略决策的 QSPM 模型表。

表 5-5 战略决策的 QSPM 模型表

关键战略因素		分析评价值	战略方案（1）		战略方案（2）		战略方案（3）	
			决策评价值	评分（分）	决策评价值	评分（分）	决策评价值	评分（分）
内部条件	1	5	2	10	0	0	0	0
	2	4	2	8	−1	−4	1	4
	3	4	−2	−8	2	8	1	4
	4	3	1	3	0	0	0	0
	5	1	−2	−2	1	1	1	1
外部环境	1	5	−2	−10	2	−10	1	5
	2	4	2	8	0	0	0	0
	3	3	1	3	2	6	0	0
	4	3	1	3	−1	−3	1	3
	5	2	1	2	0	0	1	2
总得分（分）				17		−2		19

运用 QSPM 模型进行战略决策的步骤如下。

（1）列出内外部的关键战略因素。这些内外部的关键战略因素可以从战略因素分析的相应评价模型表中得到，结合评价模型表中的数据和记录，同时陈述因素名称和基本状态。通常内外部战略因素要有 5~10 个，太少不足以全面地说明问题。

（2）列出各因素的分析评价值。这些评价值要与战略因素分析的相应评价模型表中的评价值一致。

（3）选择若干种备选战略方案进行评价、比较。这些战略方案都是通过各种战略组合方法得出的，由于已经在前期工作中对那些明显不适用的方案进行了初步淘汰，现在进行的是在可行方案中进一步选择。评价、比较的方案以 3~5 种为宜。

（4）评价各项因素对各项备选战略方案的影响。实际上就是确定该因素对某具体方案的影响程度，并根据这个程度赋予相应的决策评价值，影响极好为 2 分，影响较好为 1 分，没有影响为 0 分，影响较坏为-1 分，影响极坏为-2 分。

（5）计算各项因素对各项战略方案影响的实际得分值。这个得分值等于分析评价值与决策评价值的乘积。

（6）分别计算各项战略方案的实际总得分值。

（7）对各种战略方案进行比较，确定人力资源规划的战略方案。

从表 5-5 来看，战略方案（3）的总得分值较高，是一种较好的方案，因此战略决策的结果可以选定战略方案（3）。战略方案（2）的总得分值为负，首先将其淘汰。战略方案（1）也是可行方案，且分值较高，但该方案中各个战略因素对其的影响相差很大，没有战略方案（3）平稳，即使得分相同也更宜选择战略方案（3）。

5.5 与企业发展相匹配的人力资源战略

由于每家企业所采用的企业战略和竞争战略、所处的生命周期，以及所属产业特点都有所差异，因此在制定本企业的人力资源战略时，要综合考虑上述条件，力求达到与企业的发展模式相匹配，制定出个性化的、符合企业自身特点的人力资源战略。

5.5.1 与企业战略相匹配的人力资源战略选择

企业战略是企业立足于全局发展的整体策略，是对企业总体的行动路线和发展方向的规划，主要回答组织是继续扩张、维持还是收缩这类重大的、全局性的问题。美国管理学家德鲁克在对战略选择进行深入研究后，按战略态势提出了3种战略类型，即稳定型战略、收缩型战略和扩张型战略。企业战略决定了企业的总体发展目标和方向，因此也决定了企业内部的发展目标，以及人力资源战略的发展方向和目标。

1. 基于稳定型战略的人力资源战略选择

稳定型战略是指企业立足于把各种资源分配和经营状况维持在目前的状态及水平上的战略。采用稳定型战略的企业通常所具有的条件包括：企业所处的外部环境较为稳定，而企业本身也是成功的；企业经过一阵激烈的增长或收缩之后，采取稳定型战略有利于企业休养生息，等待机会。

稳定型战略的特点是企业的经营基本保持目前的水平，不会有大的扩张或收缩行动。因此，采用这种战略的企业的组织结构一般不会调整，人力资源战略也会相对稳定，即人力资源战略目标就是谋求人力资源活动的稳定运行，不会出现大量的裁员或招新等行动。由于企业处于维持现状的状态，企业的成长机会有限，企业给予员工的发展和锻炼的机会也很少，因此有可能会导致部分员工离职。当企业采取稳定型战略时，其人力资源战略的重点是保留住企业的核心员工，维持企业人员的稳定，所以可以考虑从留人的角度选择人力资源战略。如果企业的生产活动对员工的依赖性较弱，则完全可以选择不留人战略，以节约开支、维持现有生产水平。

2. 基于收缩型战略的人力资源战略选择

收缩型战略是指企业从目前的战略经营领域收缩或撤退，以摆脱目前或将要出现的困境，等待状况转好、时机成熟时东山再起。企业采用收缩战略的条件如下：企业以前的战略失败，而要立刻采取新的扩张战略又缺乏应有的资源；企业市场占有率下降、利润率低，却无力扭转局势；环境中存在巨大的威胁因素，而企业的内部条件又不足以克服这些威胁；企业打算从本行业撤出，通过采取紧缩战略，调整资源准备进入新行业。

收缩型战略的特点是企业经营范围或领域缩小，也可能完全退出某些经营领域。采用这种战略的企业，要对企业的组织结构，以及经营管理程序重新进行思考和选择，以降低运营成本。人力资源战略肯定要做相应调整，降薪和裁员是通行的做法。采取收缩型战略的企业的人力资源战略的重点是规划和实施好员工的解雇工作，以及对剩余员工的管理工作。员工的解雇主要包括解雇人员的计划、解雇方式，以及再安置的方案；而对于剩余员工的管理，主要是增强员工安全感和提高员工的士气。

3. 基于扩张型战略的人力资源战略选择

扩张型战略是指企业扩大经营领域的规模，或者向新的经营领域拓展的战略。扩张型战略的特点是扩大或开辟新的经营领域。实现扩张的途径有两种：内部途径包括开发新产品、开辟新销售渠道、增加市场份额等；外部途径有收购其他企业、创办合资企业等。企业采取扩张型战略的原因如下：能使企业获得社会效益；能使企业获取规模经济的效益，增强企业的市场竞争地位；新的机会与企业的内部优势相吻合。

当企业采取扩张型战略时，企业人力资源战略的重点是做好人力资源的补充和购并企业的人员调整工作。在采用此战略的企业的人力资源管理工作中，招聘是重要的一环，企业需要根据扩张后的企业规模、结构、资金实力、销售渠道等各方面的因素选择人力资源战略。

与企业战略相匹配的人力资源战略如表 5-6 所示。

表 5-6　与企业战略相匹配的人力资源战略

企业战略	组织变动	人力资源战略重点
稳定型战略	无变动或变动不大	维持稳定和留住核心人才
收缩型战略	压缩组织规模	冗余员工的解雇和剩余员工的管理
扩张型战略	扩大组织规模或重新调整组织结构	新员工的招聘和培养，兼并或收购企业的员工调整

5.5.2　与竞争战略相匹配的人力资源战略选择

竞争战略的核心问题是如何建立、拥有和长期保持竞争优势地位。竞争战略的关键环节是制定出可以保持持久竞争优势的行动方案和经营策略。

根据迈克尔·波特提出的一般竞争战略理论，一家企业在严酷的市场竞争中能否生存和发展的关键在于其产品的"独特性"及"顾客价值"，二者缺一不可，否则企业很难在竞争中取得优势。为获得竞争优势，企业可采取 3 种基本的战略：成本领先战略、产品差异化战略和市场聚焦战略。无论哪种战略，实质都是企业面对竞争所采取的策略。由于竞争策略的不同而对人力资源管理提出不同的要求，进而影响人力资源战略的制定。

1. 成本领先战略下的人力资源战略选择

成本领先战略的主导思想是以低成本取得行业中的领先地位。企业在采取这种战略时力求在生产经营活动中降低成本、扩大规模、减少费用，使自己的产品成本比竞争对手低，从而可以用低价格和高市场占有率保持竞争优势。这种战略适合成熟的市场和技术稳定的产业。追求成本领先的实质是追求较高的生产率，以达到规模收益，通常可以通过提高资本有机构成的方式实现。也就是说，用更多的机器代替员工，减少员工的使用量，使用技术含量更少的员工，降低员工的总体使用成本。

采用成本领先战略的企业由于技术的替代而对员工的创造性要求不高,因此员工的素质不高,员工的参与度也很低。采用这类竞争战略的企业可以考虑选择低成本战略、不留人战略等作为其基本的人力资源战略。

2. 产品差异化战略下的人力资源战略选择

产品差异化战略的实质是通过向市场提供别具一格的产品或服务,来建立自己的竞争优势,并利用差异化所带来的高额附加利润补偿因追求差异化而增加的成本,获取高额利润。产品差异化战略的重点在于差异,而差异来源于创新。当企业采取差异化战略时,企业的创新性行为是企业竞争的源泉。创新来源于企业的每位员工,因此企业对员工的行为要求如下:创新性、合作性要求高;着眼于长远的利益;更关心质量而不是数量;既关心过程也关心结果;工作弹性较大,没有严格的工作规范,自主性强。

由于采用差异化战略的企业对员工的创新性要求非常高,员工对于工作的参与程度也很高,因此此类企业适合选择外部获取战略和高投入战略等作为其基本的人力资源战略。

3. 市场聚焦战略下的人力资源战略选择

市场聚焦战略的主导思想使企业不是面向整体市场进行全线作战,而是只占据某一特定的细分市场,谋求局部的优势。企业将产品聚焦于某一特定的顾客群、某类特殊商品、某个特定地理区域或其他某个方面。在这个细分市场上,企业或运用成本领先战略或运用产品差异化战略,或兼而用之,以期战胜对手。市场聚焦战略由定义可知是成本领先战略和产品差异化战略在特定市场的应用,因此与市场聚焦战略匹配的人力资源战略要根据企业采用以上何种战略而定。

与竞争战略相匹配的人力资源战略如表 5-7 所示。

表 5-7 与竞争战略相匹配的人力资源战略

竞 争 战 略	员工行为要求	人力资源战略
成本领先战略	重复性高,创造性要求不高;关注短期利益;独立完成;相对质量来说,更关心数量;承担风险很低;关心工作的结果而不是过程;职位相对固定,很少变化;技术要求单一;工作参与度低	低成本战略、不留人战略
产品差异化战略	创新性、合作性要求高;工作立足长远而不是短期;着眼于长远利益,更关心质量而不是数量;既关心过程也关心结果;工作弹性大,没有严格的工作规范,自主性强;工作参与度高	外部获取战略和高投入战略
市场聚焦战略	参考以上两种战略	参考以上两种战略

5.5.3 与企业生命周期相匹配的人力资源战略选择

企业生命周期理论由美国著名管理学家伊查克·麦迪思提出。他在《企业生命周期》一书中将企业生命周期划分为 3 个阶段:成长阶段、盛年阶段、老化阶段。结合我国企业的实际情况及人力资源管理的需要,我国的研究人员将企业生命周期划分为 4 个阶段:初创阶段、成长阶段、成熟阶段和老化阶段。

1. 初创阶段的人力资源战略选择

处于初创阶段的企业还没有得到社会认可，实力也很弱，但极富灵活性和成长性。初创阶段的企业重点在于发展业务、增强自身实力，因此企业的内部管理机制很不完善，员工没有很明确的职责规范。此时的企业规模小，人员少，没有明确的组织结构、企业战略和人力资源战略，人力资源管理工作还处于起步阶段，甚至没有设立人力资源部门。因此，此阶段企业人力资源工作的重点在于招聘优秀的员工以促进企业发展，同时注重为企业未来辨识和培养核心人才。

2. 成长阶段的人力资源战略选择

处于成长阶段的企业经营规模不断扩大，主营业务不断拓展，各种资源全面紧张；组织形态走向正规化，机构相对完善，企业规章制度日益建立、健全，企业文化逐渐形成。此阶段企业的人力资源状况如下：由于企业规模的不断扩张，企业对人才的需求迅速增加；企业组织向正规化发展，各项规章制度开始建立、健全，人力资源工作开始逐步正规化；人力资源部门开始参与包括人力资源战略在内的企业战略的制定。此时人力资源部门的工作就是为不断成长的企业调配足够的人员，因此招聘工作成为企业人力资源工作的重点，同时，对老员工的培训和选拔也逐渐成为企业人力资源工作的主要内容。

3. 成熟阶段的人力资源战略选择

成熟阶段是企业生命历程中最为理想的阶段。在这一阶段，企业的财务状况大为改善；企业的制度和组织结构已经完善并充分发挥作用；企业的创造力和开拓精神得到制度化保证；企业以"顾客至上"为原则，重视顾客的需求，注意顾客满意度。此阶段企业的人力资源状况如下：个人在企业中的作用开始下降，转而主要依靠企业的规范化维持管理运作；企业的发展速度减缓，企业的人员需求量下降，员工的创新意识下降，企业的活力开始衰退；企业各岗位满员，人员晋升困难，对有能力的人的吸引力开始下降，有企业人才流失的压力。因此，此阶段企业人力资源战略的重点在于培养创新型企业文化和防止核心员工流失。创新型企业文化能够延长企业的成熟期，不断创造出新的产品，使企业重新焕发生机。同时，企业必须完善员工的晋升通道和员工的职业生涯设计，以留住核心员工。

4. 老化阶段的人力资源战略选择

老化阶段是企业生命周期的衰落阶段，此时企业内部缺乏创新，没有了初创阶段的冒险精神，活力的丧失预示着危机的到来。老化阶段的企业特征如下：企业增长乏力，竞争能力和获利能力全面下降，资金紧张；制度繁多，又缺乏有效执行；员工的自保意识不断增强，做事越来越拘泥于传统、注重形式，只想维持现状。此阶段企业的人力资源状况如下：企业人心涣散，核心人才已经严重流失；企业员工大量冗余，同时企业的人力成本压缩，工资较低；企业员工的凝聚力下降。因此，此阶段企业人力资源战略的重点在于留住企业的核心员工，为企业东山再起提供条件。同时，进行有计划的裁员，降低企业成本，增加企业灵活性。

综上所述，与企业生命周期相匹配的人力资源战略选择如表 5-8 所示。

表 5-8　与企业生命周期相匹配的人力资源战略选择

生命周期阶段	人力资源状况	人力资源战略重点
初创阶段	对个人能力要求高	招聘，核心员工的培养
成长阶段	人才需求迅速增加	招聘，培训
成熟阶段	员工创新意识下降，对人才的吸引力降低	留住核心员工，培养创新型企业文化
老化阶段	核心员工流失严重，大量员工冗余	留住核心员工，裁员

5.5.4　与企业所属产业特点相匹配的人力资源战略选择

依据不同产业在社会再生产过程中对劳动力、资金、技术等的依赖程度的差别将社会产业分为劳动密集型产业、技术密集型产业和资本密集型产业。因此，可以将隶属于不同产业的企业分为劳动密集型企业、资本密集型企业和技术密集型企业。

1. 劳动密集型企业的人力资源战略选择

劳动密集型企业是指以劳动力为主要劳动因素，单位资本支配劳动力较多的企业。一般认为，商贸餐饮、运输通信、文教卫等服务业和轻纺服装、食品加工、电子通信设备等制造业及建筑业中的企业，都属于吸纳劳动力相对较多的劳动密集型产业。劳动密集型企业的特点如下：单位资本推动的员工数量较多，因此企业员工的薪酬是企业的一项重要成本；此类企业的产出一般为标准化产品，因此对人员素质的要求不太高；此类企业通常投资在物上的资金大于投资在人员上的资金，因此劳动密集型企业可以采用低成本战略、外部获取战略、不留人战略等人力资源战略作为基本人力资源战略。

2. 资本密集型企业的人力资源战略选择

资本密集型企业主要是指以资本为主要劳动因素的企业，一般拥有大量的资金。与劳动密集型企业相比，其支配同等数量的劳动力所使用的资本量相对较大。资本密集型企业的特点如下：单位劳动力所占用的资本量较大，因此人力资源的成本对企业来说不是一项相对较大的支出；此类企业一般为大型企业，其组织结构通常为机械型组织；企业产出的不再是单纯的标准化产品。部分资本密集型企业也需要大量的不同类型的劳动力来从事研发、生产、制造和销售等工作，因此资本密集型企业可以选择的人力资源战略范围较广。企业可以适当选择混合战略或根据企业自身的特点选择需要的人力资源战略。

3. 技术密集型企业的人力资源战略选择

技术密集型企业主要是指以技术为主要劳动因素的企业，如高科技企业，一般拥有少量的资金和少量的人员。技术密集型企业在社会再生产过程中对技术的依赖程度强于对资金和劳动力的依赖程度。一般认为，电子工业、航天工业等行业中的企业属于技术密集型企业。技术密集型企业的特点如下：企业对技术的依赖程度高，因此对于承载技术创新的专业人员的依赖程度高；技术密集型企业的产品生命周期短，更新速度快，对企业技术的创新性要求高。因此，技术密集型企业适合采用高投入战略、诱导留人战略、外部获取战略等人力资源战略作为基本人力资源战略。

综上所述，不同类型企业的人力资源战略选择如表 5-9 所示。

表 5-9　不同类型企业的人力资源战略选择

企业类型	特　　点	人力资源战略
劳动密集型	标准化的产品，技术要求不高，人员素质有待提高，资金大量投资在物上	采用低成本战略、外部获取战略、不留人战略等
资本密集型	产品非标准化、人员支出比例小，组织结构通常为机械型组织	选择混合战略或根据企业自身特点选择需要的人力资源战略
技术密集型	产品技术含量高，对技术人员的依赖程度高，创新压力大	采用高投入战略、诱导留人战略、外部获取战略等

自测题

一、判断题

1．总体战略目标是人力资源规划的最终目的，是从整体上表明人力资源系统最终需要达到的境界。（　　）

2．人力资源战略目标是评价和检验人力资源战略实施效果的唯一标准。（　　）

3．产品差异化战略的实质是向市场提供别具一格的产品或服务，来建立自己的竞争优势。（　　）

4．人力资源战略方案的可匹配性，实际上就是评估战略形成的质量。（　　）

5．扩张型战略的特点是企业的经营基本保持目前水平，不会有大的扩张或收缩行动。（　　）

6．低成本战略，即尽量降低企业使用员工的成本，而在人员培训方面投入较大的人力资源战略。（　　）

二、单选题

1．企业扩大经营领域的规模，或向新的经营领域拓展的战略是指（　　）。
　　A．稳定型战略　　　　　　　　B．混合战略
　　C．扩张型战略　　　　　　　　D．收缩型战略

2．企业的员工通过外部市场和内部市场结合的方式获得的战略模式称作（　　）。
　　A．混合获取战略　　　　　　　B．外部获取战略
　　C．内部获取战略　　　　　　　D．综合获取战略

3．评估战略方案与人力资源战略管理宗旨、发展目标的匹配程度是指人力资源战略方案的（　　）。
　　A．可接受性　　　　　　　　　B．可匹配性
　　C．可行性　　　　　　　　　　D．可靠性

4．企业不是面向整体市场进行全线作战，而是只占据某一特定的细分市场，谋求局部的优势的战略是指（　　）。
　　A．市场聚焦战略　　　　　　　B．差异化战略
　　C．混合战略　　　　　　　　　D．成本领先战略

5. 人力资源目标的表达必须明白无误，言简意赅，易于被人理解。这是指人力资源战略目标的（　　）。

A．现实性　　　　　　　　　　B．明确性
C．激励性　　　　　　　　　　D．准确性

三、多选题

1. 人力资源战略的本质特征有（　　）。

A．全局性和长期性　　　　　　B．适应性和稳定性
C．重点性和层次性　　　　　　D．发展性和指导性

2. 与成本领先战略相匹配的人力资源战略可以是（　　）。

A．外部获取战略　　　　　　　B．不留人战略
C．低成本战略　　　　　　　　D．高投入战略

3. 与产品差异化战略相匹配的人力资源战略可以是（　　）。

A．外部获取战略　　　　　　　B．不留人战略
C．低成本战略　　　　　　　　D．高投入战略

4. 人力资源战略的制定过程包括（　　）。

A．确认目标　　　　　　　　　B．阐明宗旨
C．战略评价　　　　　　　　　D．选择战略

5. 根据人力资源获取的来源渠道不同，企业的人力资源战略可以分为（　　）。

A．混合获取战略　　　　　　　B．外部获取战略
C．低成本战略　　　　　　　　D．内部获取战略

6. 根据对人力资源的使用和培养方式的不同，企业的人力资源战略可以分为（　　）。

A．混合战略　　　　　　　　　B．内部获取战略
C．低成本战略　　　　　　　　D．高投入战略

四、简答题

1. 简述人力资源战略的概念和本质特征。
2. 简述人力资源战略的制定过程。
3. 人力资源战略选择的程序是怎样的？
4. 简述人力资源战略目标的特征。

五、案例分析

小米的人力资源战略

雷军认为，"最重要的是团队，其次才是产品，有好的团队才有可能做出好产品"。他甚至认为，"要找到最好的人，一个好的工程师不是顶10个，而是顶100个"。话说得很清楚，这类支撑小米高速成长的核心人才，不可能来自内部培养，一定来自外部挖掘！

正因如此，在创业的头半年，雷军将80%的时间都花在找人上。为了找到一个优秀的硬件工程师，雷军连续打了90多个电话。为了说服此人加入小米，几个合伙人轮流和他交流，

整整12个小时。这种精神打动了不少优秀的人才,小米得以在创业之初就组建了一支强大的人才队伍,让有创业精神的人、专业领域最牛的人、学习能力超强的人和敢于挑战自己的人成为企业的"底色"。

在这个阶段,小米的团队可谓星光熠熠:林斌是前谷歌中国工程研究院的副院长,有着丰富的软件开发经验;周光平是手机硬件领域的顶级人才;刘德在工艺设计领域是顶级专家,助推了小米业绩的迅猛增长……

能够将这么多优秀的人才聚集到一起,小米的激励型人力资源战略功不可没。这种战略主张第一时间利用股权激励工具将核心人才的命运与公司绑定。这样一来,就让这群最重要的人把成就小米当成大家共同的事业,也让他们真正成为公司的"人力资本"。

除了给联合创始人分配一定数量的股权,对于其他核心员工,雷军定制了一套"现金+股权"的薪酬模式,核心员工加入小米时的薪资结构,可以从以下方案中选择。

(1)正常市场行情的现金工资。
(2)2/3现金的工资+一部分股票。
(3)1/3现金的工资+更多的股票。

事实上,由于对小米发展前景的看好,大多核心员工都会选择后两种薪酬模式。通过股权激励小米引入了很多顶尖人才,也在一定程度上缓解了初创企业资金流的压力问题。

小米公司授予员工的股权激励股份有3种:一是购股权(期权);二是受限制股份奖励(限制性股票);三是受限制股份单位(RSU)。根据其《招股说明书》,截至2018年3月31日,计划已授出而未行使的购股权和受限制股份单位涉及的B类股份总数约为25.13亿股,占上市前总股本的11%。小米全球共计拥有14513名全职员工,超过5500名(不含高管)员工都拿到了小米公司的股份,持股员工比例高达38%。按照小米上市时的543亿美元市值计算,员工人均持股价值至少为百万美元。

根据小米公开的股权激励方案内容,其股权激励十分"有情有义"(见下表)。

覆盖范围广:上市时,有超过1/3的员工持有公司股份;

激励强度高:以购股权为例,行权价设定为0.03美元,几乎相当于白送;

行权条件宽松:行权未设置业绩考核条件,只按照服务期限条件解锁。

小米"普惠"购股权激励方案

目的	将董事会成员、雇员、顾问及其他人士的个人利益与股东利益挂钩,激励大家做出杰出贡献,使本公司能灵活激励、吸引及留用受奖励的员工继续服务
激励对象	由董事会或董事会授权的委员会批准的员工、顾问、董事会全体成员及其他人士
管理机制	管理机制灵活,由董事会授权的委员会管理,针对激励对象的激励模式、授予时间、数量、行权时间、行权价格均由委员会来全权决定
行权价格	小米集团2018年中期财报披露,小米集团首次公开发售前授予的购股权每股平均行权价格为0.03美元,参考小米集团上市发行价(约2.80美元)
等待期	服务满××年即可行权,不设业绩考核条件
行权有效期	一般分为1年、2年、3年、4年、5年及10年,但最长不得超过10年
转让限制	除获得委员会批准外,参与者不得将因行使任何购股权而发行的任何股份或当中权益转让给任何与本公司竞争的人士或实体(由本公司全权酌情厘定)

这些"有情有义"的激励充分展示了公司的诚意，而员工也用同样的工作热情回馈了公司。小米创业 8 年内部纪录片里有句话：小米员工"心里边儿会有一团火"。正是因为"这团火"，小米全员 6×12 小时工作坚持了近 7 年，甚至一度不要求打卡，不设置 KPI（后续小米又重新拾起来考核，这也被外界认为是其在管理上走入的误区。但这类看似出位的管理手段，也可以被解读为雷军对小米激励型人力资源战略的信心）……

2020 年 9 月 4 日，小米集团在港交所公告了最新的股权激励计划：向对集团有贡献的人士授出共 2.18 亿份购股权，以认购股份，购股权持有人可按每股 24.50 港元的价格行权，股权有效期长达 10 年。与此同时，曾学忠和常程等好手也陆续加入了小米。

问题：小米的人力资源管理战略有什么特点？结合实际谈一谈雷军成功的秘密是什么。

第 6 章 人力资源发展对策组合

学习目标

1. 掌握人力资源发展对策的概念和特性；
2. 掌握人力资源发展对策组合的基本框架；
3. 掌握人力资源发展对策组合的过程；
4. 了解思想观念对策；
5. 了解制度层面对策；
6. 了解企业文化对策；
7. 了解执行层面对策。

学习导航

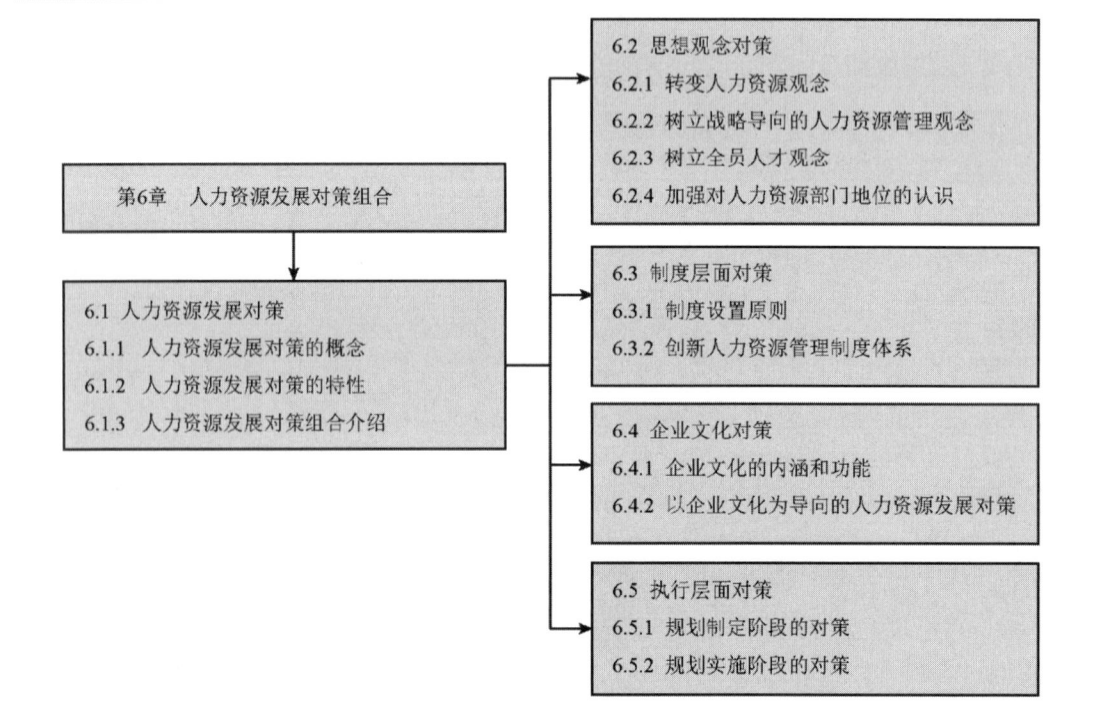

第6章 人力资源发展对策组合

6.1 人力资源发展对策
- 6.1.1 人力资源发展对策的概念
- 6.1.2 人力资源发展对策的特性
- 6.1.3 人力资源发展对策组合介绍

6.2 思想观念对策
- 6.2.1 转变人力资源观念
- 6.2.2 树立战略导向的人力资源管理观念
- 6.2.3 树立全员人才观念
- 6.2.4 加强对人力资源部门地位的认识

6.3 制度层面对策
- 6.3.1 制度设置原则
- 6.3.2 创新人力资源管理制度体系

6.4 企业文化对策
- 6.4.1 企业文化的内涵和功能
- 6.4.2 以企业文化为导向的人力资源发展对策

6.5 执行层面对策
- 6.5.1 规划制定阶段的对策
- 6.5.2 规划实施阶段的对策

引导案例

如何把企业治理好,一直是企业管理者的"重大课题"。有的企业治理有方,有的企业治理失败。要治理好企业,必须网罗人才,古代燕昭王黄金台招贤便是著名的例子之一。

燕国国君燕昭王一心想招揽人才,而更多的人认为燕昭王仅仅是叶公好龙,而不是真的求贤若渴。燕昭王始终寻觅不到治国安邦的英才,整天闷闷不乐。后来郭隗给燕昭王讲述了一个故事,大意是有一位国君愿意出千两黄金去购买千里马,然而时间过去了3年,始终没有买到。又过去了3个月,好不容易发现了一匹千里马,当国君派手下带着大量黄金去购买的时候,马已经死了。可被派出去买马的人却用500两黄金买来一匹死了的千里马。国君生气地说:"我要的是活马,你怎么花这么多钱弄一匹死马来呢?"国君的手下说:"你舍得花500两黄金买死马,更何况活马呢?我们这一举动必然会引来天下人为你提供活马。"果然,没过几天,就有人送来了3匹千里马。郭隗又说:"你要招揽人才,首先要从招纳我郭隗开始,像我这种才疏学浅的人都能被国君采用,那些比我本事更强的人,必然会闻风千里迢迢赶来。"燕昭王采纳了郭隗的建议,拜郭隗为师,为他建造了宫殿,后来没多久就引发了"士争凑燕"的局面。投奔而来的有魏国的军事家乐毅、齐国的阴阳家邹衍,还有赵国的游说家剧辛等。落后的燕国一下子便人才济济了。从此以后,一个内乱外祸、满目疮痍的弱国,逐渐成为一个富裕兴旺的强国。接着,燕昭王又兴兵报仇,将齐国打得只剩下两个小城。

管理之道,唯在用人。人才是事业的根本。杰出的领导者应善于识别和运用人才。只有做到唯贤是举、唯才是用,才能在激烈的社会竞争中战无不胜。"千军易得,一将难求",现实生活中,也许我们不能像燕昭王一样筑"黄金台",但我们难道不可以借用报刊一角筑起"招贤台",来招聘贤才吗?人才就是效率,人才就是财富。得人者得天下,失人者失天下。

思考:
1. 如果你是企业决策者,你认为应该怎样筑起企业的"黄金台"来吸引人才?
2. 怎样理解"千军易得,一将难求"?

制定出符合企业发展实际的人力资源战略,并不意味着企业的人力资源战略就可以立即实施了,为了全面理解和诠释人力资源战略并保证人力资源战略的顺利实施,还必须制定与人力资源战略的需要相适应的人力资源发展对策。人力资源发展对策是人力资源战略的延伸和细化,是人力资源战略的重要组成部分。人力资源发展对策实质上是一整套对策体系,是各种对策的组合。由此可以看出,人力资源发展对策组合既是制定人力资源战略的重要环节,也是保证人力资源战略实施的必要前提,最终形成的结论是进行人力资源管理活动的具体指导性文件。因此,人力资源对策组合是人力资源规划工作的重要组成部分。

6.1 人力资源发展对策

6.1.1 人力资源发展对策的概念

人力资源发展对策,也称人力资源开发对策,是指企业在一定历史时期内,为实现人力资源战略目标和任务而制定的符合企业自身特点的一系列行动准则及规范。

对策是一种为实现特定目的而采取的应对策略。对策是战略的一部分,是战略精神实质的具体体现,是战略目标的细化,它服务和服从于战略。人力资源战略着重解决的是有关人力资源发展的基本方向、战略目标、战略重点和主要步骤等相对重大的问题,侧重整体和全局层面的设计及安排。而人力资源发展对策所涉及的是人力资源战略安排在各个具体层面的详细意图、人力资源战略实现的详细步骤和行动中要遵守的原则等操作层面的问题。人力资源发展对策是人力资源战略的具体化,它把战略的目标分解为可操作的具体行为规范和行动路线,侧重于现实的执行层面。没有人力资源战略的人力资源发展对策,就等于失去了核心和灵魂;而没有人力资源发展对策的人力资源战略,就等于失去了行为规范和制度支撑。人力资源战略离不开人力资源发展对策,人力资源发展对策也同样离不开人力资源战略,简而言之,人力资源发展对策是人力资源战略不可缺少的组成部分。因此,在制定人力资源战略的同时必须考虑制定相应的人力资源发展对策。

从人力资源规划的角度看,人力资源发展对策不仅是人力资源规划的重要组成部分,还是人力资源规划实施的重要组成部分。对于人力资源规划实施来讲,人力资源发展对策是实施行动的指导准则。人力资源战略具有一定的宏观性和方向性,语言表述简明扼要,虽然对整个人力资源管理工作具有总体指导意义,但对于具体单项的人力资源管理工作并不具有明显的指导意义。简明、抽象的人力资源战略要由人力资源发展对策进行阐释和放大,变为真正能为人力资源管理各环节所应用的制度及政策。人力资源发展对策既是人力资源战略的支撑部分,也是人力资源运行措施的指导部分。对于人力资源规划工作而言,人力资源主体系统只有在人力资源发展对策的规范下设立实施体系和制定实施措施,才能借以实现人力资源发展的战略目标。因此,人力资源发展对策具有双重地位(见图6-1)和双重功能(见图6-2)。

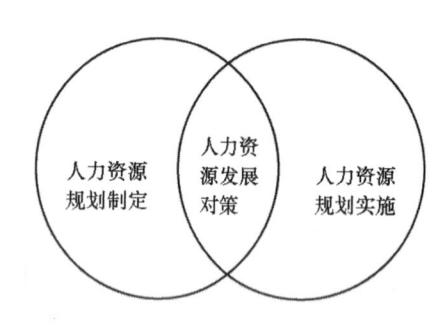

图6-1 人力资源发展对策的双重地位

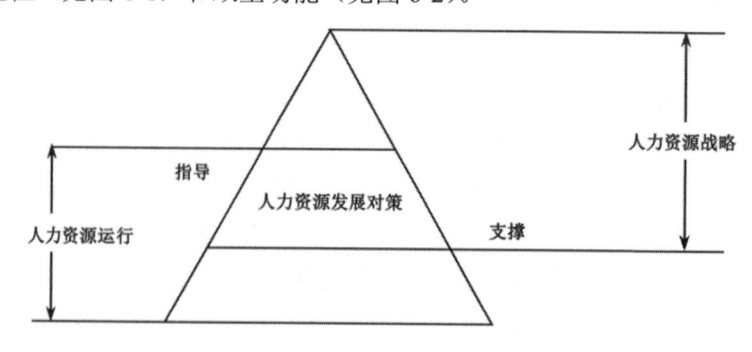

图6-2 人力资源发展对策的双重功能

6.1.2 人力资源发展对策的特性

人力资源发展对策是人力资源战略的细化和分解,因此它除具有人力资源战略的全部特性外,还具有系统性、工具性、中介性、规则性、可接受性和可操作性等特性。

1. 系统性

为了确保人力资源战略的实现,人力资源发展对策必须是一个系统。在这个系统中,各组成部分相互作用、相互依存,各种人力资源发展对策组成具有一定结构和功能的整体,涵盖人力资源管理工作的各个环节,以达到重点突出、相互衔接的目的,实现整体最佳的效果。

2. 工具性

人力资源发展对策的工具性是指人力资源发展对策为人力资源战略的实施提供了方法、手段、程序和渠道。如果没有行之有效的人力资源发展对策,人力资源战略就无法落实为企业的实际行动,就无法落实到人力资源主体管理工作的各个环节,企业的人力资源战略就会变成没有实际意义的宣传口号。

3. 中介性

人力资源发展对策具有双重地位,既是人力资源战略的组成部分,又是人力资源规划制定和实施的组成部分,是连接人力资源战略与人力资源规划制定和实施的中间桥梁。这就是人力资源发展对策的中介性。

4. 规则性

人力资源发展对策对人力资源管理工作的各个环节,以及每个步骤的运行决策都具有指导作用,这种指导作用主要体现在规范和约束上。人力资源发展对策一旦形成,就为具体操作层面的运行决策提供了方向、依据和限制。这就是人力资源发展对策的规则性。

5. 可接受性

与人力资源战略目标一样,人力资源发展对策也要具有可接受性,它的实施必须得到企业大部分员工的认可和接受,并在其规范和约束下继续努力,实现预期战略目标。因此,在组合人力资源发展对策时,要充分征求有关各方的意见和建议,平衡各方的利益。

6. 可操作性

人力资源发展对策对人力资源规划的实施起直接的指导作用,这就要求人力资源对策具有很强的可操作性。在这一点上,人力资源发展对策的可操作性要比人力资源战略目标更强,因为这样更能规范和引领具体工作的细微环节。

6.1.3 人力资源发展对策组合介绍

人力资源发展对策是人力资源战略的组成部分,是人力资源战略的延伸。有什么样的人力资源战略,就会有与之相对应的人力资源发展对策。人力资源发展对策的形成其实是各项政策组合的过程。由于人力资源战略有着各种类型,人力资源发展对策也就有着各种类型。

虽然人力资源发展对策组合千差万别,但组合的基本程序是相同的。

1. 人力资源发展对策组合的基本框架

对于系统的人力资源战略,其对策系统也应该是系统的,具有一个组合的基本框架。这个框架通常包括为实现人力资源战略而必需的各个层面的内容:思想观念层面、制度层面、执行层面和文化层面。人力资源发展对策组合的基本框架如图 6-3 所示。

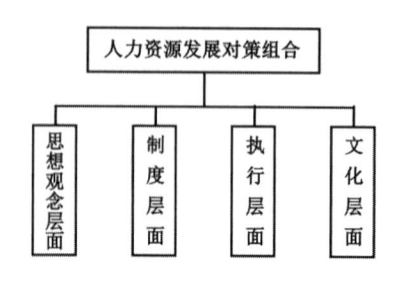

思想观念层面的对策主要是从管理者的角度考虑如何改变看法、更新观念;制度层面的对策关心的是战略指导下的员工行为规范和原则;执行层面的对策侧重于人力资源战略在执行过程中应该关注的细节问题;文化层面的对策的重点在于如何凝练全体员工的价值观。这 4 个层面的对策是从不同的层面和角度来分解、诠释企业的人力资源战略的,不同层面的对策的侧重点不同,但目的相同,都是为人力资源战略目标服务的。这 4 个层面的对策相互影响、相互渗透、相互交叉,一起服务和服从于整体人力资源战略。这个框架的内容虽然包括 4 个层面,但并不是说每个企业的人力资源发展对策系统在组合的时候都要有这 4 个层面的内容。实际上,每个具体的人力资源发展对策系统需要有哪些内容,要根据人力资源战略实施的具体要求来确定。例如,有的企业不存在思想观念的问题,那么这个层面的对策就可以相对少一些或没有。

图 6-3 人力资源发展对策组合的基本框架

2. 人力资源发展对策组合的过程

人力资源发展对策组合的过程如图 6-4 所示。

从图 6-4 中可以看出,人力资源发展对策组合的前提是战略选择,人力资源发展对策系统形成之后才能进入战略实施阶段。可见人力资源发展对策组合是围绕人力资源战略展开的,人力资源发展对策组合的目的是实施人力资源战略。人力资源发展对策组合的过程分为 3 步:第一步是对策要素分析,第二步是对策组合设计,第三步是形成对策系统。对策要素分析和对策组合设计的依据有 3 个方面:一是已经选择的、确定的人力资源战略,二是外部环境因素,三是内部条件因素。总的来说,就是要在人力资源战略的指导下,通过分析、平衡外部环境因素和内部条件因素来综合进行人力资源发展对策组合。

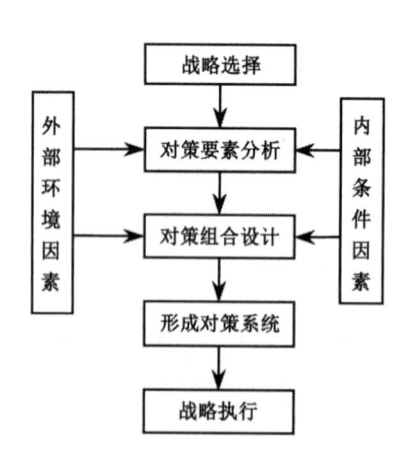

图 6-4 人力资源发展对策组合的过程

(1) 对策要素分析。人力资源发展对策要素分析与人力资源战略要素分析是一致的。简单的人力资源规划可以不做人力资源发展对策要素分析,直接引用人力资源战略要素分析的结果即可,而复杂的人力资源规划一般需要单独进行人力资源发展对策要素分析。为什么复杂的人力资源规划不能直接采用人力资源战略要素分析的结果呢?原因如下。第一,人力资源发展对策要素分析有限制:要在人力资源战略要素分析和战略组合的基础上进行，而不能与人力资源战略要素分析的结果相背离。第二，因为要指导具体工作，所以人力资源发展对策要素分析要比人力资源战略要素分析更深入、细致。第三，人力资源发展对策要素分析的重点是对内部条件因素进行分析。第四，人力资源发展对策要素分析的范围要比人力资源战略要素分析稍广些，除了直接要素，可能还要涉及一些相关的间接要素。

（2）对策组合设计。人力资源发展对策组合设计与人力资源战略的组合、对策分析也应该是一致的，但是两者在方法上有差异。首先，人力资源发展对策组合设计要在人力资源战略组合和对策分析的基础上进行。其次，人力资源发展对策组合设计要对各关键要素分别确定处理原则和实现途径。

（3）形成对策系统。依据人力资源发展对策组合设计的基本框架，按照人力资源发展对策对实现人力资源战略的重要程度，由高到低进行排列和归类，并进行取舍，最后形成人力资源发展对策系统。这里需要注意：首先，人力资源发展对策分析要着眼于企业的客观实际和付诸应用。其次，人力资源发展对策系统是一个支持人力资源战略实现的规范性文件，要力求提纲挈领、简明扼要。再次，人力资源发展对策系统在规划期限内要远近结合，近期为主。最后，人力资源发展对策之间要相互一致，互为补充。

相关链接

企业留住人才的几项策略

经营企业难，难的不是经营产品，而是经营一群有能力的人才。因为人才有了能力以后，就有了创业的条件和跳槽的资本，如果企业留不住这些优秀人才，那么就相当于创建了一个带薪培育人才的基地，每一个人才的流失都会给企业带来巨大的经济损失，所以企业要发展、要强大，就必须想方设法地留住人才。

1. 梦想留住员工

因为没梦想的人总是跟着有梦想的人工作、有小梦想的人总是跟着有大梦想的人工作，所以作为一个老板，不一定要比员工的钱多，但是他的梦想一定要比员工的大，否则员工没必要跟着老板干。如果一个老板有了一点小成绩就贪图享受、不思进取，那么有远大志向的员工一定会离开。

2. 理念留住员工

因为物以类聚、人以群分，志不同、道不合不相为谋，所以企业要想留住优秀员工，就必须统一思想、统一理念、统一价值观。如果企业没有好的指导思想、好的经营理念，那么员工进入企业以后就会失去目标、失去方向、失去动力。因此，优秀的企业必须告诉员工为何工作，为谁工作。

3. 环境留住员工

只要企业有条件，就应该尽力为员工打造一个舒适的工作环境。为什么有的员工宁可拿2000元的月工资在办公室上班，也不愿意到工厂去上班？其实，有时工厂的工资会更高，只是有的员工很在乎工作环境。环境好，员工的心情就好，员工的心情好，工作就做得好。所以老板千万别忽视工作环境的打造。

4. 成长留住员工

现在的员工工作，不仅是为了金钱，他们更渴望获得成长的机会，提升自己赚钱的能力。如果一个员工在工作中学不到知识、找不到工作的成就感，那么他们慢慢就会失去工作的动力。所以优秀的企业一定要给予员工成长的空间。员工进入企业时能力低不是老板的过错，但如果员工在工作三五年后，能力还没有提升，那就是老板的责任。

5. 前景留住员工

为什么现在的年轻人都喜欢从事互联网行业？因为行业的前景决定了企业的前景，企业的前景决定了个人的前景。为什么很多员工喜欢到大企业上班？因为他们对小企业缺乏信心，看不到企业的未来。所以，优秀的企业一定要有企业规划，要有发展愿景，这样员工才有工作的信心和力量。

6. 文化留住员工

企业文化是什么？不是标语，不是口号，也不仅是制度，而是良好的工作氛围。良好的企业文化使员工在工作中能够找到工作的乐趣。为什么现在的企业经常组织各种活动？因为枯燥的工作很容易使人厌倦，文化活动能够增加企业的活力，使员工有活力。因此，企业需要用文化留住员工。

7. 情感留住员工

因为人是有感情的高级动物，而不是金钱的奴隶，所以老板和员工之间的工作不能仅建立在金钱之上，还需要投入感情。老板要想留住优秀员工，除在工作上给予支持和帮助外，在生活上也一定要给予关心和帮助。这样，员工碍于情面，即使有时对企业有不满也不会随便离开。为什么有的员工离开企业以后会带走一群人呢？因为员工对老板的感情基础不牢固，所以很容易被离职员工带走。

8. 金钱留住员工

人们之所以追求金钱，不是因为现在的人太现实，而是因为社会太现实。虽然金钱不是万能的，但是没有金钱是万万不能的。员工总不能饿着肚子谈梦想、干工作吧！因此，优秀的企业既要考虑员工的精神生活，也要满足员工的物质生活，这样员工也就没有理由离开企业了。

9. 制度留住员工

因为好制度让坏员工变好，坏制度让好员工变坏，所以企业要想留住优秀员工，就必须建立公平、公正、公开的制度和合情、合理、合法的薪酬机制，这样有能力的人就会越干越起劲儿，没能力的人自然就会被淘汰。企业走人不可怕，最怕的是该走的人没走，不该留的人留下了。

10. 事业留住员工

这是一个人人都渴望创业的时代，没有人愿意一辈子打工。因此，优秀的企业需要用事业留住人才。老板需要转变思想、更新观念，给予员工广阔的创业平台和空间，而不是限制员工的发展。当员工成为企业的主人时，他们会更加卖力、更加忠诚于企业，这就是事业留人的好处。

6.2 思想观念对策

人始终是推动社会发展的决定力量，坚持以人为本是科学发展观的本质和核心。要坚持以人为本，应首要强调"人"重于"物"的思想。人和物是构成生产力的两大资源，但在知识经济时代，人力资源具有决定性的战略意义，人的重要性变得非同以往。

6.2.1 转变人力资源观念

观念决定出路。要实现人力资源战略的目标，首要的对策就是转变思想观念，强化人力资源是第一资源的意识，坚持以人为本的理念，促进人力资源的全面、协调、可持续发展。这里所说的观念，指的是一种思想意识，是对人力资源及有关问题的总的看法和观点。没有相应的人力资源观念的支撑，人力资源战略是难以实现的。因此，在人力资源发展对策系统中，人力资源观念的更新具有重要地位。

没有创新的观念，就没有创新的行为。观念的更新，最主要的是企业高层领导思想观念的转变，他们应接受新观念并且成为新观念的积极推行者。没有企业高层领导的支持和推动，再好的人力资源规划、再宏伟的战略设计也只能是海市蜃楼，不可能变为现实。当然，更新人力资源观念，不仅是对人力资源管理者的要求，还是对全体企业员工的要求，只有全员上下都对人力资源管理有了正确的认识，才能政令畅通，真正主动地探索和实践企业的人力资源战略。

具体来讲，人力资源观念的转变包括：人事管理观念转变为人力资源管理观念；人力资源是工具的观念转变为人力资本的观念；人力资源使用观念转变为人力资源开发观念；精英人才观念转变为全员人才观念。

6.2.2 树立战略导向的人力资源管理观念

1. 树立人力资本理念

人力资本理念的产生是人力资源发展史上的一个飞跃。它的出现意味着劳动者不再仅仅通过劳动能力转让获得回报，还可以通过劳动能力投资获得收益。美国经济学家西奥多·舒尔茨指出：人在知识、能力、健康水平等方面的提高，对经济增长的贡献比物质资本和劳动力数量的增加更为重要。他认为不同素质水平的劳动者，在同样的劳动时间内创造的价值不同，因而获得的收益也不尽相同。当劳动价值由劳动者投入生产经营过程之中，用以获取超过原有价值的更大收益时，就成了一种资本，一种与生产资料不同的劳动力资本，即人力资本。在企业中，人力资本的形成在于人力资本投资。人力资本投资是指为提高劳动者的素质、知识、经验和技术，而在健康、教育、培训等方面所进行的资金、实物和劳务的投入，是人力资本升值的基本条件。

2. 人力资源是实现企业战略的核心资源

战略人力资源管理中的人力资源概念与传统人力资源管理的人力资源概念最主要的区别在于人力资源的战略性。将战略与人力资源进行整合，使之成为企业战略的合作伙伴。传统的人力资源管理是纯粹的战略执行部门，而战略人力资源管理要求企业在实施战略人力资源管理时充分重视人力资源对企业战略的影响，在实施的初级阶段就注重人力资源对企业战略的牵引作用，在企业战略的实施过程中更加注重人力资源，进而追求执行的高效率，加快目标的实现速度，达到战略人力资源管理的目的。

3. 人力资源可以为企业创造持续竞争优势

持续竞争优势是指企业所创造的不易复制、不可模仿，而且可以持续相当长时间的竞争优势。实施战略人力资源管理后，人力资源对企业战略的制定产生了影响，从而使企业战略更多地具有现实性色彩。尤其在知识经济时代，人才竞争是企业之间竞争最激烈的领域，而掌握核心技术的人才是为适应时代的需要而培养的，核心人才对于企业的生存和发展至关重要。因此，人力资源参与企业战略的制定可以使企业有更大的弹性去适应环境的变化。人力资源作为一种相当特殊的资源，可以通过自身的智力和技能整合多种资源，只有这种资源与企业特定的内部条件因素相结合所产生的合力才是不可复制、不易模仿的优势，因为竞争对手不可能全盘照搬，这样就实现了企业的可持续竞争优势。

6.2.3 树立全员人才观念

企业往往把注意力集中在少数优秀人才身上，而忽视全体员工积极性和创造性的发挥。企业就像一台高速运转的机器，每个零件都是必不可少的，企业要想实现既定目标，关键在于用好每位员工，发挥每位员工的能量。因此，企业要树立全员人才观念，把企业内部的每位员工都视为一个潜在的人才，要从使每位员工的才能都得到充分发挥的角度去用人。企业要树立全员人才观念应强调3个方面。

1. 挖掘员工的潜力

每位员工身上都蕴藏着巨大的潜力，人一生通常只会运用自身很小一部分的潜能。因此，企业管理者必须认识到，问题不在于员工有没有能力，而在于企业有没有创造出使员工发挥出自己能力的环境和条件。优秀的企业都会强调如何充分挖掘员工的潜力，如日本松下电器公司提出"把平凡的人造就成非凡的人"，其用人的理念就是挖掘人的潜力。

2. 避免人力资源浪费

树立现代人力资源的观念，提高人力资源管理效益，要避免人力资源的浪费。不是人才的学历越高就越能胜任岗位，过犹不及，有时会适得其反。本科文化程度的人才就能胜任的岗位，就不应使用硕士文化程度的人才，而硕士文化程度的人才能够胜任的岗位，也不应使用博士文化程度的人才。为避免人力资源浪费，企业管理者要善于选准人才、坚持用人所长，要坚持统一配置与尊重个人选择的协调统一。人力资源如果配置不当，则会造成"结构性短缺"。企业管理者要在整合人力资源的过程中激发员工的潜能，辩证地看待员工的优缺点，合理使用，避免人力资源的隐性浪费。选配重要岗位的人员要结合工作性质，进行工作能力、学历层次、思想作风等指标的综合衡量，而不能只关注个人资历的深浅和任职时间的长短。

3. 将培养、使用和开发结合起来

提高人力资源的整体素质，要依赖于企业的培训开发体系。通过培训开发，不仅可以提高员工的技能，还可以传递企业的文化与价值观，提高员工对企业的认同感。在人力资源的培养、开发上，要坚持阶段性开采与可持续性发展的协调统一，对员工需要不断地进行知识的补充和能力的提高。因此，企业对于员工的使用不能只图眼前利益、过度使用，而是要立足长远、舍得投入，从而促进人力资源的可持续发展。同时，员工的培养不是一劳永逸的，必须树立全程培养的观念，要随着知识和技术装备的不断更新，留给员工充分的个人学习时间，并让员工有多次受教育的机会，帮助他们不断提高素质，增强他们胜任本职工作的能力。

6.2.4 加强对人力资源部门地位的认识

通过人力资源规划和人力资源战略管理工作，把人力资源部门纳入企业的整个经营发展规划中，而不是把它简单地理解为一个独立的人事部门、一个执行部门。

首先，设置人力资源部门的目的就是要突出以"人"为中心。与传统人事管理以"事"为中心不同的是现代人力资源管理强调以"人"为本，人力资源是第一位的资源。设置人力资源部门的目的就是要充分地调动"人"的主观能动性，尊重员工的个体差异，强调信任、平等、开放和合作的理念，重视人的个体需要和发展需要，注重协调个人需求与组织需求的平衡，使员工在为企业创造财富的同时发展个人，实现企业和员工的共同进步。

其次，人力资源部门的职能越来越重要。人力资源部门在规划与实现组织发展战略方面扮演着越来越重要的角色，其功能也发生了转变。除传统的记录功能外，人力资源部门主要有四大功能：一是吸纳功能，即如何让优秀的人力资源加入本企业；二是维持功能，即如何让已经进入本企业的优秀员工继续留在组织中；三是开发功能，即如何让员工能够满足当前及未来职位需要的技能；四是激励功能，即如何让员工在现有的职位上创造优良的绩效。这就使得人力资源开发者进入企业的决策层，人力资源部门也应成为企业的中枢性机构。

6.3 制度层面对策

观念是制度的先导，它体现为一种价值导向；制度则是观念的具体化和显性化，它以文本的形式约束员工的行为，是一个企业所有成员必须遵守的规则、秩序和行为道德、伦理规范。制度可分为两类：一类是程序性、约束性的制度，如质量管理手册、员工行为规范等；另一类是导向性、改进性的制度，如绩效管理制度、薪酬制度、奖惩制度等。机制是从属于制度的，是系统内部各组成要素之间相互作用、相互影响的关系。机制要通过一系列制度安排来实现其特定的功能，达到预先设定的目的。各种机制运行规则都是以制度形式规定的。制定人力资源管理制度的目的就是要通过形成各种良性的运行机制，促进企业达成人力资源战略目标。

因此，为了保证包括人力资源战略在内的企业战略能够由目标变为现实，在制度层面上，要围绕战略目标的分解和需要实施的步骤，以创新的思想观念为指导，制定出一系列制度，形成良性互动的运行机制，一起构成有效的人力资源管理制度体系。

6.3.1 制度设置原则

人力资源管理制度应该体现出一种价值理念，即在实现企业战略目标的同时，保证员工个人的发展和价值的实现。因此，制度的设置要遵循以下原则。

1. 战略导向原则

通过对战略目标的逐层分解，让员工围绕企业的各项战略目标进行工作，并通过各种人力资源管理制度逐渐规范员工行为，导向企业战略目标。

2. 员工发展原则

没有员工的发展，就难有企业战略目标的实现。结合企业战略，注重员工的培训与开发，规划员工的职业生涯，进而提高员工的工作效率，促进组织目标的实现。

3. 竞争原则

通过与个人利益相关的员工评价、绩效考核、奖金分配、职位晋升等制度措施，在企业内部营造一种积极向上的竞争氛围，引导员工朝积极、健康的轨道上发展。

4. 公平原则

客观、准确地认识员工的个体、职位、行业、地区差异性，并充分体现在职业发展、晋升、培训、分配等各种人力资源管理制度中，有效达到外在公平和内在公平。

6.3.2 创新人力资源管理制度体系

管理大师德鲁克曾经说过："优秀的机制比所有制更重要。"要对人力资源实施有效的管理，必须建立和完善创新型的人力资源管理制度和管理机制。尤其在人才竞争日趋激烈的今天，人力资源管理制度体系设置得成功与否，取决于对关键人才的管理和控制。

正因如此，党中央高度重视人力资源的开发和管理工作，在宏观层面陆续出台了许多纲领性文件。2016年3月21日，中共中央印发了《关于深化人才发展体制机制改革的意见》。《关于深化人力发展体制机制改革的意见》着眼于破除束缚人才发展的思想观念和体制机制障碍，解放和增强人才活力，形成具有国际竞争力的人才制度优势，聚天下英才而用之，明确深化改革的指导思想、基本原则和主要目标，从管理体制、工作机制和组织领导等方面提出改革措施。《关于深化人才发展体制机制改革的意见》提出："协调推进'四个全面'战略布局，贯彻落实创新、协调、绿色、开放、共享的发展理念，实现'两个一百年'奋斗目标，必须深化人才发展体制机制改革，加快建设人才强国，最大限度激发人才创新创造创业活力，把各方面优秀人才集聚到党和国家事业中来。""充分发挥市场在人才资源配置中的决定性作用和更好发挥政府作用，加快转变政府人才管理职能，保障和落实用人主体自主权，提高人才横向和纵向流动性，健全人才评价、流动、激励机制，最大限度激发和释放人才创新创造创业活力，使人才各尽其能、各展其长、各得其所，让人才价值得到充分尊重和实现。"党的十九大报告又进一步明确："人才是实现民族振兴、赢得国际竞争主动的战略资源。""实行更加积极、更加开放、更加有效的人才政策，以识才的慧眼、爱才的诚意、用才的胆识、容才的雅量、聚才的良方，把党内和党外、国内和国外各方面优秀人才集聚到党和人民的伟大奋斗中来。"这些纲领性的论述为我国人力资源管理体制机制的创新指明了方向。

为了提高人才使用的效率，企业必须建立健全以下6个方面的人才管理机制。

1. 创新人才使用机制

有的企业在人才使用机制上缺乏灵活性，致使部分较高层次、拥有较高技能的优秀人才感到没有施展抱负的空间，达不到自我实现的目标，从而"跳槽"到其他同类企业，由此给原企业造成不可挽回的损失。创新人才使用机制，一要公开选拔，打破各种条条框框的限制和论资排辈的束缚，推行和完善公开招考、招聘、竞争上岗等办法，不拘一格选人才，建立合理的晋升和提拔制度，给有能力的员工充足的发展空间和机会，以此来实现员工个人的自身价值，同时给予公平合理的薪酬和奖励；二要公平竞争，树立和强化"人才出自竞争"的观念，形成竞争有序、人才辈出的人才发展态势，建立良性循环的人才竞争机制；三要建立人才考核机制，公正"量才"，建立人才管理档案，对各类专业技术人员实行动态管理，真实记录各类专业技术人员的表现，为企业合理使用人才提供客观的依据。

2. 创新人才培养机制

人才培训与开发是企业建设的基础环节，企业的人才培养机制应体现出多元化。一是对象多元化，根据企业的发展需要，有计划地培养不同类别的人才，形成逐级提高的"塔式结构"，谋求人才队伍的协调发展。二是形式多元化，在加强员工在职教育的同时，举办各种专门培训，鼓励员工自学成才，变"一次性培养"为"终身培养"。三是内容多元化，既要重视理论知识、专业知识和现代技能的培养，又要重视政治素质的提高和思想道德教育，培养人格健全的人才，真正做到德才兼备、全面发展。

3. 创新人才激励机制

有效的激励是促使人才辈出的催化剂，能够有效地激发人的潜能，最大限度地发挥人的主观能动性和创造力。一要加大物质激励力度。打破薪酬分配和奖励中的平均主义，建立以岗位和绩效为依据的分配制度，真正体现"收入靠贡献"和"多劳多得"的分配原则。二要重视精神激励和感情投资。大力提倡爱岗敬业的进取精神，依靠事业凝聚人心，真正实现以人为本，为员工营造良好的事业发展机会，创造舒心的工作氛围、平等竞争的工作环境、良好沟通的工作风气，激发员工的工作热情。

4. 创新人才引进机制

建立社会主义市场经济和现代企业制度，对企业管理人员及专业技术人员的知识更新提出了更高的要求。如果一味地因循守旧、故步自封，不仅不能促进企业的发展，更谈不上实现企业战略了。因此，要着眼于企业战略和市场竞争的需要，创建开放的企业人才引进机制。尤其是引进高层次的人才，不仅能为企业降低成本、缩短人才的培养周期，还能帮助企业攻克遇到的技术难题。任何一个企业，环境优则人才聚、事业兴，环境劣则人才散、事业衰。企业应坚持环境聚才的观点，"筑巢引凤"，积极搭建吸引各类人才到企业建功立业的事业平台。

5. 创新人才保护机制

如果企业留不住人才，必将会影响企业的稳定，因此企业还应创新人才保护机制。一要用感情留人，关心人才的工作和生活，帮助他们解决在工作和生活中遇到的实际困难，解除他们的后顾之忧。二要用事业留人，加强对人才的培训和开发，为他们量身打造适合其成长的职业生涯发展规划和提供良好的晋升通道。三要用环境留人，在单位内部营造尊重人才、重视人才的良好氛围。四要用制度留人，制定保护人才、开发人才的有关规章制度。

6. 创建人才流动和退出机制

人才有了自主选择岗位的机会，就会激发出极大的智慧潜能和工作热情，就会给企业发展带来蓬勃生机与巨大活力。要允许人才合理流动和退出企业，使人才有选择岗位的机会及权利，最大限度地盘活企业人才资源。同时，建立完整的退出机制，以定期的绩效考核结果为依据，对达不到要求的人员依据程度的不同相应地采取降职、调岗、离职培训、解雇等措施，保证企业即期目标的实现。

总之，人才管理制度的建设是人力资源发展对策的关键内容，是实现企业总体战略的重要保证。没有人才，企业就会失去竞争优势，只有不遗余力地创新人才培养机制，强化人才激励和保障机制，建立科学、合理的用人机制，努力营造良好的人才工作环境，才能造就一支适应企业发展需要的一流人才队伍，使企业保有持续不断的核心竞争力。

相关链接

羊皮卷：史上经典人才管理七例

引才案例：秦昭王五跪得范雎

引才纳贤是国家强盛的根本，而人才，尤其是高才，并不那么容易引得到、纳得着。秦昭王雄心勃勃，欲一统天下，在引才纳贤方面显示了非凡的气度。范雎原为一位隐士，熟知兵法，颇有远略。秦昭王驱车前往拜访范雎，见到他便屏退左右，跪而请教："请先生教我。"但范雎支支吾吾，欲言又止。

于是，秦昭王第二次跪地请教，且态度更加恭敬，可范雎仍不语。秦昭王又跪，说："先生卒不幸教寡人邪？"这第三跪打动了范雎，他道出自己不愿进言的重重顾虑。秦昭王听后，第四次下跪，说："先生不要有什么顾虑，更不要对我怀有疑虑，我是真心向您请教的。"范雎还是不放心，就试探道："大王的用计也有失败的时候。"秦昭王对此话并没有发怒，并领悟到范雎可能要进言了，于是他第五次跪下，说："我愿意听先生说其详。"而且，秦昭王的言辞更加恳切，态度更加恭敬。这一次范雎也觉得时机成熟了，便答应辅佐秦昭王。后来，范雎鞠躬尽瘁地辅佐秦昭王成就霸业，而秦昭王五跪得范雎的典故千百年来被人们所称誉，秦昭王成为引才纳贤的楷模。

识才案例：一双筷子放弃了周亚夫

如果说引才只需要态度友好就够了，那么识才便是很神秘的工作了。所谓识才，不只是看看谁是人才、谁不是人才这么简单，而要从小的方面推断大的方面，从今天的行为推断以后的行为，得出用人策略。周亚夫是汉景帝的重臣，在平定七国之乱时立下了赫赫战功，官至丞相，为汉景帝献言献策，忠心耿耿。一天，汉景帝宴请周亚夫，给他准备了一块大肉，但是既没有切开，也没有准备筷子。周亚夫很不高兴，就向内侍官员要了一双筷子。汉景帝笑着说："丞相，我赏你这么大块肉吃，你还不满足吗？还向内侍要筷子，很讲究啊！"周亚夫闻言，急忙跪下谢罪。汉景帝说："既然丞相不习惯不用筷子吃肉，那就算了，宴席到此结束。"于是，周亚夫只能告退，但心里很郁闷。

这一切汉景帝都看在眼里，叹息道："周亚夫连我对他的不礼貌都不能忍受，如何能忍受少主的年轻气盛呢？"汉景帝通过吃肉这件小事，试探出周亚夫不适合做太子的辅政大臣。汉景帝认为，周亚夫应把赏他的肉用手拿着吃下去，这才能体现一个臣子安守本分的品德，周亚夫要筷子是非分的做法。汉景帝依此推断，周亚夫如果辅佐太子，肯定会提出一些非分的要求，于是趁早放弃了让他做太子辅政大臣的打算。

识才的策略与传说贯穿中国五千年的历史，汉景帝只是其中的一个代表。今天的企业老板们是否也要向汉景帝学点什么？

用才案例：神偷请战

用人之道，最重要的是要善于发现、发掘、发挥属下的一技之长。用人得当，事半功倍。楚将子发爱结交有一技之长的人，并把他们招揽到麾下。有一个其貌不扬、号称"神偷"的人，也被子发奉为上宾。

有一次，齐国进犯楚国，子发率军迎敌。交战三次，楚军三次败北。子发旗下不乏智谋之士、勇悍之将，但在强大的齐军面前却好像无计可施。这时，"神偷"请战，在夜幕的掩护下，他将齐军主帅的睡帐偷了回来。第二天，子发派使者将睡帐送还给齐军主帅，并对他说："我们出去打柴的士兵捡到您的睡帐，特地赶来奉还。"当天晚上，"神偷"又将齐军主帅的枕头偷来了，再由子发派人送还。第三天晚上，"神偷"连齐军主帅头上的发簪子都偷来了，子发照样派人送还。齐军上下听说此事，甚为恐惧，主帅惊骇地对幕僚们说："如果再不撤退，恐怕子发要派人来取我的人头了。"于是，齐军不战而退。

人不可能每个方面都出色，但也不可能每个方面都差劲。企业老板们要能很清楚地了解每个下属的优缺点，千万不能夹杂个人喜好，也许你今天看不起的某个人，他日正是让你的事业迎来转机的干将。

育才案例：纪浪子训鸡喻育才

一般情况下，人才到位须进行培训，并且育才是企业永久的工程，用才而不育才，人才便没有持续竞争力。据传，周宣王爱好斗鸡，纪浪子是一位有名的斗鸡专家，被命令负责饲养斗鸡。10天后，宣王催问道："训练成了吗？"纪浪子说："还不行，它一看见别的鸡，或者听到别的鸡叫，就跃跃欲试。"又过了10天，宣王又问："训练好了没有？"纪浪子说："还不行，心神还相当活跃，火气还没有消退。"再过了10天，宣王又问道："怎么样？难道还没训练好吗？"纪浪子说："现在差不多了，傲气没有了，心神也安定了，虽然别的鸡叫，它也好像没有听到似的，毫无反应，不论遇见什么突然的情况它都不动、不惊，看起来真像木鸡一样。这样的斗鸡，才算训练到家了，别的斗鸡一看见它，准会转身就逃，斗也不敢斗。"

宣王于是去看鸡的情况，果然呆若木鸡，不为外面的光亮、声音所动，可是它的精神凝聚在内，别的鸡都不敢和它应战，看见它就走开了。如今的企业老板们从纪浪子驯斗鸡中得到何启发？我们的育才不也要遵循这样的规律吗？只有企业自己培育人才，并且培育到一定火候，才能为企业带来更大的价值。

激才案例：墨子苦心激励耕柱

人才并不是天生一定为某人做贡献，一定会尽全力做贡献，关键是要适当激励。激才智慧在中国历史上不乏其例。耕柱是一代宗师墨子的得意门生，但他老是挨墨子的责骂。有一次，墨子又责备了耕柱，耕柱觉得非常委屈，因为在许多门生之中，大家都公认他是最优秀的，而他却常遭到墨子的指责，让他没面子。一天，耕柱愤愤不平地问墨子："老师，难道在这么多学生当中，我竟是如此差劲，以至于要时常遭您老人家的责骂吗？"墨子听后，毫不动肝火地说："假设我现在要上太行山，依你看，我应该用良马来拉车，还是用老牛来拖车？"耕柱答："再笨的人也知道要用良马来拉车。"墨子又问："那么，为什么不用老牛呢？"耕柱答："理由非常简单，因为良马足以担负重任，值得驱遣。"墨子说："你回答得一点也没错，我之所以时常责骂你，也只因为你能够担负重任，值得我一再地教导与匡正。"

激励人才是一种艺术，我们的企业家从中得到了什么启示？激励无定法，只有合适的激励才能产生期望的效果。墨子的激励措施并不是放之四海而皆准的法则，但可为今天的激才提供借鉴。

留才案例：刘备苦心留住徐庶心

分分合合，在职场中已司空见惯。因此，引才难，留才更难。一个小单位能留住高才，似乎难于上青天。刘备被曹操赶得到处奔波，好不容易安居新野小县，又得军师徐庶。这日，曹操派人送来徐母的书信，信中要徐庶速归曹操。徐庶知是曹操用计，但他是孝子，执意要走。刘备顿时大哭，说道："百善孝为先，何况是至亲分离，你放心去吧，等救出你母亲后,以后有机会我再向先生请教。"徐庶非常感激,想立即上路,刘备劝说徐庶小住一日,第二天为先生饯行。第二天,刘备为徐庶摆酒饯行,等到徐庶上马时,刘备又要为他牵马,将徐庶送了一程又一程,不忍分别,感动得徐庶热泪盈眶。为报答刘备的知遇之恩,他不仅举荐了更高的贤士诸葛亮,还发誓终生不为曹操施一计谋。徐庶的人虽然离开了,但心留在了刘备这边,故有"身在曹营心在汉"之说。徐庶进曹营后果然不为曹操设一计,并且在长坂坡救了刘备的大将赵云之命。

留才留心,只要能留得人才之心,他即使在天涯海角依然会为你效命。企业老板们在人才快速流动的今天,应如何借鉴刘备的留才策略呢?其留才效果会不会与之相反,人是留下了,可心已不在?

去才案例:曹操借刀杀祢衡

引才难,用才难,去才更难,去一个世人皆以为才但不能为你所用的怪才是难上加难。东汉名士祢衡,是当时著名的一个狂士,志大才疏,口若悬河,能言善辩,在当时很有名气。建安七子之一的孔融向曹操推荐了祢衡,曹操派人叫来祢衡。见了面之后,曹操故意给祢衡一点颜色看看,不叫这位大学者落座。

祢衡:"唉,天地虽阔,却没有一个人才啊!"

曹操:"我手下有几十位优秀人才,都是当世英雄,怎么能说没有人才呢?"

祢衡:"荀彧可使吊丧问疾,荀攸可使看坟守墓,程昱可使关门闭户,郭嘉可使白词念赋,张辽可使击鼓鸣金,许褚可使牧牛放马!"

曹操:"那么,你又有什么本领呢?"

祢衡:"天文地理,无一不通;三教九流,无所不晓。往大里讲,我可以做尧、舜那样的明君,往小里讲,我的道德文章和孔子、颜回可有一比。我怎么能和你手下的那些凡夫俗子相提并论呢?"

曹操心里非常恼怒,知道祢衡只会一点耍嘴皮子的功夫,因此不买他的账。曹操的部下张辽想杀掉祢衡,但被曹操制止并任命祢衡做荆州的使臣,说服刘表归降朝廷。后来,祢衡去见刘表,积习难改,激怒了刘表。刘表听说过祢衡多次辱骂曹操的事,知道曹操想借自己的手杀掉祢衡,担当"害贤"的恶名,便派他去见江夏的将军黄祖。黄祖是一个小军阀,素质没有达到曹操、刘表那个层次。祢衡见了黄祖,重施故技,没有说几句,便把黄祖得罪了。黄祖勃然大怒,叫人把祢衡拉出去斩掉了。听说祢衡被黄祖杀掉了,曹操哈哈大笑起来:"这个腐儒自己找死,根本用不着脏我的刀。"

尽管三国演义中罗贯中有贬曹操心胸狭窄之意,但曹操去掉这位怪才的策略也的确高明。如今的怪才、狂才也不少,我们的企业老板是如何去才的呢?

6.4 企业文化对策

企业文化是企业管理最核心、最本质的内容。它形成于企业成长、变革和发展的长期实践中,随着企业的发展而不断丰富。企业文化以观念的形式,从非理性的角度来调控员工的行为,是对组织管理中的标准管理和制度管理的补充及强化,潜移默化地引导员工的行为,使其为实现企业目标而自觉地与他人团结协作。企业文化是联结和维系企业内部人与人之间关系的精神纽带。

6.4.1 企业文化的内涵和功能

1. 企业文化的内涵

企业文化是随着现代工业文明的发展，在一定的文化、传统背景下，企业组织内部逐步形成的具有本企业特征的基本信念、价值观念、道德规范、规章制度、行为准则、文化环境，以及与此相适应的思维方式和行为方式的总和。企业文化的实质就是企业价值观，它是企业全体成员的共同价值观体系，表现为企业独特的风格。因此，企业文化表达了企业成员对推动企业前进的共识，使企业成员的价值取向、行为模式趋于一致。

企业文化的根本是人本管理。企业文化的内容非常丰富，包括企业哲学、企业价值、企业精神、企业民主、企业道德、企业形象、企业环境、企业礼仪、企业风尚等形态，以及与之相适应的文化结构。

2. 企业文化的功能

企业文化是一种黏合剂，把整个企业聚合起来。作为现代企业管理的重要内容，企业文化所具有的显著特征是构建企业价值观、营造和谐的环境氛围、实施软管理。企业文化使不同的企业区别开来，促使企业成员形成对企业的一种认同感，使企业成员在注重自我利益的同时更考虑企业整体利益，有助于增强企业的稳定性。

企业文化虽然是无形的，却可以创造有形的价值。总的来说，企业文化在企业管理中有以下几大功能。

（1）导向功能。企业文化反映了企业共同的追求、价值观和利益，对企业全体员工的思想和行为产生引导作用。

（2）凝聚功能。在特定的文化氛围下，员工通过自己的切身感受，把本企业的企业目标、准则和观念在内心转化成强烈的认同感及归属感，把自己的思想、感情、行为与整个企业联系起来，促使企业产生强大的向心力和凝聚力。

（3）激励功能。企业通过营造良好的文化氛围，激发全体成员的积极性和创造性，使全体成员团结一心、共同进步。

（4）约束功能。通过道德规范和共同的价值观，企业成员自觉地规范组织行为和个人行为，以符合企业的文化要求。

（5）营销功能。优秀的企业向社会展示其良好的企业文化，在塑造良好的企业形象的同时，赢得社会的认可和赞誉，实现社会营销的功能。

6.4.2 以企业文化为导向的人力资源发展对策

企业的各种人力资源管理实践和对策、制度属于企业的正式制度，而企业文化实际上属于企业的非正式制度。这种非正式制度是建立在正式制度基础之上的、对正式制度的一种反映。企业文化既不可能脱离企业的正式制度而自发地形成，也不可能在正式制度发生变革之前改变企业文化的性质。由于不同企业所信奉的人力资源管理哲学不同，因此它们所采取的人力资源管理对策和实践也有所不同，从而会产生不同的企业文化。

企业的发展在很大程度上依赖于高素质的员工，如何选人、育人、用人、留人，以及如何体现人才价值、发挥人才潜能，是关系到一个企业建立企业核心竞争力、持续快速发展的重要环节。这也正是企业文化与人力资源管理所共同关注的问题。加强以企业文化为导向的人力资源政策建设，必然会为人力资源管理战略提供良好的文化内涵和精神支撑。

1. 树立"以人为本"的价值观

企业在制定每项人力资源管理政策和制度时，都必须坚持这一观念，并将其贯穿于人力资源管理活动之中。要信任、尊重和公平地对待每位员工，每个人都有自我成长和发挥全部潜力的激情与动力。只有企业创造了一种和谐的工作氛围，员工才会将自己看成企业的一部分，忘我地工作。

2. 将企业文化的要求体现在企业员工招聘和培训之中

一家企业的企业文化是该企业员工所共同接受的价值观念，这就要求企业在招聘过程中对应聘者进行严格的筛选，在招聘面试过程中，尽量选择对本企业的企业文化认同度较高的人。培训是人力资源管理的基本核心，企业对教育和培训的投资，对改善员工态度、提高员工能力、更新员工观念都有着积极的影响。企业文化重视人的因素，强调用精神文化的力量形成一种行为准则、价值观念和道德规范，来激发企业员工的归属感。因此，企业的培训工作也应贯穿企业文化的要求，将企业的价值观传递给员工，潜移默化地影响员工的行为。

3. 为员工提供民主管理和沟通的渠道

建立企业与员工双向沟通的正式渠道并实施员工参与管理的办法，确保员工受到公平对待。奉献精神是建立在相互信任基础之上的，而信任必然要求大量的双向沟通。良好的沟通有助于尽快消除分歧，解决矛盾，保证员工在各种事情上都得到公平、合理的对待。此外，只有正式确立员工参与管理的渠道，才能切实保障员工能够参与企业的经营管理和各种决策，真正达到集思广益和统一思想的目的。

4. 制订各种人力资源开发计划，努力满足员工的自我实现需要

不仅要保证员工有机会在工作中充分发挥自己的技艺和特长，而且要为员工提供成长的机会，可以从长期职业生涯发展的角度来帮助他们规划和实现个人的职业目标。为此，企业应广泛采用工作轮换、在职或脱产培训、内部晋升、组织团队、绩效评价，以及职业生涯发展计划等诸多手段来实现员工的自我提高和自我发展。

5. 用优秀的企业文化吸引和留住员工

企业文化强调以人为本、以文化为载体，在尊重个人价值的同时实现人和企业的价值。霸道、专制的企业文化只会带来人才的严重流失，而包容、民主、和谐的企业文化能将员工整合起来，形成文化情结，并朝着共同的方向努力。一旦员工对企业的忠诚度和归属感增强了，认同了企业的价值观，企业留住人才的目标也就容易实现了。

> **相关链接**
>
> **分层建设人才梯队，打造吉利"人才森林"**
>
> 作为中国汽车行业十强之一，浙江吉利控股集团（简称吉利集团）一直秉承着"尊重人、成就人和幸福人"的人才管理理念。在全球人口老龄化、中国人口红利转向人口赤字、

经济全球化的多重压力之下,人才之争已经到来,人才管理战略就成了企业发展的重要支柱。如何分层构建人才梯队、将人才梯队的构建前置到入职之前、自主培养出高质量人才、形成有效的持续供给模式,成了吉利集团在人才管理方面面临的核心挑战。基于此,吉利集团打造了一系列人才培养项目,形成了较为完善的分层人才培养体系。

1. 打造吉利"人才森林"

吉利集团以用户需求为出发点,引领产品方向,以自身业务需求确定人才需求和储备计划。落实人才管理战略就要提供最优质的人才后备力量,这一般通过外部引进、内部培养两个渠道来实现。吉利集团正是以此来打造企业的"人才森林"的:外部引进的高端人才被称为"森林里的大树",待培养的内部人才被称为"森林里的小树"。"大树"和"小树"共同成长并相互影响,就形成了"人才森林"。"人才森林"的形成不仅解决了吉利集团现阶段专业人才不足的问题,从长远看还有利于改善其对高端人才的依赖,保证企业人才链的长期供应,对企业的长期健康发展也具有促进作用。

2. 高潜人才储备培养计划

为了让"人才森林"更加繁茂,吉利集团启动了关于高潜人才储备的 GM1000 项目(吉利认可的千名研究生培养计划),并与北森合作,借助其专业性的建议和测评工具,有效评估了人才的潜力,为后续的培养起到指导性作用。

首先,吉利集团与北森梳理了整个项目的定位和要求,针对人才标准和培养目标达成共识,建立了定期工作访谈制度,以及人才评价、培养和输出的标准。

其次,通过在线测评、情景模拟、周边访谈等方式,分为入池、池中、出池 3 个阶段,评估学员的基础素质,增强其自我认知,确保选拔、培养出符合目标岗位的人才。

再次,分层评估人才:针对中基层员工,按照人才比例结构进行评价;针对高层技术专家型人才的测评有助于其明确职责及应产生的业绩。由此,让员工清晰地了解到自己的优/劣势,以及与其他员工的差距,激发其自我成长的动力。同时,通过这种人员评价的方法,吉利集团也可以审视目前培养计划的合理性,便于在总结中不断改进人才培养策略。

同时,吉利集团不断尝试新的人才培养方式,先后开展了营销管培生、财务管培生、法务管培生等专项高潜人才培养计划,不断在吉利集团的"人才森林"中播下新"种子"。

3. 差异化的人才培养计划

为满足研发、制造、销售、职能等业务模块对人才培养的多样化需求,吉利集团基于"管理、专业、技能"的多通道员工职业发展路径及其胜任标准,构建了差异化的吉利集团人才培养体系。

首先,针对管理人才,吉利集团开发并推广了全球领导力模型,并通过"航计划""V航计划"等项目进行承接,提升了管理人才的领导力水平及关键绩效,培养、储备了一批优秀的高、中、基层管理干部。

其次,针对专业人才,以任职资格体系为基础,由集团统筹,各分/子公司结合自身职能分工(如设计、研发、采购、制造、营销、服务等),自主开展并搭建了针对性极强的人才培养体系。

最后,针对技能人才,吉利集团成立了技能中心,牵头组织技能人才的培养、评鉴等工作。这些差异化的人才培养计划就像"人才森林"的营养供给链,通过分层培养和定向储备,为"人才森林"输送源源不断的养分。

强化人才选拔的专业性和人才培养质量将是吉利未来人才梯队建设的主要方向。为了更好地适应"互联网+"时代，吉利集团正重新思考新时代的人才标准，人才管理模式需要不断升级以应万变，人力资源部门也应与业务部门更贴近，了解业务部门对人才标准的要求及其变化。另外，吉利集团将优化和改进内部任职资格和领导力标准。

未来吉利将坚持走科技创新的道路，分层人才梯队的建设有助于其打造有影响力和竞争力的世界500强汽车企业集团，"人才森林"的构筑也促进了良好雇主品牌与企业品牌的建设，达到了员工既是内部客户，也是忠诚消费者的双重目标。相信吉利集团的"小树"会健康、茁壮地成长，"大树"也会延伸繁衍，二者相互促进，令吉利集团的"人才森林"越来越枝繁叶茂！

6.5 执行层面对策

企业的人力资源战略是人力资源工作开展的蓝图和期望，但战略目标的实现是一个漫长而艰巨的过程，战略目标的落实需要企业全体员工的共同努力，尤其是人力资源管理部门脚踏实地、艰苦而辛勤的基础性工作。从战略目标分解到具体的部门目标，从观念层面的对策、制度层面的对策及企业文化的要求，从提出规划目标、收集信息、制定规划、选择战略直到最后规划的实施都需要由具体的人员来实施和完成。在整个战略从制定到实施的全过程中，怎样保证人力资源战略和规划都得到具体落实？怎样改善工作方法和提高效率以完成战略部署？怎样协调各个部门的关系？这些都是执行层面对策的内容。

6.5.1 规划制定阶段的对策

1. 人力资源规划方案应具有一定的弹性

企业时刻处于不断变化的环境之中，而企业发展战略和人力资源规划制定出来之后，要在一定时期内具备稳定性。如何使企业既适应环境变化又保持战略目标稳定，应是人力资源规划需要解决的问题。好的做法是让人力资源规划保留一定的弹性。例如，企业对劳动力的需求具有一定的波动性，如果企业在扩张期内招聘了全额员工，那么在不景气时将不得不进行裁员。这不仅破坏了企业和员工之间的互信感，还容易损害企业在人才市场上的形象。如果在扩张期，企业只招聘80%工作量所需要的正式员工，留下20%的工作通过工作分担、加班、招聘临时工、工作外包等方式来解决，则当企业不景气时，就比较容易做到不裁减正式员工。

2. 人力资源规划要抓住重点

任何规划都需要有重点，人力资源规划也是如此。所谓重点，就是应给予充分重视的关键点和难点。这些问题的解决能够推动全局，收到事半功倍的效果。对于重点问题，应该重点规划，并制定行之有效的对策措施。解决重点问题的对策措施，通常是确立重点工程并制定有针对性的实施对策。

一个人力资源规划到底应该有几个重点工程？这不能一概而论，要依据企业的具体实际落实。有的人力资源规划有一个重点工程就够了，而有的人力资源规划需要几个重点工程，但通常不超过3个。因为如果一项人力资源规划有3个以上的重点就会显得重点不太突出，或者说，处处是重点也就没有重点可言了。

重点工程对策的制定，首先要找出问题的症结，这是前提；其次要针对问题拟订对策的具体方案，这是内核；再次要对重点工程冠以名称，这是外观。寻找重点的方法通常采用要素评价法。拟订方案时要注意方案的系统性和可操作性。

3. 人力资源开发要明确资金投入

人力资本理论之父西奥多·舒尔茨认为，人的知识和技能的形成是投资的结果。同样，人力资源开发也是一个投资的过程。人力资源开发是一项复杂的系统工程，包括人力资源的生理开发、心理开发、伦理开发、知识技能和创造力开发等多方面的内容。要系统地开发人力资源，必须舍得加大资金投入力度，多层次扩展对员工的培训。因此，在人力资源发展对策系统中，应该有相应的人力资源开发资金投入对策。

通过培训，不仅可以提高员工素质，还可以使他们感受到企业对自己的重视和看到企业的发展前景，从而产生对企业的归属感，这样更有利于企业的发展。例如，海尔把增强学习能力、适应新环境作为企业发展之源，投入大量资金，致力于把海尔建设成为"有活力的员工，有活力的组织"的学习型团队。在人力资源开发上的高投入，为企业的发展提供了源源不断的动力。

4. 充分关注企业员工期望，提高员工待遇

员工期望是指员工对工作与生活的期望。它可分为两个方面：一是物质生活方面的需要，包括工资、奖金、福利的期望等；二是工作及职业发展的需要，表现为员工期望在工作中发挥潜能、得到发展、取得成就、参与决策、得到晋升和嘉奖等。

条件待遇是指与员工工作及生活两个方面有关的条件。改善生活待遇方面包括大幅度提高收入水平、保证每年工资性收入的递增幅度、改善住房条件或增加住房补贴、优先安置员工的子女入学等，以解决员工的后顾之忧。优化工作环境方面包括改善交通、通信条件、改善办公环境、给予科研启动经费和建立专门实验室等。

员工的期望是未落实的待遇，因此，在制定人力资源规划的过程中，要经常性地与员工沟通，把员工的期望和要求通过人力资源规划来体现及认可。在制定人力资源规划的过程中应注重员工的工作满意度和生活质量的提升，帮助个人在企业中成长与发展。条件待遇政策的高低和员工期望的落实程度直接关系到员工工作及生活的稳定程度，进而决定了企业发展速度的稳定程度，而条件待遇对策的实质就在于"改善""提高""优化"。因此，在每个人力资源规划的对策系统中，条件待遇对策都占有非常重要的地位。

6.5.2 规划实施阶段的对策

1. 人力资源管理人员要熟悉企业情况

在企业战略实施过程中，人力资源体系不是被动地适应企业战略，而是能动地影响企业战略的实现。人力资源管理者一方面要忙于人力资源管理的具体工作，熟知熟记企业战略和人力资源规划；另一方面要时刻了解和掌握企业的运行情况及发展趋势。因此，要求人力资源管理者必须走出办公室，深入企业的业务中，成为企业各种业务的专家，而不是其他部门政策的被动执行者。企业在制定战略时，最重要的就是要分析企业的人力资源状况，以及企业的人力资源管理体系能否有效地支持企业战略。如果人力资源管理者不了解企业的业务，很难理解和应对企业各个部门提出的建议，就只能被动地复制业务部门的想法，更谈不上独

立做出重要的规划和决策。

人力资源部门要主动了解企业的经营业务。虽然人力资源管理者不必成为企业中的技术专家、销售能手，但一个合格的人力资源管理者必须熟悉企业经营运作的每个环节，深刻理解企业业务的运行方式和流程，知道哪些地方是企业业务的关键点、哪些环节可能存在问题，最重要的是要知道人力资源和这些地方的联系是怎样的，以及如何通过人力资源政策改善和解决经营过程中的问题。人力资源部门只有对企业整个业务流程有比较深入的了解，才能更好地配合其他部门的工作，并对各部门人力资源规划发挥前瞻性的作用。

人力资源部门在了解其他部门业务的基础上，也需要引导部门经理了解人力资源管理工作。事实上，人力资源管理是整个企业管理层共同的工作，每位部门经理都对人力资源的管理负有责任。可以说，任何一个成功的职业经理，首先必须是成功的人力资源经理。但平时企业的各个部门都是忙忙碌碌的，都有着自己的分内工作，往往会忽视人力资源的管理，再加上没有接受过人力资源管理方面的训练，就会不了解甚至误解人力资源工作。因此，人力资源部门还需要担当培训专家的角色，为部门经理提供人力资源管理知识的培训，帮助部门经理制订和实施其下属的技能发展计划，在其下属出现具体问题时给予指导。

2. 人力资源部门要加强与业务部门的沟通和协调

人力资源部门与业务部门分工明确，在人事流程和制度的设计及执行方面，人力资源管理人员要承担较大的责任，但是在未来和战略性的人事制度的设计中，业务部门的管理人员也要积极参与，这样才能确保人力资源管理符合企业的需要，保持和企业整体战略的一致性。在对员工的领导和管理方面，显然是以直线经理的责任为重，人力资源管理者的角色是辅导性的。人力资源管理工作是一项系统的、整体性的工作，这就需要企业各个部门的配合。

要取得业务部门的支持，最重要的是要了解彼此，建立相互信任的伙伴关系。在处理问题时，如果人力资源部门能够从解决问题的角度出发、增强沟通、分清事情的轻重缓急、用积极的心态和平和的话语及时给业务部门提供指导及帮助，就会获得业务部门的支持。

多数人力资源活动（如员工招聘与录用、绩效管理、培训与发展、薪酬管理、企业文化和员工关系等）的实施，都需要由一线部门经理与人力资源部门共同完成，甚至人力资源委托或授权给一线部门经理独立完成。事实上，人力资源部门很难了解每个员工的详细情况，只有一线部门经理对自己下属的状况与需求最为熟悉。人力资源部门要做的是，制订人力资源管理计划、流程与策略，通过培训使中层经理熟悉并善于在日常管理中贯彻这些计划、流程与策略。同时，人力资源部门可以通过着重培养中层经理的沟通技巧，来确保沟通渠道的畅通和有效。通过培训与授权，让中层经理参与到人力资源管理的全部活动中来，使得他们在管理能力得到提升的同时促进其业务的发展。

相关链接

任正非谈人力资源战略（节选）

人力资源工作的重心与财务相比是类似的，对财务的要求是"以业务为导向、财务为监督"；但人力资源不叫监督，人力资源一切都是为业务服务的。

人力资源不能总是跟在业务屁股后面走，人力资源职员系统不能满足于专业运作，必须了解一线业务实际需求；人力资源主管必须来源于业务领域，来源于一些成功的项目经理和主管。人力资源主管必须是业务先锋,这样才能明白管什么,也才能找得到明白人,不然怎么识别人才呢?没有这种业务经验的人力资源人员,要先从一般职员做起,而且不能权力过大,权力在主管手里,他先从做好支撑工作开始。

人力资源队伍可以超过一些编制,让人员跳出人力资源自我封闭的体系去循环,人力资源队伍包括干部系统的人员,要保持1/3的队伍参与作战队伍、混杂在作战队伍中,不断地循环、轮回。不循环、对业务太不了解,就无法与业务有共同语言,就不能很好地识别人才和洞察问题,就只能起到秘书的作用。当然,队伍中有少量秘书性质的人员不计入作战循环也是可以的。在这种干部的循环过程中不是易岗,只是循环,别把工资给他降了。下去的人力资源干部不要强调自己是来锻炼的,要强调自己是来参战的,在战火中是有牺牲和淘汰的,我们没有锻炼这个名词。我们要去摸索解决合理的干部和职员循环。

人力资源的政策管理是以适应业务、使能发展为目标的,而不同的业务的运营特点不同、发展阶段不同。比如,各业务所需要的内外部资源不同、队伍中新老员工构成的需求不同、集体与个体在价值创造中的作用不同、组织运作的模式不同。因此,过去习惯的全要素、一刀切的政策管控模式必然带来人力资源政策在具体执行中的捉襟见肘、左右为难。人力资源政策的管控要紧紧抓住核心价值观和文化传承、关键高层干部和结构性激励框架管理等一系列集团一致性管理的关键核心,而在与业务强相关的组织、调配、考核、具体分配等事宜上,开放一定的差异化政策制定的空间,鼓励业务部门主动寻找能适应自身业务、激发组织活力的管理办法,对于主动尝试的政策改进不要简单地说"No"。

自测题

一、判断题

1. 对策是战略的一部分,是战略精神实质的具体体现,是战略目标的细化,它服务和服从于战略。（   ）
2. 制定人力资源发展对策的同时必须考虑制定相应的人力资源战略。（   ）
3. 执行层面对策关心的是战略指导下的员工行为规范和原则。（   ）
4. 人力资源发展对策与人力资源战略既可以是一致的,也可以有些出入。（   ）
5. 人事流程和制度的设计就是人力资源管理人员的任务。（   ）
6. 人力资源部门要经常与中层经理进行沟通,以确保沟通渠道的畅通和有效。（   ）

二、单选题

1. 人力资源发展对策的（   ）是指人力资源发展对策为人力资源战略的实施提供了方法、手段、程序和渠道。
    A．系统性　　　B．工具性　　　C．中介性　　　D．规则性
2. 人力资源发展对策对人力资源管理工作的各个环节,以及每个步骤的运行决策都具有指导作用,这是指人力资源发展对策的（   ）。
    A．中介性　　　B．系统性　　　C．规则性　　　D．工具性

3. 企业文化反映了企业整体的共同追求、共同价值观和共同的利益，对企业全体员工的思想和行为产生引导作用。这是企业文化的（　　）。

　　A．激励功能　　B．导向功能　　C．凝聚功能　　D．营销功能

4. 企业文化通过营造良好的企业氛围，激发全体成员的积极性和创造性，使全体成员共同进步。这是企业文化的（　　）。

　　A．激励功能　　B．导向功能　　C．凝聚功能　　D．营销功能

5. 人力资源部门除了具有吸纳功能、维持功能和开发功能，还要具备（　　）。

　　A．招聘功能　　B．激励功能　　C．培训功能　　D．考核功能

三、多选题

1. 人力资源发展对策组合的基本框架包括为实现战略而必需的各个层面的内容，具体指（　　）的对策。

　　A．思想观念层面　　　　　　B．制度层面
　　C．文化层面　　　　　　　　D．执行层面

2. 制度的设置要遵循的原则包括（　　）。

　　A．战略导向原则　　　　　　B．竞争原则
　　C．公平原则　　　　　　　　D．员工发展原则

3. 为提高人才使用的效率，必须建立健全的人才管理机制是（　　）。

　　A．创新人才使用和激励机制　　B．创新人才培养和保护机制
　　C．创建人才流动和退出机制　　D．创新人才引进机制

4. 人力资源发展对策是人力资源战略的细化和分解，因此它除具有人力资源战略的全部特征外，还具有（　　）。

　　A．中介性和规则性　　　　　B．系统性和工具性
　　C．可接受性　　　　　　　　D．可操作性

5. 企业文化在企业管理中的功能包括（　　）。

　　A．激励和约束功能　　　　　B．导向功能
　　C．凝聚功能　　　　　　　　D．营销功能

四、简答题

1. 简述人力资源发展对策的概念和特性。
2. 简述人力资源发展对策组合的基本框架。
3. 简述人力资源发展对策组合的过程。
4. 人力资源制度对策设置的原则有哪些？

五、案例分析

　　1990年10月，飞龙集团只是一个注册资金为75万元、员工几十人的小企业，而其在1991年实现利润400万元、在1992年实现利润6000万元，1993年和1994年的利润都超过2亿元。短短几年，飞龙集团可谓飞黄腾达、"牛气"冲天。但自1995年6月飞龙集团突然在报纸上登出一则广告——飞龙集团进入休整后，便不见踪迹了。这是为什么？1997年6月，消失两年的姜伟突然从地下"钻"出来了，并坦率地承认飞龙集团的失败是人才管理的

失误。

飞龙集团除1992年向社会严格招聘营销人才外，从来没有对人才结构认真地进行过战略性设计。飞龙集团内出现了随机招收人员、凭人情招收人员，甚至出现亲情、家庭、联姻等不正常的招收人员的现象，而且持续了3年之久。作为一家已经发展成国内医药保健品前几名的企业，外人或许难以想象，飞龙集团既没有完整的人才结构，也没有完整的选择和培养人才的规章，存在人员素质偏低、人才结构不合理等严重问题。从1993年开始，飞龙集团在无人才结构设计的前提下，盲目地大量招收中医药方向的专业人才，并且安插在企业所有部门和机构，造成企业高层、中层知识结构单一，导致企业人才结构不合理，严重地阻碍了一个大型企业的发展。1993年3月，一位高层领导的失误造成营销中心主任离开飞龙集团，营销中心一度陷入混乱。这样一来，实际上就造成了飞龙集团无法管理和不管理的局面。

问题：请从人力资源规划的角度探讨导致飞龙集团失败的主要原因是什么？

第 7 章
人力资源管理计划

学习目标

1. 掌握人力资源招聘计划的内容和制订程序；
2. 掌握人力资源配置计划的内容和制订程序；
3. 掌握人力资源缩减计划的制订程序和操作；
4. 掌握人力资源外包计划的制订与实施流程，以及配套机制；
5. 了解人力资源招聘计划的实现途径；
6. 了解人力资源配置计划的作用和制订原则；
7. 了解缩减员工的管理；
8. 了解人力资源外包计划的效能。

学习导航

第7章 人力资源管理计划

7.1 人力资源招聘计划
- 7.1.1 人力资源招聘计划的内容
- 7.1.2 人力资源招聘计划的制订程序
- 7.1.3 人力资源招聘计划的实现途径
- 7.1.4 大数据时代的企业招聘

7.2 人力资源配置计划
- 7.2.1 人力资源配置计划的作用
- 7.2.2 人力资源配置计划的内容
- 7.2.3 人力资源配置计划的制订程序
- 7.2.4 人力资源配置计划的制订原则

7.3 人力资源缩减计划
- 7.3.1 人力资源缩减计划的制订程序
- 7.3.2 人力资源缩减计划的操作
- 7.3.3 缩减员工的管理
- 7.3.4 针对"幸存者"的员工援助计划

7.4 人力资源外包计划
- 7.4.1 人力资源外包计划的效能
- 7.4.2 人力资源外包计划的制订与实施
- 7.4.3 人力资源外包计划的配套机制

引导案例

首都机场的人力资源规划系统

在首都机场，新上任的管理者只需要通过内部最新的人力资源规划系统，点几下鼠标，所有员工的多维度信息便一览无余。

首都机场人力资源规划系统存储的数据达到126万条，除了2万余条人员基础数据，其中还包括了10万余条薪酬数据、2万余条员工服务申请数据，以及29万余条组织数据等。这些数据除了被用于员工的日常管理，也成为公司管理层及其他业务部门进行决策的辅助。虽然之前首都机场也尝试过其他几个不同的人力资源规划系统，但由于机场业务的复杂性、管理流程的多变性，以及系统难以适应业务扩展且后期维护成本过高等，最终结果都不尽如人意。这些尝试的不成功，归根结底还是在于公司自身对于系统可以实现的功能和未来的布局没有完整的规划。在趟过了"坑"之后，公司也意识到，系统项目前期的蓝图规划和设计是非常重要的。因此，首都机场在对上百项业务进行梳理并固化成标准流程之后，做了详细、清晰的项目蓝图规划，并明确了"1+2+N模式"的建设思路，即以一个管理中枢为中心、以人力资源门户和移动应用App为两翼，N则代表支撑起公司多样化的业务需求。

在系统上线之前，首都机场的人力资源规划体系已经暴露出了非常多的问题。比如，数据录入仍以Excel报表的形式为主，导致员工信息不完整、基础数据不准确、掌握信息不成体系，难以挖掘人才价值；人力资源事务性工作过于烦琐，难以支持人力资源管理的开发；人力资源与公司业务系统之间、其他部门各业务模块之间的集成程度低，难以实现标准化管控和数据共享；由于机场各个业务部门的服务地点分散，使得申请员工服务的办理手续非常复杂等。

通过新的人力资源规划系统进行公司内部的人才选拔和竞聘，不再采取过去通过有限的面试机会对应聘人员进行考核的模式，人力资源信息系统可以提供大量过往工作业绩、知识经验及他人评价等信息，使得考核依据更全面、立体和多样。同时，首都机场的员工考勤绩效、通知公告、员工服务等业务全部都转移到了线上甚至移动端，并且实现了人力资源管理主要业务的完整覆盖，通过内部接口通道连接人力资源管理平台、门户和移动应用3个支柱，帮助首都机场全面进入了人力资源数字化移动管理的新阶段。

思考：

从管理计划的角度看，首都机场的人力资源规划系统有什么特色？为首都机场的发展做出了什么贡献？

人力资源计划是人力资源规划的组成部分，是人力资源规划的延伸和细化，是人力资源规划具体的实施安排。它将企业的人力资源规划任务分解给企业的各个部门、环节和个人，不仅为这些部门、环节和个人在规划期的工作提供了具体的依据，而且为规划目标的实现提供了保证。人力资源计划把人力资源规划的总体目标进行细化，并通过各种具体的人力资源计划工作来实现。人力资源计划包括人力资源管理计划和人力资源开发计划。人力资源管理计划是从使用、管理的角度对人力资源规划相关工作进行的计划，包括人力资源招聘计划、人力资源配置计划、人力资源缩减计划、人力资源外包计划等。人力资源开发计划是从开发、发展的角度对人力资源规划相关工作进行的计划，包括人力资源晋升计划、人力资源培训计划、人力资源激励计划、人力资源职业生涯计划等。本章讨论人力资源管理计划，第 8 章讨论人力资源开发计划。

7.1 人力资源招聘计划

引导案例

自新冠疫情肆虐致使国门封锁后，严重依赖外籍劳工的马来西亚一直处于"缺工"困境，尽管该国国门于 2022 年 4 月 1 日重新打开，但这种情况似乎没怎么改变。

1. 外籍劳工"红利"正在减少

一直以来，马来西亚半导体等产业严重依赖外籍劳工，但也确实享受了低成本所带来的"红利"。大企业为了在残酷的半导体竞争中生存，将资本支出的大部分投向研发人员、设备及产线，一线生产人员成了降低成本的首选。马来西亚本地劳工不愿接受低薪及四班二轮的工作，因而外籍劳工成为更好的选择。根据马来西亚统计局的数据，外籍劳工约占马来西亚劳动人口的一半，是马来西亚总人口的 1/4。

然而，在马来西亚因疫情而"大门紧锁"，同时为了避免疫情风险而祭出招聘外籍劳工禁令后，这一"红利"似乎正在减少，也让当地半导体行业陷入"缺工"的困境。相关数据显示，马来西亚半导体行业劳工缺口至少为 1.5 万人，这令马来西亚企业不得已放弃了数十亿美元的订单。

2. 如何走出"缺工"困境

马来西亚在全球半导体电子供应链中占据着重要地位，联合国的数据显示，自 2002 年以来，马来西亚的集成电路出口份额一直处于世界前列。随着近年来的发展，该国在 2018 年集成电路出口份额已经超过了日本，与美国相当。

业内周知，马来西亚素来有着"半导体重镇"之称，英特尔、ASE、AMD、恩智浦、ST、英飞凌、瑞萨、德州仪器等逾 50 家国际半导体公司均在当地建有封测或 IDM 工厂，加上本土的 Inari、Unisem（已被华天科技收购）等封测厂，马来西亚约占全球封测市场 13%的份额。在半导体产业各个环节中，封测环节的人员密集度最高，随着近两年来各大半导体厂商相继赴马设厂，预计用工缺口还将进一步加大，因此走出"缺工"困境成为马来西亚半导体行业的当务之急。

短期而言，马来西亚人力资源部长拿督斯里沙拉瓦南在本月初承诺，雇主通过外籍劳工集中管理系统申请雇用外劳的批准时间为一周，并称 14 个来源国招聘外籍劳工的问题已经获得解决。然而从长期来看，解决问题的根本在于降低对外籍劳工的依赖，马来西亚政府从 2022 年 1 月起便落实每两年检讨外籍劳工多层次人头税机制，以此减少外籍劳工数量。除此之外，大力推行智能制造或是一种解决方案，马来西亚在 2022 年 2 月宣布将推动国家机器人技术蓝图计划，以期提高生产力。

思考：

面对不可预料的突发情况，企业如何通过制订招聘计划来完成稀缺人才的招聘？

企业在发展过程中，其人力资源状况是处于动态变化中的。比如，工作比较优秀者得到晋升，对不适合原岗位工作的员工进行调岗，还会有些人主动或被动离开，这些情况都会导致某些岗位出现空缺,因此企业需要通过招聘人力资源来填补这些空缺,以满足企业发展的需求。企业的人力资源招聘计划就是在企业总体发展战略规划的指导下,通过预测人力资源供求来判断企业岗位空缺的情况,通过一定的组织、方法和渠道,吸引企业外部或内部的人力资源来应聘这些空缺岗位的过程。人力资源招聘计划可以帮助企业得到充足而合适的人力资源,是人力资源规划的重要组成部分,是其他人力资源计划的基础和保障,是一个完整且连续的程序化操作过程,企业要得到满意的人力资源,必须依靠良好的招聘计划和实践。

7.1.1 人力资源招聘计划的内容

人力资源招聘计划建立在人力资源预测结果之上,根据人力资源供给和需求预测的结果,分析企业需要哪些类型的人才,并有针对性地制订人力资源招聘计划。企业制订的人力资源招聘计划包括以下内容:确定招聘数量和时间、确定招聘小组、确定招聘政策、确定招聘方案、确定招聘预算,以及确定招聘评估方法。

1. 确定招聘数量和时间

招聘数量是指企业需要招聘的人力资源的具体数量,企业通过人力资源供给和需求预测,可以知道缺少多少人力资源,这些人力资源可以通过内部招聘和外部招聘的方式来得到。通常来说,招聘人数应该多于企业所需人数,因为企业存在人数逐层减少的趋势。企业要根据拟招聘人数来决定准备吸引的应聘人数,在不考虑成本的情况下,企业希望来应聘的人越多越好。

在招聘计划中,招聘时间的选择非常重要,基本上企业都要在岗位出现空缺之前招到人,而不能等空缺出现之后再进行招聘,那样就会影响企业的正常运作,也失去了人力资源计划的意义。因此,企业需要比较准确地预测哪些岗位在哪个时间段将会出现空缺,分析每个岗位的招聘各自需要多长时间,还要确定每个时间段应做的工作,按部就班地完成招聘流程。

2. 确定招聘小组

为了顺利、高效地完成招聘工作,企业需要组成专门的招聘小组。招聘小组的成员要根据招聘工作的性质、规模来确定。如果是大型招聘活动则需要由一名企业高级主管来主持,如果是一般的招聘工作则由人力资源部组织完成,但必须与其他部门密切合作。招聘小组的成员既可以是人力资源专业人员,也可以是特定职位方面的专家,如招聘职位的直接上级或过去的任职者。在招聘某些特殊岗位的人才时,可以从其他部门选取合适人员加入招聘工作中。特殊人力资源招聘还可以委托外部人力资源市场或猎头企业完成。招聘小组的组织形式比较灵活,既可以由使用部门主持、人力资源部门作为参谋,也可以由人力资源部门主持、使用部门作为参谋。

确定招聘小组的成员后,还需要对他们进行培训。培训的内容主要包括专业技能、行为规范和职业道德3个方面。培训专业技能是为了确保招聘人员熟悉招聘的各个环节,以及掌握初步筛选的技巧。对应聘者进行初次筛选是招聘人员应当具备的能力,其要求是既要避免筛掉优秀的人才,又要避免筛掉过少的应聘者,因为企业招聘的时间、费用有限,企业必须在预算内以较小成本挑选到最合适的人才,初次筛掉的应聘者过少会增加后期甄选工作的负担。从行为规范角度看,招聘人员直接代表企业的形象,在招聘工作具体展开之前,必须对招聘人员进行行为规范的培训,使其了解一些具体问题的应对方法,熟悉企业的总体情况和相关岗位情况,可以解答应聘者的一些基本问题。同时,招聘人员需要具备一定的基本职业道德,做到客观、公正,不能将个人偏见带入招聘过程,特别是在对应聘者的筛选过程中,不能有意遗漏、扭曲信息。

3. 确定招聘政策

选择内部招聘还是外部招聘是企业确定招聘政策的主要内容，而如何选择则取决于企业所处的发展阶段、员工使用制度和所招聘人员类型。一般来说，企业在不同的发展阶段所需要的人力资源不同，所采用的招聘方式也不同。比如，企业在成长初期往往需要开拓型人才，在成熟期则更需要经营管理型人才。同时，企业在不同发展阶段的招聘渠道也有所不同，在初期多从外部招聘人力资源，在成熟期则会比较注重从内部招聘人力资源。崇尚竞争的企业喜欢外部招聘；实行终身雇佣制的企业一般会注重为员工提供发展机会，倾向于内部招聘，除非在招聘急需的特殊人才时内部无法满足，才会选择外部招聘。许多大型企业出于保持企业文化和培养人才梯队的考虑也强调内部招聘，进行外部招聘时，往往招聘的是一些企业内部无法提供的特殊人力资源。而小企业由于内部人才有限，多选择外部招聘。另外，企业在制定招聘政策时，必须遵守国家法律的规定，不能侵犯劳动者的权益。

4. 确定招聘方案

在选择内部或外部招聘之后，企业需要考虑如何确定招聘方案。招聘方案的选择对企业非常重要，直接决定招聘的效果。其内容包括选择招聘信息的发布形式、选择甄选方法、确定招聘范围等。企业可以只确定一种招聘方案，也可以选择几种方案同时进行，具体要根据招聘的目的、对象、时间、费用等来确定。

5. 确定招聘预算

从招聘到合适人选的可能性来说，企业当然希望应聘的人越多越好，但是那样企业招聘的成本也会增加，可能会超出招聘预算。所谓招聘预算，就是企业准备在招聘上投入多少人、用多长时间、花多少钱。招聘预算的多少与招聘方法、具备空缺岗位资格的申请人的可获得性、工作类型和在企业中地位、该项工作应付的报酬、是否需要进行人员调动等因素有关。企业要根据自己的实际情况，在最大可能实现目的的前提下，用尽量少的预算。

6. 确定招聘评估方法

企业完成招聘之后，要对整个招聘活动进行回顾、总结和评价，这就是招聘评估，它是企业招聘计划的最后一个环节，也是必不可少的环节。招聘评估的内容包括招聘的成果、招聘员工的质量、招聘方法和招聘预算等，以及录用员工工作之后的工作质量、一定时间内的离职率等。传统的招聘评估方法以定性方法为主，为更精确地体现招聘的价值，现在企业越来越多地采用定量方法，包括招聘结果和招聘方法的成效评估。

7.1.2 人力资源招聘计划的制订程序

人力资源招聘计划的制订程序如图 7-1 所示。

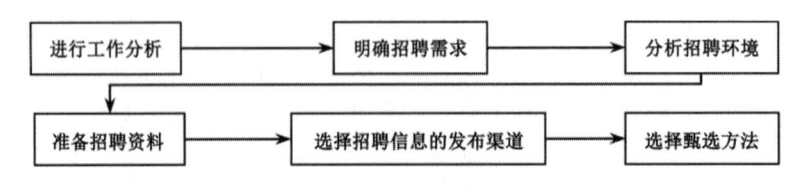

图 7-1 人力资源招聘计划的制订程序

1. 进行工作分析

工作分析是人力资源招聘计划的基础，在进行工作分析之前，企业要针对拟招聘职位建立工作分析小组，编制工作分析说明书，明确工作分析的内容、职责、环境和上下级关系等，并确定任职者在履行职务时应具备的技术、知识、能力和责任。

2. 明确招聘需求

企业要根据未来业务发展的需要及企业所处市场环境的变化来确定人力资源招聘总量。企业在制订人力资源招聘计划时，要了解企业中现存人力资源的数量、素质、类别和年龄等因素，以人力资源供求平衡分析所确定需要增加的员工数为依据，确定为完成各项业务所需招聘的人员，对于所需招聘的人员的素质要求要以工作分析为基础。除此之外，企业还需要对最迟上岗时间，以及招聘后可以给相应部门带来的收益或降低的损失进行具体说明。

3. 分析招聘环境

企业的管理风格、竞争实力、企业文化氛围等招聘环境中的因素对企业所能吸引到的应聘者的数量、档次和类型等有着深刻的影响。企业在人力资源招聘计划中需要对招聘环境进行深入分析，在进行分析时，要注意使招聘程序、招聘水平与企业当前环境及今后的发展环境相适应。

4. 准备招聘资料

企业需要根据招聘目的来准备招聘过程中所需的资料，如在很多环节都需要以表格、问卷等形式记录应聘者的相关信息，这些表格、问卷等资料准备得充分与否，在很大程度上影响着企业招聘工作的成败。为了保证整个招聘工作有序、高效地进行，企业需要提前准备好这些资料，包括在甄选过程中需要用到的所有资料，其中最重要的是招聘简章和申请表。

5. 选择招聘信息的发布渠道

招聘信息的不同发布渠道所覆盖的对象不同，费用也不同，因此企业需要根据招聘对象的特点和数量来确定招聘信息的发布渠道。报纸、杂志、电视、电台、网络、新闻发布和口头传播等是企业招聘信息的主要发布渠道。如果招聘较高职位的员工，则企业招聘信息的发布范围可以相当广泛；如果招聘基层员工，一般在企业附近地区发布招聘信息就可以了，因为这样可以提高员工工作的稳定性。报纸比较适合用于招聘一般技术、管理、财务和销售等专门人力资源，在专业杂志上发布招聘信息对于招聘范围比较狭窄的、不容易得到的、专业性很强的高级专业技术人力资源来说比较有效。随着网络的普及和网络用户的增多，网络这种招聘信息发布渠道将发挥越来越重要的作用，尤其对于高级专业技术人员的招聘。

6. 选择甄选方法

为了能够招聘到合适的人力资源，需要用科学的方法分辨出应聘者的素质、人格、价值观和能力等。常用的甄选和测试方法主要包括面试、心理测试、知识测试、情景模拟和无领导小组讨论等，这些方法的优缺点各不相同，需要根据企业招聘的目的来选择。

7.1.3 人力资源招聘计划的实现途径

人力资源招聘计划的实现途径根据候选人来源的不同可分为外部招聘和内部招聘。

1. 外部招聘

外部招聘是指企业在外部寻找并获得所需人力资源的招聘方式。当企业需要招聘初级岗位的员工，获取现有员工不具备的新知识和新技术，获得能够提供新思想并具有不同优良背景的员工，但企业内部没有合适的人选时，通常使用外部招聘的方式。外部招聘的方式主要有广告招聘、人才招聘会、校园招聘、就业服务机构介绍、网络招聘、推荐和自荐等。

（1）广告招聘是指企业通过在报纸、杂志、广播、电视、网络等信息传播平台上发布招聘信息，吸引应聘者前来应聘的一种方式，是目前运用较为广泛的招聘方式。这种方式的关键在于选择信息传播平台及招聘信息的内容。一般来讲，招聘广告应尽量刊登在媒体上比较显眼的位置，要比较容易吸引人们的注意，以激发人们阅读的兴趣，内容要简单明了、好懂易记。

（2）人才招聘会包括多种，可以简单分为综合招聘会和专场招聘会。在招聘会上企业和应聘者可以直接接触，进行双向选择。这种方法的目的性强、效率较高，但经常出现的问题是现场的应聘者太多、供求双方难以进行深入交流，以至于多数的人才招聘会只起到定点收简历的作用，真正在招聘会现场签约的极少。

（3）校园招聘是以学校即将毕业的学生为招聘目标人群而进行宣传的一种形式。高校或高职院校毕业生的素质相对较高，理论和技术功底扎实，可塑性强，虽然一般没有工作经验，但可以作为企业的后备人才进行培养。

（4）就业服务机构在人力资源市场上的作用越来越大，它可以为企业提供专业、高效的服务，为企业节省成本，创造效益。特别是近年来"猎头"公司的出现和日益完善，为企业快速获得高级人才提供了一种很好的途径。就业服务机构的优点是针对性强、应聘者面广，有利于克服企业内部的裙带关系，并且聘用人员可以马上工作并发挥作用。许多外资企业都依赖于"猎头"公司来加速其人力资源本土化战略的实现，尤其对于高职位的和一些特殊人才，常常可以借助这种方法获取。

但是通过就业服务机构也会有一些问题，如它们对企业的需求可能没有完全理解，它们提供给企业的应聘者不一定是企业真正需要的，企业在这些应聘者中找不到自己满意的人选。因此，企业在通过就业服务机构招聘人员时，要先选择合适的就业服务机构，双方进行充分沟通，使就业服务机构充分理解企业的需求，企业也要对应聘者进行测试，并尽可能地了解应聘者以往工作的实际业绩。

（5）网络招聘随着网络技术的普及和发展而迅速兴起，其因及时快捷、信息量大、招聘费用低、不受地域限制等优点，越来越受广大企业的重视和喜爱。网络招聘给企业带来的不仅是途径的创新，还有观念上的变化，如传统上阶段式的招聘在网络时代就演变为长期的、动态的、连续式的招聘。

（6）推荐也是企业常用的一种方式，指企业内部员工向企业推荐候选人。一般来说，推荐人对企业和被推荐者都比较熟悉，他的推荐会比较有把握。同时，为了维护自己在企业中的声誉，推荐人一般会比较慎重，以便推荐最合适的人选。但这种方式的副作用也很明显，即容易使企业内部出现"小集体"或"关系群体"，不易于管理。

（7）自荐是指应聘者不用别人推荐而自己直接到企业求职的方式，企业一般无法针对这种方式做出准确计划，因为它的随机性太大，企业无法预料它何时发生。一些以其他途径难以得到面试机会的、具有特殊才能的人才有时会采用这种方式求职。当企业遇到这种情况时，应妥善处理，根据招聘计划进行面谈或测试，既使暂时无法录用，也要将其资料纳入人才档案并予以专门管理。

2. 内部招聘

与外部招聘相比，多数大型企业认为内部招聘应该是人力资源招聘计划中优先考虑的方式，在通过企业内部招聘和调配之后仍不能满足企业需求的情况下再考虑外部人力资源的招聘。内部招聘的优点是费用较低，手续简便，企业与应聘者双方都比较熟悉，成功率较高。

企业内部招聘的方式主要有内部提升和内部调动两种。内部提升是指当企业某些岗位出现空缺时，将企业内部符合该岗位要求的员工从较低的岗位提拔到该岗位上。内部提升的优点是对员工有较强的激励作用，容易形成奋发向上的企业文化；缺点是可能会打击其他有希望但没有得到提升的员工，使其情绪低落、意志消沉，甚至会因此而离开企业。

企业内部调动是指当一些岗位需要招聘人员时，将企业内部符合条件的员工从相同层次的岗位调动到该岗位上。在进行内部调动时需要事先征求被调动者的意见，调动以后的事情要安排好。

7.1.4　大数据时代的企业招聘

现代企业在重要岗位招聘上通常采用长流程、高费用和多人参与的方式来保证招聘质量。例如，借助猎头公司每次一议形式的简历提供，通过几轮面试和笔试的层层筛选确保候选人的质量，通过内部多部门共同把关确保招聘的人员有能力胜任工作。但这样做会使招聘过程中存在明显的质量和效率的矛盾，而大数据时代的企业招聘，可以实现质量和效率的平衡。大数据时代的企业招聘，从技术上实现了对数据的持续挖掘，保证了供求信息的持续匹配和关联信息的不断交叉组合，做到了对人才价值和岗位胜任力的专业评估。在大数据的时代背景下，招聘领域内以大数据技术为支撑的服务和解决方案在全球范围获得了迅猛的增长，招聘网站结合大数据技术的特征，研发出一系列以社交网络和大数据技术为基础的产品，以商品化的大数据应用创造了新的招聘模式。

传统的招聘网站上的个人信息不透明，都是候选人自己编辑、上传的文字。利用大数据技术可以从社交网络查询并深入挖掘候选人的信息，让企业更清晰地了解候选人的情况。招聘最根本的诉求是解决企业职位与候选人之间匹配的问题，而大数据技术恰恰能高效、精准地完成这项匹配工作。

> **相 关 链 接**
>
> 　　政策、资本、产业发展等多轮驱动，在全球范围内，大健康产业成为近年来蓬勃发展的战略性新兴产业。与有目共睹的行业机遇相对应的，是人才数量短缺、质量结构不高、人才流动加快等人力资源困境。
>
> 　　无论是具备全行业视角的管理者，还是各细分领域的专业人才，抑或是数字化技术催生的新兴岗位，在行业内，"找人"比"找钱"更加困难。

市场竞争归根到底是人才的竞争,"找人"的焦虑直接体现在数据上。领英人才大数据显示,截至 2021 年 6 月,全球与大健康相关的六大行业——生物技术、制药、医疗设备、医院护理、保健健身、医务工作,人数总和超过 3500 万人。其中,生物技术、制药与医疗设备近一年人数增长最快、招聘需求较高,全球人才总数超过 806 万人。

头部企业在找什么样的人才?用人单位的人才经营策略正在发生哪些变化?看到机遇的个人又应如何确定自己在行业内的坐标?领英调研了超 300 家大健康领域企业,在《全球大健康领域人才趋势洞察》报告中为企业提供了一系列人才发展策略与建议。

领英认为,企业应在以下 4 个方面提早布局,加以应对。

(1)人才需求持续强劲,人才密度挑战将长期存在,梳理组织职能、做好人才规划是核心。

(2)针对研究人才的竞争加剧,竞争主体多元化,企业需要加强雇主品牌建设,做好海外引才。

(3)人才核心技能演变,复合型人才受追捧,企业应加强关键技能识别。

(4)人才流动更频繁,员工激励、培养模式需要创新。

可以看到,企业面临的人力资源挑战是全面的,既需要内生性的建设力量,也要应对外部竞争性压力的力量。虽然企业的人才经营普遍开始着手长期、放眼全球,但眼下也存在着一些具体的问题。

7.2 人力资源配置计划

引导案例

近日,一家家政公司在某平台发布一位 29 岁清华毕业生求职保姆阿姨(管家)的信息。事实上,该女士从事的并非传统意义上负责家务的"保姆"。据家政公司介绍,她的岗位主要是家庭教师和管家,目前该女士已上班,年薪约为 50 万元。

不难看出,该岗位其实属于"高端家政行业",该女士也是行业内的稀缺人才。据统计,以新闻发生地上海为例,高端家政专业人才的缺口达 20 万人。2019 年 6 月,国务院办公厅印发《关于促进家政服务业提质扩容的意见》,提到要支持院校增设一批家政服务相关专业。如此看来,该女士的职业选择,其实是在市场供求关系影响下的一次正常的人才配置,完全没必要用"学历浪费""大材小用"之类的眼光做价值判断。

对于家政行业,社会的认知应当更新了。当前,家政行业正向着"高端服务业"的方向不断演进,对知识含量、专业水准的要求已达到一定水平。人们不能对家政行业依然停留在"保姆"的固有印象里,更不能自觉或不自觉地陷入职业歧视的偏见中。做家务的保姆也好,高端家政人才也罢,职业无贵贱,都不应受到异样的审视。

我们对"人才"的定义,也应有符合市场经济逻辑的认识。公众不能代替市场、用人单位或从业者本人做出人才价值的评估。只要双方满意、薪水合理、工作顺手,就是人才价值的兑现。人的能力特长、成长路径千差万别,哪里有标准模板呢?

世界是参差多样的,人生的精彩也是多元的,选择的权利,还是留给当事人吧。

> 思考：
> 结合案例，从"人事相宜"的角度，分析新时代人力资源配置有哪些与以前不同的变化，并阐述你自己的看法。

在市场经济环境中，企业的生产经营和相应的管理活动都需要根据市场的变化而进行相应的调整，以适应环境变化的需要。企业管理的一个核心问题是使资源配置达到最优状态，而人力资源管理的一个核心要求是使人力资源配置达到最优状态。企业不同素质和条件的员工适应不同的生产经营职能和工作任务的要求，通过合理的配置可以使人力资源达到最好的利用和开发效果，进而提高企业其他资源配置的效益。因此可以认为人力资源配置是决定企业能否持续、稳定、快速发展的关键因素。人力资源配置计划的目的就是实现员工与岗位的最优配置，包括个体与总体两个层面。通过考核、选拔、录用和培训，人力资源配置计划把符合企业发展需要的各类人力资源科学、合理地安排在相应的岗位上，使之与其他资源相结合，使得人适其岗、岗得其人，提高企业的整体效率。

7.2.1 人力资源配置计划的作用

人力资源配置计划的作用首先在于它是人力资源规划实现的保证。例如，企业在人力资源规划中为高层次人力资源的选拔做的准备工作、因培训而暂时调离岗位的安排、关键岗位任职员工的招聘、与其他企业的人员交流等工作，都必须依靠人力资源配置来完成。

人尽其能、人适其职是人力资源配置计划的主要目的和要求。人力资源配置计划可以根据每位员工的能力和每个岗位的需求进行调节，以使人适其职，并发挥其最大才能。事实上，人力资源的初次配置工作是有可能出现偏差的，每位员工与其所在岗位是否适合、是否能发挥其特长、是否能激励其创造性和积极性，必须经过一段时间的工作实践才能判断。如果发现初次配置没有达到预期效果，则企业可以通过调整使人力资源配置进行改进。例如，岗位轮换等方法可以使员工具备更丰富的工作经历，并提高其综合素质，对于员工和岗位价值的双重实现具有重要作用。有些职位对员工的工作经历有较高的要求（如企业的高层管理人员），胜任这些岗位的人力资源必须具有丰富的企业经营管理经验，通过岗位轮换可以使一些年轻有为的人才迅速成长起来，成为企业高层管理者的后备力量，在需要时可以立即补充上去。

在企业环境不断变化、经营战略进行调整、产品更新换代的背景下，企业内部各个部门之间必然会出现人力资源余缺和失衡的现象，这时人力资源配置计划可以使企业各个部门人力资源的工作负荷比较均衡。人力资源配置计划还可以改善人际关系。随着企业中团队与部门之间的配合越来越紧密，在领导与员工之间、员工与员工之间、部门与部门之间会出现一些紧张、不协调的人际关系，通过人力资源配置计划可以改善这种不协调的状况。

7.2.2 人力资源配置计划的内容

人力资源配置计划的主要内容是人力资源整体结构的配置，使人力资源整体结构满足企业战略和任务的要求，从人力资源管理的基本原理出发，使员工的整体素质满足企业的总体要求，目的是充分发挥人力资源的最大效能。考查和分析人力资源的整体素质，必须研究人力资源整体结构。人力资源整体结构是指人力资源系统中，各种不同类型的人力资源配置的方式及其比例关系。人力资源整体结构决定了人力资源的整体素质，人力资源整体结构的合理化能够提升人力资源的整体素质水平。事实上,在企业中,每个员工都尽心尽力地工作并不能保障人力资源整体发挥出最大效能,科学、合理的劳动组合、配比及员工整体结构才能使人力资源整体发挥出最大效能。人力资源配置计划要从人力资源现状和企业发展方向出发,根据人力资源管理理念,确定人力资源配置的任务,采取有力措施有步骤地进行。

人力资源配置计划主要包括年龄结构配置计划、性别结构配置计划、知识结构配置计划、专业结构配置计划、心理结构配置计划、专业人员配置计划、群体配置计划等。

1. 年龄结构配置计划

年龄结构是指人力资源中不同年龄段员工的比例关系和构成方式。一般来说,员工的素质和能力受年龄的影响很大,一般都是随着年龄的增长经历先由弱到强,再由强到弱的过程。人力资源年龄结构配置就是要建立一个各年龄段比例合理的动态平衡的人力资源整体,这样有利于发挥各年龄段员工的各自优势,取得较好的合成效应。例如,虽然老年员工的体力、脑力都在不断衰退,不如中青年员工那么强,但他们通过长期工作形成的宝贵工作经验,以及对未来形势的准确判断、对企业价值观的深刻理解等,都是中青年员工所不能替代的。因此,企业应当根据业务发展的需要,从实际出发,使用比例合理的各年龄段员工,发挥他们各自的优势,使老年员工与中青年员工优势互补,使人力资源配置效益达到最佳。

2. 性别结构配置计划

性别结构是指人力资源中男女员工的比例关系和构成方式。在工作中,保持适度的男女比例有助于创造和谐的工作环境、提振士气、提高劳动生产率。行为科学研究的成果从理论的高度表明,合理的性别结构配置是企业实现人力资源利用效果最佳的重要保证。性别结构配置就是要充分地发挥不同性别的员工的优势,使不同性别的员工互相配合、各尽所能。

3. 知识结构配置计划

知识结构是指人力资源中具有不同文化和知识水平的员工的比例关系及构成方式。知识结构配置就是要使人力资源中具有不同文化和知识水平的员工形成合理的比例,形成一个适应企业生产经营需要的文化知识有机体。一般来说,企业中具有不同文化和知识水平的员工,他们按高、中、低 3 个层次呈上尖下宽的金字塔形分布就表明企业员工的知识结构基本合理。

4. 专业结构配置计划

专业结构是指具有不同类别专业技能的员工在人力资源中的比例关系和构成方式。为了实现企业的生产经营目标,企业需要将具有不同专业技能的员工按一定比例进行合理配置,使他们能够发挥各自专业的优势,满足各类工作岗位的要求,最终实现整体的最大效能。

5. 心理结构配置计划

心理结构是指不同性格、品德、气质、兴趣、爱好的员工在人力资源中的比例关系和构成方式。心理结构配置就是把具有不同心理素质的员工根据组织行为学的理论按一定比例和要求组合在一起,使他们互相配合、协调一致、高效合作,减少员工之间因性格、品德、气质、兴趣、爱好等可能产生的冲突和摩擦,从而更好地发挥团队的合力。

6. 专业人员配置计划

专业人员配置是指根据企业生产经营的需要将各类专业人员在企业各个部门之间进行合理的配置。例如，在企业产品研发、技术创新、经营管理等诸多方面，技术、管理人员的地位和作用越来越重要，企业需要从全局的高度对技术、管理人员进行有效配置。企业除了要安排好技术与管理人员在企业全员中的比例关系，还要安排好各专业技术人员之间的比例关系，如研发、设计、工艺、信息处理、检测等专业技术人员之间的比例关系。另外，企业也要安排好各级管理人员的比例关系，如从事计划、经营、生产、技术、信息、人事、劳动、财会、审计、统计、物流等各类管理人员的比例关系。

7. 群体配置计划

现代科学技术的发展和现代经济活动的需要都表明人力资源活动的独立性在下降，而协同性在增强，一个企业无论大小，无论是什么性质，都要追求人力资源群体配置的规模效益。合理的人力资源群体规模可以激发人力资源的竞争心理，促进人力资源的分工和协作，以及人力资源的团队精神。人力资源必须达到一定的规模，才能有效地运用生产手段，产生相应的规模效应。人力资源的群体配置，是人力资源配置的重要内容，主要从数量和质量两个方面进行。从质量上看，人力资源的群体配置强调的是人力资源不同等级的水平与不同类型的职业的有机组合。

7.2.3 人力资源配置计划的制订程序

人力资源配置计划的制订程序如图 7-2 所示。

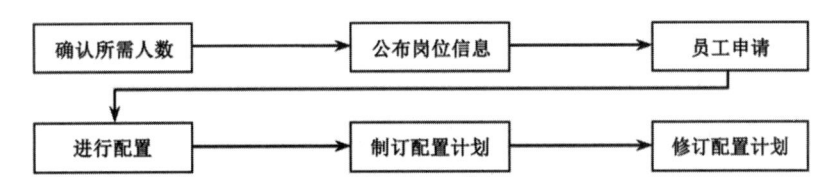

图 7-2 人力资源配置计划的制订程序

1. 确认所需人数

企业进行人力资源配置计划需要先从人力资源的现状分析和人力资源需求预测中了解企业具体的人员分布及需求情况。更进一步，为了使人力资源配置计划工作做得更好、更完善，企业内各个部门还需要提交各岗位的具体需求统计表，明确各个岗位需求的人数、专业和技能等级等要求。

2. 公布岗位信息

企业在确定岗位对人员的需求后，需要将这些岗位信息向企业内部员工公布，吸引企业内部员工前来应聘。

3. 员工申请

对短缺岗位有兴趣的员工可以提出申请，填写岗位调动申请表。在表格中员工需要填写现在的职位、工作经历、专业、技能等级、调动岗位的原因和员工职业生涯的目标等信息。

4. 进行配置

企业根据员工的调动申请、职业生涯目标和岗位需求对人力资源进行配置。

5. 制订配置计划

企业根据时间的长短制订人力资源长期配置计划、中期配置计划和短期配置计划，并根据人力资源发展计划制定人力资源优化目标。

6. 修订配置计划

在人力资源配置计划实施过程中如果出现问题，则企业需要进行实时、动态的修订。

7.2.4 人力资源配置计划的制订原则

1. 因岗设人原则

出于保持企业组织结构稳定的考虑，企业在制订人力资源配置计划时应坚持因岗设人的原则。因岗设人是指要根据岗位需求来进行人员的安置，也就是说，每个人所具有的能级水平与其所处的层次及岗位的能级要求相对应。企业不同的岗位有层次和种类之分，它们对从事本工作的员工有着确定的要求，每个人也都具有不同的水平和能力，在纵向上处于不同的能级位置。合理的配置可以强化人力资源的整体功能，使人的能力符合岗位的要求。企业需要根据不同的岗位，做到合理的分工与协作，每位员工要有岗位、有职有业，既能独立地完成工作程序和技术内容，又能与其他岗位相互配合、相互协调。

2. 人尽其才原则

人的能力的发展是不平衡的，每个人都有自己的长处和短处，每个人的个性也是多样化的，每个人都有自己的专业特长和工作爱好，而且每个人总体的能级水平不同。因此，企业在制订人力资源配置计划时，要坚持人尽其才原则；在对员工进行工作配置时应注意用人所长，同时应照顾个人兴趣，避免员工长时间不能施展才能，影响其工作积极性，导致效率下降，甚至产生离职的想法。

3. 动态调节原则

在竞争激烈的行业，岗位和岗位需求是在不断变化的，人的素质也是在不断变化的，人与岗位的适应需要一个实践与磨合的过程，所以能级不对应、用非所长等情况时常发生。能级对应、人尽其才只有在不断调整的动态过程中才能实现。动态调节是指当人员或岗位需求发生变化时，要适时地对人员配备进行调整，以保证始终使合适的人工作在合适的岗位上。在人力资源配置计划中，为实现人力资源队伍的整体优化，不断改善员工的结构和素质，实行动态调节原则是必需的。动态调节包括人才的内部流动，它在促进企业发展的同时，也会给企业的稳定性带来一定影响。因此，企业在企业人员内部流动时需要注意保持整体的稳定和平衡；同一部门的员工要保持整体水平和风格的延续性，并注意不同类型的员工的相互匹配。

相 关 链 接

著名人力资源管理专家彭剑锋教授认为：共享经济时代，企业应确立人才供应链战略思维。

彭剑锋认为，供给侧结构性改革的背后是高品质的人才，高品质人才的背后是高素质与高效能的人才供给，所以我国企业要为社会提供好的产品与服务，背后一定要打造高素质与高效能的人才供给，这样才能满足组织战略和业务发展需要。

一家企业要打造人才供应链，首先要有创新人才供给思维，招聘人才时不应局限于国内，要有全球人才供应思维，要通过人才生态在全球招募人才、吸纳人才。

要确立跨界人才供应思维，不是说搞农业的就是搞农业的。现代企业要打造跨界的组织生态，其背后一定要确定跨界人才供应思维，并且要确立粉丝人力资本供应，让粉丝、客户参与到企业的产品改进、技术创新的迭代，以及整个产品品牌的推广过程中。

在互联与共享时代，如何拥有人才的使用权，其实需要企业进行思维的改变。我国现在人才供给侧结构性改革所面临的最大问题就是供求错配，急需人才结构优化、人才动力机制创新、人才效能提升、人才品质提升，而这都需要企业通过人才供给侧结构性改革来改变人们的思维。如何以战略需求为核心，打造战略性顶尖人才供应链，这需要企业去精准选人，在全球搜寻最聪明、最能干、最有意愿干的人才，以业务发展为核心构建能力发展链，以人才需求为核心打造人力资源产品服务链。以上这3条链共同构成企业人才的战略思维。

7.3 人力资源缩减计划

引导案例

2022年8月，Meta宣布使用算法解雇了60名合同工。在裁员邮件中，Meta并未给出具体原因，只是表示这些人是由算法评估选中的。

把算法程序当成职场警察的，远不仅仅Meta一家。早在2015年前后，亚马逊就开始着手构建一整套人工智能效率监测及评估系统，用以追踪仓库员工、物流配送人员的工作效率，并自动下发裁员指令。这套系统可以随时监测仓库员工的打包速度和工作状态，对工人在货架上取商品的时间间隔、休息时间、去洗手间的时间等都有着严格的规定，一旦超出了时间就会自动给员工打上"效率低下"的标签。亚马逊的Flex"零工司机"物流配送项目也是基本由算法掌控的。算法会监督司机们的日常工作及路线，包括他们是否送货到站、是否在规定时间内完成了配送、是否将包裹放在了正确的位置等。根据这些司机的表现，算法将自动把他们分为不同等级，不合格的员工将直接收到亚马逊系统自动发出的解雇邮件。2017—2018年，仅在亚马逊的一个分拣中心就有约300名全职员工因被系统判定工作效率低下而被解雇，占该中心员工总数的12%。据此推算，每年亚马逊用算法裁掉的仓库员工达上万人。

除了过去仓库、物流等这些相对基础的工种，随着远程工作浪潮的兴起，很多科技公司开始用算法来解雇工程师和其他办公室工作人员。比如，此前俄罗斯一家在线支付服务公司Xsolla就使用算法解雇了包括工程师在内的150名员工，约占公司总人数的1/3。为了保证员工线上办公的效率，Xsolla从2021年年初开始执行一套由人工智能驱动的新绩效评估系统，通过设定不同维度的30多个指标，让AI以百分制来自动给员工打分，包括是否及时阅读和回复收到的邮件、是否在内部软件中积极发言、是否在线活跃编辑文档、是否创建和完成任务、是否准时参与内部线上会议等，这些都是判断他们工作效率等的关键指标。2021年下半年，Xsolla的业务扩张遇到困难，不得不通过大规模裁员来缓解经营压力，而这套AI绩效评估系统在其裁员过程中扮演了重要的角色。

> **思考：**
> 目前真正采用算法来执行裁员的公司并不多，但越来越多的公司开始使用算法来管理和评估员工的工作状态。在这样的趋势下，企业应如何做好人力资源缩减计划，更好地兼顾人工成本、员工心理和企业长远发展？

企业在发展的特定阶段，如前景不佳或遇到经济危机时，为了生存和发展，往往需要通过缩减人力资源规模、减少人工成本，来保持并增强企业的竞争能力。为实现人力资源的缩减，企业需要制订人力资源缩减计划。

7.3.1 人力资源缩减计划的制订程序

人力资源缩减计划的制订程序如下：成立人力资源缩减计划小组、确定缩减数量、编制缩减方案、评价缩减方案、编制缩减计划。

1. 成立人力资源缩减计划小组

人力资源缩减计划小组负责人力资源缩减计划的决策和实施，其成员可以来自企业的决策部门、人力资源管理部门、工会、劳动争议调解委员会，以及企业的其他管理部门等。

2. 确定缩减数量

企业缩减的人员数应该是在人力资源供求预测中已经得到确认的，它是人力资源缩减计划的基础。各个用人部门据此将本部门的缩减计划提交给人力资源缩减计划小组，其中要说明本部门的各岗位的人员需求数量、现有数量、缩减数量，以及缩减人员的条件和可以采取的缩减方式，如退休、自动辞职、缩减工时、解聘等。

3. 编制缩减方案

企业根据缩减人员情况确定具体的缩减方案。缩减方案主要受有关法律、法规、政策的限制和劳动合同的约束，同时劳动用工制度、社会保障制度与保障水平、缩减人员的未来收入预期和心理承受力等因素也会对缩减方案的制定产生影响。各部门在上报本部门的缩减方案时，除离退休人员和主动辞职外，只提出裁减人员条件，不提供裁减人员名单。最终的缩减方案由人力资源管理部门根据日常人力资源管理中对员工的考核结果和企业整体情况进行综合考虑，指明被缩减的员工名单、缩减方式、缩减时间、缩减后可能产生的影响等。为了达到最佳的效果，企业需要制定多个缩减方案，以便对不同的缩减方案进行评价、对比，从中选择最合适的缩减方案。

4. 评价缩减方案

企业可选的缩减方案有多个，企业需要从中选择一个最适合企业情况的缩减方案，这就需要对各种缩减方案进行评价。企业不仅要从人力资源缩减以后降低成本的角度对缩减方案进行评价，还要评价执行缩减方案对企业在职员工的影响。企业在解除劳动合同、解雇遣散员工时，必须严格按照法定程序进行。

5. 编制缩减计划

企业根据缩减方案的评价结果，确定企业应该采用的人力资源缩减计划和具体执行方案。企业可以将选定的人力资源缩减计划按时间分解成年度计划，以便具体执行。

7.3.2 人力资源缩减计划的操作

人力资源缩减计划的操作对保证人力资源缩减计划的成功非常重要。企业必须确定被缩减人员的类型、缩减的形式和缩减的时间，以形成不同的缩减计划。

在缩减计划中，一般采取以减少工时、全体员工分担工作为主的缩减计划。企业在市场竞争中可能经常会遇到各种各样的困难，甚至面临严重危机，如果企业采取以裁减员工为主的缩减计划，那么既对被缩减掉的员工的打击很大，对留下来的员工的负面影响也很大。留下来的员工会因时刻有可能被缩减的压力而忧心忡忡，无法集中全部精力于工作。而有些能力超强或有特殊才能的员工会主动离开企业寻找更舒心的工作，这对企业的生存、发展无疑是雪上加霜。所以企业在制订缩减计划时，应该首先考虑采取以减少工时、全体员工分担工作为主的缩减计划，当然，员工的工资也相应地要进行缩减。通过这样的操作，企业可以在降低人工成本的同时保持企业原有的人力资源队伍，在市场好转或危机过去之时有必需的人力资源队伍来适应企业发展的需要。

退休计划就是有计划地让达到退休标准的人员离开企业，从而使企业的人员结构更优、更合理。相较于其他人员缩减计划，退休计划是最容易预测和操作的，对于大多数企业而言，退休计划按照企业规章制度和国家相关法律操作即可。为了保持人力资源队伍的稳定，企业往往会采用提前退休措施。提前退休是指让一些接近退休年龄的员工提前办理退休手续，以减少企业的人工成本费用。对于有些没有达到退休年龄，但是经医院等有关部门证明确认完全丧失工作劳动能力，或者不再适合工作的员工，经本人申请或企业劝退可以离开工作岗位、解除劳动合同，企业对其发放一定数额的养老金。

与退休计划一样，解聘计划也可以减少企业的人工成本。相对于退休计划，解聘计划实施起来困难较大，企业既要达到解聘的目的，又要得到员工的理解，因此企业的解聘标准十分重要。企业的解聘标准要符合 4 个条件，即法律条件、工作绩效条件、工作能力条件和工作态度条件。在这些条件中，法律条件是最基本的，也就是说，企业的解聘标准必须合法，不能违反法律法规的规定，尤其在涉及相对弱势群体的利益时；工作绩效直接关系着企业的经营状况，是最直接、有效的条件，也比较容易衡量；工作能力条件应结合企业的培训体系考虑；工作态度条件要注意分析测评结果的真实性。

被解聘而失业的员工既会面临经济困难，也会受到心理创伤，感到尊严受到侵犯从而产生愤怒、悲观等情绪，这会给留任员工带来很大的影响。企业必须使留任员工继续保持对企业的忠诚和信任，保持企业的向心力，尤其要保持并提高企业原有的生产效率和工作状况。因此，企业需要对不同的缩减计划所产生的后果进行分析、评价，必须慎重考虑缩减计划将会给被缩减者、在职者、本企业和本地区带来的各方面影响。对于人员缩减以后可能会发生的人员重置费用、人工成本的降低，以及由此提高的企业效益，都需要企业认真分析，并且要根据分析结果选择可行的人力资源缩减计划。此外，缩减员工还会影响企业所在地的失业率和社会稳定、经济发展，当地政府也都会十分关心，企业必须关注缩减员工对企业声誉和形象的影响。为了避免对现有人力资源队伍造成不利的影响，企业在人力资源缩减计划中可以通过多元化经营使缩减员工得到转移,并且促进企业的多元化经营发展。所以企业在制订缩减计划时必须十分慎重,对缩减员工要有充足的理由。

7.3.3 缩减员工的管理

对于员工缩减后的延续管理是人力资源管理的一项重要工作,企业要建立一系列程序化的沟通方式来收集缩减员工的信息,对缩减员工离职后的发展动态进行跟踪,分析并建立缩减员工信息数据库,实现缩减员工价值的延续利用。

作为一个系统工程,进行缩减员工的管理需要收集、管理大量的数据,需要一些信息技术的支持,但首先需要的是观念上的转变。

(1)为了充分发挥缩减员工的价值,企业要设立专人负责缩减员工的管理,有条件的企业可以设立缩减员工关系管理主管,其职责是建立和动态维护缩减员工信息数据库、跟踪缩减员工的职业生涯发展情况、发现有用之才时及时回聘等。

(2)企业需要建立规范的缩减员工面谈制度,便于今后统计分析和改善管理工作的进行。企业可以用缩减员工面谈记录卡的规范化形式保存与缩减员工面谈、交流的关键信息。例如,摩托罗拉公司建立了规范的缩减面谈制度,并制作了专门的辞职面试表格来填写缩减员工的辞职档案,实行程序化管理。通过这些缩减面谈的管理措施,摩托罗拉公司人力资源管理的准确性和目的性得到了加强,从而为其快速发展提供了人力资源保障。在缩减员工时,缩减员工的直接管理者及人力资源经理要一起与缩减员工进行一次坦诚的沟通谈话,了解其缩减的真实原因及导致缩减的主要事件、对企业当前管理方式和企业文化的评价、对目前激励体系效度的评价、对企业的工作环境及内部人际关系的看法、对部门或企业层面需要改进的意见和合理化建议、缩减后本岗位后续工作开展的建议及缩减后个人职业生涯计划等。在缩减面谈中,企业应注意3点:其一,表达出企业对员工信息的重视,这样有利于进一步吸引人才;其二,向缩减员工传达友善的信号,说明他仍然是企业的"朋友";其三,表明企业"人在温暖在,人走茶不凉"的态度。

(3)企业需要保留缩减员工过去的信息资源和通信方式,建立缩减员工信息数据库。缩减面谈结束后,管理人员要汇总面谈内容,建立缩减员工面谈记录卡,并以此为基础建立缩减员工信息数据库。进行基础信息管理是进行缩减员工管理的前提和保障,管理人员应负责收集、整理、分析、调整和维护缩减员工的相关信息。在缩减员工正式离开企业后,管理人员应通过电话、信件等形式与缩减员工保持一定的联系,也可以根据企业的实际情况设计一些特别的联络感情的方式。缩减员工的信息并非一成不变的,管理人员要对其进行持续的关注和跟踪调查,以动态调整缩减员工信息数据库的资料,完成数据信息更新。企业要注意与缩减员工保持双向的价值交换及个性化沟通,这对于企业文化的建立和企业品牌的建立有非常大的影响,是管理人本主义的一种体现。联系是一种人际互动,这种互动包含相当程度的情感成分,在进行缩减员工管理时,要注意与缩减员工建立情感联系。所谓双向的价值交换,就是指企业如果期望缩减员工在新的环境中提供更多的最新信息,那么企业本身必须向缩减员工提供具有足够价值的对等信息,把企业新的信息、发展战略及时告知缩减员工。而个性化沟通是指要根据缩减员工的特点和个性来展开有效的一对一沟通,对缩减员工在新企业的发展状况做跟踪记录,这样才能有效地获得信息。例如,世界著名的管理咨询公司 Bain 就专门设立了旧雇员关系管理主管,并建立了存有北美地区 2000 多名前雇员资料的"前雇员关系数据库",跟踪记录缩减员工的职业生涯变化情况。其中包括他们职业生涯的变化信息,甚至包括是否结婚、生子等生活细节信息。通过数据库中的信息与缩减员工保持联系,将企业新的信息和发展战略及时告知缩减员工,使其了解企业的发展动态,为实施回聘工作创造条件。麦肯锡则将缩减员工看成"校友",花巨资培育遍布各行各业的"毕业生网络"。对于这些做法,我国企业都可以借鉴。

(4)企业可以定期开展一些关系的维持活动,如邀请参加企业的节庆、联欢会、运动会等,定期寄送企业刊物,在缩减员工进企业日或生日时送一份贺卡或小礼物等。企业可以安排固定的联系人,让缩减员工感到企业还在时时关注他们,让他们仍然具有一种归属感。

(5)企业可以设计回聘制度,这也是缩减员工管理策略中的重要组成部分之一。很多跨国企业认为,前雇员更熟悉企业文化、企业业务,与新进员工相比不仅节约了招聘和培育成本,而且能够更快地得到同事和客户的认可,把他们重新纳入麾下将大大降低因用人不当而造成的损失,包括 IBM 等在内的很多企业都针对主动缩减者设立了回聘制度。

7.3.4 针对"幸存者"的员工援助计划

在裁员期间,很多企业会经历人事上较大的动荡,通常情况下,人际关系会比较紧张,员工士气锐减,尤其是那些幸存者。"幸存者"是从社会心理学引入的概念,描述了经过重大灾难后侥幸活下来的人复杂而矛盾的心理状态。Brockner(1992)用"幸存者"一词描述裁员后留在组织中的成员,认为幸存者的心理应激反应不亚于被裁的员工。员工援助计划(Employee Assistance Program,EAP)是由企业主动为其员工提供的一项系统的、长期的援助和福利项目。通过专业人员对组织的诊断和建议,以及对员工及其亲人提供的专业咨询、指导、培训,帮助改善组织的环境、气氛,解决员工及其家庭的心理及行为问题,以及维护组织成员的心理健康,提高员工在组织中的工作绩效,改善组织的管理状况。EAP 在企业裁员过程中,可以为幸存者提供全方位的人本关怀,是企业为幸存者提供的"精神按摩",是以人为本的人力资源管理战略的实际体现。

对于裁员事件的幸存者,人们通常认为其应该会有积极的心理感受,因为他毕竟留了下来、保住了工作。但事实上,面对身边共事多年的同事的突然离开,幸存者多半会有劫后余生的感觉,产生严重的消极情绪,并患上"幸存者综合征"。国内外大量的研究表明,所谓"幸存者综合征",即裁员引发的幸存者与工作相关的心理症状,主要表现如下:工作不安全感和不公平感增强、组织承诺和工作满意度下降、心情沮丧、情绪衰竭、士气低下、成就动机和风险承担降低、对周边环境不信任甚至违背契约、不满意组织的计划编制和沟通方式、不满解雇的流程、对管理层不信任、短期利益导向等。这些都会降低幸存者的工作积极性,进而影响组织绩效。

要避免"幸存者综合征"所带来的负面影响,企业必须在裁员后与幸存者进行充分的沟通,此时就需要企业内部管理人员与 EAP 专业人员的协同配合。幸存者通常有多种情况,并且随着时间和周围环境、人群的变化,其对于裁员的反应会有所变化和反复。企业要"因人制宜",帮助幸存者设计出清晰、合理的职业生涯计划,使他们清楚自己努力的方向和在企业中的发展前景,激发他们的学习和工作热情,恢复他们的信心及成就感,帮助他们迅速从裁员的阴影中走出来。因为每个幸存者的人格特质、家庭背景、生活阅历都有所不同,除了组织、群体层面的帮助和整合，还需要企业针对幸存者及其家庭成员进行个性化的干预设计，实行一系列援助计划来解决他们的实际困难，消解他们的不安情绪，包括福利计划、周期性轮岗休息、定点儿童看护、雇用与组织匹配的人员、弹性工作时间等。对幸存者的 EAP 所起的作用不像对裁员执行者、被裁员工那么立竿见影，其要做的工作是长期且分散的，由此产生的 EAP 需求也是长期且分散的，企业应该将其作为企业日常管理和企业文化建设的重要内容来认真开展。

对于企业管理者，企业高层管理者作为在变革时期的决策人物，做任何决策都必须从全局和未来着眼，谨慎、负责。高层管理者可以通过深入、真诚的沟通让幸存者明白，裁员是企业万不得已的选择，留下来的人都必须以对自己负责的态度去思考和创造未来。中层管理者在组织变革中是传导层，要学习如何投入地用感情去聆听、回应和帮助幸存者。宣布裁员的管理人员在整个裁员过程中要解决诸多问题，包括以何种方式宣布裁员消息、预料员工会有何反应、应采取何种措施保持裁员过程的平稳顺利、如何维护组织形象等。人力资源管理专业人员既是高管决策的支持者与专业的咨询者，也是组织变革的推进者，他们通常知道幸存者的近况如何，能比高层管理者更迅速地面对问题，辅助高层管理者决策，使幸存者知道未来将会发生什么、怎样跟上企业的规划进度和改进计划。企业管理者应该根据企业在裁员之后的考查与分析，有针对性地对幸存者进行心理调适和技能培训，以增强他们继续留任的安全感，并通过提供团队心理训练、心理知识讲座、自信心训练等培训，让幸存者增强自信与抗压能力。另外，企业管理者需要使幸存者相信企业能运转起来，需要使他们看到企业能够良好运转的能力。

相关链接

最近，裁员继"战略调整""结构优化"之后，又有了一个新名字："毕业"。但不管说得怎么清新脱俗，都掩盖不了遭遇行业寒冬的残酷事实。事实上，裁员这股黑潮正在全球范围各个行业翻涌，互联网、汽车、科技、金融、广告、资讯、制药、家具等行业几乎无一幸免，裁员规模从数千到上万不等。

据测算，80%以上的企业面临着资金压力、经营困难等威胁，而这一比例在民营企业中更是高达90%以上！市场萎缩、竞争加剧和经济环境的整体倒退，逼迫企业不得不大量裁员，有些企业甚至壮士断腕式地进行整个业务团队的裁撤。面对经济下行的压力，企业生存的艰难越发凸显。危机之下，为了企业的生存，裁员就成了企业立刻执行的降本方案。

德鲁克说过，动荡时代最大的危险不是动荡本身，而是依然用过去的逻辑做事。在组织内部，企业经营者要意识到：企业要缓解危机，就必须主动变革以快速适应新的变化，调整企业的经营打法。所以，真正的核心问题是，企业的盈利能力决定了企业的生存状态——虽然通过裁员可以临时降低成本，但降低成本本身是一种"锦上添花"的手段，而非"长期续命"的方式。节约成本确实可以让企业的生存压力减轻，但企业的生存发展根本上依然是靠盈利能力来支撑的。所以，裁员的背后是生存，生存的背后是盈利。

因此，企业面对经济寒冬的根本生存之道，不是裁员，而是找到新的增长点实现盈利。与其抱怨着无法改变的现实，倒不如提前改变自己。这个时代，一直在向前发展，从未为任何人和企业停止过，如果你不优化自己，就会被别人优化。要么增长，要么退场！

7.4 人力资源外包计划

引导案例

　　KF公司是提供专业人才服务的公司，成立于20世纪90年代，是我国成立较早的从事此类经营活动的公司。KF公司自成立后业务量一直稳步上升，很快成为同行业中的佼佼者。业务规模的不断扩大对KF公司人力资源部门工作的开展提出了挑战。首先，出现了人力资源分配不均的问题，有些业务部门的员工抱怨工作量太大，无法承受，要求加派人手；有些部门的员工却提出工作量不足、工资待遇太低、绩效考核不够完善等问题。其次，KF公司一些员工抱怨公司的管理层与基层员工的沟通不足，不了解员工的工作效率，奖励机制存在漏洞。

　　针对上述问题，KF公司管理层进行了详细分析，最后发现原因在于企业内部的薪酬体系不够合理、绩效考核办法不够完善，而且员工的薪资并没有很好地与他们的业绩进行挂钩，不能激励员工为一份可观的收入而努力工作。KF公司管理层考虑到制定薪酬体系及绩效考核办法并不是公司的强项，因此决定将这部分人力资源工作进行外包。

　　因为KF公司迫切想要解决问题，所以没有经过太多考察，只是考虑到外包价格较低，就选定了NJ人力资源服务公司（简称NJ公司），并很快与其签订了外包协议。之后，NJ公司的负责人便进驻了KF公司。NJ公司通过资料查阅等方式对KF公司内部的具体信息进行了搜集和整理，概括出了各个不同岗位的特点，并根据KF公司的要求制定了新的薪酬体系和绩效考核办法，使员工的薪酬待遇、奖金等与考核结果直接相关。在接下来新的绩效考核具体实施过程中，NJ公司提出由他们来执行，理由是他们对这套体系更熟悉，KF公司管理层对此没有表示异议。于是双方又签订了新的绩效考核外包的协议，并马上进行了实施。

　　在NJ公司负责实行新的绩效考核标准一段时间之后，问题开始显现了。KF公司的许多老员工表示反对，在实施过程中不予配合，KF公司内的人力资源状况并没有得到改善，一部分员工甚至选择了离职。KF公司管理层通过分析发现主要有两个原因。

　　一方面，NJ公司在收集KF公司各个岗位的相关信息时，搜集到的资料太片面，不能真实地反映实际情况。KF公司内部许多老员工的观念比较守旧，认为这一新的绩效考核办法是对KF公司原有传统的颠覆，一时间无法接受。另一方面，KF公司新的绩效考核办法的实施是由NJ公司全权负责的。这就使得KF公司内部许多重要信息要告知NJ公司的外包服务人员，NJ公司个别服务人员的职业道德低下，他们利用KF公司这些重要的信息谋取私利，甚至泄露KF公司部分员工的业绩、薪酬情况。结果这次外包的开展，并没有将处于水深火热之中的KF公司挽救出来，反而将其推向了另一个深渊。

　　在经历了一次失败的人力资源外包之后，KF公司的管理层总结了经验教训，决定重新实施人力资源外包。

　　首先，KF公司广泛搜集了多家人力资源外包供应商的信息，从服务质量、企业文化、成功案例及诚信度等多个方面对这些外包商进行了考察。接下来，KF公司实施人力资源外包小组成员详细查询了备选企业的信用记录，向他们以往的客户进行咨询，对人力资源外包供应商进行现场拜访，通过多渠道对人力资源外包供应商进行综合评价。最终，KF公司决定将此次人力资源外包的项目交给性价比比较高的XW公司。XW公司的服务对象主要为中小企业，熟悉像KF公司这样的私营企业的通病，之前也有很多人力资源外包服务的成功案例，客户评价普遍较高。

在人力资源外包协议签订之后，XW公司派员工进驻KF公司，外包工作正式开始。这次KF公司吸取了上次的教训，提前与公司员工进行了交流，打消他们的后顾之忧，并提升他们对人力资源外包的认识。XW公司提前了解了KF公司第一次外包失败的原因，在外包信息搜集的过程中，重点加强了与员工的沟通和交流，考虑各个部门员工及新老员工的需求，从他们的切身利益出发来设计绩效考核办法。同时，与企业管理层及基层员工进行沟通，阐述新的绩效考核办法的依据和对公司及员工的益处。让大家明白，新的绩效考核办法使薪酬、奖金设置得更加合理，并没有损害他们的利益。最终在KF公司管理层和员工的共同配合下，XW公司提交了一份新的绩效考核办法。

KF公司考虑到进行绩效考核的过程中会牵扯企业和员工的重要信息，所以这次的考核任务由KF公司亲自执行。事实证明，新的绩效考核办法开始实施后，KF公司以前存在的人力资源问题得到了很大改善。由于新的绩效考办法使员工的收入与工作成果挂钩，KF公司员工的工作效率明显提升，一些老员工也逐渐进入状态，主动投入工作中。当然也有少部分的员工适应不了这个改变而离开，但这并没有影响KF公司的正常运转，反而解决了KF公司的冗员问题。总的来说，KF公司第二次的人力资源外包是成功的，解决了困扰的人力资源管理难题。

思考：
中小企业选择人力资源外包服务商应考虑哪些因素，合作过程中有哪些注意事项？

人力资源管理外包是指企业把一些事务性的、重复的、不涉及企业机密的人力资源管理工作外包给从事该项业务的专业机构，并向对方支付相应服务报酬的一种活动。目前，随着市场竞争的日趋激烈和企业发展的日新月异，集中优势力量加强企业核心职能建设，把非核心职能推向市场，以提升企业核心竞争能力的外包管理思潮已经得到普遍认可。企业纷纷从战略目标出发，制订人力资源外包计划，通过业务流程再造来进行组织结构的优化与重组，借助外部专业化资源大幅度地提高自身人力资源管理效率、降低人力资源管理成本。人力资源管理外包模式作为企业职能外包的一种，在我国已显示出迅猛的发展趋势。

7.4.1 人力资源外包计划的效能

在全球业务外包的浪潮中，人力资源外包已经成为一种新的发展趋势。对于大多数国内企业而言，人力资源外包作为一种新生事物的优势非常明显：它有利于企业获得人力资源专业化服务、削减业务成本、提高管理工作效率，促进企业人力资源管理从事务性向战略性转变，促进管理的科学化和规范化建设。从理论上说，如果在价值链上的某一环节对企业来说做得不是最好的，或者即使能做好也必须花费高额成本，而它又不能形成企业的竞争优势，那么就可以把它外包给比本企业做得更好的专业公司去做。彼得·德鲁克曾说："在10～15年之内，任何企业中仅做后台支持而不创造营业额的工作都应该外包出去，任何不提供向高级发展的机会和活动、业务也应该采用外包形式。"人力资源外包计划的效能主要体现在以下几方面。

1. 集中有限资源，专注于战略职能

通过外包计划，企业可以更加专注于自己的核心业务，为企业谋求战略上的最大利益。

企业可以与专业的外包管理机构建立合作伙伴关系，把人力资源管理部门从日常的、琐碎的事务性工作中解脱出来，将人力资源管理中那些事务性、程序性、不涉及本企业机密的工作实行外包管理，通过外包服务供应商为企业提供更加专业的、优化的人力资源管理方案，确保企业经营重点的突出和绩效的提高。

2. 获得专业服务，提高本部门的能力

提供外包业务的企业，由于对某个特别领域的专精，可以提供更专业的人员、更先进的技术、更高质量的产品和服务。企业在接受外包服务企业的专业服务的同时，也增加了本部门人员的学习机会，这也是充分利用他人的资源来提高自身能力的过程。现代企业把员工当成内部顾客来对待，希望让员工更快地了解到工资、福利等方面的信息，能够更快地对员工所提出的问题给出答案，专业的人力资源咨询服务机构所提供的优质的人力资源管理服务，正好是管理者们所需要的。

3. 降低企业的经营成本

在人力资源管理过程中，成本不仅包括付给员工的工资、福利费用，还包括企业配置的办公设备、电脑硬/软件费用，以及办公费、管理费和培训发展费用等。一般来说，专业的人力资源咨询服务机构对于人力资源市场的了解要比其他企业深刻和全面得多，由它们来为企业承担某些人力资源工作，可以显著降低企业的经营成本。例如，一家企业需要高层次的管理人员，若企业自己盲目地去招聘，招聘回来又面试、筛选、使用、培训，这些工作不仅费时费力，而且这个人的能力是不确定的。若咨询人力资源咨询服务机构，通过其专业的搜寻手段，则不必花费太高的成本就可以获得一个符合要求的管理人员。

7.4.2 人力资源外包计划的制订与实施

从理论上说，人力资源管理的各项职能都可以外包，也就是说，企业既可以把招聘、考核、培训、薪酬等事务性的人力资源管理业务外包出去，也可以将人力资源战略、人力资源规划等高难度的职能外包出去。但事实上，考虑到人力资源活动的价值性和独特性，并非人力资源管理的所有职能都适合外包。美国印第安纳大学的管理系教授斯考特·莱沃调查发现，人力资源管理的不同职能对企业的意义不同，外包程度也不同，其中工资发放、福利、培训是3种常见的外包职能，而人力资源信息系统与薪酬设计较少外包。制订与实施人力资源外包计划需要经过以下流程。

1. 分析可行性

为了保证人力资源外包计划的效果，企业必须进行可行性论证，也就是要判断是否适合进行人力资源外包。企业不仅要分析其所处的宏微观环境和内外部条件，还要考虑企业的产品市场情况、所处行业特点和竞争对手情况，分析、预测企业实施人力资源外包前后的经济效益和对长远发展的影响，以及在实施人力资源外包后可能产生的风险及应采取的应对措施。

具体分析时要考虑自身和外界两方面的情况。对于企业自身而言，当企业已经具有比较现代化的人事管理观念和规范的成本控制机制，开始培育核心优势，对人力资源外包理念已经熟悉并能接受，且人力资源外包确实能够带来比企业内部操作更大的投资回报率时，就说明人力资源外包的时机已经成熟。对于社会外界而言，当规范运作的成熟外包市场已经形成，

社会上已经广泛开展网络化、系统化的流程管理，规范经营和专业操作的人力资源外包服务企业很多且能够在近距离获得时，就说明社会上存在着能够满足企业人力资源外包现实要求的可能性；如果选择人力资源外包，企业应当根据战略决策的要求和人力资源管理发展的实际需要，明确人力资源外包的目的，拟订详细的人力资源外包计划，选择合适的外包项目和模式，进行进度安排、资金安排和人员安排等。

2. 确定内容

企业需要结合自身的发展战略和实际需要来确定人力资源外包计划的内容。一般来说，那些不涉及企业的核心机密和战略实现的人力资源工作都可以外包，如员工招聘、工作分析、工资福利、社会保险、档案管理、考勤记录、人才租赁、外派人员等基础性日常事务工作，都可以考虑实施外包策略。而企业文化建设、员工职业发展、人力资源战略规划等战略性工作，需要企业进行内部化处理。

3. 选择机构

确定外包服务供应商时，企业需要对外包服务供应商的经营规模和业务现状进行全面考察，确定其提供的服务是否与本企业的外包要求相吻合；要了解外包服务供应商的人员素质、硬件设施、软件技术，确定其是否具有提供与本企业外包要求相匹配的专业能力；对外包服务供应商的收费标准与其自身的专业水平、服务质量、信誉程度进行比较，确定外包服务供应商能否以更低的运营成本提供更有效的人力资源管理方面的服务；对外包服务供应商以往的工作业绩和公众评价进行调查，确定其是否"重信誉、守承诺"。因为外包服务供应商的服务水准直接决定着人力资源管理的未来，企业要与外包服务供应商之间形成一种新型的战略伙伴关系。

4. 签订合同

企业进行外包计划前应当与人力资源部、管理层、相关部门的员工进行沟通，获得内部员工的理解和认同，消除不必要的猜疑及不满，奠定良好的群众基础。在与外包服务供应商签订合同时，合同的内容应当包括外包模式、具体项目、工作流程、方案报价、服务质量监控指标、激励与约束条款等。合同中要规定双方的权责、人力资源管理服务的范围、酬金的支付方式、评测服务工作质量的标准和相关的违约条款等。合同应当尽可能选择正式的法律文本，合同中涉及外包项目的预期效果、实施计划、阶段考核、信息安全和损失赔偿等方面的条款应当详细，明确责任。合同中要体现合作与双赢的精神，要有利于激励与约束机制的建立。

目前，有3种合作模式在人力资源外包计划中被广泛运用：第一种是全部外包，即企业把全部的人力资源管理业务外包给专业机构实施，这种方式比较适合小企业去操作；第二种是部分合作方式，即企业把某一种持续性人力资源工作业务或某一项具体性人力资源工作项目外包给专业机构代理；第三种是企业工作人员外包，企业将内部员工甚至组织外包给了外包服务企业，雇用外包服务企业来维持企业人力资源管理活动的正常运转，企业内部员工直接对外包服务企业负责。例如，国内个别进军国际市场的企业将员工和组织外包给外企服务总公司就属于这种类型。

5. 实施过程

双方签订人力资源外包服务合同后，人力资源外包计划就进入了实施阶段。在实施人力资源外包计划的过程中，企业与外包服务供应商需要通过不断互动来建立积极的合作关系，双方共同配置管理资源和操作技术，确定各自的角色定位及职能分工。外包服务供应商要全面了解企业的愿景目标、战略主题思想、核心价值理念、文化底蕴积淀等，要严格按照合同有关条款履行义务，如按时提交有关资料或完成指定任务，在此基础上开展的外包业务可以规避因不了解企业内部情况或无法进行文化融合而带来的各种风险。企业的人力资源部门应该对人力资源外包计划的实施全过程进行动态管理，依据人力资源外包的执行时间表的分阶段目标来进行阶段性控制，对外包行动与企业目标之间的偏差实施纠错和调整。

在人力资源外包计划实施过程中，作为接受人力资源外包服务的企业要监督、检查外包服务供应商的服务质量，并根据任务的完成情况和合同有关约定支付服务酬金。人力资源部门应当明确指定具体人员参与外包合同和方案的实际执行，共同实施外包项目，达到强化学习和实施监控的目的。参与重要的人力资源外包项目也可以提升人力资源部门员工满意度，减少人员流失。通过对人力资源外包项目的参与，使人力资源管理人员获得与外包服务供应商进行专业交流并向其学习的机会，提高自身的业务和管理水平，从而提升人力资源管理的能力。在参与外包项目的实施过程中，企业应随时了解项目的进展，对各种问题和潜在的风险有所察觉并及时做出反应。同时，要注意双方员工之间的磨合、不同文化背景和利益的冲突等，企业要根据实施过程中及时反馈的信息，有针对性地采取措施加以动态管理。

6．评估业绩

人力资源外包计划评估是对人力资源外包计划的工作实绩进行价值判断的过程，主要手段是采取科学的绩效评价方法并运用合理的绩效考核指标，这个过程对于人力资源外包计划的成功十分重要。对人力资源外包项目的评估由人力资源部门承担，企业要建立起对外包服务供应商的评估机制，在项目实施过程中定期对人力资源外包计划的执行情况进行检查、沟通和反馈，发现问题时及时采取相应的措施加以解决，定期审查外包服务供应商履行合同情况的报告，对报告的准确性和协议执行状况做出客观的评价，定期调查员工对外包供应商服务提供服务的满意度，及时反馈给外包服务供应商。此外，人力资源部门应当建立起文件管理和信息安全保障机制，避免机密信息外泄，保证人力资源外包计划正常、有序地进行。企业必须依据合同书的责任约定，在评估之后及时对外包服务供应商进行奖惩，对达标的和未达标的外包工作都进行深层次的原因探讨，寻找提高外包效果的关键性措施，使人力资源管理外包计划不断取得更好的成果。

7．适时退出

当企业内外部环境发生变化时，企业可能会解除与外包服务供应商之间的合作关系，此时，企业要处理好由此带来的相关问题，包括与原外包供应商的关系、合同的终止、责任的清偿等，以避免企业信息泄露或缺损；还要建立有效的退出机制，确保企业利益不受损害。

7.4.3 人力资源外包计划的配套机制

1．组织管理机制

企业在人力资源外包计划的实施过程中要建立组织管理机制，强化人力资源部门的组织管理职能，企业要明确人力资源部门与外包服务供应商的权利关系是授权而非弃权，人力资源部门在人力资源外包的考察调研、制定规划、实施运转、效果评估全过程中，扮演着政策的制定者、计划的规划者、过程的监督者、外包的顾问者、质量的评估者等角色。

2. 沟通协调机制

人力资源外包计划要求企业有严谨的运行流程、共享的信息资源平台、和谐的人际氛围与之相配套。为了能让人力资源外包计划快速实施并有效运转，企业要建立有效、畅通的沟通协调机制。

（1）要建立内部员工沟通协调机制。外包作为一种新型的管理模式必然会带来种种变革，员工对职责分配、人事关系、职业发展定位的改变会感到不安，管理者对外包业务转移过程中陌生的业务和可能失败的风险会心存疑虑，企业必须选择适应个体差异的最佳沟通模式向各级员工传达和解释外包的战略意义，消除他们对变革的恐惧与抵制，形成企业上下齐心合力地支持外包工作的良好氛围。

（2）要建立与外包服务供应商的沟通协调机制。由于企业与外包服务供应商之间存在着严重的信息不对称性，企业和外包服务供应商之间必须建立信息沟通机制加以解决，要定期或在遇到特殊情况时互通信息。

3. 风险预警机制

人力资源外包计划本身蕴含着一定风险，因为它不受企业直接控制、程序相对复杂，尤其在当前外包市场发展得不是非常成熟的条件下，其风险更不可忽视。企业应建立人力资源外包风险预警机制以规避各种可能的风险。首先，企业要非常重视外包合同的签订，在与外包服务供应商就相应的外包项目签订书面合同时，企业要对外包工作的绩效考核指标和违约赔偿标准等一系列问题进行明确规定，对于因未来环境的不确定性而可能产生的风险，可以采取"临时契约"或"短期合作"的方式来规避。其次，在合同的履行过程中，包括从签订到解除的全过程，企业都要进行风险的监控、预防和管理工作。企业要对外包风险的发生概率进行估测，提前采取预防措施；企业对外包业务要保持随时监测和定期评估，将风险和危机事件消灭在萌芽状态；当风险真的发生时，企业要沉着、冷静地应对，第一时间采取补救措施来化解矛盾，妥善处理危机，努力将损失降到最低点。

4. 有效激励机制

外包合同签订双方即企业与外包服务供应商之间形成了委托代理关系，这种关系存在着严重的信息不对称性，也就是说，外包服务供应商可以利用自己掌握的全面、及时的信息扩大自己的利益，从而损害企业的利益。针对这种可能出现的逆向选择，企业除了采取有效的监督措施，还可以采取正面的积极激励措施。例如，可以通过让外包服务供应商持有企业股票、期权等形式与企业形成利益共同体，这样外包服务供应商就会从自身利益最大化的角度出发来努力完成外包工作，提高人力资源管理的效率。

相关链接

人力资源外包服务能有效地降低企业人力资源成本是最基本的要求，也是人力资源外包最直接的作用。在如今市场竞争激烈的环境下，人力资源外包的重要性及必要性越来越突出。

在美团的 300 万名骑手大军中，正式员工仅有几万人；阿里通过"共享员工"形式租用西贝等餐饮行业员工，实现人力资源灵活流动；苏宁推出"人才共享计划"，实现包装、配送等岗位员工再就业；索尼电子曾与翰威特通力合作，两年人力资源部门节省15%左右的年度成本。在不断增加的用工成本和逐渐压缩的利润空间下，人力资源外包成为各大名企的首选。

人力资源外包，真的能为企业省钱吗？

（1）降低企业招聘成本。老龄化导致劳动力严重短缺，招/留人才难往往是企业最头疼的问题，企业需要投入更多的预算用于招聘，企业实施人力资源外包后，就无须额外增加专门的招聘人员。

（2）降低企业纳税成本。依照我国法律规定，企业所支付给员工的工资超出应纳税工资额部分，需要缴纳企业所得税，这对于企业来说是一笔很大的支出项目，增加了用工成本。而采用人力资源外包方式可以在维持相同工资水平的条件下，将支付给员工的工资和福利通过人力资源公司转发，出具的发票可以作为服务费直接计入生产成本，改变企业的纳税税种性质，帮助企业改善生产成本核算科目，为企业实现成本外化、利益内化。

（3）降低劳务风险成本。现代社会信息透明化，国家越来越重视员工的合法权益，一系列政策在保障着员工的合法权益不受侵害的同时也被一些别有用心的人利用，通过恶意举报等来获取双倍的赔偿。企业在处理这一类纠纷时不仅费力费财，还会有损企业形象。这一隐形的人力成本在企业选择人力资源外包服务时能得到有效规避。

（4）降低企业的维持成本。在互联网时代，就业渠道多样而便捷，大大降低了员工找工作的成本及对岗位的忠诚度，企业流动率升高，企业的维持成本增高。将业务外包给人力资源外包服务供应商，可以帮助企业建立健全、清晰的管理规章制度，让员工对于企业的满意度得到提升，有效降低企业的维持成本。

人力成本指的不仅是在人力使用中的成本，从分类来看可以分为人力获得成本、使用成本、开发成本、离职成本等。在当前的经济形势下，外开源、内节流都要深挖，人力成本作为企业占比最大的成本，外包给专业的人力资源企业可能是一种更好的选择。

自测题

一、判断题

1. 制订人力资源招聘计划首先应确定招聘预算。（　　）
2. 人力资源招聘计划的实现途径主要是内部招聘和外部招聘。（　　）
3. 资源配置是整个企业管理的一个核心问题，人力资源管理的各项工作也都是围绕这一核心问题展开的。（　　）
4. 人力资源配置计划的内容主要是人力资源整体结构的配置。（　　）
5. 在制订人力资源缩减计划时，必须确定被缩减人员的类型和缩减的时间，从而构成企业的不同缩减计划。（　　）

二、单选题

1. 人力资源招聘程序的第一步是（　　）。
   A. 进行工作分析　　　　　　B. 进行招聘环境分析
   C. 准备招聘资料　　　　　　D. 明确招聘需求

2. 人力资源配置计划的制订原则不包括（　　）。
   A．人尽其才　　　B．因岗设人　　　C．动态调节　　　D．因人设岗
3. 在缩减计划中一般先采取（　　）为主的缩减计划。
   A．分担工作、减少工时　　　　　　B．退休计划
   C．解聘计划　　　　　　　　　　　D．轮岗计划
4. 作为一个系统工程，进行缩减员工的管理需要收集、管理大量的数据，需要一些信息技术的支持，但首先要（　　）。
   A．建立观念上的转变
   B．建立规范的缩减员工面谈制度
   C．保留缩减员工过去的信息资源和通信方式
   D．定期开展一些关系的维持活动
5. 对于人力资源外包计划来说，企业首先需要明确的是（　　）。
   A．外包的可行性　　　　　　　　　B．选择外包商
   C．选择外包项目　　　　　　　　　D．进行外包预算

三、多选题

1. 招聘计划的内容主要包括（　　）。
   A．确定招聘数量和时间　　　　　　B．确定招聘小组
   C．确定招聘政策　　　　　　　　　D．确定招聘方案
2. 人力资源配置计划的作用包括（　　）。
   A．可以为企业人力资源规划的实现提供保证
   B．可以均衡人力资源的工作负荷
   C．可以使人力资源人尽其能、人适其职
   D．可以改善不良的人际关系
3. 一般来说，人力资源管理比较常见的外包职能是（　　）。
   A．工资发放　　　　　　　　　　　B．福利
   C．培训　　　　　　　　　　　　　D．企业文化建设
4. 人力资源外包的效能包括（　　）。
   A．集中有限资源，专注于战略职能
   B．获得专业服务，提高本部门的能力
   C．降低企业的经营成本
   D．保证人力资源供给
5. 人力资源外包计划的配套机制包括（　　）。
   A．组织管理机制　　　　　　　　　B．沟通协调机制
   C．风险预警机制　　　　　　　　　D．有效激励机制

四、简答题

1. 简述人力资源招聘计划在人力资源战略规划中的地位和作用。
2. 从企业长期发展的角度思考缩减人员的价值，并考虑如何更好地利用。
3. 人力资源管理的所有职能是否都可以外包？其依据是什么？

4. 预测人力资源外包的发展趋势，并预测人力资源外包对人力资源管理的影响。

五、案例分析

DY航空公司成立于1982年，是全国率先实现企业化运行的地方航空公司。DY航空公司自成立起就自主经营，现已发展成一家中等规模航空公司。截至2017年8月，该航空公司开通了往返于日本、韩国、泰国、印度等地的10余条国际航线，以及往返于北京、上海、广州、深圳、海口、三亚、沈阳、哈尔滨、香港、澳门等80余条国内航线。作为典型的服务企业，员工的职业素质和服务水平直接影响了DY航空公司的业务发展，而员工数量众多、基本素质参差不齐，这些现实问题也给员工培训体系的有效搭建带来了障碍。目前，DY航空公司在人员的培训广度上体现了其战略上的考虑，企业为了培育和保持企业实现战略目标必不可少的核心竞争力，实行全员培训制度，着重培养人员的岗位技能及业务素质。但是，其培训的"粗放式管理"也影响了培训效果的转化，制约了其进一步的发展。基于此，DY航空公司希望能借助搭建系统的员工培训体系，促进企业业务的进一步发展，逐步实现企业的战略发展目标。

目前，DY航空公司的员工培训体系存在以下几个方面的问题。

（1）培训规划性差。目前，DY航空公司的培训开发活动与企业发展战略存在一定的脱节，培训工作缺乏长远的规划，经常出现"别人培训什么就培训什么""流行什么就培训什么"等问题。由于员工数量众多，且培训计划性差，DY航空公司人力资源从业人员整天忙于组织培训活动等事务性工作，培训活动组织了一场又一场，但是培训效果始终不太理想，对培训的长期规划也没有时间和精力去进行思考及改进。

（2）培训针对性差，导致培训效果不佳。目前，DY航空公司的新员工培训仍延续传统的培训体系，其培训内容年年雷同，主要是企业介绍、企业文化、专业技能培训等常规的培训内容，缺乏针对性，新员工培训存在一定的"形式化"，严重影响了培训效果的转化。员工反映的实际工作问题包括"融入团队的时间比较长""上岗之后也不知道做什么""有些工作得两三年才能独立开展"等。

（3）缺乏与特殊核心工种人员需求相匹配的软性知识培训。航空业中的特殊岗位，如飞行员和空乘人员等在飞行过程中所承担的安全风险及服务压力相对于普通运输服务的员工而言会大很多，岗位任职资格对个人的心理素质和综合素质的要求也比较高。但就目前的情况来看，DY航空公司缺乏这方面的培训和疏导，有关技能方面的课程不少，但软知识的培训，如对思维、态度、心理健康和压力疏导方面的培训很少。

问题： 分析DY航空公司培训出现问题的原因，以及如何通过培训计划来解决这些问题。

第 8 章
人力资源开发计划

学习目标

1. 掌握人力资源晋升计划的内容、制订与实施的程序，以及实现路径；
2. 掌握人力资源培训计划的制订、评估和培训方法的选择；
3. 掌握人力资源激励计划体系；
4. 掌握人力资源职业生涯计划的内容和制订步骤；
5. 了解人力资源晋升计划的作用和影响因素；
6. 了解人力资源激励计划的作用。

学习导航

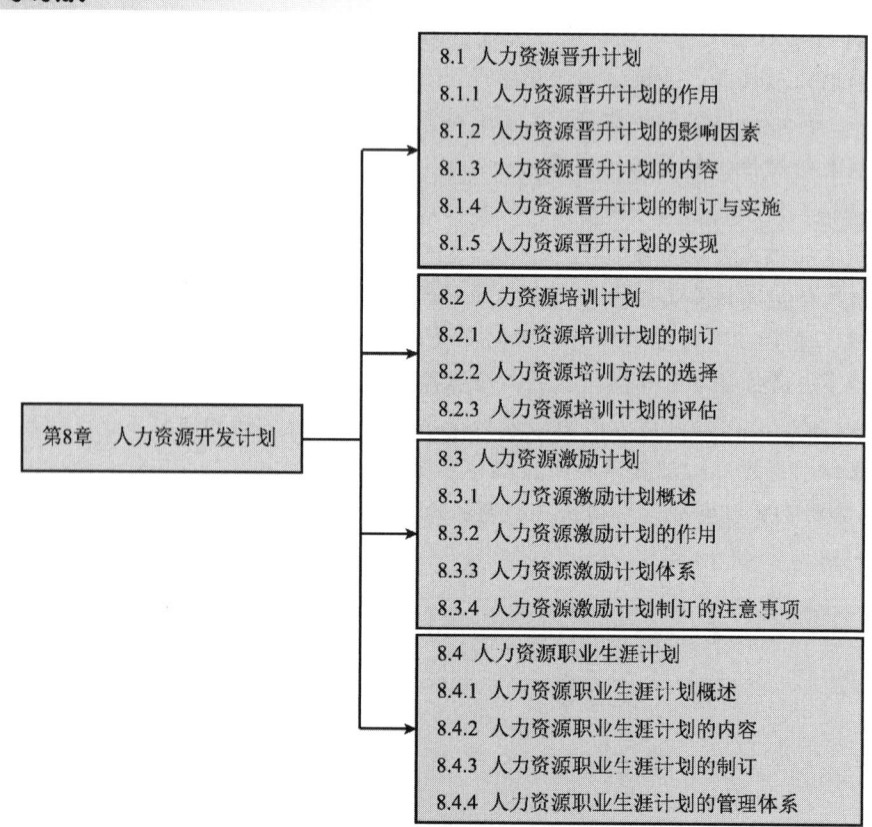

第8章 人力资源开发计划

- 8.1 人力资源晋升计划
  - 8.1.1 人力资源晋升计划的作用
  - 8.1.2 人力资源晋升计划的影响因素
  - 8.1.3 人力资源晋升计划的内容
  - 8.1.4 人力资源晋升计划的制订与实施
  - 8.1.5 人力资源晋升计划的实现

- 8.2 人力资源培训计划
  - 8.2.1 人力资源培训计划的制订
  - 8.2.2 人力资源培训方法的选择
  - 8.2.3 人力资源培训计划的评估

- 8.3 人力资源激励计划
  - 8.3.1 人力资源激励计划概述
  - 8.3.2 人力资源激励计划的作用
  - 8.3.3 人力资源激励计划体系
  - 8.3.4 人力资源激励计划制订的注意事项

- 8.4 人力资源职业生涯计划
  - 8.4.1 人力资源职业生涯计划概述
  - 8.4.2 人力资源职业生涯计划的内容
  - 8.4.3 人力资源职业生涯计划的制订
  - 8.4.4 人力资源职业生涯计划的管理体系

引导案例

谷歌作为一家科技公司，创新对它的重要性不言而喻。那么，如何激发员工的创造力和工作效率，是对谷歌的一大考验。芝加哥大学社会学家罗纳德·伯特曾说："创造力实际上是一种'输入—输出'的游戏，而不是一种创造游戏。其中的技巧在于你能否将某个地方看似平凡普通的想法移植到另外一个地方，得到人们对其价值的认可。"因此，助推便成为激发创新所必不可少的要素。

1. 推动员工创新

谷歌在办公区设置了很多微型厨房和口袋，员工可以从里面取一杯咖啡、一盘水果或一点小零食，用几分钟的时间放松一下。在这里，你经常可以看到谷歌人边探讨问题，边吃饼干、下棋或打台球。

创立了星巴克的舒尔茨发现了人们对家和办公室之外的"第三场所"的需求，人们在这个地方可以放松、恢复精力，或者与他人交流、叙旧。谷歌也在做同样的尝试，为谷歌人安排一个会面的场所（如微型厨房），使其从视觉和感觉上都与办公桌有所不同，从而将不同群组的人吸引到一起。通常这些微型厨房会设在两个团队的交界处，为的是让两个团队的成员能够无意间遇到。最不济，他们也能进行一次有趣的交谈，或许偶尔他们还能想到一些前所未有的、对用户有益的想法。

这些精心安排的偶遇并非谷歌唯一的技巧。谷歌还尝试不断向组织中灌输新的思维和想法——鼓励员工做技术演讲，与那些有好奇心的人分享近期的工作。这些助推创新的工作背后，有一点非常重要，即想办法对你的员工说"好"。因为如果一名员工提出要请外面的人来公司做演讲，其中肯定会有一定的风险，也许是因为演讲者可能会说一些不明智的话，也许是因为其他人没有时间，想要找出理由说"不行"非常容易。但是，说"不行"是错误的答案，因为这样既堵住了员工的声音，也失去了学习新东西的机会。想办法说"好"，员工会给你回报，使工作场所更有活力、更有趣，也更有效率。

2. 提供简单的提示信息

针对新员工，谷歌做了一项实验。谷歌在新人培训中加入了一个15分钟的环节，有人会在这段时间内讲述积极主动的益处，为谷歌新人介绍5种具体的行动。这5种行动可以帮助他们找到需要的东西，同时重申这种行为符合谷歌的企业心态。

（1）问问题，问很多问题！

（2）筹划与经理的定期一对一会面。

（3）了解你所在的团队。

（4）积极寻求反馈意见——不要等待反馈意见！

（5）接受挑战（敢于冒险，不害怕失败，其他谷歌人会给你支持）。

两周后，一部分谷歌新人收到了一封跟进电子邮件，提醒他们这5种行动。得到助推的谷歌新人相比对照组，要求提供反馈意见的可能性更高，能够更快具备生产力，对自己的表现也有更准确的认识。而那些最需要这方面能力的员工并非天生积极主动的人，但得到助推之后，相比其他人，其在第一个月参与积极主动行为方面评估的得分要高15%。

因此，对于员工而言，你要做的只是提供简单的信息提示，然后依靠人的本性——好胜的本性和利他主义的本性，就能改变一个机能失调的团队，这种现象既有趣，又令人振奋。要建立成功的企业有很多种方法，在"低自由度"（智慧控制型组织，对员工的管理很严格，工作强度大）和"高自由度"（以自由为基础，员工受到尊重，对企业如何发展有一定的话语权）模型下的企业都有许多成功的案例。但谷歌明显属于后一阵营，谷歌相信优秀的人才希望成为推崇自由的企业成员。而这样的企业也会从所有员工的洞察力和激情中获益，它们的成功更具有韧性和持久性。这并非谷歌宣扬自由的檄文，只不过是权衡利弊后的选择。

思考：
谷歌的企业文化和人力资源开发方式，对其他高科技公司具有怎样的借鉴意义？

人力资源开发计划是从开发、发展的角度对人力资源规划相关工作进行的计划，包括人力资源晋升计划、人力资源培训计划、人力资源激励计划、人力资源职业生涯计划等。

8.1 人力资源晋升计划

引导案例

任何一个成功企业的创立说到底还是由人才决定的，而人才的背后最重要的是机制。平遥晋商的选人和育人机制给我们留下很多精华与思考。

1. 选人的标准

（1）形象要求：由于平遥晋商经营的是票号生意，因此员工的形象非常重要。员工的身高，一般要求为 172~175cm，可以高一点，绝对不可以矮一点；五官一定要端正，让人感觉稳重、诚实。

（2）年龄：18~20 岁为主，不可太大，以便有可塑性。

（3）文化：一定要有几年的文化功底，字一定要写得好。

（4）家庭考查：平时在家庭、学校、邻里间的生活表现要好。

只有全部满足以上要求的人，才可能进入票号工作。

2. 打杂

平遥票号的员工相当于跨国公司的理货员，需要磨炼其意志与考查其品行、潜力。员工的这个阶段一般需要持续 3 年，工作性质是打杂。打杂即票号柜台以外的辛苦活，如扫地、做饭、提水、劈柴、搬运、练字等。这 3 年的训练最主要的作用是磨炼一个人的意志，让他学会吃苦。"吃得苦中苦，方为人上人"是晋商训练人的一个信条，熬不下去，可以走人。任何一家票号都是这样，而且如果其他票号知道你是因经不起磨炼而离开的，那么你休想进入其他票号工作。

突然有一天，被考查的人可能在扫地的时候、整理的时候发现一个银锭或其他贵重的东西，一般有 3 种结果：

（1）不管它，让它仍然在那里。

（2）收起来，不再告诉任何人。

（3）赶快将其收起交给自己的上级。

3种结果带来了两种命运，如果有人出现了前面两种结果则他必然会被送回家去，出现第三种结果的人可以留下来。为什么？

因为人才竞争的最高境界是人品，人品好的团队必将战胜人品坏的团队，人品不行，绝对不用。另外，平遥票号经营的是钱的生意，对钱视而不见的人怎么能干好票号生意？要培养人，一定要以德为先并符合行业特点。

员工在打杂的3年时间里，一定要将字写得非常好，否则只能用更长的时间打杂或被淘汰。

3. 干文员3年（相当于基层代表）

这3年的主要目的是继续磨炼员工的意志，同时训练员工细致并扎实的基本功。员工在此阶段的主要工作是抄写文件等，员工必须保证长期的100%正确，才有机会进入柜台工作，因为票号的工作是不许有错误的。

4. 成为助理会计（相当于小片区经理）

员工成为助理会计的年龄一般在25岁左右，这时他会进入柜台开始真正学习票号的工作，会有一个人在3~6年的时间里带领他学习票号的日常业务工作。

员工由助理会计成为会计后，便能独立管理柜台的日常工作。如果干好了，员工就会晋升三掌柜（业务总监）、二掌柜（副总经理），一直到掌柜（总经理）。这个过程一般会持续18年以上。

平遥票号为员工的整个晋升过程制定了一套非常严格的标准。

思考：

晋商晋升路径中考虑的最核心要素是什么？对现代企业人力资源管理有什么启发？

人力资源的晋升既包括岗位任职资格的认定晋升，也包括岗位任职的升迁。岗位任职资格的认定晋升主要是指专业技术职称的评定，在企业里涉及较多的主要是工程技术人员和经营管理人员的专业技术职称的评定。岗位任职的升迁主要是指企业根据员工业绩、能力、发展潜力等综合考核把优秀人才提拔到更高级别工作岗位上的过程。这两种晋升有密切关系，岗位任职资格越高的人担任更高职位的机会越多，但这不是必然的，二者的发展可以是不同步的。现在比较通行的做法是评聘分开，岗位任职资格认定机构按照国家有关管理部门的任职资格要求进行任职资格的评定程序，企业根据发展的需要、有关的晋升计划进行岗位职务的任命。

8.1.1 人力资源晋升计划的作用

1. 明确员工的发展方向

员工希望了解自己在组织中的晋升途径，以确定自己未来的发展方向，进而拟订合理的晋升计划。合理的晋升计划，可以激励企业中优秀员工努力工作、勤奋学习和不断进取，使员工在职业发展过程中找到适合发挥自己特长的领域。事实上，大多数员工都将晋升当作自己最主要的工作目标，企业也把晋升当作有效激励的手段之一。

2. 提高企业的人力资源利用效率

能级匹配是人力资源管理的一个重要原理,是优化人力资源配置、发掘和利用人的潜力、提高人力资源利用效率的一项重要保障。员工与职位的匹配关系是动态变化的,企业要想保持公平和活力,必须使组织中最优秀的人员获得晋升。晋升对于员工来说意味着更多的权力、更高的薪酬、更优越的工作条件、更多的尊重和成就感,同时还有更多的责任及挑战,这些都能激发员工的工作热情,提高其工作效率和效果。企业需要将员工放在能够发挥其最大作用的工作岗位上,这样既可以调动员工的工作积极性,也可以以最低的成本使用人力资源。员工也需要寻找到最能发挥自己作用的工作岗位,以满足实现自我价值的需要。

3. 创造良好的企业氛围

合理的晋升计划将为企业营造一种重视人、信任人、依靠人、培养人的文化氛围,为员工创造一个良好的工作平台。职业上的发展,可以使员工体会到工作和生活的价值、乐趣,强化员工对企业的归属感及使命感,与企业风雨同舟。

8.1.2 人力资源晋升计划的影响因素

为了制订科学、合理的人力资源晋升计划,企业需要分析影响晋升的各种因素。这些因素主要有员工的资历因素、工作绩效因素、潜力因素和企业的岗位需求因素等。

1. 资历因素

在确定可以晋升的人员时,通常会考虑候选人参加工作时间的长短,包括担任现职的时间、取得现任职资格的时间长短。这种考虑是必要的,因为资历条件往往可以表示员工已经拥有的工作经验的多寡,在某种程度上可以代表员工应对工作中出现的各种情况的经验的多少和能力的强弱。

2. 工作绩效因素

工作绩效是晋升计划考虑的必要因素,它代表了员工工作的结果对企业的贡献,也可以反映员工的工作能力。一般的晋升逻辑是绩效越优秀者,其晋升机会越大。

3. 潜力因素

员工的工作绩效是对其过去工作成果的评价,而潜力是员工今后在工作中可能达到的高度和能力的反映。潜力也是企业在制订晋升计划时要考虑的重要因素,用以确定员工是否能够胜任未来的工作。

4. 企业的岗位需求因素

产品市场上竞争形势的变化、人力资源市场上人力资源供求和流动形势的变化,都会影响企业内部岗位对人力资源的需求形势的变化,如有可能导致一些岗位人力资源供给匮乏。此时,企业可以对这些迫切需要补充人员的岗位的晋升采取比较宽松的政策。

企业在制订晋升计划时,面对不同的岗位,可以考虑以不同因素作为晋升的主要依据。对于一些关键岗位的晋升,企业应该主要考虑工作绩效和潜力因素。同时,为了保持人力资源队伍的稳定,在某些普通岗位或非主要岗位可以更多考虑资历因素。

8.1.3 人力资源晋升计划的内容

人力资源晋升计划主要包含晋升政策和晋升安排。

1. 人力资源晋升政策

人力资源晋升政策主要包括晋升率、晋升年资和晋升条件等内容。

企业需要根据企业战略发展的需要，针对不同职务类别设计不同的人力资源晋升政策，在这些晋升政策中要清楚、明确地列出每类职务晋升所需的年资与相对应的最低条件。晋升政策的制定应该在晋升的条件和年资上向企业急需的职务类别倾斜，应是有利于企业发展的、企业急需的人力资源类别，同时使员工的个人发展能够与企业的经营战略规划相结合。员工的职务选择会受企业不同类别晋升计划中的政策差异的影响。例如，企业对某一职务类别晋升年资的要求延长、条件提高，员工在这一职务类别中的晋升机会就会减少，员工就会选择其他职务类别发展，这将促使员工按照企业的经营战略发展选择自己的职务。但是，企业也要注意其晋升政策的全面均衡性、公开性和长期性。如果晋升政策经常变动，则会损害企业管理的严肃性和权威性，引起员工的情绪波动和不满，对企业的长期经营管理造成不良影响。

某制造类企业的专业技术人员晋升政策如表 8-1 所示。

表 8-1 某制造类企业的专业技术人员晋升政策

晋升技术职务所需年资（年）	技术人员 晋升比	技术人员 晋升条件	助理工程师 晋升率	助理工程师 晋升条件	工程师 晋升率	工程师 晋升条件	高级工程师 晋升率	高级工程师 晋升条件
1	0		0		0		0	
2	0		0		0		0	
3	2%		2%		2%		2%	
4	3%		3%		3%		3%	
5	10%		10%		10%		10%	
6	35%		35%		35%		35%	
7	30%		30%		30%		30%	
8	15%		15%		15%		15%	
9	10%		10%		10%		10%	
10	3%		3%		3%		3%	
11	2%		2%		2%		2%	
12	1%		1%		1%		1%	
13	1%		1%		1%		1%	
14	0		0		0		0	

从表 8-1 中可以看出，向上晋升一级技术职称所需的最低年资是 3 年，其晋升率只有 2%。3 年以后，随着时间的推移，其晋升率开始上升。但是如果 14 年以内还没有得到晋升，以后就很少再有晋升的机会了。

2. 人力资源晋升安排

人力资源晋升安排是根据人力资源的晋升政策和企业经营战略发展的需要做出来的。在晋升安排中,要说明晋升职务、晋升人员所在部门、晋升人数、晋升后成本增加数、晋升条件和晋升时间,以及晋升预计效果。企业根据这些晋升安排的具体内容就可以对计划期内的员工晋升活动进行有效的管理控制,使员工能够真正晋升到更合适的岗位,为企业创造更大价值。某制造类企业员工晋升计划如表8-2所示。

表8-2　某制造类企业员工晋升计划

晋升人员所在部门	晋升职务	晋升人数（人）	晋升后成本增加数	晋升条件	晋升时间
市场部	经理	2			
	主任	3			
	业务员	5			
技术部	高级工程师	1			
	中级工程师	2			
	初级工程师	4			
生产部	组长				
	高级技术员	1			
	中级技术员	3			
	初级技术员	7			
	技术工人	10			
合计					
晋升预计效果					

8.1.4　人力资源晋升计划的制订与实施

人力资源晋升计划的制订与实施程序如下所述。

1. 确定空缺岗位

各个部门根据人力资源总体发展规划和各自的需要,上报出现的空缺岗位。

2. 拟订晋升政策

根据空缺岗位工作说明书上对任职者技术、能力等各方面的要求确定每个空缺岗位的任职条件、晋升年资等晋升政策。

3. 制订晋升计划

根据晋升政策考查企业现有人力资源是否可以晋升到空缺岗位。如果符合晋升政策的人有很多,则可以适当提高任职条件;如果符合晋升政策的人不够,则可以适当放宽任职条件,但是不能低于最低任职条件。晋升安排中对晋升的具体人数、时间、成本、效果等都要进行明确的说明,以保证其后续的顺利实施。

4. 实施晋升计划

实施晋升计划主要包括以下几个步骤：① 公布企业空缺岗位的名称，说明任职条件，广泛征集候选人；② 收集候选人信息并进行标准化处理，征集企业有关部门和人员的意见；③ 对所有候选人的任职条件进行分析，按照岗位任职要求确定晋升者；④ 晋升者在新岗位进行 3 个月以上的试用；⑤ 考核试用期的晋升者，最后正式任命考核合格者。

8.1.5 人力资源晋升计划的实现

人力资源晋升计划最终要落在员工的晋升路径上，人力资源晋升计划的实现也就是员工晋升路径的实现。员工的晋升路径是指一个人在企业组织中职业向上发展所经过的路线。员工晋升路径是由组织所铺设、服务于员工个人的，在一个组织中可以有多种表现形式，员工可以根据企业需要和个人状况选择不同的晋升路径。一般来说，员工可以选择以下 5 种晋升路径。

1. 纵向晋升路径

纵向晋升路径是最传统的一种晋升路径，是指员工在同一职位类别中不断提高岗位的层级，即在纵向上从组织底层向组织高层发展。

2. 横向晋升路径

现代企业的组织结构越来越趋向扁平化，管理层级减少，管理岗位也大量减少，员工多以团队形式完成工作。员工更多的是按照项目或顾客需求来组织，而不是严格地按照职能来组织，所以员工需要拥有多方面的知识、技能。因此，现代员工需要（也可以）实现横向晋升，即员工在本企业的多个部门或多个地区间进行横向调动，虽然这种晋升并没有带给员工职务上的升迁，但可以获得薪水的增加和企业的认可。

3. 网状晋升路径

网状晋升路径以横向晋升路径为基础，是纵向发展的工作序列与横向发展机会的结合。一般情况下，一个员工很难在一个职位类别上一直进行纵向晋升，因为这样其经历会比较简单，从而制约其向上发展的潜力。而某些层次的工作经验是具有可替换性的，因此，上升到一定层次后在横向上做一些积累，在纵向晋升到较高层职位之前具有拓宽和丰富本层次工作经验的经历，对下一步的纵向晋升会有很大帮助。对大部分员工来说，这种晋升路径可能是最现实的选择。这种纵向和横向结合的晋升路径，一方面可以大大减少晋升职位的拥堵，缓解晋升空间的压力，另一方面在一定程度上可以消除员工的高原稳定现象。对大部分采用扁平型组织结构的企业而言，网状晋升路径的适用范围没有特别的限制，企业应当根据组织内岗位的多寡、对人员综合素质的要求等进行灵活的设计。

4. 双重晋升路径

在当今专业知识和管理技能同样重要的知识经济时代，双重晋升路径是指为经理人员和专业技术人员各自设计一个平行晋升体系——经理人员使用经理人员的晋升渠道，专业技术人员使用专业技术人员的晋升渠道。重要的是，这两条晋升渠道在责任、报酬和影响力等方面都具有可比性。与传统晋升思想不同的是，双重晋升路径承认技术专家不必成为管理者同样可以为企业做出贡献。一个技术人才完全可以选择只做一个技术专家，既不必在纵向上提升，也不必在横向上调动，就可以得到更好的待遇和应有的承认与尊重，他可以凭借自己能力的提高为企业做出更大的贡献。进一步，企业允许员工根据自己的实际能力及其对自身职业发展的愿望，自由改变岗位类别，也就是说，技术人员可申请晋升到管理岗位，管理人员也可以申请调动到技术岗位。在这种情况下，双重晋升路径的含义被拓宽了，即经理人员和专业技术人员在职业晋升路径上允许交叉，因此，也可把双重晋升路径称为双重交叉晋升路径。

5. 多重晋升路径

事实上，双重晋升路径对专业技术人员晋升的范围往往限制得太窄，为了给专业技术人员的职业发展提供更大的空间，可以将一个技术阶梯分为多个技术阶梯，双重晋升路径也就变成了多重晋升路径。所以，多重晋升路径实际上是双重晋升路径的扩展。企业在具体实施多重晋升路径时要避免技术阶梯定义过于狭窄的问题，要明确辨识企业的所有技术活动，先仔细研究每种技术活动在不同等级水平上的特征，以及每个等级必须做出的技术贡献，再为每种技术活动设计对应的专业技术阶梯，并以此作为晋升的标准。

上述这些晋升路径的选择并不是唯一的和静止的，而是可以共存且加以综合运用的。究竟采用何种晋升路径来满足组织和员工的共同需要，没有一个绝对的标准，每个企业都应根据自身发展战略、企业文化、组织结构和技术领域的不同，设计出一套科学、合理且具有自身特色的晋升路径。

相 关 链 接

彼得原理是根据千百个有关组织中不能胜任的失败实例分析、归纳出来的。其具体内容如下："在一个等级制度中，每个员工趋向于上升到他所不能胜任的地位。"彼得指出，每个员工如果在原有职位上工作成绩表现好（胜任），就将被提升到更高一级职位，其后，如果继续胜任则将进一步被提升，直至到达他所不能胜任的职位。由此推导出的彼得推论："每个职位最终都将被一个不能胜任其工作的员工所占据。层级组织的工作任务多半是由尚未达到不胜任阶层的员工完成的。"每个员工最终都将达到彼得高地，在该处他的提升商数为零。至于如何加速提升到这个高地，有两种方法：其一是上面的"拉动"，即依靠裙带关系和熟人等从上面拉；其二是自我的"推动"，即自我训练和进步等。前一种方法是被普遍采用的。

彼得认为，由于彼得原理的推出，使他"无意间"创设了一门新的科学——层级组织学。该科学是解开所有阶层制度之谜的钥匙，也是人类了解整个文明结构的关键所在。凡是置身于商业、工业、政治、行政、军事、宗教、教育等各界的每个人都和层级组织息息相关，亦都受彼得原理的控制。

8.2 人力资源培训计划

引 导 案 例

为了抓住员工的注意力，让他们在有限的业余时间里学完即走、学完即用，提高学习项目的有效性，百度开发出了自己的轻学习产品——"每周一荐"，主打轻学习理念，致力于提升百度员工的通用技能和个人素养。为了玩转"每周一荐"，百度使出"内容筛选""课件制作""运营推广"三大招，使它成为公司的"爆品"学习栏目。

第一招：严格筛选内容

1. 实用技巧

严格控制内容量，以便员工在几分钟之内就可读完，这就要求学习内容必须是实用技能这种纯干货，可复制、学完即会是选取内容的核心标准。

2. 紧跟热点

"紧跟热点"是一档轻便、敏锐的学习栏目所应具备的特色，这要求"每周一荐"能实时了解公司政策战略的发布变更，并迅速反应，提供相关学习资源。

3. 把握时令

要能预设一些关键时间节点会发生的关键动作，以此为契机，给员工提供在这些关键节点中需要用到的学习资源。在大家急需的时刻推送所需学习内容，才更能体现"每周一荐"轻巧、实用的本质，抓住用户的心。

第二招：课件制作标准化

1. 3W原则

每期图文都要遵循是什么（What）、为什么（Why）、怎么做（How）的三段逻辑，并在排版上体现出来。

是什么：通过精练的文字或形象的图片告知员工们这个主题的内涵。

为什么：归纳出这个主题的技能对工作的帮助、收益，给员工"我为什么要学"的充分理由。

怎么做：采用"原理+案例"的形式来呈现，一般以7±2的信息组块模式，针对重点和难点部分，配合案例帮助员工消化、理解。

2. 课件模板

形式是抓住用户的利器，标题、表现形式上都可以有很多花样来吸引用户的注意力。为此，"每周一荐"在实践中提炼出技能教学的关键环节，摸索形成了多套课件模板和制作规范。这对没有视觉基础的员工来说，只要有"料"，就可以直接套用模板，以较低成本制作出一期内容。

第三招：推广运营微创新

1. 推送频率

学习轻学习资源虽然用时短，但员工若要真正学以致用，还需要时间练习。另外，如果推送频率过高，一方面会加大内容制作的压力，另一方面容易打扰到员工，造成信息冗余、廉价。经过几期运营，最终确定每周一期是比较合理的推送频率。

2. 推送时间

在运营中，"每周一荐"通过不同尝试发现，推送时间节点对学习内容的观看量影响非常显著，在所有时段中，周一午饭前（11:00—12:00）的课程点击量最大，这时推送轻学习内容，被点击观看的可能性最高。

3. 抓住用户注意力

再好的东西也有腻的时候，当员工习惯了"每周一荐"的形式、内容，就不再有当初"如饥似渴"的感觉。在娱乐至上的互联网时代，够格调、文艺范的内容才能黏住用户，为此，"每周一荐"在每个图文结束处增设了"好冷的冷知识"模块，放入与本课件主题相关的冷僻知识、科学段子等，让员工在学习技能的同时可以获得一些有格调的茶余饭后的谈资。

4. 固化学习习惯

随着内容愈加丰富、粉丝员工日渐增多，"每周一荐"在移动端开发了"每周一荐"专栏模块，在首页的醒目位置展示栏目资源，并同步在 Web 端建立对应专题。醒目、稳定的终端入口，为固化员工的学习行为创造了便利条件，也方便沉淀知识、聚集人气。

思考：
分析百度"每周一荐"成功的原因，以及体现了培训计划制订的哪些原理。

人力资源培训计划指根据企业内外部环境变化和发展战略，结合员工发展需要，通过对员工进行有计划的培训，使员工具备完成现在或将来工作所需要的知识、技能，并引导其工作态度转变的计划。企业培训计划的制订和实施，对于培养和塑造优秀人才、为企业长期发展提供强大的人才支撑起着非常重要的作用。企业培训计划必须密切结合企业战略，从企业的人力资源规划和开发战略出发，考虑企业资源条件与员工素质条件，满足组织和员工两方面的要求，着眼于人才培养的超前性和培训效果的实用性，确定员工培训的目标，选择培训内容和培训方式。

企业能够用于人力资源培训的资源是有限的，必须根据企业对人力资源的整体需求，进行统筹规划、合理安排。企业培训计划的制订必须与企业的人力资源激励计划、晋升计划、招聘计划、配置计划和员工职业生涯发展计划相结合，保持较强的目的性和针对性，调动员工参加培训的积极性，使员工能够直接感受到培训为个人带来的益处，这样才能够保证企业的人力资源培训获得良好的投资回报。

8.2.1 人力资源培训计划的制订

人力资源培训计划的制订，一般有以下几个步骤。

1. 成立培训计划工作小组

企业需要建立一个培训计划制订和执行的工作小组，以完成培训计划的制订，协调各个部门完成企业的人力资源培训工作。可以由企业最高管理层中负责人力资源工作的副总经理担任该工作小组的组长，由人力资源管理部门经理担任副组长。作为人力资源管理部门的重要任务，培训计划的制订和实施由人力资源管理部门组织及协调，但培训并不全是人力资源管理部门的工作，各个职能部门主管对员工的培训同样负有责任，只有各个部门主管与人力资源部门积极合作，才能制订出确实符合企业需要的培训计划。因此，培训计划工作小组还要吸收各个人力资源使用部门中负责人力资源管理工作的经理担任组员。

2. 进行培训需求分析

培训需求分析是制订培训计划的首要问题，在编制培训计划之前，一定要对企业的培训需求进行全面分析，只有这样才能做到有的放矢。培训需求分析主要了解组织的培训是出于何种目的，培训的目标是什么。培训需求的分析提供了培训的方向，是保障培训质量的前提。比较流行的需求分析方法是从组织、任务和人员 3 个层面进行分析。组织分析和任务分析从企业发展及业务操作层面，分析完成与发展企业业务需要什么样的培训；人员分析从员工素质层面，分析员工的素质结构中有哪些需要完善的地方。

（1）组织分析：从企业的经营管理发展计划出发，并根据组织目标判定知识和技术需求，还要结合组织架构及相应的人力资源有效配置状况，将组织效率和工作质量与期望水平进行对比，对员工进行知识审查，评价培训组织环境，进而判定组织的培训目标。

（2）任务分析：依据企业具体的工作任务进行职务分析，分析完成任务所需的知识、技能、行为和态度，分析员工需要进行哪些培训才能保证任务的完成。

（3）人员分析：依据企业的人力资源现状，通过绩效考核分析造成业绩差距的原因，进而分析哪些人需要培训、培训的具体内容是什么，并收集和分析关键事件，对员工及其上级进行培训需求调查。

3. 确定培训目标

培训目标是指通过培训工作所期望取得的成果，它决定了培训课程、培训方式等一系列内容，同时，培训目标也是培训考核和培训评估的依据。因此，培训目标的制定非常重要，它一定要非常准确，不仅符合企业实际而且具有一定超前性、可测量性。培训目标是分层次的，对宏观上的、较抽象的总目标，经过不断分层次细化，使其具体化、具有可操作性。一般在制定培训目标时可以从3个方面进行考虑，即知识目标、行为目标和结果目标。知识目标是指参加培训后受训者将会知道什么；行为目标是指受训者在培训后将在工作中做什么；结果目标是指通过培训要获得什么最终结果。

4. 制订培训计划

企业根据培训需求和培训目标制订培训计划，包括培训总体计划和分项目实施计划，具体来说，包括培训投资、培训时间安排、培训的阶段、培训步骤、培训方法、培训措施、培训的具体要求和培训结果的评估等，这些都要尽可能详尽地列出来。

8.2.2 人力资源培训方法的选择

根据企业、员工和培训内容的差异，可以选择的培训方法也多种多样。不同的培训方法对于不同的培训对象的培训效果各不相同，培训费用的差别也很大。为了能够确认培训方法和所需要的支出成本，企业在制订培训计划时可以根据培训对象、培训内容、培训效果和培训成本选择适当的培训方法。

工作轮换培训是指企业为了培养具备多种工作技能的员工，选择适当的受训者从事多种工作，使其获得广泛的工作经验、丰富个人阅历、增加工作的挑战性和乐趣、建立多边人际关系，使企业获得更大的人员调配灵活性。企业在对员工进行工作轮换时应注意轮换的工作岗位内容必须有相关性，同时轮换的对象必须具备可开发的潜力与动机，不然可能会事与愿违。

外出培训是指根据人力资源发展战略，选择优秀的人选进行委托培训、赴外深造等脱产学习。伴随着远程教学技术的发展，外出培训也逐渐不需要真正外出才能做到了，有些企业要求员工通过局域网或企业提供的学习材料，利用空闲时间自行学习，但是这样对于员工的主动性要求较高，由于惰性及缺乏指导，可能会流于形式。

师带徒制是一种传统的培训方法，这种方法目标明确、内容全面、周期较长，可以有效进行隐性知识的转移，是一种有效培养继任人选的方式。对于一些重点培养对象，企业可以配备专门的导师,有的企业规定每位经理、业务主管或技术骨干每年必须确定至少一个培养目标,其培养效果将作为对他们考核的指标之一。

工作授权方式培训就是领导者和管理者采取系统的方法,将任务或工作下放给培训对象,自己负责指导和监督,扮演教练与裁判员的角色。一开始可以选择一些相对简单的工作,进而可以选择一些比较困难、复杂、艰巨的任务由受培训者完成,指导者在任务完成到预定阶段后,对任务进行审核、检讨、指正,并针对受训者的弱点提出具体的改进意见。

研讨或案例分析培训就是针对企业经营战略和人力资源规划目标所面临的重大战略问题,组织各相关部门的负责人就近似案例进行研讨。这是一种互动的培训方式,采用个人思考和小组讨论相结合的方式,能够提高受训者的责任感及沟通效果,可以同时锻炼个人的思考能力与团队的合作能力,由高层领导组织,人数不宜太多,一般控制在 15 人以内较为适宜。讨论时可以邀请企业内外对该问题有研究的人员共同参与,同时进行知识、技巧的传授和经验的分享。通过研讨会方式的培训,不同部门的人员可以打破部门界限,在轻松、友好的气氛下建立良好的工作关系,并可以在不同观念、经验、背景的交流中,促进彼此了解,增强合作精神。

网络和远程教学培训是目前比较流行的方法,通过多媒体的网络科技,越来越多的企业采用网络为在线教学提供便捷的服务。其最大的优点就是节省成本,但是这种方法对于培训内容有所限制,如不适宜进行技术性培训,而对于行为模式、人际技巧的培训比较恰当。

8.2.3 人力资源培训计划的评估

为了保证培训的效果,企业必须对培训过程进行监控和评估。评估的内容一般包括绩效评估和责任评估。绩效评估就是以培训成果为对象所进行的评估,主要考查受训者在培训后对组织经营成果贡献的增加,至于培训对于员工长期影响的评估,则必须通过一些量化指标,经过一段时期的统计才能看得出来。责任评估是对负责培训的部门或训练者的责任进行的评估,其结果是以后进行培训活动改进的重要依据。对于培训的绩效评估,应根据不同的评估基准采用不同的评估方法;对于培训者的责任评估,主要是从培训的功能、使命、责任和权利等方面依次分析,所运用的方式有问卷法、追踪调查法、现场验证法和对照法等。

根据评估的时间和内容,培训评估可分为培训前评估、培训中评估和培训后评估。培训前评估是针对培训目的在培训前对受训者要培训的内容进行考查,包括知识、能力和工作态度等,以此作为培训者安排培训计划的依据。培训前评估对于保证培训项目的合理组织、顺利运行和提高受训者对培训项目的满意度具有重要作用。培训中评估是指在培训计划实施过程中进行的评估,它能够控制培训实施的有效程度。培训后评估是在培训结束后对整个培训计划的反思和对最终效果的评估,是培训评估中最为重要的部分,可以使企业管理者明确培训项目选择的优劣、了解培训预期目标的实现程度,为以后培训计划、培训项目的制定与实施等提供有益的帮助。

目前比较常见的是四层次评估模型。

1. 反应层次

反应层次的评估用来考查受训者对培训的印象如何,是培训评估中最低层次的评估。其评估方法为通过对受训者的情绪、注意力、兴趣等进行调查,了解受训者对培训的看法和态度。

2. 学习层次

学习层次的评估用来了解受训者通过培训学到了什么，考查受训者对培训内容的掌握程度，主要采用书面测试、操作测试、等级情景模拟测试等评估方法。

3. 行为层次

行为层次的评估用来考查受训者在培训中所学到的知识和技能是否能运用到日常工作中，即受训者在接受培训后在工作行为上的变化情况。但是受训者行为的变化不一定是由培训引起的，经验的丰富、考核和奖惩制度的变化等也会影响其行为。为了克服这些干扰，可以事先选择一个与受训者各方面都相似的、不参加培训的对照组，通过对两组成员的行为进行对比，就可以发现培训所导致的受训者行为的变化。

4. 结果层次

结果层次的评估主要考查培训后工作业绩提高的程度，主要依靠上下级、同事、客户等相关人员对受训者的业绩进行评估来测定，具体可以通过事故率、产品合格率、产量、销售量等指标来进行测定。这个层次的评估需要以大量的数据为基础，对企业来说需要支出一定的费用。与行为的变化类似，绩效的变化也可能是由多种因素导致的，为了保证评估结果的准确，仍然可以运用对照组的方法，把其他因素造成的变化分离开。

相关链接

西门子的员工在职培训

西门子认为，在世界性的、竞争日益激烈的市场上，在革新颇具灵活性和长期性的商务活动中，人是最主要的力量，知识和技术必须不断更新换代，才能跟上商业环境及新兴技术的发展步伐，所以西门子正在努力走上"学习型企业"之路。为此，西门子特别重视员工的在职培训，在公司每年投入的高额培训费中，有60%用于员工在职培训。西门子的员工在职培训和进修主要有两种形式：西门子管理教程和西门子员工再培训计划，其中管理教程培训尤以独特和有效闻名。

西门子员工管理教程分5个级别，各级培训分别以前一级别培训为基础，从第五级别到第一级别所获技能依次提高，其具体培训内容大致如下。

第五级别：管理理论教程

培训对象：具有管理潜能的员工。

培训目的：提高参与者的自我管理能力和团队建设能力。

培训内容：西门子的企业文化、自我管理能力、个人发展计划、项目管理、了解及满足客户需求的团队协调技能。

培训日程：与工作同步的一年培训；为期3天的研讨会两次和为期2天的开课讨论会一次。

第四级别：基础管理教程

培训对象：具有较高潜力的初级管理人员。

培训目的：让参与者准备好进行初级管理工作。

培训内容：综合项目的完成、质量及生产效率管理、财务管理、流程管理、组织建设及团队行为、有效的交流和网络化。

培训日程：与工作同步的一年培训：为期 5 天的研讨会两次和为期 2 天的开课讨论会一次。

第三级别：高级管理教程

培训对象：负责核心流程或多项职能的管理人员。

培训目的：开发参与者的企业家潜能。

培训内容：公司管理方法，业务拓展及市场发展策略、技术革新管理、西门子全球机构、多元文化间的交流、改革管理、企业家行为及责任感。

培训日程：与工作同步的一年半培训；为期 5 天的研讨会两次。

第二级别：总体管理教程

培训对象：必须具备下列条件之一：①管理业务或项目并对其业绩全权负责者；②负责全球性、地区性的服务者；③至少负责两个职能部门者；④在某些产品、服务方面是全球性、地区性业务的管理人员。

培训目的：塑造领导能力。

培训内容：企业价值、前景与公司业绩间的相互关系、高级战略管理技术、知识管理、识别全球趋势、调整公司业务、管理全球性合作。

培训日程：与工作同步的两年培训；为期 6 天的研讨会两次。

第一级别：西门子执行教程

培训对象：已经或者有可能担任重要职位的管理人员。

培训目的：提高领导能力。

培训内容：根据参与者的情况特别安排。

培训日程：根据需要灵活掌握。

培训内容：根据管理学知识和西门子业务的需要而制定，随着二者的发展变化，培训内容需要不断更新。

通过参加西门子管理教程培训，公司中正在从事管理工作的员工或有管理潜能的员工得到了学习管理知识和参加管理实践的绝好机会。这些教程提高了参与者管理自己和他人的能力，使他们从跨职能部门交流和跨国知识交换中受益，在公司员工间建立了密切的内部网络联系，增强了企业和员工的竞争力，达到了开发员工管理潜能、培养公司管理人才的目的。

8.3　人力资源激励计划

引导案例

小米公司的员工激励

1. 薪酬激励

小米公司始终坚持同工同酬，以"全面薪酬"与"以绩效为导向"的薪酬策略，公平地为员工提供有竞争力的薪酬与福利。小米公司 2020 年度的年报显示，小米公司薪酬开支总额为 99.1 亿元，比 2019 年增加了 19.4%。小米公司员工的年平均工资约为 44.9 万元，相信这样的工资水平，在国内互联网企业中至少处于中上游。另外，小米公司为了激发员工活力推行了股权激励计划,2020年有4000多名员工被公司奖励了股份。

2. 创新激励

小米公司作为一家技术公司,对于技术人员、工程师的激励必定是重头戏,因为没有他们的创新和技术革命,公司就没有未来的发展。小米公司为了奖励在技术创新方面做出突出贡献的团队,专门设立了"百万美金技术大奖"。2020年,小米公司内有两个技术团队拿到了这个大奖,雷军还亲自为他们授奖。除此之外,小米公司在2020年还首次举办了黑客马拉松,这场比赛贡献出了13项专利,为技术人员、工程师提供了更多维度实现价值的机会。

3. 沟通激励

对于一家成功企业来讲,内部良好的沟通机制无疑能激发员工工作的积极性。为了保障公司领导层能听到员工真实的反馈,小米为员工提供了一系列沟通渠道,包括内部的OA办公系统、热线电话、官方的邮箱和微信账号。同时,小米公司定期对沟通平台进行员工满意度调查,以保障平台及时、准确地反馈员工的真实意见。

4. 培训激励

小米公司重视人才培训,为全球范围内的员工提供全方位培训,包括通识、企业文化、前沿科学技术、管理技能、科学思维方法等不同类型课程,旨在帮助员工提升基本素质、职业素养、专业能力和领导力。2019年,小米公司成立了清河大学,目标是打造一所具有小米特色的企业大学。2020年,清河大学学习平台共上线课程469门、学习项目103个,激活的用户达25 000余人。清河大学针对不同学员量身定制培训计划,包括针对应届生的入职培训计划、针对管理人员的领导力培训计划,以及针对员工的通用力、专业力培训计划等,培训覆盖人数总计超过12 000人。

5. 晋升激励

小米公司重视员工发展、期待与员工共同成长。小米公司以工作表现和绩效考核为标准公平决定员工的常规晋升,同时为做出重大贡献的员工提供激励机制和奖励晋升通道。小米公司以人才梯队建设的形式培养年轻有潜力的人才,同时搭建后备人才梯队,以不断助力提升关键人才胜任力,为高潜人才提供广阔、开放与透明的晋升路径,为公司的可持续发展打下坚实的人才基础。

6. 工作与生活平衡

小米公司倡导员工平衡工作与生活,在闲暇之余,为员工举办各种丰富多彩的活动,打造幸福、暖心的职场氛围。2020年,小米举办了十周年庆典活动、小米达人秀、小米家庭日、小米卡丁车竞赛、小米科技园开园庆典等。另外,小米公司还举办了不同主题的俱乐部活动,包括篮球、羽毛球等。这些活动的举办,丰富了员工的业余精神生活,达到了缓解他们工作压力的目的,激励他们能更好地投入工作中!

思考:

根据小米公司的案例,讨论对激励员工真正有效的是哪些因素,以及小米公司员工激励案例给我们带来哪些启示。

8.3.1 人力资源激励计划概述

著名管理学家斯蒂芬·罗宾斯认为,激励是通过高水平的努力实现企业目标的意愿,而这种努力是以能够满足个体的某种需要为条件的。我们可以认为激励就是通过激发、引导、强化和修正人的行为的各种力量对员工的行为施加影响的过程,它是人力资源管理的重要组成部分。随着人们对激励理论研究的深入,激励的内涵变得更加丰富,激励的方法和手段更加多样化、系统化,激励目标也日渐战略化。目前,如何正确制订并合理运用人力资源激励计划、如何有效地开发和使用企业中各种人力资源,尤其是如何对在企业运营中起重要作用的核心员工进行持久、有效的激励,是许多人力资源战略管理中亟待解决的重要问题。

企业需要将激励计划的制订和实施当作一项综合性的系统工程来做,需要以激励理论作为激励计划制订的理论基础,将激励理论、激励模型和激励措施综合运用到企业的激励计划中。同时,企业需要准确把握员工的激励需求和企业内外部的资源情况以设计出有针对性的激励计划,使企业的激励计划既能体现出激励理论的严谨性和系统性,又能体现出各种激励措施的适用性和灵活性,从而使企业的员工得到全方位、有效的激励。企业在激励计划的实施过程中,需要考虑其面临的实际情况,包括企业的内外部环境,如人员结构、企业的生命周期、市场环境、行业特点、竞争导向、技术创新水平等,要不断完善企业的内部规章制度,做好激励计划所需的辅助性基础管理工作。

8.3.2 人力资源激励计划的作用

建立适合企业自身的激励计划将对企业产生深远的影响,主要表现在以下几个方面。

1. 调动员工积极性

心理学研究证明,人的积极性来自个人的动机冲动,是动机力量的具体体现,在工作中表现为一种能动的、自觉的心理和行为状态。根据动机源于需要,需要驱使人们朝向目标前进的原理,企业通过一定的激励计划,满足不同层次员工的需要,从而调动员工的积极性,促使员工在工作中始终保持高昂的士气和热情,充分发挥才能,取得积极的行为结果,如改善工作和服务态度、提高劳动效率、超额完成工作任务等。

2. 促进企业目标的实现

企业目标的实现需要全体员工的共同努力,而每个员工都有各自的目标,企业目标与员工个人目标既有一致的部分,也有不同之处,当二者发生背离时,个人目标往往会干扰企业目标的实现。有效的激励计划既要考虑企业目标也要考虑员工个人目标,使员工的贡献能够得到肯定,并通过企业的集体奖励使得员工组建配合默契、积极有效的团队,使团队的各项活动都紧紧地与企业的目标和任务联系在一起,引导员工把个人目标与企业目标统一,最终达到个人目标与企业目标的共同实现。

3. 保持企业的生机、活力

在如今的知识经济时代,人们不再把人视为机器或单纯的生产要素,而是充分重视人的权利和尊严,不断地探索充分体现人的尊严、有利于人的发展的新的管理方式。这种新的管理方式包括一系列激励计划的实施,使员工在工作中不仅表现得热情、积极、主动,而且不断追求创新和突破,企业也会因此不断发展壮大,增强凝聚力和向心力,使更加优秀和更加符合企业及部门要求的人才被吸引进来,为企业的发展带来广阔的前景,使企业能够在激烈的市场竞争中永葆活力。

8.3.3 人力资源激励计划体系

人力资源激励计划涉及企业的很多方面，它们共同形成了人力资源激励计划体系。为了实现人力资源激励计划的目的，这个体系的所有部分都要发挥作用。

1. **绩效考核体系**

绩效是工作所要得到的预期结果，对于员工的绩效考核是激励的基础和根据。绩效考核体系的设计包括目标设计、考核标准、考核评价方法、考核评价回馈等部分，要满足公平、公正、准确的要求。

2. **薪酬制度**

薪酬是企业最基本的激励手段，薪酬制度的设计是激励计划中的重要组成部分。企业要采用最能体现激励效果的薪酬制度。比如，在工资制度中，绩效工资制度可以引导个人的努力与企业目标相挂钩、突出团队精神和企业形象，同时使业绩优秀者得到更多的激励，真正体现绩效在激励机制中的作用，这样是最符合激励原理的、对企业的长远发展是有利的。从薪酬制度的内部结构来看，对于工资、奖金和津贴的比例分配也应因时、因事而异，要充分考虑到企业行业的特性，而不能一概而论。

3. **福利体系**

随着经济的发展、组织间竞争的加剧，福利的重要性不断提升，有时深得人心的福利待遇甚至比高薪更能有效地激励员工。提供满足员工特殊需要的福利项目，可能花费的金额不大，却能帮员工解决重大问题，产生非常好的激励效果。

4. **奖惩制度**

奖励是正向激励，惩罚是负向激励，二者都是激励的重要形式。一般来说，我们强调正向激励的效果，鼓励企业多用正向激励，但是负向激励也是必不可少的。对于奖励和惩罚最重要的要求就是公平，奖惩不公将直接导致员工的不满，科学的奖惩制度要求奖励和惩罚必须构筑于公平的标准之上，既要有质的界定，也要有量的评价，还要注意奖惩的力度和时效。奖惩的力度不大或间隔时间过长都达不到激励效果，甚至会产生反作用，使员工工作热情低下，敷衍了事。

5. **社会保障体系**

享受社会保障是企业员工的基本权利，这种保障的存在在很大程度上可以消除员工的后顾之忧，使其安心地在企业工作。从保障的内容看，生存和安全是员工最基本的两个需求，如果这种低层次的需求都得不到满足，则其将很难产生更高层次的心理需求，这将大大减少其能动性和创造力的发挥，对于企业的发展更为不利。

6. **激励方式组合**

在目前员工需求日益复杂多样的情况下，企业要采用多种激励方式对员工进行激励，不能仅采用一种激励方式，不能认定哪种激励方式是绝对有效的，而应该把激励方式看作一个有机体系，认清各种激励方式之间的内在联系，综合运用，从而实现激励计划的最大效果。

现实中激励方式的种类不仅多种多样而且层出不穷,企业仅仅依靠一种或几种激励方式是无法持久地达到激励目的的,多种激励方式的综合运用和推陈出新才是激励计划有效实现的正确途径。

8.3.4 人力资源激励计划制订的注意事项

1. 要注意物质激励和精神激励的结合

物质激励是目前我国企业内部使用非常普遍的一种激励模式,其对员工激励的重要性是不言而喻,包括工资、奖金、津贴、福利、带薪假期等形式。但是企业不能仅仅依靠物质激励,因为物质需求并不是人的唯一需求。随着人类文明程度的提高,在社会发展进步的同时,人们对精神方面的追求也日益凸显,企业必须满足员工精神方面的需求,才能真正调动员工的积极性。在实践中,不少单位在使用物质激励的过程中,耗资不少,而预期的目的并未达到,员工的积极性不高,反倒贻误了组织发展的契机。因此,企业在制订激励计划时必须注意不能仅仅依靠物质激励,而必须把物质激励和精神激励结合起来,这样才能真正达到激励效果。

2. 要注意多种激励机制的综合运用

企业要注意根据本企业的特点采用多种不同的激励机制。比如,可以运用工作激励把员工放在他所适合的位置上,并在允许的情况下进行工作轮换以保持员工对工作的热情和积极性,增加工作的新鲜感及挑战性。又如,运用参与激励增加员工对企业的归属感、认同感,可以进一步满足其自尊和自我实现的需要,如进行荣誉激励的效果普遍是较好的。事实上,适合本企业背景和特色的激励方式是多种多样的,通过制定相应的制度、创建合理的企业文化、综合运用不同种类的激励方式,可以激发员工的积极性和创造性、促进企业的发展。

3. 要注意多层次激励

激励机制是一个开放的系统,要随着时代、环境、市场形势的变化而不断变化,要采用多层次激励机制,这是保障激励效果的重要手段。企业要想尽办法了解员工需要的是什么,区分其合理和不合理的部分,明确主要和次要的部分;向员工说明哪些是现在可以满足的和哪些是今后努力才能做到的。总之,多层次激励机制采取的激励手段是灵活多样的,是根据不同的工作、不同的人、不同的情况制定出不同的制度,而不是一种制度从一而终,要把激励手段、激励方法与激励目的相结合,从而达到激励手段和效果的一致性。例如,企业可以对有突出业绩的业务人员和销售人员进行重奖,使他们的工资和奖金比他们的上司还高,这样就能使他们安心做好现有的工作,而不用费尽心机往领导岗位上发展,员工也不会再认为只有当领导才能体现价值,因为做一名成功的业务人员和销售人员一样可以体现出自己的价值,他们可以把所有的精力都投入最适合自己的工作中,从而创造出最大的工作效益。

4. 要注意差别激励

激励的目的是提高员工工作的积极性,不同的激励因素对积极性的作用并不一样,尤其对不同环境、背景和企业文化下的企业效果差别可能很大。具体而言,针对员工的不同类型和特点的激励手段的效果差别很大,所以企业在制订激励计划时一定要考虑到个体差异,实行差别激励。例如，女性员工，一般对工作的稳定性和报酬看得较重，而男性员工可能更注重企业和自身的发展；在年龄方面，不同年龄段的员工的追求也不同，一般20~30岁的员工的自主意识比较强，对工作条件等各方面的要求比较高，因此"跳槽"现象较为严重，而31~45岁的员工因为家庭等原因比较安于现状，相对而言比较稳定；在学历方面，有较高学历的人一般更注重自我价值的实现，在基本需求能够得到保障的基础上，相对物质利益而言，他们更看重的是精神方面的满足，如工作价值、工作环境、工作兴趣、工作氛围等，而学历相对较低的人因为收入有限，所以首要注重的是基本需求的满足；在职务方面，管理人员和一般员工之间的需求也有所不同。因此，企业在制订激励计划时一定要考虑到企业的特点和员工的个体差异，通过差别激励达到最大的激励效果。

相关链接

成就激励理论

大卫·麦克利兰曾广泛研究过成就激励，尤其是关于企业家们的成就激励。成就激励理论认为，人们被按高标准工作的要求或者在竞争中取胜的愿望激励着。大卫·麦克利兰指出，尽管几乎每个人都认为自己有"做出成就的动机"，但是在美国大约只有10%的人受到成就激励。人们受成就激励的强弱取决于其童年生活、个人和职业经历及其所在组织的类型。

1. 评估成就激励

大卫·麦克利兰用投影法来测定人们能承受成就激励的强度，即向被测试者出示非结构性的刺激来引起人们各种不同类型的反应。例如，一团墨水污渍，人们可能把它感知为许多不同的东西。这种测试主要是为了获得被测试者对于世界的认知，它重点测试个人对刺激物的感知，赋予刺激物的意义及组织这些刺激物的方式。刺激物的性质及出示方式都不能明确显示测试目的，也不许说明会如何解释被测者的反应。根据大卫·麦克利兰的说法，尽管不要求被测者谈论自己，但是对其反应的解释常常表现出被测者的世界观、个性结构、需求和感情，以及与他人交往的方式。

2. 高成就者的特点

自我激励的高成就者有如下3个主要特点。

（1）高成就者喜欢设置自己的目标。他们不满足于漫无目的地随波逐流和随遇而安，而总想有所作为。他们总是精心选择自己的目标，因此，他们很少自动地接受别人（包括上司）为其选定的目标。除了请教能提供所需技术的专家，他们不喜欢寻求别人的帮助或忠告。他们要是赢了，会要求应得的荣誉；要是输了，也勇于承担责任。例如，让你选掷骰子（获胜机会是1/3）和研究一个问题（解决问题的机会也是1/3），你会选择哪一样？高成就者会选择研究问题，尽管获胜的概率相同，而掷骰子容易得多。高成就者喜欢研究、解决问题，而不愿意依靠机会或他人取得成果。

（2）高成就者在选择目标时会回避过分的难度。他们喜欢中等难度的目标，既不是唾手可得、没有一点成就感，也不是过于难得、只能凭运气。他们会首先揣度可能办到的程度，然后选定一个力所能及的目标，也就是会选择能够取胜的最艰巨的挑战。

（3）高成就者喜欢多少能立即给予反馈的任务。目标对于他们非常重要，所以他们希望尽快知道结果。这就是高成就者往往选择专业性职业，或者从事销售，或者参与经营活动的原因之一。

大卫·麦克利兰指出，金钱刺激对高成就者的影响很复杂。一方面，高成就者往往对自己的贡献评价甚高，在选择特定工作时有自信心，因为他们了解自己的长处和短处。如果他们在组织工作中表现出色而薪酬很低，那么他们是不会在这个组织待很长时间的。另一方面，金钱刺激究竟能够对提高他们绩效起多大作用很难说清，他们一般总以自己的最高效率工作，所以金钱固然是成就和能力的鲜明标志，但是当他们觉得这配不上他们的贡献时，可能会引起他们的不满。

成就激励发生作用时，好的工作绩效可能对人们颇具吸引力，但如果高成就者从事例行性或令人生厌的工作，或者工作缺乏竞争性，那么成就激励就发挥不了什么作用了。

3. 成就激励理论的特点

研究表明，成就激励理论对于人们需要成就激励的原因，解释得不够透彻。也就是说，大卫·麦克利兰的理论确实清楚地说明了高成就者希望从工作中得到什么类型的相关经验，以及哪些因素会影响他们对工作的需要，然而很难看出他们如何把成就视为基本的动力。父母教育孩子的方式、文化背景、组织的习惯做法等环境因素也会影响人们成就动机的发展。

8.4 人力资源职业生涯计划

引导案例

阿里巴巴的职业发展双通道

阿里巴巴的岗位主要分为两类，即专业类 P 系列和管理类 M 系列。P（Professional）的中文意思是"专业人员"，M（Manager）的中文意思是"管理人员"。

这些构成了阿里的职位类别及职位等级，同时形成了公司员工的职业发展双通道，不让员工在一条道上走到黑，让有志于走专业路线的人在专业的道路上努力前进，最终可以成为首席科学家，收入水平可以与集团的副总级别相当。

先说说 P 系列，P 系列主要分为以下 14 个级别，从新人到首席科学家等。

P3 及以下多位新人或助理

P4=专员

P5=资深专员

P6=高级专员（也可能是高级资深）

P7=专家

P8=资深专家（架构师）

P9=高级专家（资深架构师）

P10=研究员

P11=高级研究员

P12=科学家

P13=首席科学家

P14=陆兆禧（之前是马云）

再来说说管理道路，管理类的级别从 M1 一直到 M9，P 级和 M 级别可以实现对等，让员工的职业发展选择更灵活。M 级与 P 级的对应关系如下。

M1=P6 主管
M2=P7 经理
M3=P8 资深经理
M4=P9 总监
M5=P10 资深总监
M6=P11 副总裁
M7=P12 资深副总裁
M8=P13 子公司 CEO 或集团其他"O"
M9=P14 陆兆禧（之前是马云）

在阿里只有P6（M1）之后才算是公司的中层。不同的子公司给出的P级标准不一样。比如，B2B公司的P级标准普遍较高，但是薪资水平低于天猫子公司的同级人员。同时，只有到达P级的员工才有享受公司股权激励的机会（低于P6的员工，除非其项目十分出色才有股权或期权奖励，否则1股都拿不到）。

1. 晋升体系
① 晋升资格：上年度KPI达3.75（满分5分）。
② 主管提名：通常，KPI不达3.75是不会被主管提名的。
③ 晋升委员会面试：晋升委员会的成员一般是合作方业务部门的"大佬"、HR、该业务线"大佬"等。
④ 晋升委员会投票。

从P5升到P6相对容易，再往上会越来越难，一般到P7都是技术团队的Leader（领导者）。从P6升到P7非常难，从员工到管理的那一步跨出去不容易，当然有人说P一般都是专家，M才是管理，实际上专家线/管理线有时并不是分得那么清楚。

2. 薪水
① 阿里薪资结构：一般是12+1+3=16薪。
② 年底的奖金为0~6个月薪资，90%的人可拿到3个月薪资。
③ 股票是只有工作满2年的员工才能拿到的，第一次拿50%，4年能全部拿完。

思考：
阿里巴巴的职业发展双通道设置得是否合理？是否有需要改进的地方？如何改进？

8.4.1 人力资源职业生涯计划概述

人力资源管理的一个基本假设是，企业有义务最大限度地利用员工的能力，并为每位员工都提供一个不断成长，以及挖掘个人最大潜力和获得职业成功的机会。这种理念得到越来越多企业的接受和强化，人们也越来越重视员工职业生涯计划的设计及执行。职业生涯计划可以从企业和员工两个角度进行划分，即企业从企业发展的角度为企业员工设计的职业生涯计划和员工从自身发展角度为自己设计的职业生涯计划。本书主要讨论从企业角度出发的职业生涯计划。职业生涯计划需要企业提供适当的条件帮助员工评估其人格倾向、能力、兴趣，确认职业类别和生涯导向，并通过人力资源管理部门给予适当的建议及辅导。具体地说，企业的职业生涯计划，是在人力资源管理部门指导之下，依据个人发展和企业发展相结合的原则，对影响企业员工职业生涯发展的主/客观因素进行分析，确定员工个人的事业奋斗目标及实现这一目标所应从事的职业，并制订相应的工作、培训和晋升计划。

在制订人力资源职业生涯计划时应该注意，企业所制订的职业生涯计划是从企业发展的角度出发、为员工个人职业发展计划提供帮助和支持的计划。企业可以通过员工个人职业生涯计划的实现来满足企业的需要，所以说员工的职业生涯计划并不是某一个员工的私事。如果员工的职业生涯计划制订和执行得好，企业与之相关的目标就能实现；如果制订得不恰当、员工发展得不顺利，则会给企业发展带来损失。企业必须高度重视员工的职业生涯计划，要把员工的职业生涯计划和企业发展联系在一起，争取实现双赢。企业通过制订员工职业生涯计划，将那些对企业发展有重要作用和潜在影响的员工保留在人力资源队伍中，这既是帮助员工获得事业成功的有效措施之一，也是企业进行人力资源开发的有效措施之一。

职业生涯计划实际上是一个持续不断的探索过程，其目的在于通过对所有员工的职业生涯计划和管理，充分发挥企业成员的集体潜力及效能，最终实现企业的经营战略目标。在这一过程中，每个人都通过对自己的天资、能力、动机、需要、态度和价值观的不断探索及体会，逐渐形成与职业有关的、较为明晰的自我概念。随着员工对自己了解得越来越透彻，他就会越来越确定自己的职业锚。

相关链接

所谓职业锚，又称职业系留点。锚，是使船只停泊定位用的铁制器具。职业锚，实际就是人们选择和发展自己的职业时所围绕的中心，是指当一个人不得不做出选择时，他无论如何都不会放弃的职业中的那种至关重要的东西或价值观，是自我意向的一个习得部分。职业锚是个人进入早期工作情境后，由习得的实际工作经验决定，与在经验中自省的动机、价值观、才干相符，达到自我满足和补偿的一种稳定的职业定位。职业锚强调个人能力、动机和价值观 3 方面的相互作用与整合。职业锚是个人同工作环境互动作用的产物，在实际工作中是不断调整的。

职业锚问卷是国外职业测评运用最广泛、最有效的工具之一。职业锚问卷是一种职业生涯规划咨询、自我了解的工具，能够协助组织或个人进行更理想的职业生涯发展规划。

将职业生涯划分为不同的阶段，明确每个阶段的特征和任务、做好计划是进行职业生涯计划的重要方法。职业生涯计划的期限分为短期计划、中期计划和长期计划 3 种：短期计划的计划时间一般为 5 年以内，主要用于明确近期目标和要完成的任务；中期计划的计划时间一般为 5~10 年，主要用于明确中期目标和任务；长期计划的计划时间是 10~20 年及以上，主要用于明确较长远的目标和任务。

8.4.2 人力资源职业生涯计划的内容

企业在制订员工职业生涯计划时要完成很多任务，包括对员工能力、兴趣及职业发展要求和目标的分析与评估，提供关于企业内部所需要的职业发展信息，以及员工的职业发展咨询等。为了完成这些任务，企业需要建立新员工入职培训制度、设立职业信息资源中心、开展职业发展咨询、进行员工评价、进行职业培训。

1. 建立新员工入职培训制度

新员工在进入企业时，一般都会有焦虑感、不确定感，为了帮助新员工尽快熟悉企业环境，适应企业的工作氛围和习惯，同时为了帮助企业及时了解新员工的特点，避免盲目用人，企业可以建立新员工入职培训制度。由人力资源部门邀请企业高层和各部门主管向新员工介绍企业现状、企业近期和远期目标，了解新员工的思想状况和需要，尽量满足他们的要求。同时，企业可以选拔一些优秀的老员工担任新员工辅导员，和他们进行沟通、交流，解答他们在职业生涯方面的困惑，帮助他们尽快融入企业，找到发展方向。

2. 设立职业信息资源中心

企业为员工提供内部职业发展的信息，可以给员工提供公平竞争的机会，同时员工如果希望制订出在企业中切实可行的职业生涯计划，就必须获取企业关于职业选择、职业变动和空缺岗位等的信息。企业必须将关于员工职业发展的方向、途径，以及有关空缺职位的信息及时传达给员工，以便让符合其职业发展方向的员工进行公平竞争。为此，企业可以设立职业信息资源中心，以专门为员工提供职业开发活动的资源和信息，帮助员工进行职业开发。比如，教育培训信息、职业发展方面的资料，实施职业生涯计划的资料，以及企业内部职业发展的信息等。

3. 开展职业发展咨询

企业的人力资源管理部门应该切实关心每个员工的职业需要及其职业生涯计划目标的可行性，并提供各方面的咨询服务，使员工的职业生涯计划切实可行、得以实现。企业应选取各种资深成功人士作为员工的职业生涯咨询人员，帮助员工测定能力和技能水平，解决工作中遇到的新问题，分析变化的环境形势，对员工的职业生涯目标实现的道路或途径提出建议和指导，为人力资源开发部门提供未来人力资源配置和开发方面的参考资料及依据。企业可以定期举办职业生涯计划研讨会，针对员工在职业生涯计划方面的问题进行广泛讨论，集思广益，取长补短，互相启发。

4. 进行员工评价

企业对员工个人能力、潜力和业绩的评价是员工职业生涯计划制订及实施的关键。它对企业合理地开发、引导人力资源发展，以及员工职业生涯计划目标的实现都有重要的作用。企业对员工的工作绩效是通过"从过去的表现看目前的表现，从过去和现在的表现预测未来的表现"进行评价的。对于员工能力和潜力的评价，可以采用心理测验、评价中心等方法进行。通过对员工的这些能力测试可以较准确地测评出员工的能力和潜力，对员工制订切实可行的职业生涯计划具有重要的指导意义。

5. 职业培训

职业培训是用于开拓员工技能和知识范围的活动，由于员工的职业生涯计划是针对每个员工进行的，不同员工所需要的培训工作可能不同，因此职业培训的设计工作主要应该依靠每个员工的自我评价、自我设计去完成。企业根据员工培训的需要和企业发展的需要安排实用性学习活动，并根据企业发展变化进行转换性学习活动，活动内容需要根据企业变化做相应的调整。

8.4.3 人力资源职业生涯计划的制订

职业生涯计划是一项长期的、系统的、持续的、有弹性的计划，要做好职业生涯计划就必须做好职业生涯计划流程中的每个环节。制订人力资源职业生涯计划的步骤如下。

1. 设立职业生涯指导小组

为了能够做好员工职业生涯计划的制订工作，企业需要设立职业生涯指导小组。职业生涯指导小组负责编制企业员工职业生涯计划并为员工的职业生涯计划提供具体指导意见。职业生涯指导小组的主要工作是使员工的职业生涯计划和企业的需求相协调，所以在组织员工进行个人职业生涯计划设计之前，职业生涯指导小组要将企业未来的发展方向和人力资源规划中对企业未来岗位/职位的需求信息向全企业公布，为企业员工的职业生涯计划提供参考。

2. 分析环境因素

制订职业生涯计划需要充分认识并了解相关的环境因素，预测外部宏观环境的变化和未来人力资源市场的供求状况，分析企业所在的内部和外部环境的变化趋势；还要分析组织的发展战略、人力资源战略和总体经营目标，预测未来企业对人才结构和数量需求的变化。

3. 个人职业生涯计划引导

为了能够针对员工的实际情况进行员工职业生涯计划的引导，企业需要对员工过去的工作业绩进行评价，以确定员工职业生涯计划目标可实现的现实程度，使企业可以进一步采取适当的职业生涯引导措施。企业要对人力资源发展计划中所需要的岗位、职位和员工职业生涯计划进行平衡分析，确定岗位和职位的需求与员工个人职业目标计划之间的矛盾，以便企业能够根据人力资源发展计划的需要对员工个人职业生涯计划进行引导。

4. 制订员工个人职业生涯计划

员工要进行自我分析和接受组织的测评，明确自身基本情况，包括能力、潜力、人格、知识水平和就职意愿等，这是制订个人职业生涯计划的基础。而在整个组织职业生涯计划的制订流程中，制订正确的个人职业生涯计划是最为核心的环节，这一环节做不好或出现偏差，就会导致整个组织职业生涯计划的其他环节出现问题。之后员工个人要根据组织人力资源战略发展的需要和自身的专长与职业爱好制订个人职业生涯计划。

5. 编制职业生涯计划

企业要结合员工的个人情况，根据职业生涯各阶段的特征和规律，设计符合组织需要并有利员工发展的职业生涯计划，促使组织发展和个人发展相一致。在编制职业生涯计划时，应该分别制订长期、中期和短期的职业生涯计划。在职业生涯计划中应该包含企业的岗位与职位需求数量、对应的员工职业生涯目标数量、企业岗位和职位的完缺数、企业所采取的对员工职业生涯计划促进方法，以及相应的投资数量和可能产生的效益。

8.4.4 人力资源职业生涯计划的管理体系

人力资源管理机构、制度和观念是职业生涯计划管理体系建立的基础。要完成企业的职业生涯计划管理任务，企业就要充分考虑职业生涯管理的环境因素，不同部门、员工和管理人员之间都要进行充分的信息沟通，企业的每项职业生涯计划管理活动都应该围绕开发的步骤、企业制度的保障展开，通过保障机制、信息沟通机制和实施机制构成全面的职业生涯计划管理体系。

1. 保障机制

职业生涯计划管理体系只有在保障机制完善的情况下，才能顺利实施，在整个职业生涯计划管理体系中，保障机制是最重要的部分。保障机制涉及3个方面的内容。

（1）理念保障。在管理理念方面，企业的管理者要将人力资源的开发作为企业发展战略之一，树立以人为本的发展观念，深入贯彻人的全面发展的观念，将组织对人力资源的需求与员工个人职业生涯的发展愿望结合起来，推行全员参与的原则，从更广泛的意义上理解职业生涯计划管理，发现并解决职业生涯计划管理中存在的问题，使其不断完善与发展。同时，员工也应该更新职业发展观念，不能把向上升迁作为职业发展的唯一出路，不能认为没有提升就是职业生涯的失败或受挫。员工应该认识到职业发展的实质是个人综合能力的提升，外在表现是个人薪酬或影响力的提升，以及可以为组织承担更多的责任。职业发展的形式包括晋升、平行调动、职务内容丰富化和工作方法创新等。

（2）组织保障。为了保证人力资源职业生涯计划设计和实施的质量，企业必须加强人力资源管理部门的组织建设、明确其目标、明晰其职权、协调管理职业生涯计划过程的各个环节，并保持与其他职能部门和员工信息沟通渠道的通畅。同时，企业要提高人力资源管理人员的职业素质，加大对人力资源管理人员的培训力度，使其熟悉并掌握现代职业生涯管理的理念、方法和工具。

（3）制度保障。与其他管理制度相比，人力资源职业生涯计划管理制度的发展时间还不是很长，还不是非常完善，需要不断改进，再加上人力资源职业生涯计划管理受社会文化因素的影响较大，而企业面临的外部管理制度也不尽完善，所以企业亟须加强制度建设以保障人力资源职业生涯计划的有效实施。企业需要在注重实践的基础上进行制度创新，在原有制度的基础上加入新的元素，同时要注重制度的可实施性。

2. 信息沟通机制

企业与员工之间信息沟通的障碍会影响员工职业生涯计划制订的基础。比如，对企业内部劳动力市场信息的不了解，容易造成员工职业发展的困惑，员工的流失也往往是员工和管理者之间缺乏有效的信息沟通造成的。因此，及时、有效的信息沟通是员工职业生涯计划管理的重要保障，企业应该建立信息沟通机制，促进组织内部的职业信息交流。信息沟通机制包括以下内容。

（1）职位信息系统。企业职位信息系统的主要内容是对员工公布的企业的职位空缺信息，该信息对于员工的发展十分重要，但是由于各种原因，这些职位空缺信息有时传播的范围非常小，导致只有少数人了解了信息、把握了机会，而多数员工并不知道出现了什么职位空缺，没有参与竞争的机会，所以企业要建立针对全体员工都开放的职位信息系统。

（2）员工档案系统。没有一个完备的员工档案系统，就不可能有一个完备的职业生涯管理系统，所以建立员工档案系统是进行职业生涯管理的基础性工作。在员工档案系统中可录入其基本个人信息、职业属性、职业理想和工作状况等信息。职业属性包括职业倾向、职业价值观、气质、性格、一般能力和特殊能力等；职业理想是建立在职业属性基础上的个人理想；工作状况主要包括工作经历、工作业绩、工作态度，特别是近期的工作表现和培养前途等。

3. 实施机制

（1）招聘。招聘是其他后续人力资源管理工作的基础，对职业生涯计划来说，招聘工作的质量决定了职业生涯计划管理工作的难度和人力资源开发的深度。为适应职业生涯计划管理的需要，企业在实施招聘时要加强对应聘者价值观、人性和潜力的考查，同时将招聘对象定位于初级岗位，以备补充空缺之需。

（2）绩效评估。从职业生涯计划管理角度看，绩效评估的结果是员工职业发展如晋升、岗位轮换和培训的依据，绩效评估是进行职业生涯计划管理的重要手段，对于个人来说，绩效考核的结果既是自我认识的重要途径，也是个人制定职业生涯发展目标的基础。绩效考核的结果既可以帮助员工提高绩效，也可以修正职业生涯计划中可能出现的偏差，所以建立动态的绩效评估系统是进行职业生涯计划管理的必要条件。

（3）薪酬管理。企业的薪酬福利系统要满足员工在职业生涯发展不同时期的不同需要，要有更大的灵活性，创造更多的选择机会，让员工自己来选择，满足其个性化需求，从而最大限度地激励员工。例如，对年轻会计师来说，带薪参加会计学术会议可能有很大的激励作用；对处于职业生涯中期、生活负担较重的员工来说，他们最需要的可能是带薪假期和一些涉及老人、孩子的福利政策；而对于资深经理来说，对他们具有激励作用的可能是股权等长期激励手段。

（4）培训管理。积极的培训政策为员工的职业生涯计划的实现创造了条件。在员工职业生涯计划管理中，企业要根据员工个人职业生涯发展的需要，针对处于不同职业生涯发展时期的员工安排不同的培训内容，不仅要满足当前时期岗位对现职者的要求，还要为满足下一时期岗位对未来任职者的要求做准备。它强调根据员工的发展需要来进行培训的系统安排，以提高培训内容的有效性，促进其职业生涯计划的实现。

相关链接

"职业生涯规划师"纳入新版职业分类大典

2022年，我国职业分类大典重新修订，"职业生涯规划师"经过三年两次答辩终于名列其中。这是国家按照中国式现代化要求实现人的全面发展、提高全方位职业发展服务水平和质量的总体要求、适应中国经济社会发展和科技进步的客观需要；是国家立足新时代快速发展的不确定且多变的时代特点，传承人文精神，关注生命价值，不断完善人才的终身学习的需要；是国家对行业及职业活动等行为进行专业化、规范化的需要；是我国职业生涯发展及与国际接轨的重要里程碑；是更多的职业生涯发展从业者有据可依、有方向可循、有引领者可信赖的开端。

1. 凝聚新业态

职业生涯规划师作为为服务对象提供职业生涯规划设计、职业咨询及相关培训服务的人员，打破了原有"朝九晚五"的工作形式、打破了原来只有在固定场所才可以完成职业活动的固态形式，以服务对象为主体，尊重生命价值；以职业活动需求为目标，不限空间、不限场域，采取线下、线上包括远程的工作方式，为需求者第一时间解决职业生涯发展问题而获得生命尊重。职业生涯规划师发挥的作用，将使社会氛围越来越从容：促进已经和即将进入职场的人士，进一步提升生活品质、提高职业素养、改善生活方式、创造良好的工作、学习、生活平衡的生态环境；促进教师们助力学生为职业提前做准备而规划学业，托起学生们的职业梦想，承载中国未来之栋梁，用生命影响生命，用智慧点燃智慧；引导服务对象做"快乐工作、幸福生活"的使者，与组织共同成长，共同创造全社会积极努力、阳光向上的生存环境。很多先知先觉的人看到并感受到职业生涯规划师的价值而改变自己的人生赛道走进此行业，以帮助他人实现职业梦想、提升自己的人生幸福感，使该职业成为未来具有重大市场潜力的新职业。

我国职业生涯规划师从业人员队伍的发展伴随着人们就业观念的改变，以及高质量、充分就业的政策举措的落实而方兴未艾。与此同时，人们对职业生涯规划的需求度将越来越高。职业生涯规划是贯穿人的一生的发展规划，职业的发展和人才的成功源于以"动态职业活动"为导向的教育及引导指引。职业生涯规划源于社会发展阶段性的生存需求，升华于人们对更美好生活的向往，落实于"快乐工作，幸福生活"。职业生涯规划师在社会和经济发展中都将产生巨大作用。一是推动社会发展进步。每个人来到这个世界都是为了创造世界和历史的。每个人在发挥自己的才智和潜能、创造自我人生价值的同时，还应创造更大的社会价值，推动社会和历史的发展进步。二是解决就业生存问题，有利于社会稳定，帮助从业人员掌握生存能力。

2. 引领新群体

当前，越来越多的职场人士意识到，没有规划设计的人生往往会出现很多问题，而现代人的职业生涯持续时间普遍有四五十年之久，有的甚至会进一步延长。因此，职业生涯的规划成了人生规划中的重要课题。职业生涯的好与坏对人生的影响不言而喻，也正因如此，职业生涯规划师逐渐成了当下我国火爆职业之一。

职业生涯规划师通过职业规划、生涯设计等技能，为个体和组织提供生涯发展过程中问题的优化匹配方案，以改善生活方式、提高生活品质，使其快乐工作、幸福生活。职业生涯规划师的相关工作贯穿人的整个职业生涯发展阶段，并为各类组织提供团体职业生涯规划方案。职业生涯规划师的服务对象：一是为职业前做准备的青少年、大学生及其他各类人群；二是正在经历生存适应、职业转型、职业瓶颈、职业倦怠等时期的拥有职业活动的人群；三是正在建设、探寻合适的赛道健康型组织。

3. 激活新动能

社会发展的根本是人才自身的发展，国家大环境需要职业生涯规划师引导高中（中专）生、大学（大专）生、职业转型等群体，有自信地迎接职场的各种挑战和变化、挖掘智慧潜能、创新科技发展、实现人生价值，以增强工作学习快乐感、提升生活幸福感。

教师必须具备指导学生进行职业生涯规划的能力。我国高校辅导员、就业部门工作人员、高中部分教师已经在按照国家要求从事相应的职业生涯规划指导工作，由于此行业尚无统一的标准、规范，造成市场上充斥着各种参差不齐的协会、证书，有些机构"只卖证书"，不讲专业性。

随着国家的职业生涯规划师职业标准的发布，该职业将步入行业规范、健康的发展阶段，可以更好地解决我国大学生、下岗职工、就业困难人群、退役军人的职业生涯发展问题，激发生命新动能。

自测题

一、判断题

1. 人力资源的晋升既包括岗位任职资格的认定晋升，也包括岗位任职的升迁。（   ）
2. 员工与职位的匹配关系不是动态变化的。（   ）
3. 员工的晋升路径是指一个人在企业组织中职业向上发展所经过的路线。（   ）
4. 激励理论是人力资源激励计划的唯一基础。（   ）
5. 人力资源管理的一个基本假设就是，企业有义务最大限度地利用员工的能力，并为每位员工都提供一个不断成长，以及挖掘个人最大潜力和获得职业成功的机会。（   ）

二、单选题

1. 以下不属于晋升政策的一部分的是（   ）。
   A．晋升职位　　　　　　　　B．晋升年资
   C．晋升率　　　　　　　　　D．晋升最低条件
2. 以下不是培训需求分析的内容的是（   ）。
   A．组织分析　　　　　　　　B．任务分析
   C．人员分析　　　　　　　　D．职位分析
3. 职业生涯计划的第一个步骤是（   ）。
   A．设立职业生涯指导小组　　B．分析环境因素
   C．制订员工个人职业生涯计划　D．个人职业生涯计划引导
4. 企业的职业生涯管理机制中最重要的是（   ）。
   A．信息沟通机制　　　　　　B．保障机制
   C．实施机制　　　　　　　　D．控制机制

三、多选题

1. 人力资源晋升计划的作用包括（   ）。
   A．明确员工的发展方向　　　B．提高企业的人力资源利用效率
   C．创造良好的企业氛围　　　D．保持企业的稳定
2. 影响企业晋升计划的因素包括（   ）。
   A．资历　　　　　　　　　　B．工作绩效
   C．潜力　　　　　　　　　　D．岗位需求
3. 有效的人力资源激励计划对企业发展的作用有（   ）。
   A．调动员工的积极性　　　　B．促进企业目标的实现
   C．降低企业的人工成本　　　D．保持企业的生机、活力
4. 人力资源职业生涯计划的内容包括（   ）。
   A．建立新员工入职培训制度　B．设立职业信息资源中心
   C．开展职业发展咨询　　　　D．进行员工评价

四、简答题

1. 人力资源晋升计划在人力资源管理中具有什么样的地位和作用？
2. 从激励理论出发，企业应该怎样用最小的成本达到最大的激励效果？
3. 职业生涯计划对于个人和企业分别意味着什么？有什么样的作用？
4. 从战略上思考人力资源开发计划的几个模块对企业实现人力资源价值有什么样的作用，以及企业应如何进一步扩展人力资源开发计划的内容。

五、案例分析

某电力科学研究院（简称研究院）是由多家大型国有集团公司参股的电力高科技企业，是我国最早成立的大区电力试验院（所）之一，注册资金为1亿元。研究院在多年发展的过程中，确立了"以技术创新为关键"的发展战略，且鉴于研究院的行业性质，技术人才成为其企业生命力的根本所在，也构成了研究院的职工主体，占研究院职工总数的90%以上。

人才是企业发展的第一动力，研究院对优秀技术人员也尤其重视，但近年来，优秀技术人才外流、员工积极性差等问题频出。鉴于此，研究院领导提出建立一套科学、合理的晋升体系，以实现企业与员工成长与发展的共赢，保留优秀技术人才并充分发掘其潜力，为研究院的创新发展奠定坚实的人才基础。

该研究院的人员晋升通道主要包括两大类：管理通道和技术通道。其中，管理通道是指从员工到干部岗位的晋升道路，实行的是传统的行政级别晋升制，而技术通道是指从初级到中级、高级的技术职称晋升。经过多年的发展和管理水平的提升，该研究院的管理通道已较为完善，但是技术人员的任职资格体系方面仍存在一些问题。

目前，研究院技术人员的发展路径是从初级技术职称晋升到中级技术职称，从中级技术职称晋升到高级技术职称，且技术评级主要依赖学历、经验、年限、资历等因素。技术人员需要积累多年经验才具备晋升的资格，一些优秀的技术人员也往往会因为"经验不足"而不能得到晋升，这严重打击了技术人员的积极性。随着时间的推移，一些"有劲头"的优秀技术人员也慢慢变得懒散，很少主动提升自己的专业知识和工作技能，"熬年头"的思想意识比较严重。另外，由于技术职称的等级数量较少，而技术人员数量庞大，再加上"能上不能下、能进不能出"的用人机制，研究院每年得到晋升的技术人员数量有限，这就造成了有能力的技术人员"上不去"、得不到个人发展的机遇和平台的问题，技术人员的工作积极性大为受损，甚至导致部分优秀技术人员外流，给企业发展造成一定的人才压力。

除深入钻研、提升技术水平这一晋升道路外，也会有部分技术人员转向技术管理类岗位，如项目经理等。目前，研究院技术人员的发展方向多为领导指派，也就是领导安排员工做技术管理，员工就做技术管理；领导安排员工钻研技术，员工就去钻研技术。而领导在选择人选时全凭主观印象，缺乏科学的评价系统，"拍脑瓜"现象比较普遍，这种分派方式忽略了员工的优势、特质、发展潜力，以及员工自身的特点、兴趣爱好等因素，经常会有员工因为技术水平较高被派去做技术管理，却不能胜任管理岗位，或者一些员工具备做"技术管理"的潜质，但缺乏机遇或平台。另外，研究院在人员培训上花费了大量的资金、精力，但是由于科学评价系统的缺失，培训课程及培训方式与培训对象的特点、潜质往往不能匹配，培训效果较差，所投入的培训成本也难以收回。

问题：研究院的晋升通道存在什么问题？应该如何解决？

第 9 章
人力资源规划的实施

学习目标

1. 掌握人力资源规划实施的程序、模式；
2. 掌握人力资源规划管理者的地位、类型和职责；
3. 掌握人力资源规划控制的方式与要素及过程；
4. 掌握人力资源规划方案的修订、纠正偏差的方法；
5. 了解人力资源规划实施与人力资源规划制定的关系；
6. 了解人力资源规划方案的分解、人力资源规划实施计划体系；
7. 了解人力资源规划控制的概念、人力资源规划修订的概念。

学习导航

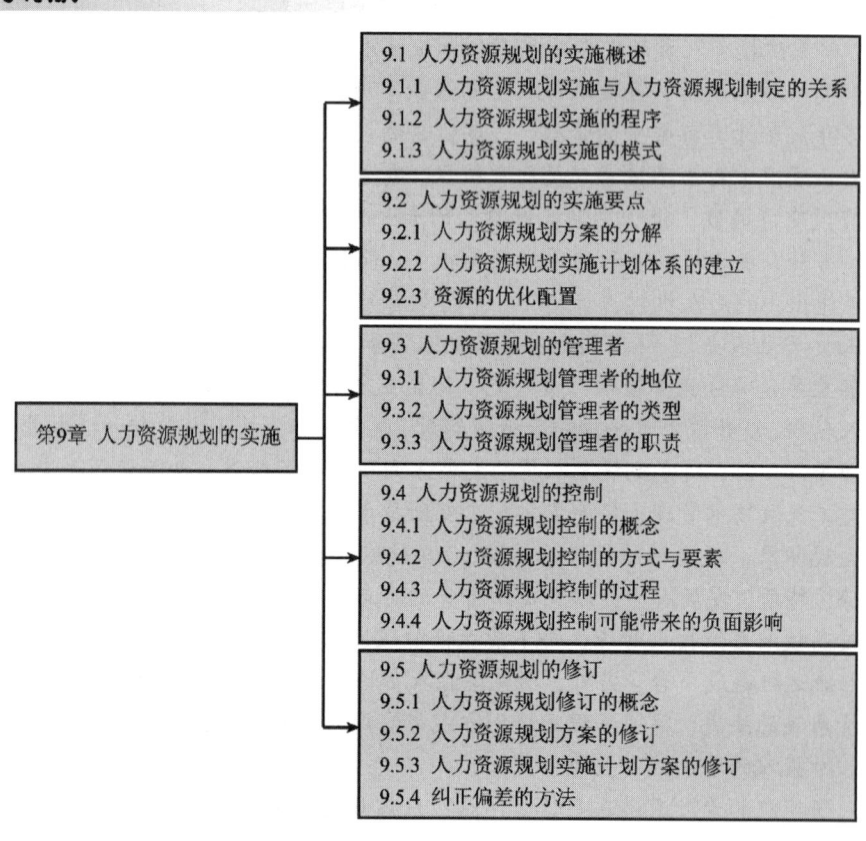

第9章 人力资源规划的实施

- 9.1 人力资源规划的实施概述
  - 9.1.1 人力资源规划实施与人力资源规划制定的关系
  - 9.1.2 人力资源规划实施的程序
  - 9.1.3 人力资源规划实施的模式
- 9.2 人力资源规划的实施要点
  - 9.2.1 人力资源规划方案的分解
  - 9.2.2 人力资源规划实施计划体系的建立
  - 9.2.3 资源的优化配置
- 9.3 人力资源规划的管理者
  - 9.3.1 人力资源规划管理者的地位
  - 9.3.2 人力资源规划管理者的类型
  - 9.3.3 人力资源规划管理者的职责
- 9.4 人力资源规划的控制
  - 9.4.1 人力资源规划控制的概念
  - 9.4.2 人力资源规划控制的方式与要素
  - 9.4.3 人力资源规划控制的过程
  - 9.4.4 人力资源规划控制可能带来的负面影响
- 9.5 人力资源规划的修订
  - 9.5.1 人力资源规划修订的概念
  - 9.5.2 人力资源规划方案的修订
  - 9.5.3 人力资源规划实施计划方案的修订
  - 9.5.4 纠正偏差的方法

引导案例

XL水利水电建设咨询有限公司（简称XL公司）成立于1983年。多年来，在全体员工的共同努力下，XL公司的业务范围不断扩大，但也在人力资源管理方面面临着严峻的挑战。目前XL公司人力资源管理存在的主要问题包括以下几个方面。

1. 人才供求不平衡

随着企业的迅速发展，以及市场竞争环境的日益激烈，XL公司对各类人才的需求快速增长。但是，优秀的水电建设人才在市场上比较欠缺，导致XL公司往往需要花费大量的招聘成本，有时即使花了巨大的人力、物力和财力也不能招聘到XL公司所期望的人才。

2. 招聘方式难以抉择

外部人才的引进相对而言能够使XL公司快速招聘到高级人才，且能补充、优化、提升现有工程咨询能力，但高级人才招聘不仅使XL公司的招聘成本增加，而且人员的稳定性、企业认同度较低。内部人才培养能解决高级人才招聘难题，成本低，而且员工对企业的认同度高，容易留人，但内部培养人才周期过长，收效缓慢。

3. 核心人才流失

由于行业的特殊性质，行业受外部环境影响较大（国家投资规模、产业政策、经济形势等），市场并不稳定，加上激励机制、培训机制的欠缺，使XL公司专业人才的保留难度大。

4. 企业文化融合难

鉴于XL公司业务的需要，公司工程地点分布于各地，员工国籍、区域、民族、语言等不完全相同，容易产生文化差异，造成文化冲突。为了规避文化差异，合理化解文化冲突，XL公司对于不同背景的人才采用不同的人力资源管理方式。如何将企业文化贯穿于多种人力资源管理方式之中是XL公司人力资源管理部门面临的巨大挑战。

XL公司在某著名咨询公司的协助下，根据其企业战略目标，分析了其面临的人力资源管理问题，结合行业内人力资源管理实践案例，实施了以下人力资源规划改革方案。

1. 明确公司定位，推进岗位职责界定工作

进行工作分析、编写岗位职责说明书和建立胜任力特征模型，是人力资源管理的基石，需要持续、不断地完善，并应伴随着企业的发展而逐步细化。XL公司大力推动这类工作的长期开展，并随组织结构、岗位的变动而随时更新工作流程说明书、岗位职责说明书和胜任力特征模型等。

2. 优化招聘流程，高效招聘所需人才

因为XL公司人力资源管理部门搜寻人才的能力不足，所以XL公司采用外包的形式，以避免大规模人才引进所造成的风险，将公司的工作重点放到保留、激励核心人才上。同时，XL公司着力提升人力资源管理部门的自身能力，划定统一的用人标准，开发有效的人才选拔工具。

3. 建立合理的薪酬制度和激励机制，调动员工积极性，留住核心人才

XL公司缺少价值评价体系，薪酬和绩效的公平性受到质疑，且奖励形式单一，未能有效发挥激励作用。XL公司秉持基于岗位价值的薪酬分配原则，建立支持项目管理体制的薪酬分配和绩效考核制度，将绩效目标与经营结果密切连接，丰富激励手段，以保留公司的核心人才。

4. 建立系统的员工培训机制，提升员工素质与能力

针对员工培训不足和职业发展通道不明导致人才流失的问题，XL公司采取了"四步曲"方法来改变这一现状：① 根据公司业务发展需求，确定人才培训开发的培养重点和培养方向；② 明确组织对人才培训与开发资金投入的依据；③ 根据素质评估的结果来量身定制所需要的培训计划和培养方式；④ 根据能力差距分析来确定后备人选，建设人才梯队。

5. 落实企业文化，打造和谐员工关系

XL公司通过拓展训练、内部通告栏、内部刊物、网站等有意识地宣传公司的企业文化和价值观；开展文娱体育活动、员工出游等项目，促进员工之间的情感交流，营造和谐的公司氛围。

思考：

分析XL公司人力资源规划实施的思路和策略，预测实施效果如何，有哪些地方可以改进。

企业在制定人力资源规划之后，要对人力资源规划加以实施和控制，如果有必要，还要加以修订，这就是人力资源规划的实施过程。就人力资源规划达成的最终效果来说，人力资源规划的实施远比人力资源规划的制定重要。因此，人力资源规划的实施是人力资源规划的重要组成部分，甚至可以说是最具有实际意义的部分。

9.1 人力资源规划的实施概述

9.1.1 人力资源规划实施与人力资源规划制定的关系

人力资源规划实施指的就是从人力资源规划制定之后到人力资源规划完成之间的过程，包括人力资源规划的执行、人力资源规划的控制和人力资源规划的修订等。也就是说，人力资源规划的整个过程由人力资源规划制定和人力资源规划实施两个部分组成。

美国管理学家托马斯·波奈玛曾提出一个反映战略制定和战略实施关系的模型，对其进行简单的改造，可以得出一个反映人力资源规划制定和人力资源规划实施的关系模型，如图9-1所示。

从图9-1可以看出，人力资源规划的制定有3种可能，即合适的人力资源规划、不合适的人力资源规划、没有制定出或不制定人力资源规划（也就是没有人力资源规划）；同理，人力资源规划的实施也有3种可能，即有效的实施、无效的实施、脱离人力资源规划的实施（不实施人力资源规划）。除了不制定规划和不实施规划的组合没有实际意义、不用讨论，其他6种组合会有6种不同的结果。对合适的人力资源规划予以有效的实施，其结果必然是成功的，对不合适的人力资源规划若予以无效的实施，则会雪上加霜，不可避免地导致结果失败。若是对合适的人力资源规划予以无效的实施，人力资源规划就会碰到很多麻烦，甚至半途而废。若是对不合适的人力资源规划予以有效的实施，就可以弥补和克服人力资源规划的种种不足，或对原有的人力资源规划进行修正和调整，或完全放弃原有的规划重新制定新的人力资源规划。如果没有人力资源规划，那么企业的实施就是盲目的。如果有了人力资源规划而不予以实施，那么人力资源规划就变成了无用的"鬼话"。

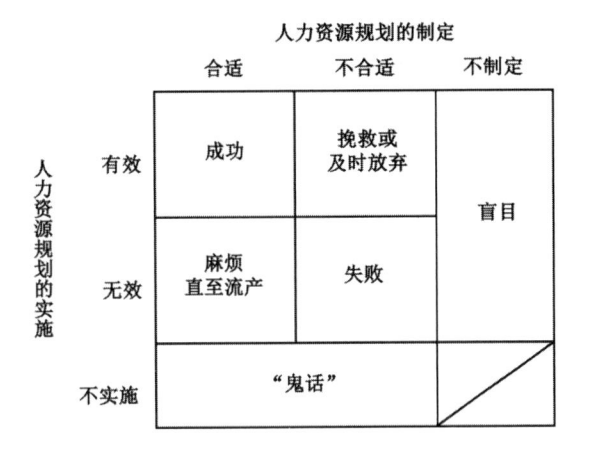

图 9-1　人力资源规划制定和人力资源规划实施的关系模型

9.1.2　人力资源规划实施的程序

人力资源规划的实施是一个过程，这个过程包括若干个程序，这些程序之间的关系如图 9-2 所示。

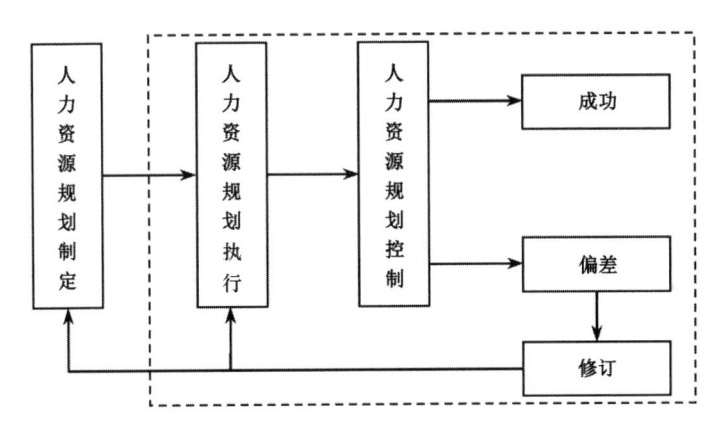

图 9-2　人力资源规划实施的程序

由图 9-2 可以看出，人力资源规划实施由 3 个环节组成：第一个环节是人力资源规划执行，第二个环节是人力资源规划控制，第三个环节是人力资源规划修订。

（1）人力资源规划执行是人力资源规划实施过程中最重要的环节，它通过相关技术、方法和措施全面落实人力资源规划，使人力资源规划的目标、战略、对策在目标年限内得以实现。人力资源规划实施需要在实施计划、方案分解、组织结构、资源优化配置等方面给予有力的保证。

（2）人力资源规划控制是人力资源规划实施的一个不可缺少的重要环节，它根据人力资源规划的要求对人力资源规划实施过程进行控制，以确保人力资源规划实施的方向正确、措施得力、成果有效。因此，人力资源规划控制实际上可以被认为是与人力资源规划实施基本上同步进行的质量保证体系。

（3）人力资源规划修订虽然是人力资源规划实施的一个重要环节，但并不是必不可少的环节。如果人力资源规划制定得合适、实施得有效，人力资源规划就能顺利得以实现，获得成功，这时就不需要修订。如果人力资源规划存在偏差或实施时出现了一些问题，这时人力资源规划就难以获得成功，就需要对原有的人力资源规划进行修订。人力资源规划修订是人力资源规划实施过程的反馈系统，通过反馈，使原有人力资源规划更适应企业和市场发展的需要，以保证顺利实施，最终达到企业战略目标。从图9-2可以看出，进行人力资源规划的修订，实际上已经开始了新的一轮人力资源规划制定和人力资源规划实施的过程。

人力资源规划的实施如果成功，就标志着这一轮人力资源规划过程已经结束。这时就需要进行新的一轮人力资源规划过程，即重新制定、实施人力资源规划等，直至成功。"规划—实施—成功—规划—实施—成功"……只要企业维持生存和发展，人力资源规划过程就会往复循环下去。当然，这样描述仅仅代表着一种程序，实际情况并不完全是这样的。有时当一轮人力资源规划过程尚未结束时，新的一轮人力资源规划就已经开始了。因此，在一轮人力资源规划过程结束之前，新的人力资源规划就应已经制定出来，并开始实施。

9.1.3 人力资源规划实施的模式

根据战略管理理论，可以把人力资源规划实施分为5种模式，即指令型、转化型、合作型、文化型、支持型，如表9-1所示。

表9-1 人力资源规划实施的5种模式

实施模式	决策范围	最高决策者的任务	最高决策者的角色	决策方式
指令型	最高决策者	制定规划及实施方案	指挥者	自上而下
转化型	最高决策者	将方案转化为组织行为	设计者	自上而下
合作型	管理层	调动管理层积极性	协调者	自上而下
文化型	全员	通过文化灌输实施方案	指导者	自上而下
支持型	全员	激励积极性和创造性，培养直觉	评判者	自下而上

1. 指令型

指令型模式的人力资源规划实施的决策权在企业最高决策者手里，最高决策者素质的高低和决策的正确与否决定着人力资源规划的成败。指令型模式是一种个人集权、集中指导、决策与执行相分离的模式，成功的关键在于个人权威和正确规划。这种模式常在小型、稳定的企业中运用。指令型模式的不足之处很明显，即权限过于集中，不利于调动广大管理层和员工的积极性，人力资源规划实施方案的执行者缺乏动力及创新精神。

2. 转化型

转化型模式的人力资源规划实施的决策权也在企业最高决策者手里，只是最高决策者的角色从指挥者转变为设计者。最高决策者所考虑的是怎样把人力资源规划转化为企业的组织行为。因此，转化型模式十分重视组织的设计与变革，注意运用组织结构、激励手段和控制系统等方式、方法来实现人力资源规划。由于转化型模式过分强调和依赖组织体系及结构的作用，因而在环境变化较快的情况下，可能会失去应有的灵活性。

3. 合作型

合作型模式的人力资源规划实施的决策范围已经扩大到企业管理层，也就是决策权为管理层集体掌握，最高决策者在大部分情况下起协调作用。合作型模式非常重视调动管理层人员的积极性，发挥他们的创造性，群策群力，提高决策的质量，确保人力资源规划的实现。在多数情况下，合作型模式可以有效地克服前面所述两种模式的不足。但是合作型模式也存在缺陷：第一，决策是协调的产物，需要妥协和折中，因而创造性和灵活性欠佳；第二，决策权集中在管理层，并不是真正意义的集体决策或民主决策。

4. 文化型

文化型模式的人力资源规划实施是一种全员管理模式，是合作型模式的扩展。在这种模式中，最高决策者主要起指导作用，力图通过一种组织文化把各个层次的人员融为一体，形成共同的理念和价值观。文化型模式的决策权被最大限度地分解，每个成员都可以在自己的范围内进行决策，使得这种模式的人力资源规划实施被广泛认可和接受。

文化型模式的人力资源规划实施要求企业所有员工都要有较高的素质，而且一种组织文化的形成不是朝夕之事，而组织文化一旦形成就难以改变，这些都会增加一个新的人力资源规划的实施难度。

5. 支持型

前4种模式的共同特点是自上而下的决策方式，支持型模式的人力资源规划实施则完全不同，它采用的是自下而上的决策方式。支持型模式也是一种全员管理模式，无论是人力资源规划的制定，还是人力资源规划的实施，都是全员参与、自下而上地决策。这种模式对企业最高决策者的要求甚高，要求其不仅要有极强的判断能力，能判断各种决策方案的是非优劣，还要有把自己从领导职责的重任中解脱出来的勇气。最高决策者的主要精力不再放在纯粹的决策上，而是放在如何激励全体员工的积极性和创造性，以及培养组织的直觉上。

支持型模式的最大限制是其形成需要一个过程，需要精心地培养，而且具有相当的难度，这不是所有企业都能达到的。对于一个企业来讲，这5种模式并不是固定的，一种模式可能适用于这种环境和条件，而另一种模式可能适用于另一种环境和条件。事实上，在很多人力资源规划实施的过程中，各种模式是交替使用或混合使用的。

9.2 人力资源规划的实施要点

9.2.1 人力资源规划方案的分解

根据企业的实际情况确定了人力资源规划实施的模式之后，就要考虑如何进行人力资源规划的实施工作，而人力资源规划实施的第一步就是要对人力资源规划方案进行分解。进行人力资源规划方案分解的目的是使人力资源规划方案落在实处，使每个相关的部门和员工都能明确自己在规划实施中的地位、任务及责任。人力资源规划方案的分解可以从若干个角度展开，即空间分解、时间分解和过程分解。

（1）所谓空间分解，就是把人力资源规划方案层层分解，一直落实到具体的部门和员工身上。例如，一个大型企业集团的人力资源规划可以先分解到各个事业部、分公司、分厂，再分解到具体的车间、班组、岗位和个人。通过空间分解，可以使人力资源规划在实施过程中形成两个体系，一是层次明确的目标体系，二是职责清晰的责任体系。这两个体系互为依存，互相结合，缺一不可。在对人力资源规划方案进行空间分解时要注意两个问题：一是要全面覆盖，不能有遗漏；二是要有重点，不能简单地一视同仁。

（2）所谓时间分解，就是把人力资源规划方案按目标年限分解成一个一个的阶段，形成具体的短期目标和任务。通过对目标的分解可以使人力资源规划有十分清楚、具体的每个阶段、每个年度应该完成的任务目标，使人力资源规划更易实现，并且有利于对人力资源规划在实施过程中的监督、控制和检查。在对人力资源规划进行时间分解时，应该注意使每个阶段相互连接，不要留有间隔，并使每个阶段的目标充实，各个阶段的目标之和应该超过规划的总体目标。

（3）所谓过程分解，就是按企业在规划期内的发展过程，将人力资源规划方案分解为若干个环节，规定每个环节的目标、任务和完成时间。进行过程分解的前提是过程要完整和封闭，否则就会产生遗漏。过程分解与空间分解、时间分解的不同之处在于其要特别强调目标和任务的完成时间。过程中的环节，虽然有先后，但不一定按时间的顺序运行。如果有必要，人力资源规划方案还可以按人力资源的类别进行分解。

以上各种分解方法不是唯一或绝对的，很多情况下人力资源规划方案的分解是一种复合分解，这就需要企业进行综合平衡和系统协调。在平衡和协调的过程中，要注意空间的合理性、时间的同步性、过程的完整性和类别的必要选择性。

9.2.2 人力资源规划实施计划体系的建立

为了保证人力资源规划实施的有效性，提高其效率，需要建立一个人力资源规划实施计划体系。

人力资源规划实施计划体系具有4个功能：一是保证企业的各种活动与主体系统的宗旨、人力资源发展目标、人力资源发展战略协调一致；二是使人力资源规划的实施具有阶段性、连贯性、协调性和具体化；三是提供控制进度的依据和评价工作绩效的具体标准；四是使从决策层、执行层一直到具体的操作人员等相关员工都能明确自己在人力资源规划实施中的位置，明确自己的目标、任务、责任和工作进度。人力资源规划实施计划体系一般由中间计划、行动计划、预算和程序4方面构成。

所谓中间计划，就是上接人力资源规划，下连行动计划的中短期计划。制订中间计划可以使整个人力资源规划在时间上阶段化、空间上层次化、过程上环节化、类别上分类化。

中间计划要确保将人力资源规划的宗旨、目标和战略、对策变成每个层次、部门、阶段、环节的具体要求，从而保证人力资源规划能够顺利、有效地得以实施。行动计划也称行动方案，是指完成一项活动的具体安排，它比中间计划更为细化。例如，企业的招聘计划就是该企业招聘活动的具体安排，一般包括以下内容。

（1）确定招聘对象、条件、数量、范围和时间进度。

（2）成立招聘小组。

（3）确定经费预算。

（4）发布招聘信息。

（5）报名。

（6）初试（笔试，分公共科目和专业科目）。

（7）复试（面试，分结构化面试和无领导小组讨论）。

（8）心理素质测评。

（9）政审调查。

（10）试用。

(11) 签订合同。

行动计划作为活动方案，一定要步骤齐全、详细具体。预算也是一种计划，是以货币形式陈述的特殊计划。在中间计划和行动计划确定下来之后，为了进行管理和控制，就必须为它们制定预算，确定详细的成本。预算是实现人力资源规划的财力保证，越微观的预算，越要准确。同时，预算也是对人力资源规划可行性的最后一道审查，这是因为一个人力资源规划的实施预算如果过高，就表明了这个规划实施的代价昂贵，那么即使规划得再好也不可行，只能放弃。实施预算所包括的内容比较多，它既可以包括教育投资、培训投资、卫生、保健和人力资源流动投资，也可以包括人力资源原始成本和人力资源重置成本，还可以包括为改善人力资源的工作条件和生活条件的投入，另外还要包括人力资源的各种收益。

9.2.3 资源的优化配置

资源是创造社会财富的生产要素的统称，它的含义很广，既包括人、财、物，又包括时间、信息、管理、技术、信度，还包括来自外部的力量，如政府的帮助和大众的支持等。人们讲得最多的是人、财、物和信息。人力资源规划实施的资源配置，是指为实现人力资源规划而进行的资源配置活动，既包括各种资源的配置，也包括企业本身——人力资源的配置。

资源和人力资源规划的关系是一种辩证的关系。对于人力资源规划而言，资源既是人力资源规划制定的依据，也是人力资源规划实施的保证。对于资源而言，合适的人力资源规划的有效实施，既能促进资源的开发和利用，又能促进资源的优化配置和持续发展，人力资源和人力资源规划的关系更是如此。资源与人力资源规划的关系模型如图9-3所示。

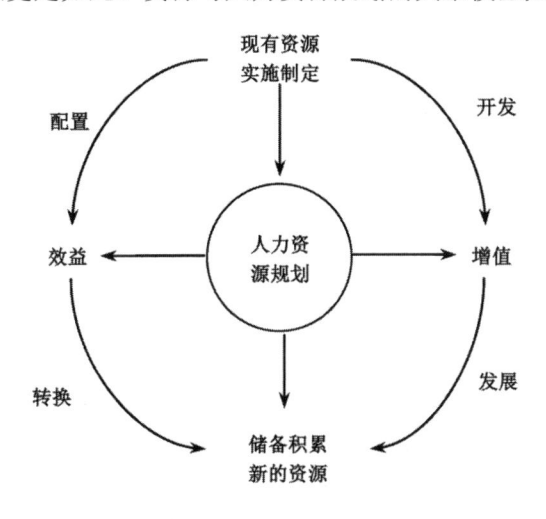

图9-3 资源与人力资源规划的关系模型

在不同的企业内，资源的配置方式各不相同。在企业组织中的人力资源规划实施过程中，通常运用计划的手段去实现资源的优化配置。配置方式不同，具体的措施也不同，这是我们需要注意的。人力资源的配置也是同样的道理。人力资源只有经过使用才能产生效益，才能成为现实的生产力，而人力资源的使用又以人力资源的配置为前提。通过优化配置，可以使具有一定素质的人力资源与物质、技术、资本等生产要素有机结合，取得最佳效果。

人力资源的配置过程，就是人力资源的群体组合过程。人力资源进入企业，要和其他人员产生一定的微观生产关系，形成优化组合的人力资源群体，与企业内的各种相关生产要素有机匹配，达到优化配置的目的。在这一过程中，企业的管理体制起着重要的作用。企业要充分重视人力资源的开发机制和分配机制，允许、鼓励各种人力资源以各种生产要素的形式参与企业的经营及发展。企业要建立科学的领导体制和管理制度，使群体形成优化的组合，与各生产要素形成有机匹配，充分调动每个人力资源个体的积极性，最大限度地发挥群体的组合优势，促使人力资源形成微观的优化配置，实现企业的持续发展。

9.3 人力资源规划的管理者

人力资源规划的管理者在人力资源规划的制定和实施过程中扮演了重要的角色，其素质的高低、能力的大小，以及对人力资源规划制定、实施的积极性往往决定了人力资源规划的成败。

9.3.1 人力资源规划管理者的地位

人力资源规划管理者是指那些承担人力资源规划管理工作的人员，这些人员是人力资源规划管理的主体，是人力资源规划管理成败的关键。

无论人力资源规划管理的种类和层次有多少，人力资源规划管理者，特别是高层管理者都应该有一个共同特点，即其必须是战略专家。既然是战略专家，那么这些人力资源规划管理者就应经常关心这样一些战略问题：首先，企业的宗旨是什么，这个企业为什么要存在，它是一个什么样的系统，它应该成为一个什么样的系统，它将成为一个什么样的系统；其次，企业的发展目标是什么，即这个企业发展的预期结果是什么样的；最后，怎样实现企业的发展目标，即企业发展目标实现的途径和方法是怎样的。

但是，仅仅思考以上3个问题，还不能称其为人力资源规划管理者。既然是人力资源规划管理者，那么其就要在人力资源规划的制定和实施过程中发挥作用。

在人力资源规划的制定过程中，人力资源规划管理者，特别是高层管理者要为企业寻找正确的时机、确定正确的方向和目标、选择合适的战略与对策，使企业得到最大程度的发展、取得最大的产出效益。这就要求人力资源规划管理者能够客观、冷静、细致地分析企业的外部环境和内部条件，能够及时、创造性地制定企业发展规划方案。

人力资源规划的实施不仅是一项经常性的行政管理工作，而且是一项具有挑战性的创新工程。作为战略专家，人力资源规划管理者应当同企业高层及其他管理人员结成战略伙伴，参与企业战略的制定，同时按照企业战略的要求安排并进行人力资源规划管理工作，使企业人力资源战略目标得以实现。企业需要制订能够确保人力资源规划实现的中间计划和行动计划、建立高效率的组织系统，能够优化各种资源的配置、协调各方面的关系，当实施的结果与规划目标出现偏差时，能及时、有效地干预及纠正。作为人力资源专家，人力资源规划管理者在日常管理中，为业务部门提供管理咨询和人事技术支持，主动提供建议及解决方案；通过交流沟通、开设课程培训并指导业务部门的直线经理，使之能够在日常工作中贯彻人力资源管理观念，娴熟地应用各种管理方法和技巧。总之，人力资源规划管理者要建立和业务部门之间的相互信任关系，提前为业务部门考虑一些问题做准备，提供"前线"支援及"主动式"服务。

除了战略专家和人力资源专家，人力资源规划管理者还要承担联络人、管理员、改革者的角色。

作为联络人，人力资源规划管理者的主要工作如下：通过关注员工需求、倾听员工呼声来提高员工的整体满意度；协调并整合员工个人利益与企业利益、帮助员工个人发展，以此提高员工的参与度及其对企业的忠诚度；在员工和直线经理间，站在一个比较客观的角度，扮演联络人的角色，既能提高员工的安全感，又能解决直线经理的问题，成为企业的润滑剂；推动企业内各种纵向、横向的沟通，提高企业的凝聚力和团队精神，促进企业文化及核心价值观的形成。

人力资源规划管理者需要设计、开发并维护网络，在不同职能提供者之间进行有效协调，以保证不同人力资源管理服务之间的协调。人力资源规划管理者要加强自身的能力培养，提升自身的人力资源管理水平，成为本企业人力资源的技术幕僚。对于招聘渠道、培训方法、激励管理、员工职业生涯计划系统等人力资源规划各领域的发展，人力资源规划管理者应帮助企业进行专业的分析诊断，并提供专业化的解决方案，对于世界上已经开发出来的、运用得比较熟练的人力资源管理工具，人力资源规划管理者应该成为专家。

人力资源规划管理者在调整转型的组织中，最关键和最难的是如何处理企业人事事务。企业不仅要妥善安排老员工，更重要的是为未来每个关键的岗位找到合适的人选。人力资源规划管理者要从企业的愿景规划出发，将大家调动起来，积极支持企业的变革。人力资源规划管理者通过帮助企业确定推进变化的流程，为直线管理人员提供关于管理技巧、系统分析技术、组织变革、人员变革的咨询，协助员工消除面对变化和不确定因素的恐慌、调整心态重新定位，从而顺利、平稳地推进企业的变革。

9.3.2 人力资源规划管理者的类型

人力资源规划管理者可以从多角度进行分类。例如，从层次上可以分为高层管理者、中层管理者和基层管理者；从职能上可以分为决策者、规划者、计划者、行政管理者、执行者、操作者和智囊团等；从风格上可以分为稳定型、反应型、预期型、探求型和创造型。这里仅就风格上的类型进行简单介绍。

1. 稳定型

稳定型人力资源规划管理者一般是稳定型战略的产物。外部环境变化不大和既定规划的成功，使他们的观念意识也基本稳定、少变。稳定型人力资源规划管理者往往过于依赖过去成功的规划和制度，甚至达到迷信的地步。他们不愿冒任何风险，一切按部就班、按章办事，容不得出格和越轨。在外部环境激烈动荡的情况下，他们往往以不变应万变，或者等到看准了再采取行动。在稳定型人力资源规划管理者的治理下，组织结构化、工作程序化、控制系统化、人力资源规划具有明显的连贯性，一般很少发生突变和大变。

2. 反应型

反应型人力资源规划管理者比较注重外部环境的变化。一旦外部环境发生了变化，他们就会及时采取措施以适应环境的变化。反应型人力资源规划管理者也不愿意冒风险，他们追求的目标只是反应性的目标，因此虽然对内崇尚正规的秩序，但是对外的反应还是比较灵敏的。在反应型人力资源规划管理者的治理下，内部范式与稳定型人力资源规划管理者治理下的大同小异，但是外部的触角比较灵敏，二者形成了明显的矛盾。这种矛盾决定了反应型人力资源规划管理者仍然以求稳为基础，他们对外部环境的变化所做的反应是被动性的，因而很难制定出有突破性的人力资源规划，即使制定出了全新的人力资源规划，实施起来也让人难以适应。这就决定了反应型人力资源规划管理者必须依靠权力才能实施他们的管理。

3. 预期型

预期型人力资源规划管理者具有一定的战略意识，能够经受一定的风险，对外部环境变化的适应能力有所增强，追求的目标比较现实，有变革的愿望。预期型人力资源规划管理者不仅对外反应灵敏，而且对内有相当的灵活性，具有强烈的责任感。在管理上，他们懂得分权和激励的重要性，具有一定的人情味。预期型人力资源规划管理者能够根据外部环境的变化制定人力资源规划，并且员工对新的人力资源规划能较快地适应和接受，从而取得较好的实施效果。

4. 探求型

探求型人力资源规划管理者具有较强的变革意识和风险意识，对外部环境变化有着较强的适应能力，善于分析与研究，综合归纳能力较强。他们的灵活性较强，反应灵敏，不囿于陈规旧习，敢于探求新的计划内容和组织形式，能够提出具有一定难度的目标。为了调动下属的积极性，他们积极与下属沟通思想，讲求合作和分权，实行以人为本的管理。探求型人力资源规划管理者在制定人力资源规划时，既重视外部环境因素的变化，又重视内部条件因素的可能性，权衡利弊，战略意识强烈，有创新，有发展。在实施人力资源规划时，探求型人力资源规划管理者既有很强的自制力，又不刻板，还讲求效率、效益和效果。

5. 创造型

创造型人力资源规划管理者具有强烈的战略意识、变革意识和风险意识，事业心强，勇于创新，敢于在变化环境中拼搏，能够提出具有挑战性的目标。他们善于激励下属，能用创造的眼光选拔、考核和使用人力资源；但有时会给人以功利性强、标新立异、权变投机的感觉。在创造型人力资源规划管理者的治理下，人力资源规划的制定和实施能突破旧传统，创造出新的形式及内涵；组织结构和资源分配能突破旧模式，创造出企业发展的新优势及新生点；用人能突破旧机制，不拘一格选拔人力资源，以效率为标准追求效益，能突破旧观念，不以眼前说成败，而以战略论英雄。

9.3.3 人力资源规划管理者的职责

笼统地说，人力资源规划管理者的职责就是进行人力资源规划管理。具体地说，人力资源规划管理者因层次不同，职责也各不相同，如果从层次上把人力资源规划管理者分为高层管理者、中层管理者和基层管理者，从职责上把人力资源规划管理分为战略管理、计划管理和执行管理（实施管理），那么就可以用图9-4来比较人力资源规划管理者的职责。

从图9-4中可以看出，各个层次的人力资源规划管理者的职责不同。高层管理者的主要职责是人力资源规划的战略管理，其次是人力资源规划的计划管理，执行管理所占份额极少。与此相反，基层管理者的主要职责是人力资源规划的执行管理，其次是人力资源规划的计划管理，战略管理所占份额极少。处在中间的中层管理者的主要职责是人力资源规划的计划管理，而战略管理和执行管理所占份额都很少。由此可见，在人力资源规划的战略管理职责上，高层管理者所占比重最大，中层管理者所占比重次之，基层管理者所占比重极小。在人力资源规划的计划管理职责上，中层管理者所占比重最大，高层管理者和基层管理者所占比重相对较小。在人力资源规划的执行管理职责上，基层管理者所占比重最大，中层管理者次之，高层管理者极小。

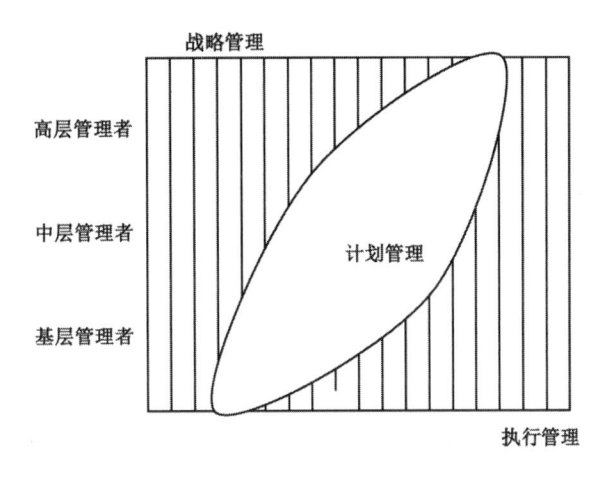

图 9-4　人力资源规划管理者的职责

表 9-2 所示为人力资源管理者的职责内容。从该表中可以看出，人力资源规划战略管理的主要责任人是企业高层管理者，其主要职责是从宏观的角度制定和贯彻人力资源规划的宗旨、目标、战略及对策；人力资源规划计划管理的主要责任人是中层管理者，其主要职责是在人力资源规划方案的规范、指导下制订和贯彻中间计划及行动计划；人力资源规划执行管理的主要责任人是基层管理者，其主要职责是执行计划方案，实现人力资源规划。

表 9-2　人力资源规划管理者的职责内容

管 理 层 次	主要责任人	职 责 内 容
战略管理	高层管理者	制定和贯彻人力资源规划的宗旨、目标、战略及对策
计划管理	中层管理者	制订和贯彻中间计划及行动计划
执行管理	基层管理者	执行计划方案，实现人力资源规划

高层管理者在人力资源规划管理过程中的主要任务如下：第一，制定人力资源规划；第二，确定各子系统的任务；第三，调整组织结构和分配资源；第四，批准中间计划和行动计划；第五，考核各部门的工作，指导和监督人力资源规划的实施；第六，必要时对人力资源规划方案进行整体修订，或批准对人力资源规划方案的局部修订。

中层管理者在人力资源规划管理过程中的主要任务如下：第一，参与人力资源规划的制定；第二，提出本部门的人力资源规划方案；第三，制订中间计划和行动计划；第四，考核各个单元、职能部门的工作，指导和监督中间计划及行动计划的实施；第五，必要时参与人力资源规划方案的修订，对中间计划和行动计划进行修订及调整。

基层管理者在人力资源规划管理过程中的主要任务如下：第一，参与人力资源规划的制定，以及中间计划、行动计划的制订；第二，提出基层的人力资源规划实施细则；第三，贯彻执行中间计划、行动计划，全面实施人力资源规划；第四，就企业的运行与发展提出建议；第五，必要时参与人力资源规划、中间计划、行动计划的修订。

> **相关链接**
>
> **大数据时代对人力资源规划管理者的要求**
>
> 多年来，人力资源规划管理者一直在收集一些数据，这些数据可以帮助企业做出更好的规划决策。但仅仅拥有这些数据并不意味着这就是价值，如果用得不好，这些数据可能会隐藏业务关键信息。例如，"缺席人数聚合率数据"只是提供了一个广泛的数字，但该公司可能有极高或极低的缺席漏洞，需要做进一步的分析。管理这种类型的数据所需的技能——整理、分析和报告，在传统人力资源经理所具备的技能方面并不常见。企业必须培养能够操作人力资源数据工作的人员。
>
> 企业人力资源规划管理者需要重新审视自己在数据管理中扮演的角色。相当一部分人力资源规划管理者要么认为数据管理是IT部门的工作，要么认为他们自己并非内行，无法参与数据在企业内部的共享过程。然而，人力资源规划管理者应该认识到，企业如果在数据上的投资回报不佳，则很可能是由于其缺乏对数据应有的理解。他们必须像管理企业的人才、资本和品牌那样有效地管理信息，重视信息在企业内部的共享及流通，提高整个企业对数据的理解、分析、判断的能力，而这些能力恰恰是通过经验无法获得的，只能通过系统、专业的项目数据分析培训获得。

9.4 人力资源规划的控制

企业要适时、适地、适量地提供人力资源以满足组织和工作要求，这是最经济地使用人力资源的要求。企业的人力资源规划不是设计未来的发展趋势，而是顺应、尊重现实与未来的发展趋势，面对瞬息万变的信息和技术革新、纷繁复杂的市场需求，改变在管理、经营过程中应变和适应上的滞后现象。一些企业在人力资源开发与管理方面，往往缺乏动态的人力资源规划控制的观念，它们把人力资源规划理解为静态的人事政策信息，无论是在观念上还是实施上都依赖于以往的人力资源规划，存在一劳永逸的思想。这是一种有害的错误观念，由于这种静态观念与动态的市场需求、人力资源自身发展的需求是极不适应的，会使人力资源得不到合理的利用，甚至严重影响了人力资源的稳定性，造成优秀人力资源的流失，对企业的发展壮大极为不利，因此，企业在进行人力资源规划管理时必须强调对人力资源规划的控制，并在实际工作中关注环境和要求的不断变化，灵活地调整、完善企业的人力资源规划，这样才能保障人力资源规划的科学性、可行性与动态发展。

9.4.1 人力资源规划控制的概念

人力资源规划控制是人力资源规划实施工作的重要环节，是确保人力资源规划全面完成的质量保证体系。从狭义的角度来看，人力资源规划控制主要是针对人力资源规划实施而言的，它监督着人力资源规划实施的进程、目标，及时纠正偏差，保证人力资源规划的有效实施。从广义的角度来看，人力资源规划控制针对整个人力资源规划工作，它监督人力资源规划的制定和实施，保证企业的宗旨得以实现，保证企业形成正确的发展目标、发展战略和发展对策，并保证它们的有效贯彻实施。本书所介绍的人力资源规划控制主要是狭义的概念，即主要针对人力资源规划实施的过程。

进行人力资源规划控制在人力资源规划实施过程中可能会碰到很多问题，而在这些问题中又有很多是人们在制定人力资源规划和制订人力资源规划实施计划时所始料不及的事情。如果这些问题不能及时得以发现及解决，就有可能出现偏差，影响人力资源规划的实施，甚至可能酿成殃及企业全局的大祸，带来不可挽救的后果。

进行人力资源规划控制可能碰到的问题主要来自以下6个方面。

（1）人力资源规划方案有问题。如果人力资源规划方案不合适，而且未能及时挽救和重定，则不可避免地要走向失败。

（2）人力资源规划的实施计划方案有问题。人力资源规划的实施计划方案如果不合适，就无法正确指导和约束人力资源规划的实施活动，而人力资源规划实施无效，轻则带来许多麻烦，重则从根本上导致人力资源规划的失败。

（3）企业的外部环境发生重大变化，超出原先预计的变化范围。企业的外部环境的重大变化导致人力资源规划的目标、战略、对策制定基础发生改变，人力资源规划及其实施计划也就失去了依据。

（4）企业的内部条件发生重大变化，超出原先预计的变化范围。企业的内部条件的重大变化也会导致人力资源规划的目标、战略、对策制定基础发生改变，人力资源规划及其实施计划也会失去依据。

（5）人力资源规划执行不力或有偏差。任何一个环节、部门、人员或因素产生的失误，都有可能导致人力资源规划整个过程和全局出问题，如果不能及时解决则将进一步导致人力资源规划的延期完成或失败。

（6）人力资源规划提前完成。人力资源规划提前完成虽然未必是坏事，但打乱了企业原来的部署，必须重新规划。如果人力资源规划提前完成是以牺牲后续发展为代价，或者以牺牲更大系统的全局利益为代价的，那么问题就非常严重了，更需要认真解决。为了避免或解决这些问题，就必须进行人力资源规划控制。通过控制与反馈，及时发现和解决问题，以保证人力资源规划的顺利完成。

人力资源规划控制工作的主要内容包括3个方面：第一，根据外部环境和内部条件的变化，经常检查人力资源规划制定的依据及基础；第二，对人力资源规划实施的实际进度和结果与预期进度和结果经常进行评价、比较；第三，及时采取行动和措施，解决人力资源规划实施过程中出现的各种问题。

9.4.2 人力资源规划控制的方式与要素

1. 人力资源规划控制的方式

（1）事前控制：在人力资源规划实施前检查人力资源规划的可靠性、可行性，设计和选择合适有效的计划，并进行科学论证及评估。

企业在人力资源规划实施前就要对人力资源规划的进展方向、发展轨迹和发展速度进行事前评估，并准备好各种控制方案。这种控制方式是人力资源规划实施控制的最佳方式，但是这种控制在具体操作时较难实现。因为企业无法预先了解人力资源规划实施过程中所有可能发展的情况，而且如果要准备好所有可能的控制方案，则将给企业的人力资源规划实施带来高额的控制成本。

（2）事后控制：在人力资源规划实施的每个阶段，对实施结果和计划目标进行比较、分析，若有偏差，则及时采取措施加以解决。这种控制成本一般较低，但是在人力资源规划实施发生较大偏差时，容易造成较大损失。

（3）适时控制：在适当的时机进行控制，这里的关键是选择适当的时机。这种控制方式的成本适当，并且能够及时纠正人力资源规划实施偏差。

（4）关键控制：对关键的时机、关键的环节、关键的人员、关键的岗位、关键的部门、关键的资源进行控制。

（5）全过程控制：对人力资源规划实施的整个过程，包括各个环节、系统、要素都进行控制。

（6）全员控制：人力资源规划实施的所有相关人员都参与控制，同时对所有相关人员进行控制。

（7）开放控制：制定相应的标准对正在进行的人力资源规划实施工作的过程进行评价，并以此来确定工作是否继续进行或是否需要采取措施。

在实际操作过程中，人力资源规划的控制往往以一种或两种方式为主，多种形式交叉使用或多种形式交替使用。

2. 人力资源控制的要素

（1）评价标准：这是衡量人力资源规划实施效果的指标体系。
（2）控制系统：这是由实施控制的中枢、线路、单元及驱动力等组成的整体。
（3）工作结果：这是执行人力资源规划实际达到的程度。
（4）工作成效：这是人力资源规划实施的最后结果，一般用评价标准进行衡量。

9.4.3 人力资源规划控制的过程

人力资源规划控制作为一个调节活动，整个过程应该包括6个步骤。

1. 明确控制目标

要对人力资源规划的实施过程进行控制，首先要明确控制目标。一般情况下，人力资源规划的控制目标与其发展目标是一致的。人力资源规划的发展目标既是规划的奋斗目标，也是实施计划的工作目标，还是控制目标，同时应该是人力资源规划实施最终所达到的效果。同样地，控制目标也应该是一个体系，既有总目标，也有分目标和具体目标。但是在设立控制目标时，有一个问题需要注意，即是只选择与人力资源规划有关的控制目标，还是设置与企业总体发展战略有关的控制目标。很显然，如果选择与人力资源发展战略有关的目标，能够直接对人力资源规划实施进行直接、有效的控制。但是选择这些控制目标往往不能有效地反映人力资源规划实施的实际效果，因此，最好的控制目标是能够反映人力资源规划所支持的企业总体发展战略目标的目标。

2. 制定评价标准

人力资源规划评价标准是一个指标体系，制定的依据是人力资源规划控制的总目标、分目标和具体目标。在定性方面，根据战略管理理论，评价标准应包括6点内容：一是人力资源规划内容的各部分要具有统一性；二是人力资源规划与外部环境要保持平衡性；三是在人力资源规划实施过程中要注重评估其风险性；四是在规划时间上要保持相对稳定性；五是人力资源规划与资源要保持匹配性；六是人力资源规划在客观上要具有可行性和可操作性。在定量方面，评价标准除了包括人力资源发展规模、密度、结构、速度、变动、效益等内容，还应包括人力资源工作条件、生活待遇、教育培训、配置组合等内容，以及人力资源发展与经济、社会发展的协调程度等内容。人力资源规划控制评价标准的确定要有可比性，在纵向上要与本企业历史上的有关标准相比，在横向上不仅要与相关企业或直接的竞争对手相比，还要与国内外的先进企业相比。

3. 建立控制系统

要完成人力资源规划控制工作，必须有一个完整的、可以及时反馈的、准确评价的和及时纠正的控制系统。该系统能够从人力资源规划实施的具体部门和个人那里获得人力资源规划实施状况的信息，并迅速地传递到人力资源规划实施的管理控制部门。人力资源规划实施的管理控制部门可以将人力资源规划实施现场反馈回来的实施结果与控制标准进行对比并做出评价；该系统还能够根据评价结果，在必要的情况下对人力资源规划实施过程中出现的问题进行及时纠正。

4. 衡量工作成果

通过控制系统把人力资源规划实施过程中的信息收集起来，并进行处理，最后用控制目标来衡量。这一过程应达到以下要求：提供的信息要及时、真实、准确、简单明了，过程要节约，方法要科学，要能反映发展的趋势，并有利于进一步采取行动措施。

5. 评估工作成绩

将人力资源规划实施的最终结果与控制标准进行比较，得出结论，找出问题。评估工作成绩的结果主要有3种。一是实施结果与控制标准一致，这是规划实施的正常状态，无须采取纠正措施。二是实施结果超过控制标准，提前完成人力资源规划的任务。此时要注意该状态并不好，因为人力资源规模、结构和素质的提高带给企业的不仅有人力资源使用的便利，还有人力资源成本的上升。因此，人力资源规划实施的管理控制部门此时必须认真分析，提前完成人力资源规划目标的人力资源是否与企业经营状况相适应，是否出现了人力资源的浪费现象。如果有此情况发生，则必须采取适当的调整措施。三是人力资源规划实施结果低于控制标准，通常这是一种不理想的结果，需要及时采取调整措施进行纠正。当然，在确定采取调整措施之前，必须对人力资源规划进行评估，主要注意人力资源规划所设定的环境及企业战略发展需要是否继续存在。如果人力资源规划环境与企业战略发展需要已经不存在，那么对所采取的调整措施就要慎之又慎。

对工作成绩的评估有两种方式，一种是预先评估，一种是事后评估。为了达到控制的目的，预先评估被广泛使用。预先评估首先根据人力资源规划实施一个阶段的情况，推测其最后结果的情况，然后进行评估，最后决定是否采取调整措施。

6. 采取调整措施

通过对工作成绩的评估，如果有偏差，则要及时采取有力的调整措施加以纠正。调整措施包括：一是检查有关实施部门，责令限期改正，或帮助其改变工作方式，改进工作方法，提高工作效率；二是调整实施计划，进行资源的优化配置，提高配置效益；三是及时改变企业的关键发展要素,优势要充分发挥,劣势要尽量克服,威胁要尽量避免,机会要紧紧抓住、充分利用;四是调整人力资源规划,这是在确定人力资源规划目标无法实现,或战略道路不对头,或对策不正确之后所要果断采取的措施。

以上6个步骤可以用图9-5来表示。

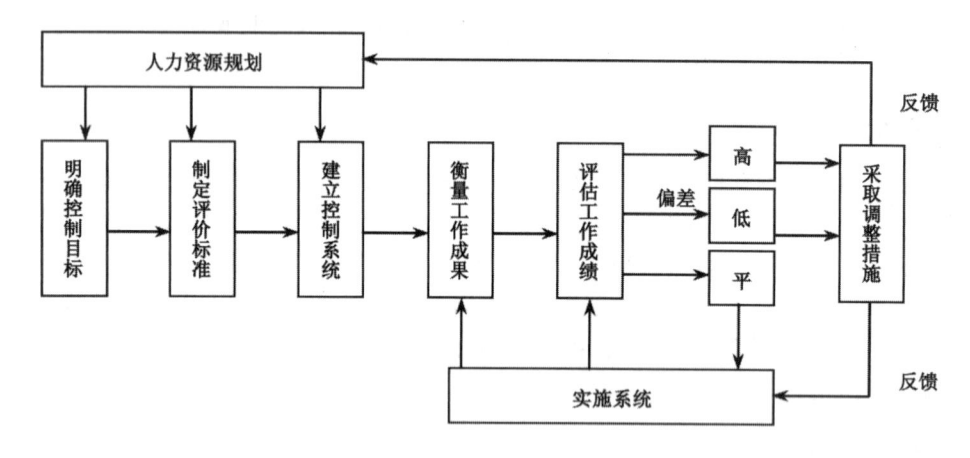

图9-5 人力资源规划控制过程

9.4.4 人力资源规划控制可能带来的负面影响

尽管人力资源规划控制对人力资源规划实施具有重要意义,但是企业过分重视控制活动,尤其是评估活动,不仅无助于人力资源规划的实施,还会带来负面影响。这些负面影响主要包括以下几方面。

(1) 使人们只看到眼前利益,而忽视长远利益,产生短期行为。短期行为的结果使企业失去可持续发展的支撑,从而导致人力资源规划不能按时完成。

(2) 使人们产生错觉,把控制活动当成人力资源规划实施的主要内容,甚至取代实施活动。控制活动搞得轰轰烈烈,而实质性的实施活动却变得冷冷清清。

(3) 搞形式主义,把有限的、非实质性的量化指标当成控制的要点。例如,一些企业以考勤为主要标准来评价一个人,而把能力、水平和工作绩效排到次要位置。

(4) 过多、过滥的评价和控制活动限制了管理者的视野,使其成为一个忙忙碌碌的事务主义者。

(5) 占用大量的时间和精力,使具体的操作人员疲于奔命、负担加重,从而失去热情与责任心。

(6) 为了对付上级,下级敷衍塞责,甚至弄虚作假、欺骗成风。

(7) 由于过分强调评价和控制,致使一些部门过分强调本部门的局部最优化,从而忽略全局的配合和效益,导致企业的整体次优甚至不优。

要想避免和解决人力资源规划控制活动有可能带来的负面影响,就必须重申人力资源规划控制在人力资源规划中的地位,既不夸大也不贬低控制的作用,对控制活动的范围和数量要严加控制。首先,决策者无论何时何地都要有战略眼光,要抓住长远目标、抓住全局、抓住人力资源规划。其次,控制活动要有实际意义,要经济节约,要能反映真实情况,切忌搞形式主义。再次,控制活动要有利于调动有关人员的积极性,而不是打击有关人员的积极性。最后,要把控制活动的结果及时转化为调整措施,真正起到控制的作用。

9.5 人力资源规划的修订

9.5.1 人力资源规划修订的概念

人力资源规划修订是指当人力资源规划在执行过程中产生的实际结果与控制目标有偏差时，对原有人力资源规划方案进行修订的行为与过程。很显然，如果人力资源规划实施的实际结果与控制目标无偏差，就不需要对人力资源规划方案进行修订。由此可见，人力资源规划修订是人力资源规划实施过程的一个环节，但不一定是必要环节。只有人力资源规划在实施时出现了偏差，人力资源规划修订才可能成为人力资源规划实施的一个环节。

进行人力资源规划修订和人力资源规划控制的理由基本上是一致的：人力资源规划方案或人力资源规划实施计划方案可能有问题，企业的外部环境或内部条件可能发生重大变化，人力资源规划执行不力或有偏差，人力资源规划提前完成等。除此之外，还有一点就是人力资源规划在实施过程中已出现明显失误，这时也将迫使企业修订人力资源规划方案或人力资源规划实施计划方案。

人力资源规划的修订包括两个方面的内容：一是对人力资源规划方案的修订；二是对人力资源规划实施计划方案的修订。人力资源规划方案修订的前提有4个：人力资源规划方案的制定有问题，外部环境和内部条件发生重大变化，人力资源规划实施出现明显失误，人力资源规划提前完成。人力资源规划实施计划方案修订的前提有2个：人力资源规划方案修订和人力资源规划执行不力或有偏差。

人力资源规划修订范围的大小不可一概而论，但根据具体情况大致可以分为3个层次：第一个层次是总体修订、第二个层次是局部修订、第三个层次是具体修订，如图9-6所示。总体修订是在人力资源规划的制定总体上有问题或人力资源规划无法实施或实施时出现重大失误的情况下进行的；局部修订是在人力资源规划的制定或实施局部出现问题的情况下进行的；具体修订是在人力资源规划具体操作过程中出现具体问题的情况下进行的。

	人力资源规划	中间计划	行动计划
总体修订	重新制定规划	重新制定规划	重新制定规划
局部修订	局部修订规划	调整中间计划	重新制定规划
具体修订	规划基本不变	局部调整中间计划	根据具体情况调节行动计划

图9-6 人力资源规划修订范围

在对人力资源规划进行修订时，一定要对出现的偏差进行全面而深刻的分析，要找出偏差形成的原因，以及偏差对人力资源规划实施和企业发展影响的程度，然后确定对人力资源规划进行总体修订、局部修订或具体修订。在人力资源规划修订范围确定之后，再进行修订。切忌在发生偏差后不加分析，盲目或随意地修订原有的人力资源规划，使得偏差不仅不能被纠正和有效遏制，还有可能扩大或产生新的偏差。

人力资源规划修订既是一件不得已而为之的事情，也是一件正常的事情。内外部环境的复杂多变是绝对的，而人力资源规划的适应是相对的，这是一对客观存在的矛盾。人力资源规划的制定是一种主观行为，其准确性和可靠性将随着时间的推移而逐步降低，这种趋势是人们无法左右的。因此，一定要改变被动修订人力资源规划的状态，加强对人力资源规划的控制、反馈，提高企业的灵敏反应度，主动适应内外部环境的变化，定期或不定期地动态调整人力资源规划，使得企业能够持续、健康、协调地发展。

9.5.2 人力资源规划方案的修订

人力资源规划控制的结果表明，如果执行结果发生了偏差或将要发生偏差，而偏差是人力资源规划方案造成的或偏差的结果将影响企业的发展，则要对原有的人力资源规划方案进行修订。

人力资源规划方案的修订主要发生在总体修订和局部修订两个层次之内。人力资源规划方案的总体修订，是指放弃原有的人力资源规划方案，重新制定。人力资源规划方案的局部修订，是指保持原有人力资源规划方案基本框架不变，只对局部有问题的内容进行修订。

人力资源规划方案的总体修订等于进行新一轮的人力资源规划制定工作，一切工作都要从头开始，由决策层启动和进行，新的人力资源规划方案形成之后，还要相应地重新制订中间计划和行动计划。人力资源规划方案的局部修订一般不需要启动新一轮的人力资源规划制定工作，只要能圆满解决局部存在的问题就可以了。局部修订往往由决策层启动、管理层进行，最后由决策层批准。人力资源规划经局部修订之后，中间计划要进行相应的调整，有关的行动计划要重新制订。

为使人力资源规划在实施过程中便于调整，以提高其灵活性和适应性，真正对企业的发展起到有效指导及约束的作用，应该对人力资源规划进行滚动修订。滚动修订一般将人力资源规划分为若干个执行期，当一个执行期结束时对人力资源规划进行调整，同时对人力资源规划延长一个执行期。中长期人力资源规划的执行期可以按5年期进行划分，近期人力资源规划的执行期可以按年进行划分，年度人力资源规划的执行期可以按季度或月划分。滚动修订多以中长期人力资源规划和近期人力资源规划为主。图9-7所示为人力资源规划滚动修订示意图。

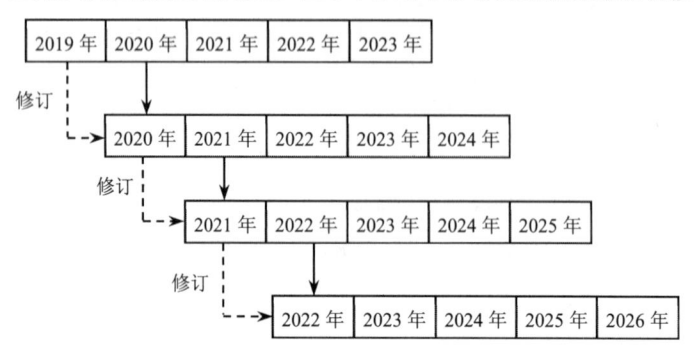

图9-7 人力资源规划滚动修订示意图

在人力资源规划滚动修订的过程中，第一个执行期的内容是规划的具体实施部分，翔实、细致，而其他执行期的内容都是规划的准备实施部分，相对笼统、粗略。由于在滚动修订过程中总有若干个执行期处于重复修订和不断准备中，因而能使整个人力资源规划不断逼近客观现实，使人力资源规划的可靠性和可行性大大提高。

9.5.3 人力资源规划实施计划方案的修订

人力资源规划实施计划方案修订的可能性要比人力资源规划方案修订的可能性大得多，这是因为除了人力资源规划方案修订后实施计划方案必须随之进行相应修订，还有一种可能,那就是人力资源规划方案是合适的、不需要修订,而实施计划方案出现了问题,但这种问题还没有达到影响整个企业发展的地步,这时只要及时修订人力资源规划实施计划方案就可以了。

人力资源规划实施计划方案的修订包括 3 个层次,即总体修订、局部修订和具体修订。总体修订层次的人力资源规划实施计划方案的修订,是指完全放弃原有的实施计划方案,制定新的实施计划方案。局部修订层次的人力资源规划实施计划方案的修订,是指调整或修订实施计划方案。具体修订层次的人力资源规划实施计划方案的修订,是指原有实施计划方案的基本框架不变,只是对实施计划方案中局部有问题的内容进行修订。

在进行人力资源规划总体修订时,人力资源规划方案要重新制定,中间计划和行动计划也要重新制订,开始新一轮人力资源规划实施计划方案的制定工作。在进行人力资源规划局部修订时,随着人力资源规划方案的局部修订,中间计划做相应调整,而有关的行动计划也要重新制订。在进行人力资源规划具体修订时,人力资源规划方案基本不变,中间计划的基本框架也不变,只做局部调整,而行动计划要根据具体情况进行相应调节。中间计划的局部调整和行动计划的调节,都由具体的执行层进行,由管理层平衡和批准。

中间计划的调整,是为了保证经局部修订的人力资源规划能顺利实施,而中间计划的局部调整是为了解决人力资源规划实施过程中出现的具体操作问题。前者与全局有关,后者不涉及全局。究竟是进行调整还是进行局部调整取决于对出现的偏差的分析结果。如果出现的偏差已经影响到企业的局部发展,那么就要及时在对人力资源规划方案进行局部修订之后对中间计划进行调整。如果出现的偏差对企业的发展基本上没有影响,或者只要解决了就没有影响,则只对中间计划的有关内容进行局部调整就可以了。如果企业把上述两种情况搞颠倒了,则会把事情搞糟。无论是该全面调整的进行了局部调整,还是该局部调整的进行了全面调整,都无助于问题的解决,偏差不仅得不到解决,而且有可能更加严重或出现新的偏差。

有一个问题应该注意,那就是人力资源规划实施的早期失效问题。人力资源规划实施经常会产生早期失效问题,而且早期失效率较高。造成人力资源规划实施早期失效的原因很多,如人力资源规划方案有问题、人力资源规划实施方案有问题等,针对这些问题需要对人力资源规划进行修订。但是还有一些原因与人力资源规划的正确与否无关,如旧的人力资源规划的惯性影响、新的人力资源规划还没有被有关各方理解和接受、人力资源规划的实施者对新的环境和工作条件尚未适应等,这些原因不能归咎于人力资源规划本身。所以在碰到人力资源规划早期失效问题时,不必惊慌失措,更不可对人力资源规划盲目怀疑或急急忙忙进行修订。要对人力资源规划早期失效的原因进行透彻的分析,如果是人力资源规划本身的问题就进行修订,如果不是人力资源规划本身的问题就要耐心等待。同时,要熟悉环境和工作条件,排除旧的人力资源规划的惯性影响,使新的人力资源规划为各有关方面所理解和接受,使人力资源规划早期失效问题及早得到解决。

9.5.4 纠正偏差的方法

纠正偏差的方法大致有 4 种,即纠偏战略分析法、战略刺激法、纠正活动法和应急计划法。

1. 纠偏战略分析法

纠偏战略分析法是一种采用象限图对人力资源规划实施偏差进行战略分析的方法,

如图 9-8 所示。横轴是实施过程中的要素变化,纵轴是偏差的程度,要素变化和偏差程度的作用结果形成 4 个象限,每个象限都是人力资源规划修订的具体战略选择。

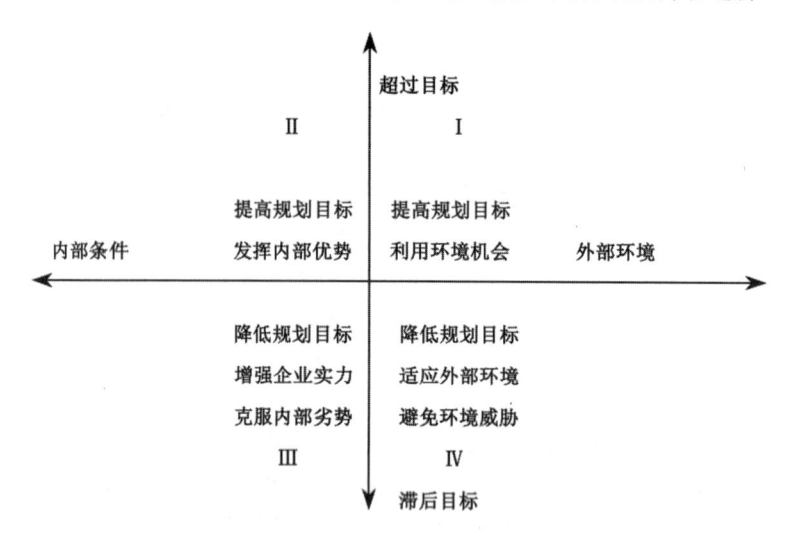

```
                         ↑ 超过目标
              II         │         I
                         │
            提高规划目标  │  提高规划目标
            发挥内部优势  │  利用环境机会
  内部条件 ←─────────────┼─────────────→ 外部环境
                         │
            降低规划目标  │  降低规划目标
            增强企业实力  │  适应外部环境
            克服内部劣势  │  避免环境威胁
              III        │        IV
                         ↓ 滞后目标
```

图 9-8　人力资源规划纠偏战略分析

在象限 I,超过目标是由外部环境因素的机会所造成的。这说明,原规划在制定时忽视了这个机会因素,或者这个机会在实施过程中突然出现。为了适应这种态势,除了把目标定得更高一些,还要将人力资源规划的发展战略调整为"利用机会、加速发展"。

在象限 II,超过目标是由内部条件因素的优势所造成的。这说明,原规划的制定忽视了这种优势因素,或者这种原本不是优势的因素在实施过程中变成了优势。为了适应这种态势,除把目标定得更高一些,还要将人力资源规划的发展战略调整为"发挥优势,加速发展"。

在象限III,滞后目标是由内部条件因素的劣势所造成的。这说明,原规划在制定时忽视了这个劣势因素,或者这个原本不是劣势的因素在实施过程中变成了劣势。除了把目标调低一些(若这种劣势在短期内可以改变,亦可不调整),还要将人力资源规划的发展战略调整为"增强实力,克服劣势"。

在象限IV,滞后目标是由外部环境因素的威胁所造成的。这说明,原规划在制定时忽视了这个威胁因素,或者这个威胁在实施过程中突然出现。为了适应这种态势,除了把目标调低一些,还要将人力资源规划的发展战略调整为"适应环境,避免威胁"。

2. 战略刺激法

人力资源规划本来是一种战略行为,但其实施过程中往往会出现短期行为。企业高层决策者经常会陷入日常的事务堆里,不愿意也没有时间进行长远的战略性思考;他们最为关心的是眼前的目标,而有意无意地忽视长远的目标或长远的利益。很多人只重视近期的或战术性的资本投入,而把长远的或战略性的资本投入挂在嘴上,或者做做样子,不愿意采取实质性的行为。短期行为是人力资源规划实施的一个障碍,有可能导致企业的发展畸形或缺少后劲,以至于产生严重的后果。

解决这种短期行为的一个重要方法就是采用战略刺激法。战略刺激法就是制定具有战略性的、以克服短期行为为目的的评价标准和奖励办法。对于人力资源规划工作和实施者的评价标准及奖励制度，不仅要与近期成绩直接挂钩，还要与长远的发展相联系；对于具体的实施者，不仅要评价其近期成绩及远期的后继能力，还要评价其本身的成绩和对整体规划的贡献。

3. 纠正活动法

纠正活动法实际上是指在人力资源规划实施过程中的一系列纠正偏差活动。运用纠正活动法主要完成4个方面的程序，即确定阶段目标、及时收集信息、找出问题原因和制定解决办法。

（1）要把人力资源规划的实施过程划分为若干阶段，并确定每个阶段的目标。这些阶段和目标之间既要互相联系又要互相区别。一旦发现问题，就要及时地在有关阶段解决问题，不留后患。

（2）要确保有关信息能被及时、准确、完整地收集到。有关信息既可以通过多种统计报表来收集，也可以通过调查来收集。例如，深入现场调查实际情况是收集信息的一种好办法，可以及时发现问题和解决问题。

（3）要找出各种偏差的原因。要考虑评价方法是否科学，实施管理是否有问题，实施目标的途径和方法是否合适，战略选择是否妥当，目标定得是否过高，企业的宗旨是否正确等。

（4）根据出现偏差的原因制定出解决的具体办法。解决问题的办法要可靠、有效，行动要迅速、稳妥，以尽可能地减少偏差所带来的损失。

4. 应急计划法

再好的人力资源规划，在实施过程中也难免会碰到一些难以预测的突发事件，这就对人力资源发展形成了种种潜在威胁。制订备用的应急计划既是人力资源规划控制的有力措施，也是纠正偏差的必备措施。当然，应急计划并不是整个中间计划和行动计划的备用计划，而是针对某些关键因素及关键环节有可能发生的意外变化的临时替换计划。一旦变化出现，就可以从容不迫、有条不紊地使用应急计划，使人力资源规划不致间断，从而继续实施下去。

因此，应急计划的制订应该是严肃的，其使用也应该是严肃的，切忌过多或滥用。应急计划的制订和使用应注意几个方面的内容：一是分析并找出企业人力资源规划的关键影响因素或有可能发生变化的因素，既要注意不利的方面，也要注意有利的方面；二是评价上述因素发生变化的范围、时间和可能产生的后果；三是有针对性地制订应急计划，应急计划要按照正式的计划来制订，要注意与整个现行人力资源规划方案和实施计划方案的衔接，保证人力资源规划的顺利实施；四是严格确定使用应急计划的条件，防止随意滥用；五是一旦发生变化，需要使用应急计划，要加强对应急计划实施过程的监督、控制，注意分析、评价应急计划的实施效果，出现问题时要及时处理。

自测题

一、判断题

1. 对于人力资源规划最终效果的达成来说，人力资源规划的制定远比人力资源规划的实施更为重要。　　　　　　　　　　　　　　　　　　　　　　　　　　（　　）

2. 人力资源规划的整个过程由人力资源规划制定和人力资源规划实施两个分过程组成。
（　　）

3. 人力资源规划管理者素质的高低、能力的大小，以及对人力资源规划制定、实施的积极性往往决定了人力资源规划的成败。（　　）

4. 人力资源规划修订是人力资源规划执行过程的一个环节，但并不是必要环节。
（　　）

5. 人力资源规划控制是人力资源规划实施工作的重要环节，是确保人力资源规划全面完成的质量保证体系。（　　）

二、单选题

1. （　　）类型的人力资源规划管理者具有强烈的战略意识、变革意识和风险意识，事业心强，勇于创新，敢于在变化环境中拼搏，能够提出具有挑战性的目标。
　　A．稳定型　　　　B．预期型　　　　C．反应型　　　　D．创造型

2. 人力资源规划实施的第一步就是（　　）。
　　A．对人力资源规划的方案进行分解
　　B．建立人力资源规划实施计划体系
　　C．组织结构与行为的调整
　　D．资源的优化配置

3. 人力资源规划修订的第一个层次是（　　）。
　　A．总体修订　　　　　　　　　B．具体修订
　　C．局部修订　　　　　　　　　D．滚动修订

4. （　　）是采用象限图对人力资源规划实施偏差进行战略分析的方法。
　　A．纠偏战略分析法　　　　　　B．战略刺激法
　　C．纠正活动法　　　　　　　　D．应急计划法

5. 人力资源规划控制作为一个调节活动，第一个步骤是（　　）。
　　A．制定评价标准　　　　　　　B．建立控制系统
　　C．明确控制目标　　　　　　　D．衡量工作成果

三、多选题

1. 人力资源规划的实施可能有（　　）。
　　A．有效的实施　　　　　　　　B．无效的实施
　　C．脱离人力资源规划的实施　　D．模糊的实施

2. 除了战略专家的角色，人力资源规划管理者还要承担（　　）角色。
　　A．联络人　　　　　　　　　　B．管理员
　　C．改革者　　　　　　　　　　D．指导者

3. 人力资源规划实施由（　　）环节组成。
　　A．人力资源规划实施　　　　　B．人力资源规划控制
　　C．人力资源规划证明　　　　　D．人力资源规划修订

4. 集权程度高的人力资源规划实施模式是（　　）。
　　A．指令型　　　　　　　　　　B．合作型

    C. 转化型   D. 支持型

5. 人力资源规划方案的分解可以从（　　）角度展开。
    A. 空间分解   B. 时间分解
    C. 过程分解   D. 类别分解

四、简答题

1. 用实例说明人力资源规划实施与人力资源规划的关系。
2. 人力资源规划实施5种模式应用的环境和条件是什么？怎样改进它们的效果？
3. 怎样可以减少人力资源规划出现偏差的可能？怎样减少出现偏差后导致的负面影响？
4. 资源和人力资源规划的关系是怎样的？怎样借助人力资源规划最大限度地利用企业的内外部资源？

五、案例分析

某研究所附属实验药厂注册成立南京某制药厂，2016年，该制药厂联合4家企业共同设立南京XS医药科技股份有限公司（简称XS公司）。XS公司设有人力资源部、资金财务部、市场营销部、生产管理部、技术质量部5个部门；员工队伍包括800余人，拥有大专及以上学历者占65%，专业结构以医学、药学为主，兼有市场营销、企业管理、财务管理等；在中层及以上管理人员中，拥有大学本科以上学历者占90%。

目前，XS公司人力资源总监的工作过于烦琐，存在具体的基层工作无法在基层人事工作人员那里得到落实、不同层次人事管理者的工作权责不明确等问题。人力资源总监常常困在基础的人事事务中，如今天刚刚从生产部做绩效考核回来，明天还得负责将考核结果汇总报给财务部……而处在基层的人事专员却抱怨说："上级布置的绩效指标考核实施起来太困难，我们公司人力资源管理的绩效考核指标应该彻底改革一下……"

人力资源总监本应该制定公司的人力资源管理战略，为公司的整体发展和业务领域的发展提供人力资源支持，却被困在基本的人事绩效考核事务中；而人事专员作为一线管理人员，不仅不落实上级的工作部署，还一味抱怨工作难以开展。如此一来，人力资源总监被人事专员"反授权"，陷入了基础工作无法落实，而基础的工作被基层管理人员反授权给最高层管理者，使其难以脱身去规划公司总体人力资源管理战略的僵局。

问题：从人力资源管理者职能的视角分析XS公司面临的问题，并提出解决办法。

第 10 章
人力资源规划实验操作

学习目标

1. 了解 SWOT 分析方法在人力资源规划中的应用;
2. 掌握独立进行人力资源规划设计的操作;
3. 掌握人力资源招聘计划的内容、制订程序和实现途径;
4. 掌握人力资源培训计划的制订方法和制订过程;
5. 掌握人力资源职业生涯计划的内容制订程序和制订方法。

学习导航

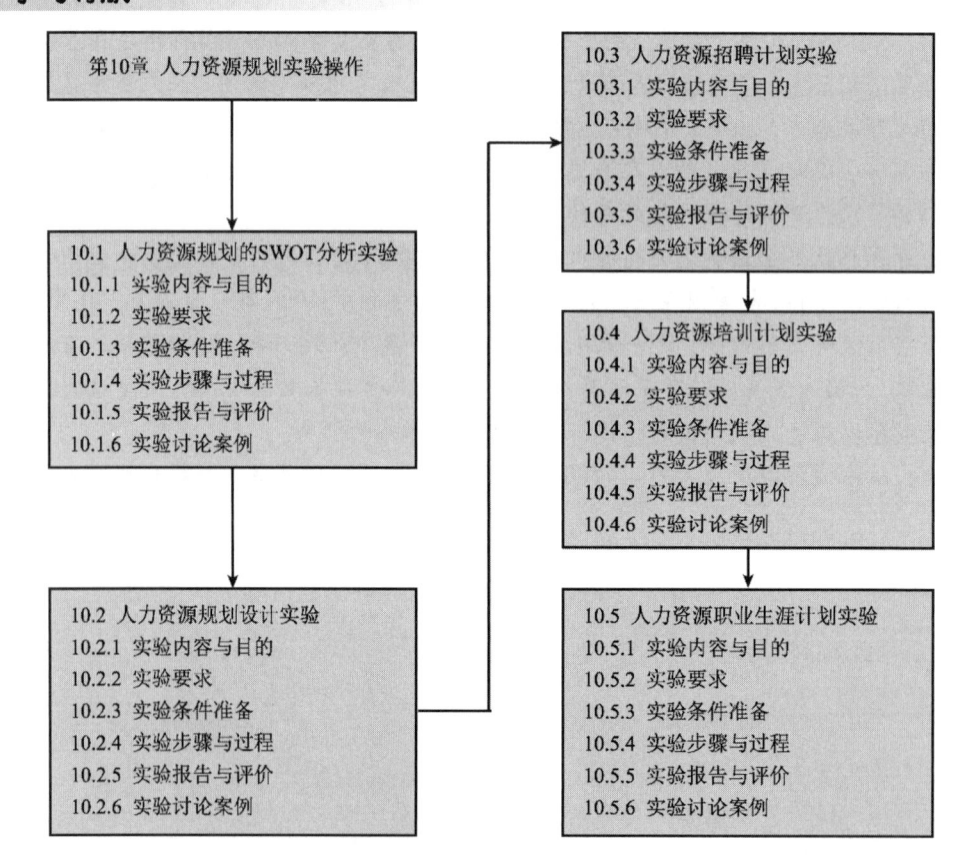

```
第10章 人力资源规划实验操作
            │
            ▼
10.1 人力资源规划的SWOT分析实验
10.1.1 实验内容与目的
10.1.2 实验要求
10.1.3 实验条件准备
10.1.4 实验步骤与过程
10.1.5 实验报告与评价
10.1.6 实验讨论案例
            │
            ▼
10.2 人力资源规划设计实验
10.2.1 实验内容与目的
10.2.2 实验要求
10.2.3 实验条件准备
10.2.4 实验步骤与过程
10.2.5 实验报告与评价
10.2.6 实验讨论案例
            │
            ▼
10.3 人力资源招聘计划实验
10.3.1 实验内容与目的
10.3.2 实验要求
10.3.3 实验条件准备
10.3.4 实验步骤与过程
10.3.5 实验报告与评价
10.3.6 实验讨论案例
            │
            ▼
10.4 人力资源培训计划实验
10.4.1 实验内容与目的
10.4.2 实验要求
10.4.3 实验条件准备
10.4.4 实验步骤与过程
10.4.5 实验报告与评价
10.4.6 实验讨论案例
            │
            ▼
10.5 人力资源职业生涯计划实验
10.5.1 实验内容与目的
10.5.2 实验要求
10.5.3 实验条件准备
10.5.4 实验步骤与过程
10.5.5 实验报告与评价
10.5.6 实验讨论案例
```

10.1 人力资源规划的 SWOT 分析实验

10.1.1 实验内容与目的

本实验的主要内容是培养学生运用 SWOT 分析方法对人力资源规划进行分析的能力。

本实验的主要目的是帮助学生理解并掌握 SWOT 分析的原理和方法，了解其在人力资源规划中的应用，学会使用 SWOT 分析方法提高人力资源规划的准确性和可行性，为学生在将来的实际工作中运用 SWOT 分析方法来设计并执行一个有效的人力资源规划打好基础。

10.1.2 实验要求

1. 对指导老师的要求

对 SWOT 分析的思路和应用进行讲解，提供实验背景（企业背景），明确实验的基本规则和评价标准，划分任务小组，指导学生实验，解答学生问题，对实验结果进行评价等。

2. 对学生的要求

学习和掌握 SWOT 分析方法，在小组内承担自己的角色，对指导老师提供的案例进行充分讨论和实践分析，形成实验报告。

10.1.3 实验条件准备

1. 硬件条件

实验室、电脑、投影仪、大屏幕、打印机、复印机。

2. 软件条件

背景材料、实验讨论案例。

10.1.4 实验步骤与过程

1. 实验准备（课前准备）划分任务小组

（1）本次实验划分成若干小组，每组 5 人左右。组内成员角色扮演和任务分配自行决定，每组自选一名组长作为各小组的负责人。

（2）指导老师提供拟分析的讨论案例资料，让学生提前熟悉。

2. 实验过程

（1）指导老师讲解 SWOT 分析的内容、操作流程和意义，学生认真理解与领会，可以进行简短的讨论。

（2）学生针对指导老师提供的案例进行小组讨论，回答案例分析的问题，指导老师给予必要的指导。

（3）在规定时间内，每个小组提交小组实验报告。

（4）每个小组就本组实验报告进行演讲，其他小组就案例相关问题提问，小组成员进行回答，指导老师对整个过程进行评论。

（5）参考其他小组和指导老师的点评意见，对实验报告进行修改并提交最终实验报告。

10.1.5 实验报告与评价

1. 实验报告

（1）对 SWOT 分析原理和方法的理解及阐述。
（2）针对案例企业的 SWOT 分析矩阵。
（3）以 SWOT 分析为基础的人力资源规划选择。

2. 实验评价

（1）是否真正理解 SWOT 分析的内容、操作流程和意义。
（2）针对案例企业的 SWOT 分析矩阵是否准确和全面。
（3）案例分析小组最后提出的人力资源规划选择是否正确和完整。
（4）实验报告结构是否明确，逻辑是否合理，语言是否流畅、简洁。
（5）讨论是否充分，过程参与是否积极。
（6）实验报告是否按时提交。

10.1.6 实验讨论案例

YL 化工集团人力资源规划面临的环境分析

1. 企业背景介绍

YL 化工集团是我国规模较大的企业，其企业发展战略目标是在未来 10 年内成为国内领先的、提供全方位化工产品和服务的、在国际市场上具有一定影响力和竞争力的、能抵抗较大风险并拥有可持续发展能力的、拥有相关多元发展经验的、跨国经营的综合性特大化工集团。在国内外竞争日渐激烈的情况下，YL 化工集团随着自身业务的不断拓展，明显感觉到人力资源的匮乏已经成为制约其快速发展的瓶颈。为此，YL 化工集团认为必须加快人力资源的储备与开发，努力打造一支数量充足、结构合理、配套专业、德才兼备、有能力承担重大任务的专业技术队伍和经营管理队伍。

YL 化工集团人力资源战略规划的指导思想：紧紧围绕企业战略目标，以实现人力资源的长期供求平衡和最佳配置为目标。

2. YL 化工集团面临的人力资源环境分析

（1）人力资源内部环境分析。

① 从 YL 化工集团现在年产值和经营规模看，其员工总数为 15 980 人，相较于全国同类企业，其员工总数偏大、人均产出偏低。YL 化工集团拥有本科以上学历的人员仅占员工总数的 16%，其中只有一半是全日制本科院校毕业的，另一半则是通过继续教育取得学历的。员工整体学历偏低，整体素质较低，基本素质和能力与企业工作要求不太匹配，不能满足企业对相应专业岗位的要求。从年龄结构来看，目前全体员工的平均年龄为 31 岁，年龄结构整体上趋于合理。但管理人员的年龄结构与国内同行相比仍有差距。加之现有年轻的管理人员多为技术转向管理，任职时间不长、经验不足，这在一定程度上影响了 YL 化工集团管理水平的提高。

② YL 化工集团现有中层及以上的管理人员中，全日制大专以上学历的人员占 26%（39 人），学历、素质相对水平较低。其中具备高级专业技术资格的人员占 40%，专业技术职称总体水平不高，技术能力欠缺相应制约着管理水平的提高。作为 YL 化工集团主要系列的化

工、会计、经济系列专业技术人员分别占员工总数的15%、3%和2%，专业技术人员的缺口较大。从职称结构来看，在现有专业技术人员中，高级、中级、初级人员的递进比为1∶7.6∶16.6，大大低于全国1∶4∶2.5的平均值，具备高级和中级职称的专业人员数量过少，拥有初级职称的人员的比重过大。一个合理的人才群体中，既要有高级人才，也要有一定数量的中、初级人才。在YL化工集团中，中、高级人才比较缺乏，拥有初级职称的人员和无职称人员较多，不符合行业发展的需求，专业技术素质有待进一步提高。

③ 人力资源管理与发展战略关联度较弱。缺乏科学的岗位评估，用人和分配机制不尽合理。没有在YL化工集团内真正落实能者上、庸者下，以及公开招聘、选拔的机制，"大锅饭"等情况不同程度地存在。以上问题极大地阻碍了员工的上进心和积极性的提高，成为阻碍企业快速发展的瓶颈。

（2）人力资源外部环境分析。企业的竞争，说到底是人才的竞争；技术的进步，说到底要靠人才去适应。国内经济的高速发展为化工业的发展创造了良好机遇，为人力资源的发展提供了广阔的空间，基础建设跨越式发展为中国化工市场提供了重要的发展机遇，其中精细化工类专业人才的需求量较大的现状更加突出。目前社会人力资源总体充足，化工类专业人才紧缺，市场竞争激烈。随着国家教育政策的调整，专业化程度较高的高学历毕业生在总体环境中所占比重较小，供求失衡、矛盾突出。开放的化工市场竞争激烈，与国内同行业企业相比，YL化工集团在综合因素方面总体缺乏竞争优势。

在化工业竞争不断加剧的情况下，国外的化工业巨头和国内的化工厂商都在想方设法地抢占人才。如何留住人才，并吸引新的人才也是挑战所在。国外的化工业巨头进入国内市场后，其网罗人才的一个重要手段就是通过高薪从国内企业挖走人才，这样既可以缩短人才的培育期和适应期，也可以利用他们原来的各种关系，可谓一举两得。另外，国外的化工业巨头在进入国内市场后，为了迅速切入市场，必然要实行人才的本土化战略。它们会采用新型、完善的培训计划和良好的职业发展设计等来吸引我国的化工人才。这些外企的条件必定对国内化工业的人才形成较大的吸引力，从而使我国化工企业在人才争夺方面处于劣势。另外，在人才流失的同时，我国化工企业还存在管理人才、高技术人才、复合型人才短缺的情况。在外部人力资源环境不乐观的情况下，YL化工集团为了保证自身的长远发展、实现企业的发展战略，只能通过不断激活企业内部的活力来增强市场竞争力。

讨论题：
对YL化工集团人力资源规划面临的环境进行SWOT分析。

10.2 人力资源规划设计实验

10.2.1 实验内容与目的

本实验的主要内容是培养学生进行人力资源规划的能力，主要目的是帮助学生进一步明确人力资源规划的概念，加深对人力资源规划理论的理解，使学生进一步熟悉进行人力资源规划的目的、意义、内容、程序和方法。

10.2.2 实验要求

1. 对指导老师的要求

针对人力资源规划的目的、意义、内容、程序和方法等为学生进行详细的讲解，提供实验背景（企业背景），明确实验的基本规则、实验评价标准，使学生明白实验的目的和进行过程，划分任务小组，指导学生实验，解答学生的问题，对实验结果进行评价等。

2. 对学生的要求

理解并掌握人力资源规划的目的、意义、内容、程序和方法，在小组内承担自己的角色，对指导老师提供的案例进行充分讨论和实践分析，形成实验报告。

10.2.3 实验条件准备

1. 硬件条件

实验室、电脑、投影仪、大屏幕、打印机、复印机。

2. 软件条件

背景材料、实验讨论案例。

10.2.4 实验步骤与过程

1. 实验准备（课前准备）划分任务小组

（1）本次实验划分成若干小组，每组 5 人左右。组内成员角色扮演和任务分配自行决定，每组自选一名组长作为各小组的负责人。

（2）指导老师提供拟分析的企业背景资料，让学生提前熟悉。

2. 实验过程

（1）指导老师讲解人力资源规划的目的、意义、内容、程序和方法，学生认真理解与领会，可以进行简短的讨论。

（2）学生针对指导老师提供的案例进行小组讨论，回答案例分析的问题，指导老师给予必要的指导。

（3）在规定时间内，每个小组提交小组实验报告。

（4）每个小组就本组实验报告进行演讲，其他小组就案例相关问题提问，小组成员进行回答，指导老师对整个过程进行评论。

（5）参考其他小组和指导老师的点评意见，对实验报告进行修改并提交最终实验报告。

10.2.5 实验报告与评价

1. 实验报告

（1）对人力资源规划的目的、意义、内容、程序和方法的理解及阐述。
（2）针对案例企业的战略目标的人力资源规划分析。
（3）以案例企业的战略为指导的人力资源规划的选择和设计。

2. 实验评价

（1）是否真正理解人力资源规划的目的、意义、内容、程序和方法。
（2）针对案例企业的人力资源规划分析是否正确。

(3) 案例分析小组最后提出的人力资源规划选择是否能够支持案例企业的战略目标。
(4) 实验报告结构是否明确，逻辑是否合理，语言是否流畅、简洁。
(5) 讨论是否充分，过程参与是否积极。
(6) 实验报告是否按时提交。

10.2.6　实验讨论案例

中化集团人力资源规划和管理的改革创新

中国中化集团有限公司（简称中化集团）是国有大型骨干中央企业，其主要业务分布于能源、农业、化工、地产、金融五大领域，对境内外300多家经营机构进行专业化运营，并控股3家上市公司，在全球有员工约50 000人，是最早入围《财富》全球500强榜单的中国企业之一。中化集团借助人力资源一体化管理战略构建"直管型人力资源管控模式"，其"强管控"的3个关键要素是战略规划、模式驱动、以信息化杠杆推动实施，而且十分重视人才评估与盘点、人才发展规划。

1. 中化集团人力资源规划和管理措施

中化集团积极贯彻落实《中共中央、国务院关于深化国有企业改革的指导意见》中有关人事制度改革的要求，制定了较为完备的管理制度，包括管理规定2个、管理办法29个、实施细则21个、管理程序17个及附件3个，完成了人员能上能下、员工能进能出、收入能增能减3项制度改革，形成了多维立体的人力资源规划、培养和使用体系。

（1）培育市场导向的企业文化。中化集团坚持市场化、国际化经营管理，逐步形成了中化集团市场导向鲜明的企业文化：组织绩效管理中秉持"高绩效理念"；业务经营中秉持"追求创造价值、追求卓越"的卓越精神；广大员工坚守"做人——诚信合作、善于学习和做事认真、创新、善于合作"的核心价值观，持续推动形成"尊重人、培养人、造就人，员工价值与企业价值共同提升"的人本文化。所有员工的言行必须遵从企业文化的标准和要求，相关制度的建立及执行也以企业文化为标准，对于违背企业核心价值观的言行决不姑息。市场导向的企业文化是3项制度改革得以落实的基础。

（2）搭建全面的人才盘点体系。人才盘点体系是中化集团人力资源工作的抓手和主线。人才盘点体系包括年初启动且持续约半年时间的针对各级组织和领导的组织氛围测评、领导力素质测评等360度线上测评，以及针对各级领导的360度访谈；年终会议期间进行的针对各级领导和组织的选人用人满意度书面测评，干部领导力素质及个人贡献的正反向书面测评。依据测评和访谈结果，人力资源部门整理形成盘点报告并与二级单位主要领导就其分管的下级领导进行评价沟通，再由各二级单位的主要领导向集团主要领导和相关分管领导进行盘点汇报。通过两层级的盘点沟通，最终在领导们之间达成对下级领导在能力素质及培养、使用等方面的共识。盘点工作几乎贯穿全年，有效的盘点避免了个别领导对下级干部在评价和培养使用上的偏见，提高了干部选用及培养的公平度及效率。中化集团在人才盘点过程对于人才的发现会下探一级，掌握了一批年轻后备干部名单，为年轻干部的梯队培养做好了准备。

（3）建立厚重的人力资本提升计划。① "一年一题"，即依据"721"人才培养理论，要求员工每年结合本职工作，把工作实践和理论学习、交流相结合，自主确定研究主题，选择个人完成或组队完成。中化集团对相关的学习和调研交流给予支持及指导，在年末则通过优秀研究报告的筛选和汇报，发现并奖励优秀人才。这些被发现的优秀人才，在中化集团的总体人才安排下,被安排到不同的培养项目中,或者被择机调剂输送到更重要的岗位培养、使用。②领导力发展班,即以集团领导力素质模型为基础,在年度领导力素质测评盘点的前提下,针对干部领导力素质的薄弱项目,有针对性地设计班次和主题,举行约100学时、持续半年左右的领导力发展班。领导力发展班采用行动学习的形式,配备导师和催化师,主要围绕战略思维、凝聚团队和变革领导进行。多年来,领导力发展班把引进来的"人"培养成为"人才",并对推动集团转型起到了良好作用。

(4)构建多级人才梯队培养方案。中化集团的人才梯队培养分为3个层级:第一层级是管理培训生计划,第二层级是青年班计划,第三层级是后备人才计划。3个层级的人才计划相互接续,很好地保证了中化集团的人才供给。管理培训生计划,也就是对于新招录优秀毕业生的培养计划,一般持续2.5年,解决新毕业生的文化融入、素质养成问题。中化集团的管理培训生计划已持续十几年,为集团培养了近百名优秀的基层管理者,其中已有人成长为集团党组管理的干部。青年班计划是集团针对35岁以下优秀青年中层管理者开展的培养班次,每年30人左右,人员从年度盘点优秀年轻干部名单中产生,目的是促进年轻中层经理的领导力转型。自青年班计划实施以来,已有近30名青年班计划的优秀年轻干部成长为集团党组管理或备案管理的干部。后备人才计划也称为集团审计班培养计划,已在中化集团持续开展十几年,是专门针对集团党组管理干部开展的以内部审计为核心的后备培养班。培养班学员来源于年度盘点的后备名单,培养班以业务审计理论培训和审计实践为主线开展,同时增加党建纪检的学习课程,解决中层经理向高级经理转型中需要解决的认识和能力问题。后备审计班的持续开展,保证了中化集团十多年来的稳健经营,在近几年的中央巡视和审计中,未发现重大风险事故。

(5)勾画多通道的职业生涯规划。人尽其才,才尽其用是企业人力资源管理的目标,而要做到人尽其才,就需要各级领导者了解每一位员工的优劣势,且能够因才适用、因才培养。中化集团自2000年开始实施的全员绩效计划,不仅是一项绩效评价计划,更是一项人才培养计划,是要求各级领导针对每一位员工有计划定目标、及时谈话辅导反馈的人才培养计划。对于管理干部,中化集团更是提出了每年提报2位后备人员并制定针对性培养方案的要求:要求2位后备人选中一位来源于本部门,另一位须在其他部门,且后备名单会通过人才盘点进行交叉验证。只有验证通过了,人力资源部才能最终确认名单。

(6)实施全员绩效管理。中化集团自2000年起建立了岗位职级管理体系及全员绩效管理体系。公司战略发展目标逐级分解到人,从集团公司总经理到普通员工,都需要签署绩效合同。考核结果分为A、B、C、D 4类,为保证绩效文化的落地执行,从好到差进行强制分类。绩效考核结果与员工的奖励、晋升、培训等机会挂钩。考核为A的员工可以获得更高的薪酬和更多发展机会;如果员工明显不适岗或出现严重违反集团管理制度的行为,则将会被评为D,而连续两年被评为C的员工视同为D。被评为D的员工也许会被劝离职,且没有年度调薪甚至降薪。中化集团通过绩效管理来实现对干部管理的"能上能下"和薪酬的"能多能少",因业绩评价而"几上几下"的干部屡见不鲜。与此同时,人力资源部每年对各单位的绩效结果的运用进行核查。

(7)制定多样化薪酬激励制度。鉴于中化集团有限多元化的业务形态和各业务板块不同的发展阶段,为真正能够应对不同业务领域的市场竞争、提高各级干部员工的内在活力,在薪酬激励上中化集团也力争做到市场化对标。中化集团人力资源部每年从市场购买薪酬对标数据,对于各业务板块的薪酬标准进行回顾和对标。中化集团针对金融和地产等市场化程度高的业务板块,多方争取资源,使其薪酬体系可以达到稳定队伍的水平;对于上市公司，推行骨干员工期权激励机制；对于经营困难单元，开展风险抵押金激励模式；同时，在新设机构和公司，积极推动混合所有制模式的改革。

（8）以干部交流促干部成长。针对集团多业务板块的特点，为促进集团内部业务协同，中化集团从人力资源角度加大干部交叉培养的力度，通过各个班次的安排，使不同业务单元的干部在一起研讨问题、交流业务，成为相互信任、了解的伙伴，促进业务协同，进一步提升干部的认识和水平。针对集团战略转型的需要，集团人力资源部门加大外部干部引进力度，既在专业层面促进了集团战略转型，也在管理上为集团的市场化和国际化不断注入新活力。

（9）借用大数据手段优化"人岗匹配"。中化集团搭建 E-HR 系统，并以信息化手段提升人力资源管理的效率和水平，包括：①借用信息手段，对员工背景进行大数据分析，使员工更加快速适应中化集团的企业文化，并减少员工招聘、使用上的失误；②提高员工培训效果，针对人才成长需求，根据大数据分析，制订个性化培训计划，有计划、有步骤地提升和改善现有人才结构；③提高人岗匹配度，以大数据准确分析发现员工的潜质优势，更有效地确定员工胜任力模型，实现人才的最大化利用；④提高员工绩效，借助于大数据，将企业战略合理分解到每个人，并力求与个人能力目标相匹配，同时可以监控目标进展，成为有效的绩效管理工具。

2. 中化集团人力资源规划和管理改革的成效

中化集团坚持战略引领人才培养，持续推动人才培养体系，坚持"久久为功"；基于市场化、国际化企业文化，坚持绩效管理，持续推动人才盘点和干部梯队建设；坚持党管干部原则和正确用人导向，保证了集团内部风清气正的用人环境，经受住了中央巡视和审计的检验。在中组部举行的年度测评中，总体干部选用满意率保持在 90% 以上。

中化集团不仅培养了一批又一批优秀干部队伍，还吸引了一批战略转型急需的专业和管理人才。面对市场化的冲击和事业发展的需要，中化集团的人力资源改革和发展策略既保证了集团内部人才辈出的局面，也保证了集团战略转型对于人才的迫切需求得以满足，还为中化集团带来了良好的效益。在薪酬激励方面，中华集团因地制宜，针对不同的业务单元和发展阶段采用不同的激励方式，起到了激励团队提升绩效的作用。比如，对于某亏损企业实行的风险抵押金措施，当年就实现了业绩扭亏为盈，第二年实现盈利 5000 万元。

讨论题：

总结中化集团人力资源规划管理创新的特点及其对国有企业人力资源规划改革的启示。

10.3 人力资源招聘计划实验

10.3.1 实验内容与目的

本实验的主要内容是培养学生制定及实现人力资源招聘计划的能力，主要目的是使学生进一步加深对人力资源招聘计划的理解，熟悉人力资源招聘计划的概念、内容、制订程序和实现途径。

10.3.2 实验要求

1. 对指导老师的要求

针对人力资源招聘计划的概念、内容、制订程序、实现途径等对学生进行详细的讲解，提供实验背景（企业背景），明确实验的基本规则、实验评价标准，使学生明白实验的目的和进行过程，划分任务小组、指导学生实验，解答学生问题，对实验结果进行评价等。

2. 对学生的要求

理解和掌握人力资源招聘计划的概念、内容、制订程序和实现途径，在小组内承担自己的角色，对指导老师提供的案例进行充分讨论和实践分析，形成实验报告。

10.3.3 实验条件准备

1. 硬件条件

实验室、电脑、投影仪、大屏幕、打印机、复印机。

2. 软件条件

背景材料、实验支撑材料。

10.3.4 实验步骤与过程

1. 实验准备（课前准备）划分任务小组

（1）本次实验划分成若干小组，每组 5 人左右。组内成员角色扮演和任务分配自行决定，每组自选一名组长，作为各小组的负责人。

（2）指导老师提供拟分析的企业背景资料，让学生提前熟悉。

2. 实验过程

（1）指导老师讲解人力资源招聘计划的概念、内容、制订程序和实现途径，学生认真理解与领会，可以进行简短的讨论。

（2）针对指导老师提供的案例进行小组讨论，回答案例分析的问题，指导老师给予必要的指导。

（3）在规定时间内，每个小组提交小组实验报告。

（4）每个小组就本组实验报告进行演讲，其他小组就案例相关问题提问，小组成员进行回答，指导老师对整个过程进行评论。

（5）参考其他小组和指导老师的点评意见，对实验报告进行修改并提交最终实验报告。

10.3.5 实验报告与评价

1. 实验报告

（1）对人力资源招聘计划的概念、内容、制订程序和实现途径的理解及阐述。

（2）对案例人力资源招聘计划的分析和评价。

（3）对案例人力资源招聘计划的改进建议。

2. 实验评价

（1）是否真正理解人力资源招聘计划的概念、内容、制订程序和实现途径。
（2）对案例企业的人力资源招聘计划的分析是否正确和全面。
（3）案例分析小组最后提出的人力资源招聘计划改进建议是否可行和有效。
（4）实验报告结构是否明确，逻辑是否合理，语言是否流畅、简洁。
（5）讨论是否充分，过程参与是否积极。
（6）实验报告是否按时提交。

10.3.6　实验讨论案例

谷歌录取员工的要求非常苛刻，每年录取的员工是从申请谷歌公司工作的 200 多万人中选拔出来的，这意味着录取率不到 1%。

据谷歌前全球人力运营副总裁拉斯洛·博克介绍，谷歌创始人之一拉里是一个追求完美的人，在聘请员工时，要求他们是计算机专业的。霍尔兹勒就是谷歌的前十名员工之一，也是谷歌人才聘用系统的建立者，他现在是谷歌公司的技术架构高级副总裁。因为拉里仅聘请最"聪明"的人才，但是基于仅有高智商并不能让人具有创造力或成为团队的指挥者，谷歌公司提炼了一个严谨的招聘流程，这也是一个伟大的起点。

霍尔兹勒说："在一个刚创业的公司里工作，我的体验是极差的，员工人数很快就从 7 人变成了 50 人，我们的生产率反而大不如前，因为新来的工程师消耗了我们大部分的时间，我们将团队控制在 15 人以内，每一个人都变得很出色。"

在创业期，谷歌的两位创始人坐在乒乓球台前一起面试候选人，通过亲身实践，他们发现没有任何一个面试官会在每一次面试时都是对的，因此集体面试的想法就产生了，并在 2007 年得到了固化，现在被人们称为 "Wisdom of The Crowds"（群众的智慧）。

更为重要的是，这两位创始人有着一种本能——要想达到一种目标标准，必须有一个独立的、最终的、中央集中决策者。现在的谷歌将管理责任分为两个高级领导团队，一个负责工程和产品管理，另一个负责销售、财务和其他所有角色，对于谷歌所有的事情有一个最终审核人。

1. 谷歌公司的人才雇用率是如何提高的

2006 年以前，谷歌人想尽一切办法去找人，这与其他公司并无二样，在网站上刊登广告，每天在专业的招聘网站查找候选人简历，通知候选人来面试，但效果不好，雇用率不到 1%。后来，他们进行了研究并做出了改进，像其他公司一样，对每一个人都进行背景调查。同时，谷歌建立了一个职位申请者的追踪系统，与谷歌公司现有员工的简历进行自动对比，检查申请人的简历，如果工作履历是重叠的，其与谷歌员工曾经在同一时间、同一学校上过学，或同一时间在微软工作过，那么谷歌员工就会自动收到一封邮件询问他们是否认识这个人及其对这个人的评价。因为每个人提供的 "Reference Check"（背景调查）都是闪光的，所以这些通过谷歌员工的"后门"获得的评价就珍贵多了。2012 年春天，谷歌公司开始用算法来更好地匹配求职者，到 2013 年，雇用率就增加了 28%（每 1000 个申请者中，被雇用的人比过去多了 28%）。

2. 明确的人才理念是谷歌伟大的核心基石

谷歌寻找的人才不仅能解决当下的问题，还能解决未来未知的问题和可能出现的问题，因此，谷歌会对每一个申请者进行全身扫描，以获得更多的关于申请者的信息。每一个申请者都必须提供大学里的成绩。一位人力运营副总裁职位的申请者,当初在面试时,谷歌要求他打电话给他的大学取得他13年前大学时的成绩单。这对一个毕业了二三十年的人来说感到有些天方夜谭,但这确实对于"聪明"是一个有力注解。这也说明了"人才理念"与"面试"之间有着多么重要的关系。谷歌对于自己的政策也会分析,到了2010年,他们经过分析后认为,在大学毕业后的前两到三年里,根据一个人的学习成绩并不能预测出其之后的工作表现,所以,除了近期毕业的学生,其他人就不需要提供成绩单了。

3. 不断更新流程,找出最好人才

面试官可以问候选人任何问题,而且没有遵循任何特定的结构,因此,他们的反馈五花八门、缺乏洞察力。面试官之间因为是独立面试的,所以缺乏协调性,往往面试完后,候选人又被通知参加一轮面试,这让人感觉很恐怖。关于谷歌的面试流程,候选人多数认为"被残忍地虐待"。关于这一点,谷歌也意识到了,他们不断地完善,尽量让候选人感到开心。

谷歌的面试周期很长,6个月甚至更长,一个候选人可能要面试15~25次,每个谷歌人可能从申请工作的成百上千人中面试10人或更多人,然后对每一个候选人都要花费10~20小时来面试和写书面的反馈。在每个候选人的面试方面,如果进行细算,招聘专员、雇佣委员会、高级主管、创始人一起花费的时间要达到150~500小时。

在谷歌有一种说法:宁愿错过雇用两名优秀的员工,也要避免雇用一个糟糕的员工。一个小公司承担不起雇用一个糟糕的人的代价,因为他会对整个团队产生不良影响,导致需要占用大量的管理时间来对其进行指导或让其退出。对于谷歌来说,其发展速度很快,承担不起这个风险,这也是为什么公司有些职位长期招聘,直到找到合适的人选为止。正如谷歌前CEO施密特所说:"公司的现实是有些员工你不想要,那么招聘的目标就是应该没有这样的员工!"

从谷歌公司聘请的前100名员工个人发展来看,有一些人成为雅虎(Yahoo)和美国在线公司(AOL)的CEO、投资家、慈善家,还有一些继续在谷歌工作,负责谷歌的广告、产品和技术业务,这与谷歌严格的招聘标准和对招聘的重视程度密切相关!

事实上,在谷歌成立多年后,谷歌前百名员工中还有约1/3的人在谷歌继续工作,这是极其罕见的。谷歌公司很关注员工人数的增长,是因为谷歌有很多工作需要人去完成。创始人拉里曾这样说:"从员工人数的角度看,我们还是一个中等规模的公司,我们才有10 000多名员工,有的公司早已有百万名员工了。如果我们的员工人数达到了百万,那么我们能做些什么呢?"他常常告诉员工,在将来每一个谷歌人都能运营一个跟今天的谷歌一样大的公司,同时,他仍然是公司的一部分。

讨论题:

对谷歌公司的人力资源招聘做法进行分析和评价,指出其优缺点,并提出改进建议。

10.4 人力资源培训计划实验

10.4.1 实验内容与目的

本实验的主要内容是培养学生制订人力资源培训计划的能力,主要目的是使学生进一步加深对人力资源培训计划概念的理解,熟悉人力资源培训计划的理念、内容和机制,掌握人力资源培训计划的制订方法和制订程序。

10.4.2 实验要求

1. 对指导老师的要求

针对人力资源培训计划的概念、原理、内容、制订程序、制订方法等对学生进行详细的讲解，提供实验背景（企业背景），明确实验的基本规则、实验评价标准，使学生明白实验的目的和进行过程，划分任务小组，指导学生实验，解答学生问题，对实验结果进行评价等。

2. 对学生的要求

理解和掌握人力资源培训计划的原理和方法，在小组内承担自己的角色，对指导老师提供的案例进行充分讨论和实践分析，形成实验报告。

10.4.3 实验条件准备

1. 硬件条件

实验室、电脑、投影仪、大屏幕、打印机、复印机。

2. 软件条件

背景材料、实验支撑材料。

10.4.4 实验步骤与过程

1. 实验准备（课前准备）划分任务小组

（1）本次实验划分成若干小组，每组5人左右。组内成员角色扮演和任务分配自行决定，每组自选一名组长，作为各小组的负责人。

（2）指导老师提供拟分析的企业背景资料，让学生提前熟悉。

2. 实验过程

（1）指导老师讲解人力资源培训计划的概念、原理、内容、程序和操作，学生认真理解与领会，可以进行简短的讨论。

（2）针对指导老师提供的案例进行小组讨论，回答案例分析的问题，指导老师给予必要的指导。

（3）在规定时间内，每个小组提交小组实验报告。

（4）每个小组就本组实验报告进行演讲，其他小组就案例相关问题提问，小组成员进行回答，指导老师对整个过程进行评论。

（5）参考其他小组和指导老师的点评意见，对实验报告进行修改并提交最终实验报告。

10.4.5 实验报告与评价

1. 实验报告

（1）对人力资源培训计划的概念、原理、内容、制订程序和制订方法的理解及阐述。

（2）对案例人力资源培训计划的分析和评价。

（3）对案例人力资源培训计划的改进建议。

2. 实验评价

（1）是否真正理解人力资源培训计划的概念、原理、内容、制订程序和制订方法。
（2）对案例企业的人力资源培训计划的分析是否正确和全面。
（3）案例分析小组最后提出的人力资源培训计划改进建议是否可行和有效。
（4）实验报告结构是否明确，逻辑是否合理，语言是否流畅、简洁。
（5）讨论是否充分，过程参与是否积极。
（6）实验报告是否按时提交。

10.4.6 实验讨论案例

腾讯培养领军人才的"飞龙"方略

处于业务高速发展时期的腾讯，在各个业务领域都需要一批后备领军人才，后备领军人才的能力准备程度决定着公司的未来发展。这对腾讯现有的后备人才在领导力、商业能力等方面提出了更高的挑战。为此，腾讯学院设计了"飞龙计划"。

腾讯学院从架构上分为领导力发展中心、职业发展中心、培训运营中心等多个部分，为腾讯提供课程和培训方面的支持，如Q-learning、导师制、职业生涯规划、领导力培训等。腾讯学院针对不同层次的员工，有选择性地进行培养。对基层、中层和高层干部的后备培养，腾讯也有不同的计划。中层干部后备计划叫"飞龙计划"——从视野开阔（组织他们走出去，跟同行业中最优秀的企业交流），到岗位实践（将公司在战略、产品和管理方面最需要解决的课题交给他们），并为这些人配备优秀导师，每个项目的完成情况需要定期汇报，总裁参与听取。基层干部后备计划叫"潜龙计划"，高层后备干部也有专门的培养计划。每到年底，公司会做全体干部的盘点，根据情况制订改进计划。此外，腾讯学院还推出了"新攀登计划"，这是针对专业技术人员晋升专家的后备培养计划，与管理人才培养形成双通道。腾讯还有产品领军人物培养计划。从青葱"小白"到"攀登计划"中的腾讯达人，再到提升领导力的"育龙""潜龙""飞龙"，腾讯学院为腾讯人提供了近300门面授通用课程和专业能力课程，内容涵盖职场各个阶段的能力提升。

飞龙计划有一套严谨的课程体系，每半年一个循环。首先，核心环节是3次集中的模块学习，学习模块以面授课程和沙龙分享为主。其次，为保证核心环节的效果，腾讯学院运用了行动学习、评鉴中心和产品体验等业内前沿的培训与效果评估形式。腾讯富有校园文化、书卷气息，腾讯学院充分地领悟到了这一点，在飞龙计划学习结束后，腾讯学院会为学员举办如同大学一般的结业典礼，深化学习成果，建立飞龙校友关系。最后，腾讯学院飞龙项目组进行复盘，协同相关的业务部门一同总结目标完成情况及培训效果，并优化下一期飞龙计划。

历经多年的打磨沉淀，飞龙计划搭建了包含国际上顶级专家、商业领袖在内的师资队伍，开发了具有国际视野的领军人才培养体系。培训界最有影响力的组织ATD每年评选培训界的相关奖项，其中"卓越实践奖"堪称国际培训界的"奥斯卡奖"，在业内极具含金量。2015年ATD将年度"卓越实践奖"颁给了腾讯学院的飞龙计划。另一项数据显示，参加飞龙计划是干部晋升的必备条件，公司内部70%以上的中层管理者都是飞龙校友，腾讯学院为腾讯的高速发展提供了充足的领军人才储备。

1. 腾讯学院的战略行动

首先，腾讯学院承接人力资源战略。

腾讯针对公司的业务发展战略，提出"保持人才攻防的绝对优势"和"提升组织活力"的人力资源举措。腾讯学院通过绘制部门的战略地图与平衡计分卡，对人力资源战略进行分解，强调通过干部管理能力的提升，强化后备领军人才的能力准备度，提升干部管理的有效性，培养和造就一支有主人翁精神的干部团队。

其次，腾讯学院紧密联结产品战略。

在飞龙计划中的产品体验环节——"产品PK赛"，是第三次集中学习的重要环节。腾讯学院设计的这个环节非常具有实战性，能辅助业务部门的产品迭代优化战略。"产品PK赛"要选择3款腾讯或投资公司的产品，让飞龙学员体验并实战头脑风暴："假如我是产品负责人，我将怎样迭代、优化这个产品？"

腾讯学院在挑选产品时，进行了三大方面的业务战略考量：第一，选择代表公司未来业务方向的产品类型，如近两年更偏重手游产品、安全产品等；第二，由于学员均为业务方面的专家，因此，选择的产品也可以是专业性强、口碑和品质具有提升空间的产品，这对学员和产品都有更大的价值；第三，所选择的产品在市场上最好具有相同量级的竞品，如阿里、百度、360、网易等友商公司推出的同类产品。

每组体验完产品后，需要输出改进建议的报告，分析产品的定位、优点与不足，并进行竞品分析，最终给出产品的优化建议。在产品PK赛的汇报环节，腾讯学院会邀请体验产品的第一负责人来到现场，聆听学员的"找茬"，吸收有价值的建议，并对学员分析中的不足之处给予反馈和建议。同时，产品负责人也会提出自己的困扰，现场学员再次进行头脑风暴，提出具体的解决方案。每年，在这个环节结束后，腾讯学院会回访产品负责人，大部分产品负责人对这种学习方式非常认可，也感谢学员对产品提出了很好的优化建议。

最后，腾讯学院设计与高层的战略沟通。

飞龙计划希望让学员有更多机会接触到高层，从而对公司的战略有更深刻的理解和思考。在每期项目开班时，项目组都会安排"总办面对面"的环节，让学员与高层进行2小时左右的坦诚沟通。

现场不乏尖锐的问题。例如，学员会提问："我不是很理解这一项决策，总办是不是没有考虑到可能带来的问题？能不能请您为我们讲解这样决策的原因？"通过这样的对话，不仅能让学员真正了解战略决策背后的思考，还能帮助学员从公司层面，而不是从单个业务层面来看问题。

2. 腾讯学院的专业实践

首先，腾讯学院的培训设计是有目标导向的。

腾讯学院在飞龙计划的课程设计方面是非常有目标导向的，对于在每一个环节提升领军人才的哪项胜任素质有清晰的设计与规划。

飞龙计划的第一次集中模块学习以帮助学员全面地认识自己，提升战略决策、前瞻视野和商业意识等素质为目标。飞龙计划的第二次集中模块学习以加深学员的团队管理、变革管理能力为目标。飞龙计划的第三次集中模块学习，以提升产品能力、开阔视野为目标。飞龙计划的电商战电脑模拟环节，以市场营销、用户分析、经营决策和财务方面的知识吸收和沉淀为目标。飞龙计划的行动学习环节以提升领军人才的跨界思考、前瞻分析，以及解决复杂问题的三大能力为目标。飞龙计划的沙龙分析环节以提高风险管理意识、危机应对技巧为目标。

以飞龙计划的第一次集中模块学习为例，飞龙计划的评鉴中心采取公文筐、团队会议和下属辅导3种测评工具结合的方式，在一天时间内迅速诊断学员在综合管理、战略决策和前瞻思考等方面的能力水平。为契合腾讯本身偏于前瞻、"软硬件"结合的业务性质，飞龙计划选用了高科技企业的背景案例，并提供了一份非常详细的企业情况说明，使学员置身于尽可能真实的模拟企业环境中。这份企业说明包含企业规模、经营理念、文化价值观、核心业务、行业地位、主要竞争对手，以及各细分业务领域的经营数据和分析等诸多详细信息。在阅读完背景资料后，学员将迎来公文筐模拟、团队会议和下属辅导这3项任务。

第一项是公文筐模拟，主要模拟日常管理决策的场景，要求学员在2小时内阅读10封邮件并解决其中的问题，邮件中所描述的场景浓缩了团队与人才、跨部门合作、供应商问题、商业机会等各类企业常见的经营问题。

第二项是团队会议。四五名同一级别的学员，在阅读了更详细的公司经营核心数据后，要拟订出企业未来3年的战略目标，以及未来1年最重要的工作。每位学员都需要表达自己的观点，然后进入团队讨论阶段，最终找到适合公司未来发展的战略目标与重点工作。

第三项是下属辅导，着重考查学员的下属辅导能力。在这个场景中，学员作为新上任的管理者，收到了很多关于下属问题的不同方面的反馈和投诉，包括下属在跨团队合作、团队管理中的问题。学员需要在45分钟的沟通中帮助下属认识到自己的问题，并且找到应对目前挑战的解决方法。

特别值得一提的是，飞龙计划的评鉴中心已经完全内化，腾讯学院不仅培养出了一批内部测评师、演员和工作人员，还实现了测评报告的内部撰写（这来自企业内部的咨询方案提供者）这些由内部的中层管理者和专家组成的测评师队伍，因为更了解腾讯的工作方式、管理风格和业务挑战，所以给出的学员测评反馈和测评报告也更有针对性，为学员未来的工作和发展带来更大的价值。

其次，腾讯学院立足专业基础，探索领域前沿。

要想让培训更有效果，为组织创造价值，深厚的专业功底是必不可少的。腾讯学院的人才需要熟练掌握人力资源基础知识，与此同时，他们还主动探索着催化培训效果的前沿理论。

腾讯学院在飞龙计划中引入了当前培训领域前沿的行动学习、领导力教练等理念、方法。飞龙计划至少每两周进行一次行动学习。由各组学员自行制定研讨任务，分配课后作业，最终输出完整的解决方案。在行动学习过程，腾讯学院的人才结合了领导力教练技术，为行动学习小组搭建"行动学习教练团队"。

团队中有3个不同角色：Sponsor，这是与研究话题最相关的高管，他们会跟学员沟通该课题的研究背景、对公司的价值，以及研究成果的建议方向，并起到问责人的作用，推动行动学习方案的落地实施；战略辅导员，通常为战略发展部的专家，他们最了解该领域目前的成果、参与者、存在的挑战和机会，确保学员在研究领域内找到比较合理的解决方法；团队教练，他们强调进程大于结果，腾讯学院为每组都配备了一名资深HR同事作为团队教练，他的职责是提供准确的行动学习流程、工具，把握行动学习氛围、节奏，这样学习效果会在一种"自然"的状态下促发。

由于飞龙计划是面向各业务领域的管理者的，而他们不仅要面对人力资源管理问题，还要从经营环境、竞争战略、组织文化、组织架构、市场营销等多方面分析问题，因此腾讯学院的学员为了设计更贴合客户需要的培训场景、素材，还要掌握经济管理通用知识。

最后，不断突破创新为学员创造价值。

为了提升学员的培训体验、提高培训的效果，腾讯学院的飞龙计划不断创新。无论是结合移动化、AR/VR 技术，还是跨界引入体育活动，都反映出腾讯学院对设计思维的重视。通过引入棒球、橄榄球等体验式学习活动，腾讯学院希望学员在活动之余提高团队配合、策略制定，甚至分析竞争对手战术和对策等意识。学员也能通过活动认识到很多日常工作中的不足并优化自己的思考模式。体验式学习不仅能更好地促进学员间的相互了解和团队合作，还能让学员意识到自己的不足，并"自然"地发生改变。

讨论题：

分析腾讯学院的"飞龙计划"在为企业持续培养后备人才，以及为员工提供自我提升和完善的动力、提供快速和丰富的成长空间方面有什么特色。

10.5 人力资源职业生涯计划实验

10.5.1 实验内容与目的

本实验的主要内容是培养学生制订人力资源职业生涯计划的能力，主要目的是使学生进一步加深对人力资源职业生涯计划的理解，熟悉人力资源职业生涯计划的概念、原理、内容，制订程序和制订方法。

10.5.2 实验要求

1. 对指导老师的要求

将人力资源职业生涯计划的概念、原理内容、制订程序、制订方法等内容对学生进行详细的讲解，提供实验背景（企业背景），明确实验的基本规则、实验评价标准，使学生明白实验的目的和进行过程，划分任务小组，指导学生实验，解答学生问题，对实验结果进行评价等。

2. 对学生的要求

理解和掌握人力资源职业生涯计划的原理和方法，在小组内承担自己的角色，对指导教师提供的案例进行充分讨论和实践分析，形成实验报告。

10.5.3 实验条件准备

1. 硬件条件

实验室、电脑、投影仪、大屏幕、打印机、复印机。

2. 软件条件

背景材料、实验支撑材料。

10.5.4　实验步骤与过程

1. 实验准备（课前准备）划分任务小组

（1）本次实验划分成若干小组，每组 5 人左右。组内成员角色扮演和任务分配自行决定，每组自选一名组长，作为各小组的负责人。

（2）指导老师提供拟分析的企业背景资料，让学生提前熟悉。

2. 实验过程

（1）指导老师讲解人力资源职业生涯计划的概念、原理、内容、制订程序和制订方法，学生认真理解与领会，可以进行简短的讨论。

（2）针对指导老师提供的案例进行小组讨论，回答案例分析的问题，指导老师给予必要的指导。

（3）在规定时间内，每个小组提交小组实验报告。

（4）每个小组就本组实验报告进行演讲，其他小组就案例相关问题提问，小组成员进行回答，指导老师对整个过程进行评论。

（5）参考其他小组和指导老师的点评意见，对实验报告进行修改并提交最终实验报告。

10.5.5　实验报告与评价

1. 实验报告

（1）对人力资源职业生涯计划的概念、原理、内容、制订程序、制订方法的理解和阐述。

（2）对案例人力资源职业生涯计划出现的问题进行分析和评价。

（3）对案例人力资源职业生涯计划的改进建议。

2. 实验评价

（1）是否真正理解人力资源职业生涯计划的概念、原理、内容、制订程序和制订方法。

（2）对案例企业的人力资源职业生涯计划的分析是否正确和全面。

（3）案例分析小组最后提出的人力资源职业生涯计划改进建议是否可行和有效。

（4）实验报告结构是否明确，逻辑是否合理，语言是否流畅、简洁。

（5）讨论是否充分，过程参与是否积极。

（6）实验报告是否按时提交。

10.5.6　实验讨论案例

人民银行武汉分行新行员职业生涯规划管理：打造青年成才"梦工厂"

近年来，人民银行分支机构招录了大批高学历的新行员。为引导和帮助这些青年才俊规划好自己的职业生涯，人行武汉分行顺势而为，积极引入职业生涯规划理念，指导人才建设实践，于 2010 年推出了新行员 3 年职业生涯规划管理制度。经过多年来的不断实践，该行实现了青年人才培养从零敲碎打的"小作坊"式，向系统化、标准化、产业化批量培养高品质人才的"梦工厂"的转变。

2013 年入行的人民银行武汉分行调查统计处员工杨雅婷说："我刚被录用到分行时，

面对校园与社会、理论与现实的差距，心理上难免产生迷茫。但入行后，分行开展了新行员职业生涯规划管理，十分注重个人成才与组织发展愿景同步，引导我正确定位职业方向，促进我完成角色转换，使我顺利度过了前3年职业生涯的适应期，很快实现了自我提升和成长。"

1. 系统化：锻造职业发展的大熔炉

央行梦，人才梦。近年来，人民银行武汉分行使新行员自觉融入多维度、协同一体化的职业发展进程，不断实现人才培养与履职使用相结合、新行员个人成长与组织发展同促进的目标。

人民银行武汉分行通过建立完善的《新行员三年职业生涯规范管理办法》，搭建起领导机构、相关部门和新行员多维度合成助力构架，实现集约配置资源，形成规模效益。人民银行武汉分行机关成立新行员职业生涯规划管理领导小组，组织人事部门具体负责实施规划管理；机关党委负责新行员的政治素质和职业道德教育；分行团委搭建交流学习的各类载体和平台；各用人部门负责对新行员的日常安排、管理和培养，并指派新行员职业生涯规划辅导师。

人民银行武汉分行各职能部门结合岗位职责，围绕"四能四会"能力建设目标，搭建学习交流平台、实践锻炼平台、课题调研平台、成果展示平台，为新行员创造更多学习、提高自身能力的机会、使其开阔视野、展示风采。

2. 标准化：开启链式反应的流水线

人民银行武汉分行自开展新行员职业生涯管理以来，不断出台新举措、涌现新亮点，令人耳目一新。该行人事处负责人形象地比喻："分行机关新行员的入职培养就像一条高效率运转的流水线，将新行员入行培训、实践锻炼、评估激励等措施有机地连接起来，以3年为周期，源源不断地'批量生产'高质量人才。"

入门初打磨，开展多层次培养锻炼。入行一个月内，人民银行武汉分行举办新行员集中培训班，采用"集中现场+远程培训"的方式，通过专家授课、互动研讨和拓展活动，帮助新行员了解央行职能、树立职业意识、实现角色转换。新行员职业生涯规划辅导师与新行员签订辅导协议，建立师徒契约，对新行员进行日常业务技能辅导、心理疏导和提出指导建议。人民银行武汉分行统筹安排新行员到所在地金融机构业务部门进行为期半年的实习锻炼，通过事前目标管理、事中过程管理和事后考核管理，使其了解金融机构的运作特点和规律，切实提升其履职能力。

专才精加工，建立持续培养机制。在进行职业生涯规划的过程中，人民银行武汉分行用人部门为新行员提供参加各类专项业务培训和重要业务活动实践的机会。新行员职业生涯规划辅导师指导、督促新行员严格执行职业生涯规划，实行教育式管理，通过情感关心、目标引领，充分发挥传授、参谋、示范作用。2016年11月初，在人民银行武汉分行2016年录用新行员3年职业规划书汇报会上，12名辅导师先后对新行员的规划书进行了点评，介绍了今后"1+1"辅导思路。全体新行员职业生涯规划辅导师还发起了《新行员职业辅导师倡议书》。

同时，人民银行武汉分行按照《分行机关重点调研人才培养实施方案》，进一步选拔优秀新行员进入分行调研人才库、金融管理人才库和综合检查人才库，安排他们参与重点课题调研和对外检查项目，以项目育人才、调研带队伍等方式促使新行员迅速提高综合能力。

3. 产业化：完善评估反馈的质检关

检验人才培养质效，关键还要看人才评估反馈机制是否健全。对此，人民银行武汉分行组织人事部门科学设计，定期对新行员职业生涯规划的实施情况进行评估与反馈，确保规模化产出高品质人才。

在3年规划期内，第一年开展专项能力测试和民主测评，作为新行员首次任职的重要依据；第二年年末组织跟踪评估，通过座谈交流、成果展示等，加强对新行员执行职业生涯规划的督促指导；第三年年末落实结业评估，对新行员是否达到个人目标及用人部门履行管理和培养职责情况进行综合评估，真正将职业生涯管理的各项要求落到实处。

人民银行武汉分行新行员职业生涯管理制度的确立和实施，逐步转变了青年干部的培养理念，大大提升了他们的能力与素质，有效促进了人民银行武汉分行的人才培养与履职建设。过去，业务处室对新入职行员，考虑最多的是如何使用好；现在，大家对新行员，更多注重的是如何培养好。在职业生涯规划的引导下，新行员迅速融入新环境，顺利地从学生过渡到行员，一支能学会用、能谋会做、能说会写、能查会管的年轻干部队伍"渐进式"成型。

一花独放不是春。人民银行武汉分行在机关先行先试的基础上，不断发挥人才培养的辐射作用，辖内新行员职业生涯管理工作也随之如火如荼地推进，涌现出人民银行常德市中支《新行员入职手册》、人民银行荆门市中支新行员导师制度、人民银行鄂州市中支"四导"方式、人民银行抚州市中支金融机构挂职锻炼平台、人民银行湘潭市中支"制度+导向"引航、人民银行保康县支行"家"文化建设等大批创新项目，在全辖出现百花齐放、精彩纷呈的"产业化"发展态势。

讨论题：

总结人民银行武汉分行新行员职业生涯管理制度的特色，讨论员工职业生涯规划如何与企业培训、绩效管理工作互相结合、互相促进。

参考文献

[1] 赵永乐．现代人才规划技术[M]．上海：上海交通大学出版社，1999．
[2] 陈京民，韩松．人力资源规划[M]．上海：上海交通大学出版社，2006．
[3] 赵曙明．人力资源战略与规划[M]．北京：中国人民大学出版社，2003．
[4] 文跃然．人力资源战略与规划[M]．上海：复旦大学出版社，2007．
[5] 顾英伟．人力资源规划[M]．北京：电子工业出版社，2006．
[6] 姚裕群，张琪，李宝元．人力资源开发与管理案例[M]．长沙：湖南师范大学出版社，2007．
[7] 张岩松，等．人力资源管理案例精选精析[M]．北京：中国社会科学出版社，2006．
[8] 何国玉．人力资源管理案例集[M]．北京：中国人民大学出版社，2004．
[9] 吴国华，崔霞．人力资源管理实验实训教程[M]．南京：东南大学出版社，2008．
[10] 徐恒熹．人力资源规划手册——管理、技术和应用[M]．北京：中国劳动社会保障出版社，2006．
[11] 寒武．人力资源战略与规划[M]．北京：中国发展出版社，2007．
[12] 贾宏毅．知名企业人力资源管理战略与实务[M]．北京：人民邮电出版社，2007．
[13] 冯虹，陈嗣成．现代人力资源统计学[M]．北京：首都经济贸易大学出版社，1998．
[14] 赵耀．人力资源战略[M]．北京：中国劳动社会保障出版社，2007．
[15] 胡八一．人力资源规划实务[M]．北京：北京大学出版社，2008．
[16] 杨维富，王仁理．执行人力资源战略规划[M]．北京：中国发展出版社，2008．
[17] 刘燕，程德俊，赵曙明．人力资源战略与规划[M]．南京：南京大学出版社，2021．
[18] 黄建春，罗正业．人力资源管理概论[M]．重庆：重庆大学出版社，202008．
[19] 王聪颖．员工招聘管理[M]．南京大学出版社：普通高等院校"十三五"规划教材，2017．
[20] 李元勋，廖泉文．人力资源管理的四大趋势[J]．企业管理，2007（11）：92-94．
[21] 李小华，董军．人力资源规划的特征与作用分析[J]．理论界，2006（1）：211-212．
[22] 丁敏．人力资源战略控制体系初探[J]．经济问题探索，2008（4）：73-77．
[23] 黄亨煜．人力资源战略和人力资源规划的理论与实践[J]．湖南民族职业学院学报，2006（6）：101-105．
[24] 蒋丽丽．SWOT分析法在人力资源规划中的应用[J]．合作经济与科技，2008（2）：34-36．
[25] 李传裕．论中小企业人力资源的外包管理[J]．江苏商论，2007（5）：101-103．
[26] 包炜．人力资源外包的风险防范[J]．企业经济，2006（11）：43-45．
[27] 熊苹．谈现代企业人力资源管理外包[J]．商业时代，2006（6）：26-29．
[28] 郭彩云，刘志强，刘兵．人力资源管理外包探讨[J]．商业研究，2006（4）：121-123．
[29] 安鸿章．如何实现人力资源的合理配置[J]．中国劳动，2007（6）：39-42．
[30] 安鸿章．论人力资源的空间与时间配置[J]．首都经济贸易大学学报，2007（3）：72-78．

[31] 李全胜，沈德仁. 如何科学配置人力资源[J]. 人才瞭望，2004（7）：20-21.
[32] 吕俊涛，唐元虎. 浅谈双/多阶梯晋升制度[J]. 科学学与科学技术管理，2001（3）：52-55.
[33] 郭桂永. 企业激励机制问题的思考[J]. 东岳论丛，2007（3）：187-189.
[34] 孟令国. 职位晋升的隐性激励效应[J]. 广东社会科学，2008（1）：51-56.
[35] 乔引华，郭大为，郑玮. 人力资源管理对员工离职影响的实证研究[J]. 当代经济科学，2006（1）：95-101.
[36] 蒋文涛. 浅谈组织如何管理不能晋升的员工[J]. 企业科技与发展，2008（6）：43-45.
[37] 陈有文，龙子泉. 对现代人力资源部门职能的思考[J]. 科技进步与对策，2003（4）：87-89.
[38] 杨友孝，李鑫. 人力资源战略管理的制度安排[J]. 广州大学学报，2005（2）：77-81.
[39] 魏琼晖. 人力资源管理部门如何成为企业的战略伙伴[J]. 人口与经济，2007（1）：34-36.
[40] 杨文明，金艳. 现代人力资源部门的角色定位与职能转换[J]. 中国人力资源开发，2002（9）：17-20.
[41] 陈爱林. 基于不同战略类型企业的人力资源管理决策探析[J]. 商场现代化，2006（1）：233-234.
[42] 刘艳彬. 基于SWOT分析的企业战略选择[J]. 大连干部学刊，2006（1）：26-28.
[43] 于斌，陈定超. 人力资源战略管理研究新进展[J]. 生产力研究，2004（10）：180-183.
[44] 杨华. 企业人才资源开发的思考与对策[J]. 产业与科技论坛，2008（7）：203-204.
[45] 蔡斌，陆文霞. 企业人事管理变革与人才政策体系构建[J]. 山东行政学院山东省经济管理干部学院学报，2004（8）：57-58.
[46] 张凌云. 人力资源战略的环境因素分析[J]. 当代经济，2006（5）：23.
[47] 黄孝俊. 人力资源战略与企业文化的关系研究[J]. 商业研究，2002（1）：123-126.
[48] 应中伟，夏洪胜. 企业核心人才的管理策略[J]. 兰州学刊，2006（6）：157-159.
[49] 刘善仕，凌文轻. 德尔菲法在人力资源预测中的应用[J]. 企业经济，2003（2）：116-117.
[50] 孙红丽，何永贵. 马尔可夫模型在企业人力资源供给预测中的应用[J]. 华北电力大学学报，2004（9）：56-58.
[51] 刘锋. 人力资源预测——基于马尔科夫链的研究[J]. 商场现代化，2006（7）：246.
[52] 王勇，张蕾. 人力资源预测定量分析方法探讨[J]. 郑州工业大学学报，1999（12）：68-70.
[53] 陆光霞. 企业人才战略的实施[J]. 安徽工业大学学报（社会科学版），2004（7）：56-57.
[54] 吴爱军. 高层次人才政策问题研究[J]. 潍坊学院学报，2006（1）：133-135.
[55] 王通讯. 人才战略的制定与实施[J]. 中国人才，2008（1）：70-71.
[56] 陈鼎祥，刘帮成. 人工智能时代的公共部门人力资源管理：实践应用与理论研究[J]. 公共管理与政策评论，2022，11（04）：38-51.
[57] 安素朝. 大数据分析技术对人力资源量化管理的影响——评《人力资源量化管理与数据分析》[J]. 科技管理研究，2022，42（11）：252.
[58] 李燕萍，李乐，胡翔. 数字化人力资源管理：整合框架与研究展望[J]. 科技进步与对策，2021，38（23）：151-160.

[59] 彭剑锋. 企业"十四五"人力资源战略规划的十大命题：战略分析与要点把握[J]. 中国人力资源开发，2020，37（12）：8-16.

[60] 姜明明. 人力资源战略的分类选择与构建贯彻研究[D]. 南京：东南大学，2006.

[61] 朱文. 人力资源动态战略规划研究[D]. 长春：吉林大学，2004.

[62] 徐建平. 区域社会人力资源指标体系研究[D]. 上海：华东师范大学，2003.

[63] 胡作家. 试论我国人力资源信息的开发和利用[D]. 上海：华东师范大学，2003.

[64] 车雪雁. 在人力资源信息不完全情况下企业关键人才内部供求预测方法研究[D]. 北京：华北电力大学，2003.

[65] 郑欢. 现代企业招聘体系研究及实证分析[D]. 武汉：武汉科技大学，2006.

[66] 张铮. 构建有效的员工招聘体系研究[D]. 武汉：武汉大学，2005.

[67] 吴天来. SWOT 分析的改进方法及其在企业战略制定中的应用[D]. 长春：吉林大学，2007.

[68] 秦川. 面向智能招聘的数据挖掘方法及其应用[D]. 合肥：中国科学技术大学，2021.

[69] Sehrish Khan Saddozai. 人才管理实践及其对人力资源管理策略的影响[D]. 北京：北京邮电大学，2018.

欢迎广大院校师生 **免费** 注册应用

华信SPOC官方公众号

www.hxspoc.cn

华信SPOC在线学习平台
专注教学

- 数百门精品课 数万种教学资源
- 教学课件 师生实时同步
- 多种在线工具 轻松翻转课堂
- 电脑端和手机端（微信）使用
- 测试、讨论、投票、弹幕…… 互动手段多样
- 一键引用，快捷开课 自主上传，个性建课
- 教学数据全记录 专业分析，便捷导出

登录 www.hxspoc.cn 检索 华信SPOC 使用教程 获取更多

华信SPOC宣传片

教学服务QQ群： 1042940196
教学服务电话： 010-88254578/010-88254481
教学服务邮箱： hxspoc@phei.com.cn

电子工业出版社
PUBLISHING HOUSE OF ELECTRONICS INDUSTRY

华信教育研究所